ESCRITORES DE LA DIÁSPORA CUBANA

Manual Biobibliográfica

/

CUBAN EXILE WRITERS

A Biobibliographic Handbook

by
Daniel C. Maratos
and
Marnesba D. Hill

The Scarecrow Press, Inc.
Metuchen, N.J., & London
1986

Library of Congress Cataloging-in-Publication Data

Maratos, Daniel C., 1935–
   Escritores de la diáspora cubana.

   Includes index.
   1. Cuban literature--Foreign countries--Bio-
bibliography. 2. Cuban literature--20th century--Bio-
bibliography. I. Hill, Marnesba D. II. Title.
III. Title: Cuban exile writers.
Z1520.M37 1986 [PQ7378]   016.86   85-31756
ISBN 0-8108-1878-7

FOR ELENI

CONTENIDO / CONTENTS

PREFACIO

El presente libro intenta investigar tan profundamente como sea posible la producción literaria/intelectual de la diáspora cubana desde 1959 hasta el presente. Aunque contiene información biográfica, bibliográfica y crítica de más de 420 escritores y más de 1,400 obras, no pretende ser exhaustivo. El número indeterminado de dichos autores, su dispersión por todo el mundo, su deseo en no pocos casos de guardar silencio sobre su vida, y la frecuente aparición de nuevos escritores de entre los más recientes expatriados de la Isla, son factores que han hecho que un proyecto de esta naturaleza resulte casi interminable. Sin embargo, dentro del marco conceptual trazado al comienzo de nuestras labores, se ha procurado proporcionar la más completa y correcta información posible, y creemos que este objetivo ha sido logrado.

Se establecieron y observaron las siguientes pautas para la redacción del libro: 1) Se incluyeron únicamente libros publicados fuera de Cuba a partir de 1959. No se intentó registrar la enorme cantidad de artículos en publicaciones periódicas, puesto que esta tarea ya ha sido realizada por otro investigador,[1] y haberlo hecho en nuestro libro no solo habría sido innecesariamente repetitivo, sino que, dados nuestros propósitos, habría resultado en un volumen demasiado extenso. 2) Por lo general, solo se incluyeron aquellos autores que salieron de Cuba a partir de 1959 o, contadas veces, durante el lapso de tiempo de 2 o 3 años anterior a esa fecha. Esto resultó en la exclusión de varias personas que habían salido de Cuba con anteriordad a dicho período y obviamente no eran exiliados, no obstante el hecho de que su producción literaria aparezca dentro del marco de tiempo bajo consideración. En aparente contradicción al punto (2), en unos pocos casos excepcionales, sí se incluyeron escritores que actualmente residen en Cuba, por motivos fuera de su voluntad, cuyas obras se han publicado en el exterior, pues "en espíritu" se consideran exiliados y, si se les diera la oportunidad, abandonarían el país.

A continuación señalamos unas observaciones en cuanto a la metodología empleada en nuestra investigación. Siempre que fue posible establecer contacto con los escritores, se les envió un cuestionario biobibliográfico por medio del cual se les solicitaba información

---

1. Gutiérrez de la Solana, Alberto. Investigación y crítica literaria y lingüística cubana. Nueva York: Senda Nueva de Ediciones, 1978.

tocante a su educación, carrera literaria y profesional. Cuando no se recibía contestación, algo que sucedió con cierta frecuencia, o cuando no se podía localizar a un escritor, se utilizaban otras fuentes de información, a saber, el Catálogo Colectivo Nacional (de la Biblioteca del Congreso), bibliografías comerciales, bibliografías especializadas, índices, estudios literarios, bases de datos computarizadas, biografías, directorios, artículos, y hasta boletines universitarios. Tanta diversidad de fuentes resultó, no es de sorprenderse, en una abundancia de información, aunque en unos pocos casos, en menos información de la que habríamos deseado suministrar sobre un escritor dado. Aunque se ha hecho un esfuerzo concienzudo por redactar una obra tan exacta y actualizada como sea posible, dado el tamaño y el alcance del proyecto, no es de dudar que hay casos, ojalá infrecuentes, de información que no está al día, incompleta o que no ha sido apuntada como, p.e., la muerte de un escritor, cambio de empleo o residencia, y--némesis de todo bibliógrafo--obras recién publicadas no anotadas durante el transcurso de nuestras investigaciones. Porque indudablemente, como si fuera por ley natural, en el momento que se terminó la redacción de este libro, o poco después, salió a la luz otro libro de un exiliado cubano. Se espera que tales casos no sean frecuentes, pero de que existan, no tenemos duda.

Teniendo en cuenta, pues, las advertencias arriba-mencionadas, y salvo las excepciones indicadas, podemos afirmar que la ficha de cada autor contiene una bibliografía de todos sus libros publicados fuera de Cuba desde 1959, con sus ediciones y traducciones correspondientes, según el caso, siendo nuestro objetivo lograr la más comprensiva información bibliográfica. En lo que concierne a la crítica sobre los libros citados, hemos tenido que contentarnos con metas de menor envergadura, porque si bien se ha suministrado una gamma muy amplia de fuentes, y en el caso de no pocos autores, muchas citas a un solo libro, acerca de muchos otros, lamentablemente, no se hallaron reseñas, a lo mejor porque no existen. Y en unos cuantos casos, la cita que se encontró se refería a una publicación de índole tan efímera o de tan difícil acceso que, por motivos de espacio, se omitió. Tal vez arbitrariamente, pero por las mismas razones de espacio, se consideraron como obras de crítica únicamente 1) libros sobre un autor y 2) reseñas críticas, aparecidas en publicaciones periódicas, sobre la obra de un escritor. No se incluyeron artículos de índole general o biográfica sobre un autor, porque incluir este tipo de información habría resultado en un libro de tamaño desproporcionado. Así mismo, se incluyeron únicamente aquellas personas sobre quienes se podía reunir información biográfica, pues, después de todo, nuestra obra pretende ser un manual biobibliográfico. Por conteo hecho, hubo 40 personas que fueron identificadas como escritores, pero sobre las que no se hallaron ningunos datos biográficos, y de acuerdo a nuestro criterio, se les omitió. Puesto que existe información bibliográfica sobre ellas en otras publicaciones, no pasan inadvertidas. Cuando surgían dudas en cuanto a la fecha o lugar de nacimiento de un escritor, o la fecha y lugar de publicación de un libro, resistíamos a la tentación de conjeturar en aquellos casos donde había algunos datos pero no los suficientes como para despejar toda duda. Así es que, a algunas fichas les faltan la fecha o el lugar de nacimiento de un autor, o se da uno pero no el otro. Algunos escritores se conocen mejor por su seudónimo literario. No obstante este hecho, las fichas están clasificadas por estricto orden alfabético, con referencias cruzadas del seudónimo al apellido de la persona.

La mayor parte de la investigación para este libro se llevó a cabo en la Biblioteca Otto G. Richter de la Universidad de Miami, un verdadero tesoro de materiales sobre Cuba, y en la Biblioteca del Congreso. Una parte menor se realizó en la Biblioteca de Investigación de la Biblioteca Pública de Nueva York, en el Centro Schomburg para la Investigación de la Cultura Negra de la Biblioteca Pública de Nueva York, en la Biblioteca Alexander de la Universidad de Rutgers, New Brunswick, New Jersey, y en la biblioteca de la Universidad de Costa Rica, San José, Costa Rica.

La redacción de este libro ha tomado muchos años, siendo motivo de la demora las actividades peripatéticas del autor principal. A lo largo de su gestación hemos recibido la ayuda de muchas personas, la que resultó ser de inestimable valor y sin la cual nuestras labores habrían sido mucho más difíciles y los resultados menos satisfactorios. Es, por lo tanto, un deber placentero reconocer el apoyo--ya moral como intelectual--de las siguientes personas, al tiempo que hacemos constar que por cualquier error de comisión u omisión, nosotros mismos hemos de exclamar "mea culpa."

Rosa Abella, Biblioteca Otto G. Richter, Universidad de Miami, por su persistencia en buscar aquellos títulos casi imposibles de identificar.

Alberto Baeza Flores, por su colaboración desde España y en Costa Rica.

Profesor Octavio de la Suarée, William Paterson College of New Jersey, por señalarnos los nombres de unos cuantos escritores más cuando pensábamos que los teníamos todos.

Víctor Hugo Fernández, Director de la Biblioteca, Centro Cultural Costarricense-Norteamericano, San José, Costa Rica, por contactos y correcciones.

Inmaculada Gonzálvez Arias, Oviedo, España, por sus valiosas observaciones sobre gramática y por la luz que nos arrojó sobre las sutilezas de la lengua castellana.

Profesor Julio E. Hernández-Miyares, Kingsborough Community College, City University of New York, por sus consejos, apoyo y perspicacia editorial sin la cual es muy posible que no se habría dado fin a este libro.

Dra. Carol Jopling, Directora de la Biblioteca, Smithsonian Tropical Research Institute, Ciudad de Panamá, Panamá, por su destreza en el manejo de las bases de datos computarizadas, la cual nos ahorró innumerables semanas de trabajo y reveló citas bibliográficas que nunca nos habríamos imaginado que existían.

Marina Maratos, Douglass College de la Universidad de Rutgers, por las valiosísimas búsquedas bibliográficas que hizo a distancia, las cuales pusieron a nuestra disposición las riquezas del Catálogo Colectivo Nacional.

Luis Mario, Diario Las Américas, Miami, Florida, por su temprano y continuo interés en nuestro proyecto y por los contactos que hicimos por medio de Diario Las Américas.

Carlos Alberto Montaner, Madrid, por suministrar direcciones difíciles de conseguir.

Nancy de Negrón, Universidad de Maryland y Corpozulia, Maracaibo, Venezuela, por sus investigaciones bibliográficas en la Biblioteca del Congreso, haciéndola parecer siempre a mano cuando, en realidad, estaba a veces a 3,200 kilometros.

Dra. Ana Rosa Núñez, Biblioteca Otto G. Richter, Universidad de Miami, por sus profundos conocimientos de literatura, tanto cubana como extranjera, por sus grandes cualidades como bibliotecaria, y por su inagotable paciencia y cortesía.

Catalina Saldaña, Biblioteca Amador-Washington, Ciudad de Panamá, Panamá, por su clara visión del uso de lenguaje y por su habilidad bibliográfica.

Juan Manuel Salvat, Ediciones Universal, Miami, Florida, el padrino de los escritores cubanos en el destierro. Por sus siempre rápidas contestaciones a nuestras numerosas solicitudes de información.

Profesor José Sánchez-Boudy, Universidad de Carolina del Norte, Greensboro, Carolina del Norte, por innumerables nombres y direcciones y por su apoyo moral durante las etapas iniciales del proyecto cuando todavía no se divisaba el fin.

Profesor Raymond D. Souza, Universidad de Kansas, por las penetrantes observaciones que hace en el ensayo que acompaña este libro, las cuales han de despertar nuevas inquietudes sobre la literatura cubana del exilio.

Roberto Valero, Universidad de Georgetown, Washington,
D.C., por sus valiosos contactos entre la nueva generación de escritores.

Lesbia Varona, Biblioteca Otto G. Richter, Universidad de
Miami, por su extraordinaria capacidad de seguir la pista
del libro evasivo hasta dar con él, y por tener siempre a
su alcance las publicaciones que no se hallaban en ningún
otro sitio.

PREFACE

This book seeks to document as thoroughly as possible the literary/intellectual production of the Cuban diaspora from 1959 to the present. Although the work contains biographical, bibliographical and critical information on more than 420 writers and over 1,400 titles, it makes no pretense of being complete. The indeterminate number of such writers, their almost global dispersion, their reluctance in not a few instances to provide information about themselves, and the continual appearance of new writers, especially among the more recent departees from the island, are all factors that ensure that a project of this nature necessarily be incomplete. Yet within the conceptual framework established at the outset, we have attempted to provide information as complete and accurate as possible, and it is our belief that this goal has generally been achieved.

The following parameters were defined early and followed to the completion of the book: 1) Only material published outside of Cuba since 1959 is included. By "material" is understood books. No attempt has been made to record the voluminous periodical literature since this has been done previously by another author,[1] and to have done so in our book not only would have been unnecessarily repetitive, but, given our other goals, would have resulted in too large and unwieldy a volume. 2) Generally, only authors who left Cuba during the period since 1959, or, in a few instances, in the 2- or 3-year span preceding that date, were considered. This decision resulted in the omission of several persons who had left Cuba at a slightly earlier period and who clearly were not exiles, even though their literary output has extended well into the timeframe under consideration. In apparent contradiction to point (2), in a very few instances, writers still in Cuba, for reasons beyond their control, and whose works have been published abroad, have been included because "in spirit" they consider themselves exiles and, given the opportunity to do so, would leave the country.

A word regarding research methodology. Whenever possible-- that is, whenever contact could be established--writers were sent a questionnaire and asked to provide information about their education and professional and literary careers. When no response was forthcoming, and this happened in a number of instances, or when an

---

1. Gutiérrez de la Solana, Alberto. Investigación y crítica literaria y lingüística cubana. Nueva York: Senda Nueva de Ediciones, 1978.

author could not be reached for whatever reason, recourse was had to other sources of information, viz., the National Union Catalog, trade bibliographies, subject bibliographies, indexes, literary studies, on-line data-base searching, biographies, directories, periodical articles, and even college catalogs. Such diversity of sources, not surprisingly, resulted in most instances in a wealth of information, although in a few cases in less information than we would have desired to provide about a given author. Although a conscientious effort was made to be as accurate and up-to-date as possible, given the size and scope of the undertaking, there are undoubtedly instances, hopefully not many, of information which is out-of-date, incomplete, or which has not been recorded, e.g., death of an author, change of position or residence, and--nemesis of all bibliographers--recent works not noted during the course of our research. For assuredly, even inexorably, as if by natural law, the moment research on this book was concluded, or shortly thereafter, a new book by a recent or veteran Cuban emigré undoubtedly saw the light of day. It is to be hoped that such cases are few, though that they exist we have no doubt.

With the above-mentioned caveat in mind, we assert that complete bibliographies have been provided for each author and include all known editions and translations of a title, when such is the case, the aim in this regard being bibliographic comprehensiveness. With regard to criticism, we have had to settle for less lofty goals. While criticism from a wide range of sources has been cited, and in the case of not a few authors, many citations provided for a single work, a number of authors, on the other hand, received no critical assessment at all. This was due, more often than not, to the fact that no reviews of their works could be found. In a minority of cases, the citation was to a publication of such an ephemeral nature or of such difficult access that very little would have been gained by including it, and, for reasons of space, it was omitted. A further explanatory note regarding criticism is in order. Arbitrarily, perhaps, but again for reasons of space, critical works were defined as 1) book-length studies of an author and 2) critical reviews in periodical publications about the author's work(s). Not included were articles of a general or biographical nature appearing in periodical publications. To have included the latter category would have resulted in a work of disproportionate size. Again arbitrarily, we chose to include only those writers about whom we could find biographical information since, after all, the work purports to be a biobibliographical directory. By actual count, there were some 40 authors who were identified but about whom no biographical information could be found. Accordingly, they were omitted. Since bibliographical information about them is available in other publications, they do not pass unnoted.

Although we have sought to be as thorough and comprehensive as possible, during the course of our research whenever a doubt arose as to a date, a place of birth, or the place and date of publication of a book, we resisted the temptation to speculate, preferring to forego an educated guess in those instances where we had some information but not enough to dispel all doubts. Thus a number of entries have no information as to date and place of birth, or one and not the other. A small number of authors are perhaps better known by their literary pseudonyms. Notwithstanding this fact, we chose strict alphabetical entry, with cross-references indicated from the pseudonym.

The bulk of the research for this book was carried out at the Otto G. Richter Library of the University of Miami, a veritable treasure trove of material on Cuba, and the Library of Congress. A lesser amount was done at the Research Division of the New York Public Library, the Schomburg Center for Research in Black Culture of the New York Public Library, the Alexander Library of Rutgers University, New Brunswick, New Jersey, and the library of the University of Costa Rica, San José, Costa Rica.

This book has been long in the making, the delay largely attributable to the peripatetic activities of the principal author, and during the course of its lengthy gestation we received assistance from a number of sources--help that proved to be invaluable and without which the work would have been more difficult and the results less satisfying. It is thus a pleasant duty to recognize the support, both moral and intellectual, of the following individuals, at the same time acknowledging the fact that, for any errors of commission or omission, we alone must cry "mea culpa."

Rosa Abella, Otto G. Richter Library, University of Miami, for her persistence in tracking down those hard-to-locate editions.

Alberto Baeza Flores, for his support both from Spain and in Costa Rica.

Dr. Octavio de la Suarée, William Paterson College of New Jersey, for the names of a few more, when we thought we had everyone.

Victor Hugo Fernández, Library Director of the Centro Cultural Costarricense-Norteamericano, for contacts and corrections.

Inmaculada Gonzálvez Arias, Oviedo, Spain, for invaluable grammatical insights and for light shed upon the subtleties of the Spanish language.

Dr. Julio E. Hernández-Miyares, Kingsborough Community College, City University of New York, without whose advice, support and editorial counsel, this book very likely would not have reached its conclusion.

Dr. Carol Jopling, Library Director, Smithsonian Tropical
Research Institute, Panama City, Panama, for her skills
as an on-line data-base searcher which saved countless
weeks of toil and brought to light citations we never
dreamed existed.

Marina Maratos, Douglass College of Rutgers University, for
invaluable bibliographic searching at a distance which
made the National Union Catalog ever accessible.

Luis Mario, Diario Las Américas, for his early and continued
interest in the project, and for contacts made through
Diario Las Américas.

Carlos Alberto Montaner, Madrid, for hard-to-obtain addresses.

Nancy de Negrón, University of Maryland and Corpozulia, Maracaibo, Venezuela, who made the Library of Congress seem
closer at those times when it actually was 2,000 miles distant.

Dr. Ana Rosa Núñez, Otto G. Richter Library, University of
Miami, for her incomparable knowledge of literature, both
Cuban and foreign, for her rare skills as a reference li-
brarian, and for her unfailing courtesy and patience.

Catalina Saldaña, Amador-Washington Library, Panama City,
Panama, for her subtle stylistic insights and her impres-
sive bibliographic skills.

Juan Manual Salvat, Ediciones Universal, Miami, the patron
saint of Cuban writers in exile. For his always prompt
replies to our numerous requests for information.

Dr. José Sánchez-Boudy, University of North Carolina at
Greensboro, for innumerable names and addresses, and
for moral support in the early days when the end was
not yet in sight.

Dr. Raymond D. Souza, University of Kansas, for his trench-
ant observations in the essay that accompanies this book,
which offer fresh insight into the problem of Cuban exile
literature.

Roberto Valero, Georgetown University, Washington, D.C.,
for his invaluable connections with the writers of the new
generation.

Lesbia Varona, Otto G. Richter Library, University of Miami,
for her rare ability to locate the elusive item and for just
happening to have on hand publications available nowhere else.

EXILE IN THE CUBAN LITERARY EXPERIENCE

The experience of exile has been an all too common occurrence in the history of Cuban literature. José María Heredia, the best poet of the early nineteenth century, fled the island in November 1823 to avoid imprisonment after being accused of being a member of a separatist group. Disguised as a sailor to avoid detection, he boarded the American brigantine Galaxy in the harbor of Matanzas. Heredia arrived in Boston on December 3rd of the same year and was welcomed by the severe New England winter. In one of the first letters he mailed from there, he complained of the problem he was having writing since the ink kept freezing. His comment can be considered a metaphor of the experience of exile with all of its stimulations and frustrations. Heredia never returned to Cuba except for a short visit between November 1836 and January 1837, when he was a sick and dying man. The price of the visit was a letter renouncing his revolutionary ideals which the Spanish authorities were quick to publicize.

Despite Heredia's disenchantment with the independence movement after witnessing the chaos in Mexico, his poetry did much to awaken nationalistic sentiments in Cuba--two contemporary symbols of that nation, the royal palm and the solitary star, appear in his poetry. After Heredia, experience with exile occurred with depressing regularity in nineteenth-century Cuba as many writers found it necessary to live outside the island. For example, Cirilo Villaverde and the incomparable José Marti spent many years in exile. The Spanish authorities undoubtedly recognized and feared the power of creative literature. The execution of the unfortunate Gabriel de la Concepción Valdés in 1844 for allegedly seditious writings stands as mute testimony to that fear.

In the twentieth century, prior to the Revolution of 1959, writers at times found it more convenient to live abroad than to face uncertain political situations. Alejo Carpentier, for example, elected self-imposed exile in 1928 after having spent forty days in jail the previous year. The number of writers in exile, whether voluntarily embraced or not, has served as a barometer of political conditions throughout Cuba's history, and this is a true today as it was before the Revolution of 1959.

Lino Novás Calvo was one of the first prominent writers to seek exile in post-revolutionary Cuba. He requested and was granted asylum in the Colombian Embassy in Havana in 1960. After a two-month stay in that embassy, he left for the United States in September 1960. Although leaving his country was a traumatic event, it did have the salutary effect of renewing Novás Calvo's literary career. During the 1950's he had succumbed to the general indifference accorded literature in Cuba at that time, directing his efforts to teaching and journalism. During those years he had been known to advise young writers to channel their energies toward journalism rather than creative writing.

Novás Calvo's renewed literary career serves as an example of many of the tendencies that have characterized exile literature since the Revolution. Broadly speaking, his post-revolutionary stories can be classified into four main thematic groups. Works like "Mi tío Antón Luna" narrate aspects of life in pre-revolutionary Cuba. Others, like "La vaca en la azotea," deal directly with conditions in Cuba since the Revolution. A third category, which includes stories like "El bum," present different facets of the experience of exile. And finally, works such as "Con un nudo en el corazón" present universal experiences not necessarily related to any of the three other categories.

Most Cuban exile literature falls into one of these broad classifications. There are also a number of subdivisions within each group. Poetry, as one might expect, most frequently falls within the fourth category. The writings of Amelia de Castillo and Luis Cartañá are good examples of this tendency. Their poetry offers the reader glimpses into the individual worlds of their speakers, and aesthetic rather than thematic concerns predominate. Cartañá views human relationships in musical terms: melody tends to predominate when there is harmony, and dissonance when there is conflict.

The experience of exile, particularly from a personal viewpoint, is frequently avoided by many writers. Although some of Novás Calvo's stories present conflicts among exiles, the personal experiencing of the process of exile is never directly treated. This absence also characterizes the work of writers who are particularly adept at incorporating autobiographical elements into their writings. For example, the highly experimental works of Guillermo Cabrera Infante frequently exploit the writer's personal past. His most recent publication, La Habana para un Infante Difunto, is set in Havana during the 1940's and 1950's and concerns a young man's obsession with sexual escapades. The novel can be considered a guide of the sexual mores of pre-revolutionary Havana, and the blending of fictional and autobiographical elements is a notable feature of this work.

La Habana para un Infante Difunto demythologizes the Don Juan legend in Hispanic culture or, at least, most Latins' aspirations to be a Don Juan. Cabrera Infante maintains a dialogue in this novel with his own past. At times a desire to recapture an element from the past seems to predominate, at other times, a device from the past is merely used as a springboard for creative fiction. Memory and the transformation of the past is also a theme in Tres tristes tigres and Vista del amanecer en el trópico, and at times these concerns are combined with a preoccupation with history.

Why writers such as Novás Calvo and Cabrera Infante have avoided narrating the experience of exile is open to question. There may be a reluctance to recreate a painful past or a recognition that such intensely personal topics could lead to the politicization of their works. The vilification of the Castro regime has certainly marred the work of many Cuban exiles. In many of these writings, political intent overwhelms technique, and some are merely emotional diatribes. Two novels that deal with the experience of exile and avoid the political are Matias Montes Huidobro's Desterrados al fuego and Fausto Masó's Desnudo en Caracas.

Desterrados al fuego (1975) was honored by an award in a literary contest sponsored by the Fondo de Cultura Económica of Mexico. The novel deals with a married couple's arrival in the United States. The work is narrated in the first person singular by the husband who is overwhelmed by the requirements of adjusting to a new culture. He reacts with a psychological flight into an exaggerated introversion and illness, and this communicates his complete lack of orientation. Humor in this novel prevents a pessimistic or negative tone from overwhelming the reader.

A droll tone shields the reader from the protagonist's excessive cynicism in Desnudo en Caracas, and it allows the reader to acquire a fairly objective view of the narrator despite his highly personalistic presentation. Masó's novel reminds one of Ramón Meza's classic from the nineteenth century, Mi tío el empleado. The same ambition that consumed Meza's protagonist, the desire to be successful at any cost, envelops the narrator of Desnudo en Caracas. Masó's novel presents a cynic's rise to success in the commercial world of Caracas, and the considerable humor of the work functions to a great extent like that of Desterrados al fuego. The narrator's psychological dissolution in Montes Huidobro's work is conveyed by the protagonist's distortion of reality. In Masó's novel there is a decline in the form and coherence of the narration which parallels the narrator's success in the business world. That is, his movement up the ladder of success is accompanied by his descent into irrationality, and this is conveyed by a fragmentation of the narration and a decline in the cohesiveness of his presentation.

In both novels humor softens the harshness of the contents, a strategy which is also used in Celedonio González's Los primos. However, González's subject matter is not as grim, and humor is used to undermine the great hope of most exiles--the dream of returning home. This is not an uncommon aspiration among exile groups of many nationalities, and it is indicative of the identity crisis that can occur when exile becomes a permanent condition. In addition to its use of irony, Desterrados al fuego shares with other contemporary Cuban novels the incorporation of theatrical techniques into prose fiction and an interest in the creative process. These elements are found in works by Reinaldo Arenas, Cabrera Infante, and Severo Sarduy.

There have been a number of significant additions to the Cuban exile community in the last three years. These have included the dramatist José Triana and the poet Heberto Padilla. In addition, the novelists and short story writers Antonio Benítez Rojo and Reinaldo Arenas succeeded in escaping from Cuba in 1980, and César Leante in 1981. Arenas (b.1943) is undoubtedly the most gifted and accomplished writer of his generation. He possesses a natural talent for writing and language that cannot be acquired--Lezama Lima once referred to him as a young man born to be a writer.

Arenas' narrations are characterized by their imaginative style and by characters who wage a constant struggle against the world that surrounds them. Arenas has spent most of his career as a writer in conflict with his surroundings, and it is not surprising that many of his protagonists share this fate. Fray Servando in El mundo alucinante attacks hypocrisy and greed and attempts to reform society and change the course of history. The main protagonist of Celestino antes del alba and Fortunato in El palacio de las blanquísimas mofetas waver between illusion and reality in their tortured struggles to understand their environs. Their surroundings often wage an active and destructive battle against their creativity, but the only escape from their dull existence is imagination.

It is significant that Fray Servando meets José María Heredia in the last pages of El mundo alucinate. Both of these historical and literary figures spent most of their adult lives in exile. Heredia's convictions were never as fanatical as those of Fray Servando, and he became disillusioned when events in Mexico indicated that people could not be expected to act rationally during periods of rapid change. Fray Servando was more of a true believer, and although he entertained some doubts at the end of his life, he maintained his relentless convictions. The dialogue between these two figures is masterfully ironic and is designed to reveal their weaknesses and flaws.

Both Heredia's and Fray Servando's writings are known for their stylistic exaggerations and the incorporation of autobiographical elements. Considering these characteristics and those of the works of Reinaldo Arenas, it is not surprising that these figures appear in the last section of El mundo alucinate. Arenas' text maintains a dialogue with history, and his discourse reveals the tensions of ideological and historical struggles. Arenas' novel conveys the admirable and dismaying aspects of ideological extremism. It also points toward certain patterns in political and literary history which tend to repeat themselves.

Arenas wrote his text while in Cuba, but the subject of exile has a haunting quality in the novel. <u>El mundo alucinante</u> points simultaneously toward the past and future. In a historical and literary sense, Cubans have not been able to overcome their past, nor have they succeeded in breaking the repetitious patterns of their history. Exile is still a fact of life in the Cuban literary world, an indicator of wounds that have not been healed, of reconciliations and unity that are still to be achieved.

Raymond D. Souza
University of Kansas

LA CUENTISTICA CUBANA DE LA DIASPORA:
RECUENTO Y POSIBILIDADES

En 1985 se cumplen cinco lustros de haberse producido la violenta escisión ideológica y política que trajo como consecuencia el éxodo en masa del pueblo cubano, hecho sin precedentes en la historia del continente americano.

Para todo observador objetivo, resulta innegable que las figuras cimeras de la narrativa cubana salieron al exilio y han continuado su quehacer artístico, dando testimonio vivo de una intelectualidad totalmente comprometida con la libertad.

A las firmas de fama reconocida, se unieron otras figuras que apenas habían comenzado su actividad creadora en la isla, además de un grupo de narradores nuevos que abordaba sus primeros trabajos en el destierro, y cuya obra es resultado directo del mismo. Hoy, después de un período de 25 años de expatriación, puede asegurarse que todos estos escritores, adscritos a diversas tendencias y estilos, e integrantes de heterogéneas promociones generacionales, han ido dejando testimonio de su quehacer esencial en una producción cuentística que, a pesar de sus lógicos desniveles, muestra claros ejemplos de seriedad, rigor y altos vuelos artísticos.

Para facilitar el estudio de conjunto de la narrativa corta cubana del exterior y de la labor de sus figuras más destacadas, podríamos clasificar este conglomerado de autores en tres grandes grupos. El primero abarcaría a los narradores de más renombre y fama antes de salir al exilio, sin distingo del grupo generacional a que pertenecen, y cuya expatriación tuvo lugar en épocas y situaciones bien disímiles. Nos referimos particularmente a Carlos Montenegro, Lino Novás Calvo, Lydia Cabrera, Enrique Labrador Ruiz, Severo Sarduy, Calvert Casey, Reinaldo Arenas, Ramón Ferreira, Guillermo Cabrera Infante, Lorenzo García Vega, y el chileno-cubano Alberto Baeza Flores, por sólo nombrar algunos.

En el segundo grupo--que comprende a los narradores que comenzaban su carrera literaria en los años inmediatamente anteriores a la revolución castrista--podemos mencionar, entre otros, a Matías Montes Huidobro, Hilda Perera, Concepción T. Alzola, Julio Matas, Fausto Masó, René Jordan, Rogelio Llopis Fuentes, Ana María Simó, Nivaria Tejera, Anita Arroyo, Julieta Campos, José A. Arcocha, Eduardo Manet, Juan Arcocha, y José Mario Rodríguez.

Por último, un tercer grupo que contiene a los cuentistas que comienzan a publicar sus trabajos narrativos en el exilio--núcleo bien heterogéneo por su ideología y estética--cuyos integrantes, entre los de labor más asidua y libros publicados, son Carlos Alberto Montaner, José Sánchez-Boudy, Luis Ricardo Alonso, Alberto Andino, Celedonio González, Uva A. Clavijo, Manuel Linares, Pablo Le Riverend, Wilfredo Alcover, Andrés Rivero Collado, Angel Castro, Oscar Gómez Vidal, Manuel Cachán, Raoul García Iglesias, Humberto Peña, Ignacio Galbis, Roberto G. Fernández, Beltrán de Quirós, Andrés Candelario y Pedro Entenza, muerto trágicamente en 1969, así como otros muchos que harían esta lista interminable. (Consúltese la bibliografía selecta al final de este trabajo.)

Este último grupo constituye con propiedad la cuarta generación literaria cubana del siglo XX que, con motivo del éxodo, bien podría llamarse generación de la escisión o generación de las dos vertientes, por tener una en la isla, dogmática y marxista, y otra en el exterior, en lucha contra el desarraigo, la también denominada generación del exilio o del destierro.

Por cierto, desde 1980, año de la llegada de los expatriados de Mariel, miles de cubanos, muchos de ellos jóvenes escritores y artistas, se han asentado en los Estados Unidos. Aquí, bajo el capaz liderazgo del conocido narrador Reinaldo Arenas, se han agrupado en torno a la revista Mariel, que fundaron en 1983. Estos escritores se auto-identifican como integrantes de la "generación del Mariel," aunque con mayor precisión constituyen la más joven promoción de la generación de las dos vertientes (en su cantera de la isla) ya que con motivo de su expatriación por no haberse ajustado a los postulados marxista-leninistas, se han unido a la vertiente del destierro o exilio, aportando nuevas vivencias y perspectivas. Entre las figuras de este grupo que con mayor asiduidad cultivan la narrativa corta se cuentan Roberto Valero, Carlos Victoria, Reinaldo García Ramos, René Cifuentes, Carlos A. Díaz, Juan Abreu, y Manuel F. Ballagas.

Esta mezcla intergeneracional de narradores que hoy conviven en el exilio y en plena producción artística, trae como resultado lo que puede parecer como una producción masiva y a veces caótica; genuina labor de un pueblo en éxodo que cifra su supervivencia cultural en la continuación de una rica tradición literaria, con la que debe mantenerse entroncada, sin permitir que se extingan los lazos espirituales que todavía a ella la atan, a pesar del violento extrañamiento geográfico.

Si analizamos con detenimiento la producción cuentística cubana del exilio durante los últimos 25 años, podremos comprobar con facilidad, que la misma responde más a proyectos individuales aislados que a labor de grupo, con excepción quizá de los venidos por el Mariel. Es decir, que resulta difícil hallar indicios de que los autores se hayan agrupado alrededor de ciertos cánones estéticos, estilísticos o temáticos, para ofrecer una producción narrativa concertada y coherente en cuanto a metas y objetivos específicos de grupo o escuela. Así, en muchos empeños se aprecia la ausencia de guía y dirección, y la escasez de una crítica literaria cubana que, mediante el examen y análisis reposado y sincero de dichas creaciones, y sin restar estímulo a los que se estrenan en estos esfuerzos narrativos, pueda orientarlos para situar sus producciones dentro del más amplio registro de las corrientes literarias del momento actual y de sus ensayos más renovadores e innovadores.

La cuentística cubana del destierro, como obra de exiliados, está rodeada de peculiares características que deben tenerse muy en cuenta. Como obra de expatriados, esta prosa de ficción, en la mayoría de los casos, está cargada de una tajante denuncia contra el sistema político que se adueñó de la isla y que ha obligado a los autores a abandonar el hogar y la patria. En otras palabras, muchas de las primeras muestras concebidas y escritas fuera de Cuba, llevan el sello indeleble del violento rompimiento con la raíz telúrica, así como del extrañamiento geográfico de sus creadores. Por ello, a la vehemente acusación contra los causantes de la tragedia de todo un pueblo al que se le ha escamoteado la libertad, se une también el grito desolado del desterrado que abruptamente ha perdido su suelo natal por haber sido cruelmente arrancado de su circunstancia vital.

Muchos de los relatos han servido para legar testimonios personales de trágicas vivencias de sus propios autores, erigiéndose, las más de las veces, en detallados documentos de carácter sociopolítico. Más que el deseo de producir una obra meramente estética, sus autores buscan utilizar la ficción narrativa como arma de combate para atacar al opresor que los arrojó de su tierra y luchar contra el sistema e ideología que lo sustentan en el poder. De ahí que la labor narrativa de los cubanos exiliados, aun la que ha sido calificada de escapista por alguno que otro crítico, haya sido, es y seguirá siendo una narrativa comprometida con la libertad: verdadera literatura de compromiso, radicalmente opuesta al totalitarismo, en general, y al castrocomunismo, en particular.

Lo anterior no desea implicar que la totalidad de la narrativa corta cubana producida en el exterior en los últimos lustros tenga que ser ubicada exclusivamente dentro de este grupo. Por el contrario, con el transcurso del tiempo, los escritores cubanos han tenido que ir fijando residencia en medio de su amargura, y al escrutar la sociedad que les circunda, han descubierto en ella una angustia existencial a veces muy similar a la propia, aunque de origen y matices bien diversos. Esta toma de conciencia de la nueva realidad puede traducirse y de hecho así ha sido, en una mayor o menor evasión reflejada en los temas de sus creaciones y objetivada en la aparición de nuevos símbolos, diferentes paisajes, el alucinante y caótico devenir de la vida moderna, la prisa, los prejuicios, la corrupción y los excesos. En fin, que la obra literaria, va ahora madurando en el dolor y las nuevas vivencias, nutriéndose en fuentes de mayor intensidad interior, que le añadirán un temblor más general y una dimensión más universal. Y aunque parezca que en su temática se ha evadido de la agónica realidad del exilio, en toda ella queda siempre impregnado el dolor permanente del destierro.

Ahora bien, este incipiente tono de protesta de la narrativa cubana de la diáspora, no ha llegado todavía a convertirse en un grito de rebeldía contra el sistema o algunos de los rasgos contradictorios de la sociedad norteamericana de nuestros días. Es decir, que no podría definirse aún como literatura anti-establishment, si se nos permite el uso de ese término en inglés, que tan bien precisa y califica muchas de las producciones de otros grupos hispánicos en su asociación vivencial con la cultura anglosajona. No obstante, ya existen algunas breves muestras literarias de cubanos, en que el tema lógico del choque de culturas aparece permeado por un leve barniz de rebeldía y crítica contra ciertos aspectos incongruentes e injustificables de la estructura socio-económica del país, que dificultan la más positiva interrelación de los diversos grupos étnicos y culturales que integran esta gran nación. Pero, todavía, ese tono es de carácter constructivo, alentado e inspirado por los más sanos principios e ideales de justicia y equidad democráticas.

Después de revisar la labor cuentística cubana del exterior del último cuarto de siglo, debe significarse que este género es el que mejor se ha prestado a sus autores para apartarse en algo de la literatura de compromiso, y el que más oportunidad ha brindado para la exploración de variados temas y estilos.

Por conveniencia de simplificación didáctica, podríamos enmarcar los más destacado de la narrativa corta cubana de este período en los siguientes grupos temáticos, teniendo en cuenta las tendencias que se han manifestado de manera más reiterada:

Cuentos de denuncia y testimonio

Relatos típicos de una narrativa de catarsis, de denuncia política, que pretenden legar un documento contentivo de hechos acaecidos y presentados como ficción, para servir de ejemplo, aviso y lección a los lectores de todas latitudes. Por regla general, estas narraciones contemplan el pasado político desde los límites del destierro, y tratan de explicarlo o reinterpretarlo.

Cuentos del exilio o del destierro

Narraciones encaminadas a presentar la realidad del exilio en toda su dimensión y frustraciones con motivo del choque de culturas, y dificultades para abrirse paso e instalarse en un mundo de valores diferentes.

Cuentos infantiles y de ternura familiar

Textos inspirados en los más tiernos sentimientos de amor
familiar, ligados a la más genuina tradición juanramoniana; cándida
visión del mundo a través de los ojos infantiles de sus personajes.

Cuentos negristas o del folklore afroantillano/
viñetas costumbristas

Narraciones que ofrecen el sincretismo maravilloso de lo africano y lo hispánico, mezclando lo poético con el gracejo humorístico
africano. También, junto a esta tendencia, ha comenzado a desa-
rrollarse la viñeta costumbrista, que presenta nuevos personajes
pintorescos del exilio y recrea tipos inolvidables de nuestro folklore
tradicional.

Cuentos de tema campesino

Esta ha sido una constante típica de la narrativa corta cubana
desde que la esbozó Jesús Castellanos a principios del siglo y, más
tarde, llevada a su mejor expresión por Luis Felipe Rodríguez,
maestro de la corriente nativista o criollista. Son muchos los relatos
aparecidos en estos años basados en caracteres y situaciones de la
campiña cubana; también aparece el guajiro como figura rebelde que
se opone a las injusticias políticas y sociales de todos los tiempos.

Cuentos fantásticos y del absurdo

Durante los últimos años se ha visto multiplicarse este tipo
de narración que se amolda a las características de la mejor narrativa corta de Hispanoamérica a la manera de Borges, Rulfo, Arreola,
Cortázar y otros afamados cuentistas. Ya existen innumerables
ejemplos contentivos de las más modernas técnicas y ensayos innovadores de la narrativa corta del momento.

Hasta aquí, en forma sintética, nuestra visión panorámica del
desenvolvimiento de la cuentística cubana del exterior, de sus tendencias más destacadas y sus autores de potencialidad. Si bien no
podemos declarar que todos y cada uno de los intentos realizados
hasta la fecha son de excelsa calidad, es justo decir que la labor
de conunto se hace merecedora del reconocimiento de la nación en
el destierro y de los estudiosos de la literatura hispanoamericana,
que deben ver en la constante dedicación de estos narradores exiliados, la firme decisión de mantener la alta tradición de calidad de
la cuentística cubana, que se remonta a los Cuentos Orientales
(1829) de José María Heredia, primer libro de relatos que apareció
en el horizonte de las letras cubanas a principios del siglo XIX, y

obra también de un escritor en el destierro.

Julio E. Hernández-Miyares
Kingsborough Community College
City University of New York

EL CUENTO CUBANO EN EL EXILIO:
BIBLIOGRAFIA SELECTA

Abella, Lorenzo. <u>Mas allá del espejo</u>. Puerto Rico: Editorial Clavell, 1970.

Acosta Tijero, Alberto. <u>La pierna artificial y otros cuentos</u>. New York: Las Américas, 1971. 106 pp.

Alcover, Wilfredo. <u>Cuentos cortos</u>. Miami, 1965. 28 pp.

_____. <u>Recopilación de cuentos cortos</u>. Miami, Otoño de 1968. 27 pp.

_____. <u>Kaktos: Recopilación de cuentos cortos</u>. Miami, 1971. 34 pp.

_____. <u>Isla sin sol: IV Recopilación de cuentos cortos</u>. Miami, 1977. 34 pp.

Alvarez Fuentos, Germán. <u>Ficciones y realidades</u>. Oviedo, 1970. 270 pp.

Alzola y Vega, Concepción T. <u>La más fermosa</u> (Leyendas cubanas). Miami: Universal, 1975.

_____. <u>Las conversaciones y los días</u>. Miami: Universal, 1979. 47 pp.

Andino, Alberto. <u>Polvos y lodos</u> (Cuentos de Cuba). Madrid: Myr, 1968. 91 pp.

_____. <u>Frutos de mi trasplante</u>. Miami: Universal, 1979.

Arcocha, José A. <u>El esplendor de la entrada</u>. Madrid: Playor, 1975. 77 pp.

Arenas, Reinaldo. <u>Termina el desfile</u>. Barcelona: Seix-Barral, 1981. 174 pp.

Arroyo, Anita. <u>El pájaro de lata</u>. Puerto Rico, 1972.

Baeza Flores, Alberto. <u>Pasadomañana</u>. Barcelona: Artes Gráficas Medinaceli, 1975. 182 pp.

_____. Caribe amargo. Puerto Rico: Editorial San Juan, 1970. 210 pp.

_____. Porque allí no habrá noches. Miami: Universal, 1972. 217 pp.

Brenes, María. Diez cuentos para un libro. New York: Las Américas, 1963. 99 pp.

Cabrera, Lydia. Ayapá: Cuentos de Jicotea. Miami: Universal, 1971. 269 pp.

_____. Francisco y Francisca (Relatos humorísticos). Miami: Universal, 1976. 72 pp.

_____. Cuentos para adultos, niños y retrasados mentales. Miami: 1983.

Cabrera Infante, Guillermo. Vista del amanecer en el trópico. Barcelona: Biblioteca Breve, Seix-Barral, 1974. 240 pp.

_____. Exorcismos de esti(l)o. Barcelona: Biblioteca Breve, Seix-Barral. 302 pp.

Cachan, Manuel. Cuentos políticos. New York: Colección Mensaje, No. 36, 1971. 64 pp.

_____. Cuentos de aquí y de allá. Miami: Universal, 1977. 64 pp.

Calatayud, Antonio. El testamento de los desheredados. Miami: Editorial Ponce, 1981. 68 pp.

Campos, Julieta. Celina y los gatos. México: Siglo XXI, 1970. 22 pp.

Candelario, Andrés. Tiempo de morir. Miami: Universal, 1985.

Carrión, Alfredo. Fragmentos de un diario. Miami: Interprint, 1982. 71 pp.

Casal, Lourdes. Los fundadores: Alfonso y otros cuentos. Miami: Universal, 1973. 76 pp.

Casey, Calvert. Notas de un simulador. Barcelona: Seix-Barral, 1969. 131 pp.

Castro, Angel. Cuentos de exilio cubano. New York: Lectorum, 1970. 96 pp.

_____. Cuentos yanquis. Miami: Universal, 1971.

_____. Cuentos de Nueva York. Miami: Universal, 1973. 77 pp.

_____. Cubano, go home. New York: Eliseo Torres, 1973.

Clavijo, Uva A. Eternidad. New York: Plaza Mayor, 1971. 99 pp.

_____. Ni verdad ni mentira y otros cuentos. Miami: Universal, 1977. 135 pp.

Díaz, Pedro Ernesto. Cuatro cuentos cristianos. Miami, 1964. 109 pp.

Dorta-Duque, Manuel. Charada (Cuentos Sencillos). Puerto Rico, 1982. 84 pp.

Durán, Gustavo. Palabras: un recuento de mi vida en los Estados Unidos. San Francisco, 1970. 159 pp.

Fernández, Roberto G. Cuentos sin rumbo. Miami: Universal, 1975. 63 pp.

_____. La vida es un Special. Miami: Universal. 93 pp.

Fernández Jiménez, Georgina T. Claroscuro. Miami, 1981. 60 pp.

Fernández Marcane, Leonardo. 20 cuentistas cubanos. Miami: Universal, 1978. 126 pp.

Ferreira, Ramón. Los malos olores de este mundo. Mexico: FCE, 1969. 233 pp.

Galbis, Ignacio R. Trece relatos sombríos. Nueva York: Senda Nueva, 1979. 98 pp.

Galeote, Mario. El príncipe ermitaño (Narraciones). Miami: Universal, 1975. 47 pp.

Gálvez Jorge, Gilberto. Relatos cubanos (1970-1980). Salamanca: Cervantes, 1984. 87 pp.

García, Benito. Epístola a los cipayos. Miami: Universal, 1983. 71 pp.

García Cortez, Julio. Pataki (Leyendas y misterios de Orishas africanos). Miami: Universal, 1979.

García Iglesias, Raoul. Chirrinero. Miami: Universal, 1975. 156 pp.

García Vega, Lorenzo. Ritmos acribillados. Nueva York: Exilio, 1972. 116 pp.

Gómez Vidal, Oscar. Diez cuentos de ciudad amarga. Madrid, 1975. 90 pp.

_____. ¿Sabes la noticia...? Dios llega mañana. Nueva York: Senda Nueva, 1978.

González, Celedonio. La soledad es una amiga que vendrá. Miami: Universal, 1971. 92 pp.

Gutiérrez Kahn, Asela. Las pirañas y otros cuentos cubanos. Miami: Universal, 1972. 160 pp.

Henríquez, Enrique C. El esclavo y el reflejo. Miami: Rex, 1977. 219 pp.

Hernández, Leopoldo. ERIC (Viñetas sobre un ladrón chiquito). California, 1971. 72 pp.

Hernández-Miyares, Julio E. Narradores cubanos de hoy. Miami: Universal, 1975. 179 pp.

Hiriart, Rosario. Tu ojo, cocodrilo verde.... Madrid: Biblioteca Nueva, 1984.

Izquierdo-Tejido, Pedro. El cuento cubano (Panorámica y antología). Costa Rica: Lil, 1983. 345 pp.

Jiménez, René A. Reminiscencias cubanas (Relatos folklóricos cubanos). Miami: Universal, 1977. 108 pp.

León, Joaquín de. Sin reproche y otros cuentos. Mexico, 1970. 22 pp.

Le Riverend, Pablo. Jaula de sombras. Barcelona: Rondas, 1977. 98 pp.

López, Pedro Ramón. ¿Te acuerdas de aquello, Ofi? (Relatos). Madrid: Plaza Mayor, 1974. 79 pp.

Martínez Solanas, Enrique. Dos cuentos y dos leyendas. Argentina, 1964. 59 pp.

Matas Graupera, Julio. Erinia. Miami: Universal, 1971. 122 pp.

Montaner, Carlos Alberto. Póker de brujas. Bilbao: Vasco Americana, 1968. 128 pp.

_____. Instantáneas al borde del abismo. Puerto Rico: San Juan, 1970. 168 pp.

Montes Huidobro, Matías. La Anunciación y otros cuentos cubanos. Madrid: Clemares, 1967. 190 pp.

Muller, Alberto. Todos heridos por el norte y por el sur. Miami: Universal, 1981. 63 pp.

Novás Calvo, Lino. Maneras de contar. Nueva York: Las Américas, 1970.

Peña, Humberto J. Ya no habrá domingos. Miami: Universal, 1971. 144 p.

_____. Espinas al viento. Miami: Universal, 1983. 123 pp.

Perera, Hilda. Cuentos de Apolo (3$^{ra \cdot}$ edición). Miami, 1975. 100 pp.

_____. Cuentos para chicos y grandes. Valladolid: Miñón, 1976. 49 pp.

_____. Podría ser una vez.... España: Everest, 1981. 58 pp.

Poo, José María de. En días de gloria (Cuentos mambises y otros cuentos). Madrid: Paraninfo, 1967. 365 pp.

Puente Duany, Nicolás. Los amores de Mario y amigos y Marcelo y Mona. Puerto Rico: Maste G., 1982. 112 pp.

Quirós, Beltrán de. Los unos, los otros y el seibo. Miami: Universal, 1971. 75 pp.

_____. La otra cara de la moneda. Miami: Universal, 1985.

Rasco, Rafael. De Guacamaya a la Sierra. Miami: Universal, 1972. 231 pp.

Ripoll, Carlos. Julián Pérez por Benjamín Castillo. Nueva York: Las Américas, 1970. 57 pp.

Rivero Collado, Andrés. Rojo y Negro: Cuentos sobre la tragedia cubana. South Carolina: Cruzada, 1964. 22 pp.

_____. Cuentos para entender. Miami: Cruzada, 1979. 52 pp.

_____. 49 cuentos mínimos y una breve leyenda. Miami: Cruzada, 1980.

_____. Recuerdos. Miami: Cruzada, 1980. 80 pp.

_____. Sorpresivamente. Miami: Cruzada, 1981. 80 pp.

_____. Somos como somos. Miami: Cruzada, 1982. 48 pp.

Rodríguez Mancebo, Manuel. Selima y otros cuentos. Miami: Universal, 1976. 77 pp.

Rodríguez Zaldívar, R. Con su permiso, lea, sonría y siéntase feliz. Nueva York, 1980. 187 pp.

Rosado, Olga. Tres veces amor (Tres novelas cortas). Miami: Universal, 1977. 67 pp.

Saavedra, María Elena. Senderos. Miami: Universal, 1973, 1973. 78 pp.

Saínz de la Peña, José. Y Castro quedó atrás. Miami, 1970. 222 pp.

Sánchez, Nerín. Mis 6440 días de prisión en Cuba Roja. Miami, 1981. 220 pp.

Sánchez Boudy, José. Cuentos grises. Barcelona: Bosch, 1966. 166 pp.

_____. Cuentos del hombre. Barcelona: Bosch, 1969. 171 pp.

_____. Cuentos a luna llena. Barcelona: Bosch, 1971. 164 pp.

_____. Lilayando Pal Tu (Narraciones del folklore del exilio cubano). Miami: Universal, 1971.

_____. El picúo, el fisto, el barrio y otras estampas cubanas. Miami: Universal, 1978.

_____. Cuentos de la niñez. Miami: Universal, 1983. 79 pp.

_____. Cuentos blancos y negros. Miami: Universal, 1985.

Sánchez Torrentó, Eugenio. Francisco Manduley (La historia de un pescador de ranas). Coral Gables, 1965. 69 pp.

Santoyo de Matamoros, Olga. Fantasía oriental. Puerto Rico, 1969. 117 pp.

Soler, Auristela. A noventa millas. Miami: Universal, 1982.

Suárez Radillo, Carlos Miguel. Un niño. Madrid: Escelicer, 1972. 136 pp.

Velilla, Anna. Una luz en el camino. (Cuentos). Miami: Universal, 1977. 37 pp.

Ventura, Enrique J. Pancho Canoa y otros relatos. Miami: Universal, 1973. 118 pp.

Viana, Roberto. Los que por ti murieron. Miami, 1961. 64 pp.

Viera Trejo, Bernardo. Militantes del odio y otros relatos. Miami: AIP, 1964. 153 pp.

Vives, Pancho. Por la acera de la sombra (Cuentos cubanos). Miami: Universal, 1982. 119 pp.

Julio E. Hernández-Miyares
Kingsborough Community College
City University of New York

ACOSTA, AGUSTIN

n. 12 XII 1886, Matanzas (Matanzas)
m. 11 III 1979, Miami (Florida), EE.UU.

Poeta; abogado, hombre público
Ilustre hombre de letras, el Poeta Nacional de Cuba, titulo que
le fue conferido por el Congreso de la República en 1955, llevó una
vida consagrada a su arte y al bien de sus conciudadanos. Distinguido abogado, quien egresó de la Universidad de La Habana en 1918,
en plena carrera optó por servir a su patria, siendo Gobernador de
su provincia natal en 1933, Secretario a la Presidencia durante el
gobierno del Coronel Mendieta en 1934, y Senador por Matanzas en
1936. Al retirarse de la vida pública, se dedicó por completo a la
literatura. Tarde en la vida se vió obligado a salir de su pais, llegando, acompañado de su esposa, a Miami en 1972. Ni los rigores
del exilio ni los de la edad avanzada lograron enmudecer la voz del
poeta quien en Miami escribió dos poemarios. Estos y otros diez que
habia publicado en Cuba, constituyen su obra poética. Agustin Acosta,
siempre entregado a una escrupulosa producción, permaneció fiel a
su concepto del arte, evitando toda influencia de los "ismos" de cualquier estirpe y apartándose de cualquier tendencia que juzgara ajena
a los preceptos del modernismo. Entre los muchos honores que col-
maron su larga vida figuran sus inscripciones como Académico de Artes
y Letras en Cuba, Académico Correspondiente de la Real Academia de
la Lengua Española, y Presidente de Honor de los Ateneos de La Habana, Matanzas, y Cienfuegos.

Poet; lawyer, statesman
Agustin Acosta, who bore the title of National Poet of Cuba,
was a distinguished man of letters who devoted his life to his art
and to the good of his fellow citizens. A graduate of the University
of Havana in 1918, he was an able lawyer who interrupted a promis-
ing career in order to serve his country as an elected official. He
was governor of the province of Matanzas in 1933, secretary of the
presidency during the government of Colonel Mendieta in 1934, and
senator from Mantanzas in 1936. Upon retiring from public life, he
devoted himself entirely to literature. Late in life he was obliged
to leave his country and went to Miami with his wife in 1972. Neither
the rigors of life in exile nor those of old age were able to silence
the voice of the poet and he wrote two volumes of poetry in Miami.
These, together with ten others published in Cuba, constitute his

poetic output. Acosta, always an exceedingly painstaking writer, remained faithful to his concept of art and avoided the influence of any "ism" or poetic school that he adjudged to be foreign to the principles of modernism. Among the many honors that he received during the course of his long life were his inductions as Academician of Arts and Letters in Cuba, Corresponding Member of the Royal Academy of the Spanish Language, and Honorary President of the Atheneums of Havana, Matanzas, and Cienfuegos.

Bibliografía de libros publicados fuera de Cuba

El apóstol y su isla. Madrid: SIASCA Talleres, 1975.
Trigo de luna. Santo Domingo: Editorial Horizontes de América, 1978.

Crítica

Jiménez, José Olivio. Estudios sobre poesia cubana contemporánea: Regino Boti, Agustin Acosta, Eugenio Florit, Angel Gaztelu, Roberto Fernández Retamar. Nueva York: Las Américas Publishing Co., 1967.
Forés, Aldo. La poesía de Agustín Acosta. Miami: Ediciones Universal, 1977.

ACOSTA RUBIO, RAUL

n. 13 VIII 1910, Camagüey (Camagüey)

Novelista; periodista
Cursó estudios en las Escuelas Pías de su ciudad natal y de La Habana. Se dedicó a labores periodisticas durante muchos años, dirigiendo varias publicaciones periódicas, entre ellas Pueblo y La Política Cómica. Fundó la revista literaria Letras. Al marcharse de Cuba, se radicó en Venezuela donde se desempeñó como director de las revistas Elite y Variedades. Ha colaborado en muchos periódicos a través de la América Latina.

Novelist; journalist
He received his education in the Pías Schools of his native city and Havana. He worked as a journalist for many years and was the director of several publications, including Pueblo and La Política Cómica. He founded the literary journal Letras. Upon going into exile he settled in Venezuela where he directed Elite and Variedades. He has written for many newspapers throughout Latin America.

Bibliografía de libros publicados fuera de Cuba

Quiquiribú mandinga (se lo llevó el diablo). Miami: Ediciones Universal, 1976.
Cuba, todos culpables. Miami: Ediciones Universal, 1977.

ACOSTA SANCHEZ, MERCEDES

n. 15 IX 1913, La Habana (La Habana)

Poetisa, cuentista
Terminó estudios secundarios y posteriormente hizo estudios privados de música. En 1958 salió de Cuba y se radicó en Estados Unidos. Ha colaborado en revistas y periódicos hispanos de varias ciudades norteamericanas y ha sido presentada en actos culturales.

Poet, short-story writer
She completed secondary school and later studied music with private teachers. In 1958 she left Cuba and settled in the United States. Her poetry and short stories have appeared in Spanish-language journals and newspapers in several cities and she has given poetry readings in various cultural centers.

Bibliografía de libros publicados fuera de Cuba

Ventana al infinito. Nueva York: Editorial Mensaje, 1974.
Carlos. New York: Unida Printing Corp., 1976.
Cien pétalos de rosa. New York: Unida Printing Corp., 1978.
Una mujer difícil. New York: Peninsula Printing Corp., 1981.

ACOSTA Y FERNANDEZ, IVAN MARIANO

n. 17 XI 1943, Santiago de Cuba (Oriente)

Dramaturgo
Cursó su segunda enseñanza en Cuba. Después de su llegada a Estados Unidos en 1962, llevó a cabo estudios en el Austin Peay College de 1963 a 1964, en la Escuela de las Artes y en el Instituto del Cine de la Universidad de Nueva York de 1965 a 1969, y en el New School for Social Research de 1972 a 1973, en donde obtuvo el grado de Bachelor of Arts con especialidad en producción y dirección cinematográfica y drama moderno. Fue Director del Primero, Segundo, y Tercer Festival de Arte Cubano, Director del Taller del Drama Español del Henry Street Playhouse y fundador y presidente del Centro Cultural Cubano de Nueva York. Ha dirigido muchas obras teatrales en español en el área metropolitana de Nueva York.

Playwright
He received his primary and secondary education in Cuba. After coming to the United States in 1962, he studied at Austin Peay College from 1963 to 1964, the School of the Arts and the Film Institute of New York University from 1965 to 1969, and the New School for Social Research from 1972 to 1973 where he received a bachelor's degree with a major in film production and modern drama. He was director of the First, Second, and Third Festival of Cuban Art,

director of the Spanish Drama Workshop of the Henry Street Playhouse, and founder and president of the Cuban Cultural Center of New York. He has staged and directed many Spanish-language theater productions in the New York area.

Bibliografía de libros publicados fuera de Cuba

Abdalá-José Martí. New York
Grito-71. New York
No son todos los que están. New York
El super. Miami: Ediciones Universal, 1982.

Crítica

Abdalá-José Martí
New York Times (23/8/72), p. 34:2

ADELSTEIN, MIRIAM

n. 4 II 1927, Matanzas (Matanzas)

Novelista; educadora
Se doctoró en pedagogía en la Universidad de La Habana en 1953 y en 1955 recibió el título de Profesora de Inglés en la misma institución académica. Inició su carrera docente en Matanzas en cuyo Instituto de Segunda Enseñanza ocupó los puestos de profesora auxiliar y profesora de inglés. Se marchó al exilio en 1966, radicándose en el Canadá. Enseñó en la Universidad de Waterloo desde 1966 a 1967, pasando luego a la Universidad de Guelph. Ha colaborado en revistas profesionales con artículos sobre literatura y la enseñanza de lenguas extranjeras.

Novelist; educator
She received a doctorate in education from the University of Havana in 1953 as well as the title of Professor of English from the same institution in 1955. She began her teaching career at the Institute of Secondary Education in Matanzas where she was a professor of English. Leaving Cuba in 1966, she settled in Canada. She taught at the University of Waterloo from 1966 to 1967, subsequently moving to the University of Guelph. She contributes articles on literature and foreign-language teaching to scholarly journals.

Bibliografía de libros publicados fuera de Cuba

La enseñanza del español como idioma extranjero: de la teoría a la práctica. Madrid: Playor, 1973.
Los intrusos. Miami: Ediciones Universal, 1978.

AGRAMONTE Y PICHARDO, DANIEL ROBERTO

n. 3 V 1904, Santa Clara (Las Villas)

Ensayista; sociólogo, psicólogo, educador, diplomático
Se doctoró en leyes y en filosofía y letras en la Universidad
de La Habana. Distinguido académico, durante su carrera ocupó
los siguientes cargos: Profesor de Historia y Filosofía en la Universidad de La Habana desde 1924 a 1927, Profesor de Psicología y
Profesor Titular de Sociología en la Universidad de La Habana,
catedrático fundador de la Facultad de Humanidades de la Universidad de San Carlos de Guatemala y Profesor Extraordinario de la
Universidad Nacional Autónoma de México. Fue embajador de Cuba
en México desde 1946 a 1947, así como Ministro de Estado en 1959.
En el exilio ha sido investigador científico y catedrático de la Universidad de Puerto Rico. Además, ha sido profesor conferenciante
de la Universidad Interamericana de Puerto Rico. Es miembro fundador de la International Sociological Association y miembro del Institut International de Sociologie, de la American Sociological Association y de otros grupos académicos y profesionales. En 1979
obtuvo el premio literario Juan J. Remos.

Essayist; sociologist, psychologist, educator, diplomat
He received doctorates in law and humanities from the University of Havana. A distinguished academic, he held the following
titles during the course of his career: Professor of History and
Philosophy at the University of Havana from 1924 to 1927, Professor
of Psychology and Professor of Sociology at the University of Havana,
founding Professor of the School of Humanities of San Carlos University in Guatemala, and Extraordinary Professor at the National
Autonomous University of Mexico. From 1946 to 1947 he was ambassador of Cuba in Mexico, and in 1959 he served as minister of
state. Since leaving Cuba, he has held the posts of scientific in-
vestigator and professor at the University of Puerto Rico and has
also been professor/lecturer at the Inter American University of
Puerto Rico. He is a founding member of the International Sociological Association as well as a member of the Institut International
de Sociologie, the American Sociological Association, and other
academic and professional groups. In 1979 he was awarded the Juan
J. Remos literary prize.

Bibliografía de libros publicados fuera de Cuba

Mendieta y Núñez y su magisterio sociológico. Ciudad de México:
    Editorial Cultura, 1961.
Estudios de sociología contemporánea. Ciudad de México: Instituto
    de Investigaciones Sociales, Universidad Nacional Autónoma
    de México, 1963.
Sociología latinoamericana. Río Piedras, Puerto Rico: Editorial
    Universitaria, 1963.

Principios de sociología: un libro para latinoamericanos. Ciudad de
México: Editorial Porrúa, 1965.
Martí y su concepción del mundo. Río Piedras, Puerto Rico: Edi-
torial Universitaria, 1971.
Sociología (curso introductorio). Río Piedras, Puerto Rico: Editor-
ial Edil, 1972.
Sociología (curso introductorio). 2ª ed. Río Piedras, Puerto Rico,
Editorial Universitaria, 1978.
Teoría sociológica: exégesis crítica de los grandes sistemas. San
Juan, Puerto Rico: Editorial Universitaria, 1981.
Juan Montalvo en su epistolario. Río Piedras, Puerto Rico: Editorial
Universitaria, 1982.
Martí y su concepción de la sociedad. Río Piedras, Puerto Rico:
Editorial Universitaria, 1984.

AGUILAR, JUAN E.

n. 24 VI 1921, Santiago de Cuba (Oriente)

Poeta (Seudónimo: Nauj Raliuga)
    Terminó estudios de bachillerato en el Colegio de Belén en La
Habana en 1940 y cursó el primer año de odontología en la Universidad de La Habana. Fue ejecutivo y presidente de una compañía
importadora hasta su salida de Cuba en 1961. En Estados Unidos
ha ocupado el puesto de jefe de ventas para la América Latina en
empresas que fabrican productos ópticos. Ha colaborado en las
revistas literarias Orbe y Norte.

Poet (Pseudonym: Nauj Raliuga)
    He completed his secondary studies at the Colegio Belén in
Havana in 1940 and studied one year of dentistry at the University
of Havana. He was a business executive and president of an import-
ing company until his departure from Cuba in 1961. Since his arrival in the United States, he has held positions as Latin American
sales manager for manufacturers of optical equipment. His poetry
has appeared in the journals Orbe and Norte.

Bibliografía de libros publicados fuera de Cuba

Los "peros" de Naishapur. Marid: Plaza Mayor, 1972.

Crítica

Los "peros" de Naishapur
        Círculo IV (1973-1974), p. 186-187

AGUIRRE, ANGELA M.

n. Santa Clara (Las Villas)

Ensayista; educadora
Cursó toda su educación superior en la Universidad de la
Ciudad de Nueva York, doctorándose en 1980. Ha enseñado en
Hunter College (1973-1976), Gettysburg College (1976-1979), Leban-
on Valley College (1979-1980) y desde 1980, en William Patterson
College.

Essayist; educator
She received both her undergraduate and graduate education
at the City University of New York where she earned a doctorate
in 1980. She has taught at Hunter College (1973-1976), Gettysburg
College (1976-1979), Lebanon Valley College (1979-1980), and, from
1980 to the present, at William Paterson College.

Bibliografía de libros publicados fuera de Cuba

Vida y crítica literaria de Enrique Piñeyro. Nueva York: Senda
Nueva de Ediciones, 1981.

AJOEL, MARCO véase/see MARQUEZ, ENRIQUE

ALBA-BUFFILL, ELIO

n. 1928, La Habana (La Habana)

Ensayista; educador
Completó estudios secundarios en el Instituto de La Habana,
graduándose en 1948. Se doctoró en leyes en la Universidad de La
Habana en 1953 y enseñó en la Universidad San Juan Bautista de
la Salle de 1958 a 1961, año en que salió al exilio. Se radicó en
Nueva Jersey, Estados Unidos y ejerció la docencia en escuelas
secundarias. Obtuvo el título de Master of Arts en la Universidad
de Rutgers en 1967 y más tarde se doctoró en la Universidad de
Nueva York. Desde 1969 enseña en Kingsborough Community College donde es Profesor Titular. Ha colaborado en muchas revistas
literarias y ha pronunciado numerosas conferencias en universidades
y centros culturales.

Essayist; educator
He received his secondary education at the Havana Institute
where he graduated in 1948. In 1953 he received a doctorate in law
from the University of Havana and from 1958 to 1961 taught at Saint
John the Baptist of La Salle University. He went into exile in 1961

and settled in New Jersey where he became a high school teacher. In 1967 he received a master's degree from Rutgers University and, subsequently, a doctorate from New York University. He has been teaching at Kingsborough Community College since 1969 and currently holds the rank of professor. His articles have appeared in many literary journals and he has lectured in universities and cultural centers in several states.

Bibliografía de libros publicados fuera de Cuba

Enrique José Varona: crítica y creación literaria. Madrid: Hispanova de Ediciones, 1976.
Estudios literarios sobre Hispanoamérica. San José: Texto Ltd., 1976. (editor)
Indice de "El Pensamiento." 1879-1880. Nueva York: Senda Nueva de Ediciones, 1977. (coautor)
Spanish for nurses and allied health students. New York: Arco, 1977.
Los estudios cervantinos de Enrique José Varona. Nueva York: Senda Nueva de Ediciones, 1979.
Festschrift: José Cid Pérez. Nueva York: Senda Nueva de Ediciones, 1981. (coeditor)
José Martí ante la crítica actual (En el centenario del "Ismaelillo"). Verona, N.J.: Círculo de Cultura Panamericana, 1983. (coeditor)
Conciencia y Quimera. Nueva York: Senda Nueva de Ediciones, 1984.

Crítica

Indice de "El Pensamiento." 1879-1880.
    Románica XIV (1977), p. 70
    Hispamérica año VII, No. 19 (1978), p. 114-116
Spanish for nurses and allied health students.
    Modern Language Journal v. 61:429 (12/77)
Enrique Varona: crítica y creación literaria
    Hispania v. 61:392, No. 2 (5/78)
    Chasquí Vol. VI, No. 3 (5/77), p. 116-117

ALBERTINI, JOSE ANTONIO

    n. 11 VII 1944, Santa Clara (Las Villas)

Cuentista
    Recibió su primera y segunda enseñanza en las escuelas públicas de su pueblo. No pudo terminar el bachillerato por ser expulsado del Instituto de Segunda Enseñanza de Santa Clara a raíz de sus actividades anti-comunistas. Continuó sus actividades conspirativas hasta ser detenido y condenado a prisión. Al salir en libertad trabajó como maestro, constructor, y cortador de caña. Abandonó el país en 1980 por vía de Jamaica. En la actualidad vive en Miami.

Short-story writer
He received his primary and secondary education in the public school system of his native city but was not able to complete the latter because he was expelled from the Institute of Secondary Education in Santa Clara for his anti-communist activities. He continued these, however, until his arrest and sentencing to prison. Upon his release, he worked as a teacher, builder, and sugar cane cutter until leaving the country in 1980 via Jamaica. He currently resides in Miami.

Bibliografía de libros publicados fuera de Cuba

Tierra de extraños. Miami: Ediciones Universal, 1983.

Crítica

Diario Las Américas (17/11/83), p. 12-B

ALCOVER HERRERA, WILFREDO

n. 12 VII 1919, La Habana (La Habana)

Cuentista; laboratorista, pintor
Trabajó como laboratorista con especialidad en la anatomía patológica en el Instituto del Radium del Hospital Nuestra Señora de las Mercedes durante 24 años hasta su salida al exilio. Pintor autodidacto, trabajó también como ilustrador de libros médicos. Es bien conocido por sus acuarelas de las aves de Cuba. Sus pinturas fueron exhibidas en el Capitolio, el Palacio de Bellas Artes, el Museo Nacional, el Ministerio de Educación, y en muchas galerías hasta el fin de 1958. En 1961 fue a Estados Unidos, radicándose en Miami después de visitar a otras ciudades. Fundó la Asociación Cubana de Artes Plásticas en el Exilio (ACAPE) y organizó una veintena de exhibiciones de las obras de pintores exiliados. Bajo su dirección fueron otorgados los premios Fundación Cintas-ACAPE. Ha contribuido gran número de artículos y cuentos a periódicos y revistas los cuales han sido recopilados en varios volúmenes. Al presente es editor de la publicación cultural Resumen. Sus pinturas han sido exhibidas en galerías de Miami, Washington, Nueva York, y San Juan.

Short-story writer; laboratory technician, painter
He worked for 24 years as a laboratory technician specializing in pathological anatomy at the Radium Institute of the Nuestra Señora de las Mercedes Hospital until going into exile. A self-taught painter, he also worked as an illustrator of medical books. He is especially known for his watercolors of the native birds of Cuba. His paintings were exhibited in the National Capitol, the Palace of Fine Arts, the National Museum, the Ministry of Education,

and in local galleries until the end of 1958. He went to the United States in 1961 and after visiting several cities, settled in Miami where he founded the Cuban Association of Plastic Arts in Exile (ACAPE). He organized approximately 20 exhibitions of the works of exiled painters. Under his direction, Cintas Foundation-ACAPE prizes were awarded to deserving artists. He has been a prolific contributor of articles and short stories to newspapers and journals and these have been collected and published in several volumes. Currently, he is editor of the cultural journal Resumen. His paintings have been exhibited in galleries in Miami, New York, and San Juan.

Bibliografía de libros publicados fuera de Cuba

Cuentos cortos, primera recopilación, 14 cuentos con ilustraciones
    del autor. Miami: 1965.
Estampas cubanas. Miami: 1965.
Cuentos cortos, segunda recopilación. 13 cuentos con ilustraciones
    del autor. Miami: 1968.
Estampas cubanas. 2ª ed. Miami: 1968.
Kaktos; tercera recopilación de Cuentos cortos. 14 cuentos con
    ilustraciones del autor. Miami: 1971.
Estampas de la historia de Cuba, primera parte. Miami: 1972.
Estampas de la historia de Cuba, segunda parte. Miami: 1972.
Isla sin sol; recopilación de Cuentos cortos. Miami: 1977.
Hospital Nuestra Señora de las Mercedes e Instituto del Radium
    "Juan Bruno Zayas." Miami: 1981.

ALDAYA, ALICIA G.R.

    n. La Habana (La Habana)

Ensayista; educadora
    Terminó estudios de bachillerato en la Academia Ruston. Posteriormente estudió en la Universidad de La Habana y al trasladarse a Estados Unidos, en la Universidad de Tulane. Actualmente es Profesora Titular en la Universidad de Nueva Orleans. Es miembro de varias asociaciones profesionales y forma parte del consejo editorial de Letras Femeninas.

Essayist; educator
    She received her secondary education at the Ruston Academy in Havana and subsequently studied at the University of Havana and, after going to the United States, at Tulane University. A member of the faculty of the University of New Orleans, she holds the rank of professor. She belongs to several professional associations and is a member of the editorial board of Letras Femeninas.

Bibliografía de libros publicados fuera de Cuba

La narrativa de Hilda Perera. Madrid: Playor, 1978.
Tres poetas hispanoamericanos. Madrid: Playor, 1978.

ALEMAN, SERAFIN

Ensayista; educador
     Estudió lingüística y literatura española en la Universidad de
Nueva York, dos materias que actualmente enseña en Kean College
de Nueva Jersey.

Essayist; educator
     He studied linguistics and Spanish literature at New York
University and currently teaches both subjects at Kean College in
New Jersey.

Bibliografía de libros publicados fuera de Cuba

Juegos de vida y muerte: el suicidio en la novela galdosiana.
     Miami: Ediciones Universal, 1978.

ALMENDROS, NESTOR

     n. 30 X 1930, Barcelona, España

Crítico de cine
     Terminó sus estudios secundarios en el Instituto de la Víbora
en 1949. Se doctoró en filosofía y letras en la Universidad de La
Habana en 1956 y al año posterior se fue a estudiar en el Centro
Sperimentale di Cinematografía en Roma. Fue director y camaró-
grafo en el ICAIC de 1960 a 1961 y crítico de cine para la revista
Bohemia de 1961 a 1962. Desde que salió de Cuba ha sido director
de fotografía en Francia y Estados Unidos.

Film critic
     He finished his secondary education at the Víbora Institute in
1949 and in 1956 received a doctorate in philosophy and letters from
the University of Havana. In 1957 he studied at the Centro Sperimentale di Cinematografía in Rome. He was a director and camera
man for ICAIC from 1960 to 1961 and film critic for Bohemia magazine
from 1961 to 1962. Since his departure from Cuba, he has worked
as a photography director in France and the United States.

Bibliografía de libros publicados fuera de Cuba

Un homme a la camera. Paris: Editorial Hatier, 1980.
Días de una cámera. Barcelona: Seiz Barral, 1983.

ALMIÑAQUE Y AGUDO, CONRADO

n. 2 III 1920, La Habana (La Habana)

Ensayista; abogado, educador
Estudió el bachillerato en el Instituto de Segunda Enseñanza
de La Habana. Se doctoró en leyes en la Universidad de La Habana
en 1943. Ejerció como abogado con bufete propio en La Habana
desde 1943 hasta 1960. Ocupó el puesto de Secretario al Ministro
de Comunicaciones de 1944 a 1948 y de 1950 a 1952. En 1960
abandonó el país y se marchó a Estados Unidos. Estudió en la
Universidad Estatal de Indiana, recibiendo los grados de Bachelor
of Arts en 1964 y Master of Science en 1966. Obtuvo certificados
de la Universidad de Madrid en 1967 y 1970. Enseñó en escuelas
de segunda enseñanza en Indiana de 1964 a 1967, año en que pasó
a la Universidad Estatal de Indiana donde enseña en la actualidad.

Essayist; lawyer, educator
He completed his secondary studies at the Institute of Secondary Education in Havana and in 1943 received a doctorate in law
from the University of Havana. He practiced law from 1943 until
1960 and also held the post of secretary to the Minister of Communications from 1944 to 1948 and again from 1950 to 1952. In 1960 he
went into exile and settled in the United States. He studied at
Indiana State University where he received a bachelor's degree in
1964 and a master's in 1967. He also received certificates of study
from the University of Madrid in 1967 and 1970. He taught in Indiana high schools from 1964 to 1967, then went to Indiana State
University where he still teaches.

Bibliografía de libros publicados fuera de Cuba

El concepto de la muerte en la literatura española del siglo XV.
    Montevideo: Editorial Géminis, 1975.
El indio pampero en la literatura gauchesca. Miami: Ediciones
    Universal, 1982.

ALOMA VELILLA, ANA

n. 1 VI 1925, Ranchuelo (Las Villas)

Poetisa, cuentista, ensayista; educadora
Hizo estudios de bachillerato en el Instituto de Segunda Enseñanza de Sancti Spíritus, ciudad en la que vivió muchos años.
Se doctoró en la Universidad de La Habana en filosofía y letras con
especialidad en estudios lingüístico-literarios. Se marchó al exilio
en 1960, radicándose en Estados Unidos. Se ha dedicado a la docencia, enseñando español en la Universidad de Boston y desde 1971 en
Regis College (Massachusetts) donde actualmente es Profesora
Asociada de Español.

Poet, short-story writer, essayist; educator
She received her secondary education at the Institute of Secondary Education in Sancti-Spíritus where she lived for many years. She received a doctorate in philosophy and letters, with specialization in linguistic-literary studies, from the University of Havana. In 1960 she went into exile in the United States where she began a university teaching career. She taught Spanish at Boston University and since 1971 has been teaching at Regis College (Massachusetts) where she is currently associate professor of Spanish.

Bibliografía de libros publicados fuera de Cuba

Versos claros como el agua. Buenos Aires: Ciupak-Canterelli, 1962.
Una luz en el camino. Miami: Ediciones Universal, 1976.

ALONSO, EUTIMIO

n. 11 III 1928, Donadillo (Zamora), España

Novelista; educador (Seudónimo: Alonso de Corzos)
Se doctoró en la Universidad de Santo Tomás de Villaneuva en 1961, habiendo sido Profesor de Etica en la misma institución desde 1955. Salió al exilio en 1961 y se radicó en España por un período de 4 años, trasladándose posteriormente a Estados Unidos. Desde 1965 ejerce la docencia en una escuela de segunda enseñanza de Massachusetts.

Novelist; educator (Pseudonym: Alonso de Corzos)
He received a doctorate from the University of Santo Tomás de Villanueva in 1961, after having taught ethics in the same institution for several years. The same year he went into exile, going first to Spain where he spent four years, and then to the United States. He has been a high school teacher in Massachusetts since 1965.

Bibliografía de libros publicados fuera de Cuba

Caña roja. Miami: Ediciones Universal, 1982.

ALONSO, LUIS RICARDO

n. 9 VII, 1929, San Juan de Parrés (Asturias), España

Novelista; abogado, periodista, diplomático, educador
Muy joven vino a Cuba, hijo de padres inmigrantes. Estudió en el Colegio de Belén y se doctoró en leyes en la Universidad de

La Habana. Ocupó altos puestos en el gobierno revolucionario, siendo embajador en el Perú, Noruega, e Inglaterra. Renunció este último puesto y se exilió en Estados Unidos. Después de obtener el grado de Master of Arts en Boston College, se doctoró en la misma institución en 1975. Actualmente enseña en la Universidad de Franklin Marshall. Su novela El Candidato resultó finalista en el certamen Premio Nadal de 1969.

Novelist; lawyer, journalist, diplomat, educator
He was brought to Cuba at an early age by his immigrant parents. He studied at the Colegio de Belén and received a doctorate in law from the University of Havana. Entrusted with positions of great responsibility in the revolutionary government, he was appointed ambassador to Peru and subsequently to Norway and England. It was from this last post that he went into exile in the United States. He received a master's degree from Boston College and a doctorate from the same institution in 1975. He currently teaches at Franklin Marshall University. His novel El Candidato was a finalist in the Nadal Prize literary competition of 1969.

Bibliografía de libros publicados fuera de Cuba

Territorio libre. Oviedo: Richard Grandío, 1967.
Territorio libre: a novel. Translated by Alan Brown. London: Owen, 1967.
El candidato. Barcelona: Ediciones Destino, 1970.
Los dioses ajenos. Barcelona: Ediciones Destino, 1971.
The candidate. Translated by Tania de Gámez. New York: Pocket Books, 1972.
El palacio y la furia. Barcelona: Ediciones Destino, 1976.
El supremísimo. Barcelona: Ediciones Destino, 1981.

Crítica

El candidato
    Hispania v. 54:600, No. 3 (9/71)
    Booklist v. 68:979 (15/7/72)
Territorio libre
    (London) Times Literary Supplement (9/1/67), p. 41
El supremísimo
    Américas (Mayo/Junio 1982), p. 64
Los dioses ajenos
    Handbook of Latin American Studies v. 36 (1974), p. 388, #4212

ALVAREZ ALFONSO, FELIPE

    n. 18 VII 1948, Güines (La Habana)

Poeta, cuentista (Seudónimo: Felipe Lázaro)
Salió de Cuba en 1960 y fue a Puerto Rico donde cursó estudios del bachillerato. Posteriormente se trasladó a España. Es Licenciado en Ciencias Políticas por la Universidad Complutense de Madrid. Colabora en la revista Actualidad Bibliográfica Iberoamericana y es ayudante de cátedra en la Facultad de Ciencias Políticas y Sociología de la misma universidad. Ha contribuido con poesía y artículos a revistas literarias de Colombia, España y Estados Unidos. Integra el consejo editorial de la revista literaria La Burbuja.

Poet, short-story writer (Pseudonym: Felipe Lázaro)
He left Cuba in 1960 and went to Puerto Rico where he finished high school. Later he settled in Spain. He holds a degree in political science from the Complutense University of Madrid. He writes for the journal Actualidad Bibliográfica Iberoamericana and is an assistant in the Faculty of Political Science of the same university. His poetry has appeared in literary journals in Colombia, Spain, and the United States. He is a member of the editorial board of the literary review La Burbuja.

Bibliografía de libros publicados fuera de Cuba

Despedida del asombro. Madrid: Editorial Pueyo, 1974.
Las aguas. Bilbao: Editorial Comunicación Literaria de Autores, 1979.
In memoriam. Madrid: Ediciones La Gota de Agua, 1980.
Ditirambos amorosos. Madrid: Resumen Literario El Puente, 1981.

ALVAREZ BRAVO, ARMANDO

n. 5 XII 1938, La Habana (La Habana)

Poeta, crítico, ensayista
Hizo estudios de bachillerato en el Instituto de Segunda Enseñanza de La Habana y luego cursó estudios en la Escuela Profesional de Publicidad y en la Universidad de La Habana. Fue profesor de apreciación teatral y director y jefe de redacción de la Organización Técnica Publicitaria Latinoamericana. Perteneció a la dirección del Centro Cubano de Investigaciones Literarias y desempeñó el cargo de investigador literario en el Instituto de Literatura y Lingüística de la Academia de Ciencias. Ha hecho traducciones de poetas ingleses y norteamericanos. Colaboró en las revistas Unión y La Gaceta de Cuba. Fue Miembro de la Academia Cubana de la Lengua y Miembro Correspondiente de la Real Academia Española de la Lengua. Su poemario Para Domar un Animal ganó el primer Premio de Poesía José Luis Gallego en 1981. Salió al exilio en 1981 rumbo a España donde reside en la actualidad.

Poet, critic, essayist
He received his secondary educaiton at the Institute of

Secondary Education in Havana and then studied at the Professional
School of Publicity and the University of Havana. He was a professor of theater, and director and editorial chief of the Latin American Technical Publicity Organization. He held a management post
in the Cuban Center for Literary Investigation and was also a literary researcher in the Institute of Literature and Linguistics of
the Academy of Sciences. He has translated the works of English
and American poets and has written for the journals Unión and La
Gaceta de Cuba. He was a member of the Cuban Academy of the
Spanish Language and a corresponding member of the Royal Spanish
Academy of Language. His collection of poems Para Domar un Animal
won the first José Luis Gallego Prize for poetry in 1981. He left
Cuba for exile in Spain in 1981 and currently resides there.

Bibliografía de libros publicados fuera de Cuba

Juicio de residencia. Madrid: Playor, 1982.
Para domar un animal. Madrid: Editorial Orígenes, 1982.

ALVAREZ DE VILLA, ROLANDO

    n. 27 VIII 1915, La Habana (La Habana)

Novelista, poeta, ensayista, escritor de radio, televisión, y cine;
abogado, periodista, educador (Seudónimo: Alvaro de Villa)
        Estudió en las Escuelas Pías de La Habana y en el Colegio La
Salle. Después hizo el bachillerato en el Instituto de Segunda Enseñanza de La Habana. Se doctoró en leyes en la Universidad de
La Habana en 1942 y en pedagogía, en 1943. Desempeñó los cargos
de Letrado Consultor del Palacio Presidencial y Abogado de Oficio
de la Sala Segunda de la Audiencia de La Habana. Por otra parte
fue un conocido escritor de radio, televisión, y cine, y columnista
de la revista Carteles y de varios periódicos por muchos años.
Después de haber sido coletillado por la prensa cubana, abandonó
el país con su familia en 1960. Llegó a Miami donde ha permanecido
hasta el presente. Ha llevado a cabo en el exilio una notable actividad periodística, habiendo sido no solamente columnista de la revista
Bohemia y de los periódicos El Mundo, Diario Las Américas, y Miami
Herald, sino también director de la revista Mente Agil. También es
escritor y director de una radioemisora hispana de Miami y da cursos
de español y de literatura y cultura cubana en Biscayne College.
En 1968 ganó el Premio Ciudad de Oviedo por su novela El Olor de
la Muerte que Viene y en 1972 el Premio Jorge Mañach por su ensayo "El Alma Cubana."

Novelist, poet, essayist, radio, television, and screen writer; lawyer,
journalist, educator (Pseudonym: Alvaro de Villa)
        He attended the Pías Schools of Havana and the Colegio La
Salle and completed his secondary studies at the Institute of Secondary

Education of Havana. After receiving doctorates in law and education from the University of Havana in 1942 and 1943, respectively, he held the posts of legal consultant to the presidential palace and lawyer of the Second Court of the Tribunal of Havana. He was also a well-known radio, television, and screen writer as well as a columnist for Carteles magazine and several newspapers for many years. After being slandered in the Cuban press, he left the country with his family in 1960 and settled permanently in Miami, where he has continued the journalistic activity he began years earlier in Havana. He is a columnist for Bohemia magazine and for the newspapers El Mundo, Diario Las Américas, and Miami Herald, as well as director of the journal Mente Agil. He is also a writer and producer for a Miami-based Hispanic radio station, and instructor of Spanish and Cuban literature and culture at Biscayne College. In 1968 he won the Ciudad de Oviedo prize for his novel El Olor de la Muerte que Viene and in 1972 the Jorge Mañach prize for his essay "El Alma Cubana."

Bibliografía de libros publicados fuera de Cuba

El olor de la muerte que viene. Oviedo: Richard Grandío, 1967.
El alma cubana. Miami: Municipio de Sagua la Grande en Exilio, 1972.
Mi Habana. Miami: Ediciones Universal, 1972.
Los pobrecitos pobres. Miami: Ediciones Universal, 1972.
Lezama Lima: peregrino inmóvil. Miami: Ediciones Universal, 1974.
   (coautor)
Con ton y son. Miami: Rex Press, 1977.

Crítica

El olor de la muerte que viene
   Diario Las Américas (9/9/65), p. 5
   Diario Las Américas (8/3/73), p. 5
   Caribe 1 i (1976), p. 129

ALVAREZ FUENTES, GERMAN

   n. 9 XII 1895, Holguín (Oriente)

Cuentista, biógrafo; farmacéutico
   Cursó la primera y segunda enseñanza en las Escuelas Pías de San Francisco en Camagüey y en el Instituto de la Segunda Enseñanza de la misma ciudad. Se graduó de Doctor en Farmacia en la Universidad de La Habana en 1916 y ejerció su profesión desde 1917 hasta 1960 cuando se vió forzado de abandonar el país. A través de los años llevó a cabo distintos negocios en ganadería, tierras, azúcar, café y tabaco. Fue Ministro de Agricultura de 1944 a 1947 y Senador de la República de 1948 a 1951.

Short-story writer, biographer; pharmacist
He received his primary and secondary education at the Pías Schools of San Francisco in Camagüey and at the Institute of Secondary Education of the same city. After receiving a doctorate in pharmacy from the University of Havana in 1916, he practiced his profession from 1917 until 1960 when he was obliged to leave the country. Throughout the years he successfully invested in cattle, land, sugar, coffee, and tobacco. He served as minister of agriculture from 1944 to 1947 and as senator from 1948 to 1951.

Bibliografía de libros publicados fuera de Cuba

Ficciones y realidades. Oviedo: Gráficas Summa, 1970.
Thomas Jefferson y su tiempo. Miami: Rex Press, 1977.

ALVARIÑO, JESUS

Poeta; director, actor
Se fue al exilio en 1960. Es maestro en radio, televisión y arte dramático.

Poet; director, actor
He left Cuba for exile in 1960. He has a degree in radio, television, and dramatic arts.

Bibliografía de libros publicados fuera de Cuba

Otro libro. Madrid: Playor, 1978.

ALVARO SANTANA, GASTON

n. 19 I 1936, Bayamo (Oriente)

Poeta; educador
Hizo estudios de bachillerato en el Instituto de Holguín. Es Doctor en Ciencias Sociales y Derecho Público, Licenciado en Derecho Diplomático y Consular y Licenciado en Derecho Administrativo por la Universidad de La Habana. Ejerció como Profesor de Historia en la Universidad de La Habana desde 1964 a 1968. En 1970 se marchó del país, radicándose en Nueva Jersey, Estados Unidos. Recibió el grado de Master of Arts en Montclair State College en 1974 y se doctoró en la Universidad de Miami en 1981. Ha enseñado en Montclair State College y en Mercy College, y en la actualidad es Profesor de Ciencias Sociales en Biscayne College.

Poet; educator
He completed his secondary education at the Holguín Institute

and received a doctorate in social sciences and public law from the University of Havana, as well as undergraduate degrees in diplomatic and consular law and in administrative law from the same institution. He taught history at the University of Havana from 1964 to 1968. In 1970 he went into exile and settled in New Jersey. He received a master's degree from Montclair State College in 1974 and a doctorate from the University of Miami in 1981. He has taught at Montclair State College and Mercy College and at the present time is professor of social sciences at Biscayne College.

Bibliografía de libros publicados fuera de Cuba

Es peligroso asomarse. Madrid: Editorial Playor, 1981.

ALZAGA LORET DE MOLA, FLORINDA

n. 26 VII 1930, Central Senado (Camagüey)

Cuentista, ensayista, antologista; educadora
Estudió el bachillerato en el Instituto de su provincia y luego la carrera de Filosofía y Letras en la Universidad de La Habana donde se doctoró en 1956. Desempeñó varios cargos docentes en la Universidad Católica de Santo Tomás de Villanueva y en la Universidad de La Habana. Salió al exilio en 1962 y fijó su residencia en Miami, ciudad en la que ha permanecido hasta el presente. Allí reanudó sus labores docentes en la Academia de Notre Dame donde enseñó español y literatura inglesa y americana de 1962 a 1966. El mismo año pasó a Barry College donde en la actualidad ocupa las cátedras de español y filosofía. Racibió el grado de Master of Arts en la Universidad de Miami en 1971. Gran parte de su producción literaria refleja su preocupación por la vida y obra de la Avellaneda. Ha contribuido numerosos artículos y cuentos a periódicos y a revistas literarias. Su ensayo "Raíces del alma cubana" ganó el certamen Premio Literario Jorge Mañach en 1976.

Short-story writer, essayist, anthologist; educator
She completed her secondary education at the Institute of Secondary Education in Camagüey and received a doctorate in philosophy and letters from the University of Havana in 1956. She held teaching positions at the Catholic University of Santo Tomás de Villanueva and the University of Havana until going into exile in 1962. After settling in Miami, she resumed her academic career at the Notre Dame Academy where she taught Spanish and English and American literature from 1962 to 1966. That same year she began teaching at Barry College where she currently holds the rank of associate professor of Spanish and philosophy. She received a master's degree from the University of Miami in 1971. Much of her literary output reflects her concern with the life and work of Gertrudis Gómez de Avellaneda. She has written many articles and

short stories which have been published in newspapers and literary journals. Her essay "Raíces del alma cubana" received first prize in the Jorge Mañach Literary Prize competition in 1976.

Bibliografía de libros publicados fuera de Cuba

Ensayo de diccionario del pensamiento vivo de la Avellaneda. Miami: Ediciones Universal, 1975. (coautora)
Antología de la poesía religiosa de la Avellaneda. Miami: Ediciones Universal, 1975. (coautora)
Ensayo sobre "El sitio de nadie" de Hilda Perera. Miami: Ediciones Universal, 1975.
Raíces del alma cubana. Miami: Ediciones Universal, 1976.
Las ansias de infinito en la Avellaneda. Miami: Ediciones Universal, 1979.

Crítica

Antología de la poesía religiosa de la Avellaneda
    Diario Las Américas (13/4/76), p. 5
    Diario Las Américas (17/3/77), p. 5
Ensayo de diccionario del pensamiento vivo de la Avellaneda.
    Diario Las Américas (6/7/75), p. 10
    Southeastern Latin Americanists v. 19, No. 2 (9/75), p. 9
    Explicación de textos literarios v. 6, No. 1 (1977-1978)
Ensayo sobre "El sitio de nadie" de Hilda Perera
    Diario Las Américas (30/11/75), p. 10
Las ansias de infinito
    Reunión: Boletín de Estudios Cubanos (Nov.-Dic. 1979), p. 8
    Diario Las Américas (14/7/79), p. 5
    Gradiva v. 2, No. 1 (Otoño 1979), p. 75
Raíces del alma cubana
    Patria (17/6/77), p. 3

ALZOLA, CONCHA véase/see ALZOLA Y VEGA, CONCEPCION

ALZOLA Y VEGA, CONCEPCION TERESA DE JESUS

n. 19 II 1930, Marianao (La Habana)

Poetisa, cuentista, folklorista, ensayista; educadora, periodista (Seudónimos: Concha Alzola, Clara Baum)
    Hizo estudios de bachillerato en el Instituto de Marianao y se doctoró en filosofía y letras en la Universidad de La Habana en 1954. Desempeñó varios cargos docentes, entre ellos el de Profesora de Español en la Universidad Central de Las Villas. Fue asesora al

Instituto Nacional de Etnología y Folklore. En 1962 se marchó al exilio, radicándose por un tiempo en España y luego se trasladó a Estados Unidos donde ha permanecido. Ha ocupado puestos en varias universidades y actualmente enseña en Florida Memorial College. Se ha distinguido en el campo del folklore, dedicándose a la recopilación de los cuentos populares y folklóricos de su país. Es miembro de varias sociedades internacionales de folklore. Actualmente comparte su tiempo entre sus labores docentes y el puesto de redactora de arte de una conocida revista hispana. Ha contribuido a muchas revistas literarias y ha escrito artículos para varias enciclopedias.

Poet, short-story writer, folklorist, essayist; educator, journalist (Pseudonyms: Concha Alzola, Clara Baum)
She received her secondary education at the Marianao Institute and in 1954 took a doctorate in philosophy and letters from the University of Havana. She held various teaching positions, among them that of professor of Spanish at the Central University of Las Villas. She also served as consultant to the National Institute of Ethnology and Folklore. In 1962 she went into exile, initially in Spain for a brief period, and then to the United States where she settled. She has taught in several universities and is currently on the faculty of Florida Memorial College. She is a dedicated folklorist who has collected the traditional stories and tales of her country and is a member of several international folklore societies. Currently, she divides her time between her teaching duties and the position of art editor for a well-known Hispanic magazine. She has contributed to many literary journals and has written articles for several encyclopedias.

Bibliografía de libros publicados fuera de Cuba

La más fermosa. Miami: Ediciones Universal, 1973.
Las conversaciones y los días. Miami: Ediciones Universal, 1979.
El léxico de la marinería en el habla de Cuba. Miami: Asociación de Hispanistas de las Américas, 1981.

AMARO JIMENEZ, JOSE A.

n. 18 VIII 1913, Santiago de Cuba (Oriente)

Poeta; abogado, educador
Se graduó de Bachiller en Ciencias y Letras en el Instituto de su ciudad natal. Posteriormente obtuvo el título de Maestro en la Escuela Normal de Santa Clara, profesión que ejerció por más de veinte años. Llevado por el deseo de estudiar leyes, una vez más se entregó a los estudios, doctorándose en derecho civil y en pedagogía en la Universidad de La Habana. Ejerció como maestro al mismo tiempo que se desempeñó de abogado y notario público. Salió de Cuba en 1963, gracias a la intervención del gobierno uruguayo en

cuya embajada habfa buscado asilo polftico, siendo acogido por dos años. Fue a Estados Unidos, radicándose inicialmente en Lindsburg, Kansas, donde ejerció como Profesor de Lengua y Literatura Españolas en Bethany College de 1963 a 1965. Pasó luego a la Universidad Estatal Appalachian en Boone, Carolina del Norte, donde enseñó hasta su jubilación en 1979.

Poet; lawyer, educator
He completed his secondary education at the Institute of Secondary Education of Santiago de Cuba and later received a teaching certificate from the Normal School of Santa Clara. He taught for over twenty years. While still teaching, he became increasingly attracted to law and decided to continue his studies. Matriculating in the University of Havana, he eventually received doctorates in civil law and education from that institution. He continued teaching while at the same time maintaining a law practice in the city of Holguín. In 1963 he managed to leave Cuba, thanks to the intervention of the Uruguayan government in whose embassy he had sought political asylum and where he remained for two years. He went to the United States and first settled in Lindsburg, Kansas, where he taught Spanish language and literature at Bethany College from 1963 to 1965. He subsequently moved on to Appalachian State University in Boone, North Carolina, where he taught from 1967 until his retirement in 1979.

Bibliografía de libros publicados fuera de Cuba

Desvelos. Madrid: Editorial López Prados, 1976.
Pálpitos. Madrid: Imprenta López, 1978.

ANDINO PORRO, ALBERTO

n. 8 V 1914, Camagüey (Camagüey)

Cuentista, ensayista; educador
Se graduó de Bachiller en el Instituto de Santa Clara en 1934 y se doctoró en la Universidad de La Habana en 1948. Fue maestro rural de instrucción primaria desde 1937 hasta 1948 y profesor de gramática y literatura española en distintas instituciones privadas. Ocupó los cargos de Profesor de Didáctica de la Lectura en la Universidad Central de Las Villas de 1955 a 1959 y Director de Escuelas Secundarias en Cabaiguán, Las Villas de 1959 a 1961, año en que se trasladó a Estados Unidos. Inicialmente ejerció la docencia en escuelas secundarias en el área metropolitana de Nueva York, pasando luego a la Universidad de Duquesne donde enseñó de 1965 a 1969. Se doctoró en la Universidad de Columbia en 1971. Ocupó el cargo de Profesor de Español en Drury College desde 1969 hasta su jubiliación en 1980. Ha contribuido muchos artículos de crítica literaria a tales revistas como Revista Iberoamericana, Duquesne Hispanic Review, Cuadernos Hispanoamericanos e Insula.

Short-story writer, essayist; educator

He finished his secondary education at the Santa Clara Institute in 1934 and received a doctorate from the University of Havana in 1948. From 1937 to 1948 he taught in rural schools and was later a teacher of grammar and Spanish literature in various private schools. He held the titles of Professor of Reading at the Central University of Las Villas from 1955 to 1959 and Director of Secondary Schools in Cabaiguán, Las Villas from 1959 to 1961, the year in which he went into exile in the United States. At first he taught in secondary schools in the New York metropolitan area, but later moved on to Duquesne University where he taught Spanish from 1965 to 1969. He received a doctorate from Columbia University in 1971. He was professor of Spanish at Drury College from 1969 until his retirement in 1980. He has contributed many articles on literary criticism to such journals as Revista Iberoamericana, Duquesne Hispanic Review, Cuadernos Hispanoamericanos, and Insula.

Bibliografía de libros publicados fuera de Cuba

Polvos y lodos. Madrid: Estudio Myr, 1968.
Martí y España. Madrid: Playor, 1973.
Frutos de mi trasplante. Miami: Ediciones Universal, 1980.
Pero el diablo metió el rabo. Miami: Ediciones Universal, 1985.

Crítica

Frutos de mi trasplante
        Cubanacán Año 15, No. 177 (2/81)

APARICIO LAURENCIO, ANGEL

        n. 15 IX 1928, Guantánamo (Oriente)

Poeta, ensayista, antologista; abogado, educador, periodista

Después de completar su primera y segunda enseñanza en Guantánamo, ingresó a la Facultad de Leyes de la Universidad de La Habana. Al doctorarse en 1951, recibió una beca para hacer un postgrado en la Universidad de Madrid donde recibió un diploma de estudios penitenciarios en 1953 y otro doctorado en leyes en 1954. Regresó a Cuba y ejerció de abogado en La Habana hasta 1960. En 1955 fue Secretario del Instituto Cubano de Cultura Hispánica y jefe de redacción de la Revista Penal de La Habana. En 1956 fue miembro de la junta editorial de Enquiridión, revista de criminología. En 1959 prestó servicios como Asesor al Ministerio de Ley Revolucionaria, Asesor Técnico a la Presidencia de la República y Secretario de la Comisión Técnica para la Reforma Penitenciaria. Desde 1961 hasta 1964 fue delegado del Consejo Revolucionario de Cuba en Brasil, Colombia, y Chile. Escribió columnas para periódicos chilenos y en 1964 fue nombrado corresponsal de la Asociación de Prensa Cubana en Chile. Desde 1966 ejerce como profesor de Lengua y

Literatura Española en la Universidad de Redlands. Es miembro de varias organizaciones internacionales tanto culturales como profesionales y ha pronunciado conferencias en la Argentina, el Brasil, Chile, Colombia, España, y Estados Unidos.

Poet, essayist, anthologist; lawyer, educator, journalist

After receiving his primary and secondary education in Guantánamo, he entered the School of Law of the University of Havana. Upon receiving a doctorate in 1951, he was awarded a post-doctoral scholarship at the University of Madrid where he earned a diploma in penitentiary studies in 1953 and another doctorate in law in 1954. Returning to Cuba, he practiced law in Havana until 1960. In 1955 he was secretary of the Cuban Institute of Hispanic Culture and editor-in-chief of Revista Penal de La Habana, and in 1956 he joined the editorial staff of Enquiridión, a journal of criminology. In 1959 he served as legal advisor to the Ministry of Revolutionary Law, and then as technical advisor to the Presidency of the Republic and secretary of the Technical Commission for Penal Reform. From 1961 to 1964 he was a delegate of the Revolutionary Council of Cuba in Brazil, Colombia, and Chile. He wrote columns for Chilean newspapers and in 1964 was named correspondent for the Cuban Press Association in Chile. In 1966 he became professor of Spanish language and literature at the University of Redlands. He is a member of several international associations and has lectured in Argentina, Brazil, Chile, Columbia, Spain, and the United States.

Bibliografía de libros publicados fuera de Cuba

Los malvados no conocen la justicia. Santiago de Chile: Editorial del Pacífico, 1963.
Crónicas de la persecución religiosa en Cuba. Santiago de Chile: Editorial del Pacífico, 1963.
Revolución y desintegración. Madrid, 1969.
Poesías completas de José María Heredia. Miami: Ediciones Universal, 1970.
Cinco poetisas cubanas. Miami: Ediciones Universal, 1970.
Antología de la poesía femenina en Cuba. Miami: Ediciones Universal, 1970.
Antología poética de la Avellaneda. Miami: Ediciones Universal.
Antología poética de Plácido. Miami: Ediciones Universal.
Espejo de paciencia de Silvestre de Balboa. Miami: Ediciones Universal, 1970.
Heredia: Selected poems in English translation. Miami: Ediciones Universal, 1970.
Juan Clemente Zenea: "Diario de un mártir" y otros poemas. Miami: Ediciones Universal, 1973.
Trabajos desconocidos y olvidados de José María Heredia. Miami: Ediciones Universal, 1973.
Ocios de Guantánamo. Miami: Ediciones Universal.
Antecedentes desconocidos del 9 de Abril y los profetas de la mentira. Miami: Ediciones Universal, 1973.
La Cuba de ayer. México: 1984.

Crítica

Juan Clemente Zenea: "Diario de un mártir" y otros poemas
    Revista Interamericana de Bibliografía v. 23, No. 1
    (Enero/Marzo 1973), p. 100

ARANGO, RUBEN

    m. 1971, Flushing (New York), EE.UU.

Poeta
    En el exilio en Estados Unidos ocupó el puesto de vice-
presidente del Círculo de Cultura Panamericana.

Poet
    In exile in the United States he served as vice-president of
the Panamerican Cultural Circle.

Bibliografía de libros publicados fuera de Cuba

Trece poemas y una epístola.   Nueva York: Las Américas Pub-
    lishing Co., 1969.

Crítica

Trece poemas y una epístola
    Círculo II (Invierno 1970), p. 53

ARCOCHA, JOSE ANTONIO

    n. 30 X 1938, Jagüey Grande (Matanzas)

Poeta, cuentista
    Se graduó de Bachiller en Letras en el Colegio Baldor de La
Habana y cursó el primer año de filosofía y letras en la Universidad de La Habana.   Se marchó al exilio en 1961.   Trabajó como
vendedor de libros en Nueva York desde 1963 a 1970 y luego fue
a Puerto Rico donde reside en la actualidad.

Poet, short-story writer
    He completed his secondary education at the Colegio Baldor
in Havana and then studied liberal arts for a year at the University
of Havana.   In 1961 he went into exile.   After working as a book
salesman in New York from 1963 to 1970, he went to Puerto Rico
where he currently resides.

Bibliografía de libros publicados fuera de Cuba

El reino impenetrable. Nueva York: Las Américas Publishing Co.,
1969.
La destrucción de mi doble. Madrid: Plaza Mayor, 1971.
Los límites del silencio. Madrid: Plaza Mayor, 1975.
El esplendor de la entrada. Madrid: Plaza Mayor, 1975.

ARCOCHA, JUAN

n. 1927, Santiago de Cuba (Oriente)

Novelista; periodista
Hizo sus primeros estudios en el Colegio de La Salle y luego
estudió en la Escuela de Periodismo Profesional "Manuel Márquez
Sterling." Estudió en la Sorbona donde se graduó de profesor de
francés. Enseñó francés en la Alianza Francesa de Cuba. Trabajó
en Lunes de Revolución hasta 1962 cuando fue a Moscú como corresponsal. Regresó a Cuba en 1966, y luego se le mandó a París
para ocupar el cargo de agregado cultural de la Embajada de Cuba.
Posteriormente rompió con el gobierno cubano, quedándose en París
para trabajar en la UNESCO. Ha sido colaborador de Bohemia,
Revolución, La Gaceta de Cuba, y Revista Unión.

Novelist; journalist
He received his primary and secondary education at the Colegio
de La Salle and later studied at the Manuel Márquez Sterling School
of Professional Journalism. He also studied at the Sorbonne where
he received certification as a teacher of French. Upon his return
to Cuba, he taught at the Alliance Française. He worked for Lunes
de Revolución until 1962 when he was sent to Moscow as a correspondent. He returned to Cuba in 1966 and then was sent to Paris
as cultural attaché of the Cuban embassy. It was there that he
broke with the government, remaining to work with UNESCO. He
has written for Bohemia, Revolución, La Gaceta de Cuba, and
Revista Unión.

Bibliografía de libros publicados fuera de Cuba

A candle in the wind. New York: Lyle Stuart, 1967.
Por cuenta propia. Barcelona: Plaza y Janés, 1970.
La bala perdida. Barcelona: Plaza y Janés, 1973.
Fidel Castro en rompecabezas. Madrid: Ediciones R, 1973.
Operación viceversa. Madrid: Ediciones R, 1976.
Tatiana y los hombres abundantes. Barcelona: Argos Vergara,
1982.
La conversación. Millburn, N.J.: Linden Lane Press, 1983.
Operación viceversa. Barcelona: Argos Vergara, 1983.

ARENAS, BIBI véase/see ARMAS DE ARENAS, BLANCA

ARENAS, REINALDO

n. 16 VII 1943, Holguín (Oriente)

Novelista, cuentista, poeta
Cursó su primera y segunda enseñanza en Holguín. En 1962
se graduó de contador agrícola y se trasladó a La Habana. Ingresó
a la Universidad de La Habana en 1964. Estudió en la Escuela de
Planificación y en la Facultad de Letras pero no terminó la carrera.
Posteriormente trabajó en el Instituto de la Reforma Agraria y en
la Biblioteca Nacional. Desde 1974 a 1976 estuvo confinado en la
prisión de El Morro. Su obra novelística fue publicada en el exterior mucho antes de su salida de Cuba en 1980 vía Mariel. El
Mundo Alucinante, traducida al francés en 1968, ganó el Premio de
la Novela Extranjera en Francia. Se publicó en inglés en 1971 y ha
sido traducida a otros idiomas. Poco después de su llegada a
Estados Unidos, Arenas enseñó un curso sobre la poesía cubana en
la Universidad Internacional de la Florida. Ha integrado el consejo
editorial de la revista literaria Linden Lane Magazine y en la actualidad integra el de las revistas Caribbean Review, Noticias de Arte,
y Unveiling Cuba. En 1983 fundó la revista literaria Mariel.
Reside en Nueva York.

Novelist, short-story writer
He received his primary and secondary education in Holguín.
In 1962 he graduated as an agricultural accountant and moved to
Havana. He matriculated in the University of Havana and studied
in the School of Planning and the Faculty of Letters but did not
take a degree. He later worked for the Institute of Agrarian Reform and the National Library. From 1974 to 1976 he was confined
in El Morro prison. His novels were published abroad long before
his departure from Cuba, in 1980, via Mariel. El Mundo Alucinante,
translated into French in 1968, won the Foreign Novel in France
Prize. It was published in English in 1971 and translated into
several other languages as well. Shortly after his arrival in the
United States, Arenas taught a course on Cuban poetry at Florida
International University. He was a member of the editorial board
of Linden Lane Magazine, and at the present time serves as literary
advisor to Caribbean Review, Noticias de Arte, and Unveiling Cuba.
In 1983 he founded the literary review Mariel. He currently resides
in New York.

Bibliografía de libros publicados fuera de Cuba

Celestino antes del alba. Buenos Aires: Editorial Brújula, 1968.
Le monde hallucinant. Paris, 1969.
El mundo alucinante. Ciudad de México: Editorial Diógenes, 1969.

El mundo alucinante. Buenos Aires: Editorial Tiempo Contemporáneo, 1970.
Hallucinations. Translated from the Spanish by Gordon Brotherston. London: Jonathan Cape, 1971.
Hallucinations. First U.S. edition. Translated from the Spanish by Gordon Brotherston. New York: Harper & Row, 1971.
Con los ojos cerrados. Montevideo: Arca, 1972.
Celestino antes del alba. Buenos Aires: Centro Editor de América Latina, 1972.
El mundo alucinante. 2ª ed. Ciudad de México: Editorial Diógenes, 1973.
Le puits: roman. Traduit de l'espagnol par Didier Coste. Paris: Editions du Seuil, 1973.
Le palais des très blanches mouffettes: roman. Traduit de l'espagnol par Didier Coste. Paris: Editions du Seuil, 1975.
Hallucinations. Translated from the Spanish by Gordon Brotherston. Harmondsworth, England: Penguin, 1976.
Der Palast der blütenweissen Stinktiere. Aus dem Spanischen übersetzt von Monika López. Darmstadt: Luchterhand, 1977.
El mundo alucinante. 3ª ed. Ciudad de México: Editorial Diógenes, 1978.
Celestino antes del alba. Caracas: Monte Avila, 1980.
El palacio de las blanquísimas mofetas. Caracas: Monte Avila, 1980.
La vieja rosa. Caracas: Librería Cruz del Sur, 1980.
El central. Barcelona: Seix Barral, 1981.
Termina el desfile. Barcelona: Seix Barral, 1981.
Cantando en el pozo. Barcelona: Argos Vergara, 1982.
Otra vez el mar. Barcelona: Argos Vergara, 1982.
El central. New York: Avon, 1983.
Arturo, la estrella más brillante. Madrid: Montesinos, 1984.

Crítica

Zaldívar, Gladys. Novelística cubana de los años 60. Miami: Ediciones Universal, 1977.
Rodríguez Ortiz, Oscar. Sobre narradores y heroes: a propósito de Arenas, Scorza y Adoum. Caracas: Monte Avila, 1980.

El mundo alucinante
     (London) Times Literary Supplement (7/5/71), p. 522
     New York Times Book Review (29/8/71), p. 4
     Kentucky Romance Quarterly v. 19, No. 1 (1972), p. 41
Celestino antes del alba
     (London) Times Literary Supplement (30/4/70), p. 485
     Círculo: revista de cultura (10) (1982), p. 16-24
El palacio de las blanquísimas mofetas
     Revista Iberoamericana v. 48, No. 118-119 (Enero/Junio 1982), p. 453
     Revista de la Universidad de México v. 36, No. 4 (8/81), p. 47
La vieja rosa
     Círculo: revista de cultura (10) (1982), p. 7-15

Termina el desfile
    Américas (Enero/Feb. 1982), p. 63
Otra vez el mar
    ABC (Madrid) (22/1/83), p. 6
Hallucinations
    Bulletin of Hispanic Studies v. 54, No. 3 (7/77), p. 280

ARMAND, OCTAVIO RAFAEL

    n. 1946, Guantánamo (Oriente)

Poeta, ensayista; educador
    Se marchó de Cuba en 1960, trasladándose a Estados Unidos.
Estudió en la Universidad de Rutgers donde obtuvo los títulos de
Bachelor of Arts (1968), Master of Arts (1972) y Ph.D. (1975).
En la actualidad enseña en Bennington College, Vermont. Colabora
en revistas literarias de Estados Unidos e Hispanoamérica. Desde
1978 es editor de Escandalar, revista literaria trimestral que él
mismo fundó.

Poet, essayist; educator
    He left Cuba in 1960 and went to the United States. He
holds undergraduate and graduate degrees from Rutgers University,
including the Ph.D. which he received in 1975. He presently
teaches at Bennington College, Vermont. His poetry and articles
have appeared in literary journals in the United States and Latin
America. He has been editor of Escandalar, a quarterly literary
journal that he himself founded, since 1978.

Bibliografía de libros publicados fuera de Cuba

Horizonte no es siempre lejanía. Nueva York: Las Américas, 1970.
Entre testigos: 1971-1973. Madrid: s.n., 1974.
Entretes. s.l., Gráfica Urex, 1974.
Piel menos mía. Número extraordinario de la revista Escolios. Los
    Angeles, 1976.
Cosas pasan. Caracas: Monte Avila, 1977.
Mark Strand: 20 poemas. Caracas: Fundarte, 1979. (editor)
Piel menos mía. 2ª ed. Los Angeles: Escolios, 1979.
Cómo escribir con erizo. México: Asociación de Escritores de
    México, 1979.
Superficies. Caracas: Monte Avila, 1980.
Biografía para feacios. Valencia, España: Pre-Textos, 1981.
Cómo escribir con erizo. Mérida, Venezuela: Universidad de los
    Andes, 1982.
Toward an image of Latin American poetry (a bilingual anthology).
    Durango, Col.: Logbridge-Rhodes, 1982. (editor)

Crítica

Superficies
World Literature Today v. 55:283 (Spring 81)
Toward an image of Latin American poetry
Hispania v. 66:644, No. 4 (12/83)
Chasquí vol. XII, No. 2-3 (Feb.-Mayo 1983), p. 96
Cosas pasan
Chasquí vol. VIII (11/68), p. 64

ARMAS DE ARENAS, BLANCA

n. 26 V 1941, Santo Domingo (Las Villas)

Poetisa, ensayista; educadora (Seudónimo: Bibi Arenas)
Se graduó en la Escuela Normal para Maestros de las Villas
en 1959 y en la Escuela Profesional de Comercio de Santa Clara el
mismo año. Ejerció su profesión de 1960 a 1961. En 1962 se marchó
al exilio, radicándose en Miami por un breve período y luego trasladándose a Puerto Rico. Estudió en la Universidad del Sagrado
Corazón. En 1968 volvió a ejercer la docencia y desempeñó cargos
al nivel intermedio y superior hasta 1975 cuando reingresó a la
Universidad del Sagrado Corazón. En 1976 le sorprendió una rara
y crónica enfermedad por la cual tuvo que abandonar estudios y
profesión. A partir de este punto se dedicó a su vocación predi-
lecta--la literatura. En 1980, en un certamen coordinado por el
Presidente de la UNESCO en Puerto Rico, obtuvo el primer premio
por sus ensayos sobre la poética de Julián del Casal y José Martí.
Actualmente desempeña el cargo de directora de la sección literaria
del Círculo Cubano de Puerto Rico. Ha colaborado en Diario Las
Américas, El Seminario, y La Crónica y sus ensayos se han publicado
en el periódico El Nuevo Día y en la revista Ideal.

Poet, essayist; educator (Pseudonym: Bibi Arenas)
She graduated from the Normal School of Las Villas in 1959
and from the Professional School of Business in Santa Clara the
same year. She taught from 1960 to 1961. In 1962 she went into
exile, settling first in Miami for a time and then in Puerto Rico,
where she studied at Sacred Heart University. In 1968 she resumed
teaching and held positions at the secondary school level until 1975
when she resumed her university studies. In 1976 she was stricken
with a chronic disease which made further study and work impossible. Faced with this reality, she chose to devote herself to writing. Her essays on the poetry of Julián del Casal and José Martí
won first prize in a 1980 literary competition coordinated by the
president of UNESCO in Puerto Rico. At the present time she
serves as director of the literary section of the Círculo Cubano de
Puerto Rico. She has written for El Seminario, Diario Las Américas, and La Crónica and her literary essays have appeared in El
Nuevo Día and Ideal magazine.

Bibliografía de libros publicados fuera de Cuba

Luces y sombras de un destierro. Hato Rey, Puerto Rico: Ramallo
    Printing, 1979.
De los niños de América a Martí. Guaynabo, Puerto Rico:
    Ediciones Lulú, 1981.
Luces y sombras de un destierro. 2ª ed. Guaynabo, Puerto Rico:
    Ediciones Lulú, 1981.
Había una vez un poeta. Guaynabo, P.R.:   Ediciones Lulú, 1984.
Ninõo y maestro, Martí. Guaynabo, P.R.:   Ediciones Lulú, 1984.

ARROYO, ANITA

    n. 17 VI 1914, Milano, Italia

Poetisa, cuentista, novelista, ensayista; educadora, periodista
    Cursó el bachillerato en el Instituto de La Habana y se doc-
toró en filosofía y letras en la Universidad de La Habana en 1941.
Hizo otros estudios de postgrado en filosofía, arte, y literatura entre
1941 y 1946. Obtuvo el título de Periodista Profesional en la Escuela de Periodismo Profesional "Manuel Marquez Sterling" en 1953.
Fue profesora de literatura española e hispanoamericana en la Universidad de La Habana y ocupó cargos directivos en varios patronatos
de cultura. En 1960 fue nombrada Directora de Artes y Artesanías
del Gobierno. Salió de Cuba en 1961 y fue a Puerto Rico. Allí
ocupa el cargo de Profesora de Español en la Universidad de Puerto
Rico desde 1962. Su obra literaria es abundante. Ha colaborado en
periódicos y revistas a través de cuarenta años dedicados al periodismo.

Poet, short-story writer, novelist, essayist; educator, journalist
    She received her secondary education at the Havana Institute
and was awarded a doctorate in philosophy and letters by the University of Havana in 1941. Between 1941 and 1946 she did further
graduate work in philosophy, art, and literature, and in 1953 she
received the title of "Professional Journalist" from the Manuel Márquez Sterling School of Journalism. She taught Spanish and Latin
American literature at the University of Havana and held director-
ships in several cultural organizations. In 1960 she was named
Director of Arts and Handicrafts of the Revolutionary Government.
She left Cuba in 1961 and went to Puerto Rico where she became
professor of Spanish at the University of Puerto Rico in 1962. Her
literary output is considerable and she has contributed to many
journals and written for literally hundreds of newspapers during
forty years devoted to journalism.

Bibliografía de libros publicados fuera de Cuba

América en su literatura. San Juan: Editorial Universitaria, 1967.
Razón y pasión de Sor Juana Inés de la Cruz. 2ª ed. Ciudad de
    México: Editorial Porrúa, 1972.

El pájaro de lata.   2ª ed.   San Juan: Editorial San Juan, 1973.
Raíces al viento.   San Juan: Editorial San Juan, 1974.
América en su literatura.   2ª ed.   San Juan: Editorial Universi-
taria, 1978.
Raíz y ala.   2ª ed.   San Juan: Editorial San Juan, 1979.
Razón y pasión de Sor Juana Inés de la Cruz.   3ª ed.   Ciudad de
México: Editorial Porrúa, 1980.
Narrativa hispanoamericana actual.   San Juan: Editorial Univer-
sitaria, 1980.
El grillo gruñón.   San Juan: Editorial Universitaria, 1984.

ARTIME BUESA, MANUEL FRANCISCO

n. 1932
m. ?

Poeta; médico
Participó en la fracasada invasión de la Bahía de Cochinos
en 1961 como miembro de la Brigada de Asalto 2506.   Capturado,
fue encarcelado por dos años.   Al ser puesto en libertad fue a
Estados Unidos, donde ejerció como médico hasta su muerte.

Poet; physician
He participated in the ill-fated Bay of Pigs invasion in 1961,
as a member of Assault Brigade 2506.   Captured, he was imprisoned
for two years.   Upon his release, he went to the United States,
where he practiced medicine until his death.

Bibliografía de libros publicados fuera de Cuba

¡Traición!   Gritan 20,000 tumbas cubanas.   Ciudad de México:
Editorial Jus, 1960.
Marchas de guerra y cantos de presidio.   Miami: Talleres La
Noticia, 1963.

AZCUY, LUCILA E.

n. 16 II 1922, La Habana (La Habana)
m. 11 XI 1979, Miami Beach (Florida), EE.UU.

Poetisa: abogado, periodista
Cursó estudios secundarios en el Instituto del Vedado.   Se
doctoró en leyes en la Universidad de La Habana.   Al abandonar
Cuba, se radicó en Miami donde trabajó en la revista Mundo Latino
como redactora, editorialista, y traductora.

Poet; lawyer, journalist
She received her secondary education at the Vedado Institute

and subsequently received a doctorate in law from the University
of Havana. When she left Cuba for exile, she settled in Miami
where she worked as an editor, columnist, and translator for the
journal Mundo Latino.

Bibliografía de libros publicados fuera de Cuba

Poesías de Lucila E. Azcuy. Miami: Ediciones Universal, 1982.

BAEZA FLORES, ALBERTO

    n. 11 I 1914, Santiago, Chile

Poeta, cuentista, novelista, dramaturgo, ensayista, biógrafo, anto-
logísta, crítico; diplomático, educador, bibliotecario, redactor,
periodista (Seudónimo: Carlos Flobal)
        Aunque nacido en Chile, a lo largo de muchos años se ha
identificado con Cuba y se le ha colocado dentro de la órbita de la
literatura cubana. En 1939 llega a Cuba en misión oficial del gobierno de Chile. Dicta conferencias y colabora con revistas culturales
de la capital a la vez que desempeña funciones como Canciller del
Consulado General de Chile. Estudia en la Universidad de La Habana, aunque sin llegar a doctorarse. Desde 1941 hasta 1943 colabora en las revistas que dirige Lezama Lima: Espeula de Plata y
Nadie Parecía, y más tarde en Clavileño, dirigida por Gastón
Baquero, Cintio Vitier, Eliseo Diego, y Fina García Marruz. Reside
en la República Dominicana desde 1943 hasta 1945 como Canciller del
Consulado y de la Embajada de Chile. Funda, en la capital domini-
cana, con poetas dominicanos y el pintor surrealista español Eugenio
Fernández Granell, la revista La Poesía Sorprendida. En dicha re-
vista publica poemas originales de Ramón Guirao, Emilio Ballagas,
Gastón Baquero, Lezama Lima, Cintio Vitier, Virgilio Piñera y otros,
y con su sección "Ventana de Cada Día" de La Opinión, vincula la
poesía cubana con la dominicana. De regreso a Cuba, colabora en
Orígenes y publica en diversas revistas ensayos sobre Fornaris,
Varona, y Martí. Colabora en los semanarios Carteles y Bohemia
con artículos y reportajes, y en Bayamo funda la revista Acento.
A partir de 1947 ocupa diversos puestos docentes y bibliotecarios
hasta ser nombrado Jefe de la Sección de Bibliotecas de la Organización Nacional de Bibliotecas Ambulantes y Populares en 1954, cargo
que desempeña hasta Septiembre de 1960, cuando se marcha al exilio.
Se traslada a México donde permanece brevemente mientras publica
un libro que denuncia el rumbo que ha tomado la revolución cubana
y que escribió, clandestinamente, dentro de Cuba. Viaja a París
donde es redactor de la revista Cuadernos desde 1961 hasta 1965,
año en que termina de publicarse. Trabaja de 1963 a 1965 como redactor jefe del servicio de prensa "El Mundo en Español." En 1965
entra a formar parte del Centro de Documentación y Estudios que
edita la revista Mañana y viaja a España en 1966 en coordinación

con la misma. Se traslada a Costa Rica en 1967 para ejercer la docencia en la Escuela Interamericana de Educación Democrática. En 1968 es elegido para organizar y dirigir la biblioteca y las publicaciones del Centro de Estudios Democráticos de América Latina (CEDAL). Dirige seminarios relacionados con el escritor y la creación artística. Trabaja en Costa Rica hasta 1978 cuando vuelve definitivamente a España.

Ha desplegado una fructífera labor en todos los campos de la literatura, tanto dentro de Cuba como en el exilio, gran parte de la cual ha sido premiada en numerosas ocasiones. Basta con citar el Premio Nacional al mejor libro biográfico sobre José Martí en 1953 y el Premio Internacional "Hernández Catá" en 1954 por su cuento "Lonquimay." Su obra poética ha sido traducida al alemán, francés, inglés, italiano, y portugués. Su seudónimo (Carlos Flobal) se utilizaba en Cuba--fuera de Cuba sólo se ha utilizado en pocas ocasiones en publicaciones periódicas.

Poet, short-story writer, novelist, playwright, essayist, biographer, anthologist, critic; diplomat, educator, librarian, editor, journalist (Pseudonym: Carlos Flobal)

Although born in Chile, he has long identified himself with Cuba and is more properly placed within the orbit of Cuban literature. In 1939 he went to Cuba on an official mission for the Chilean government. While discharging duties as chancellor of the Chilean Consulate General, he also lectured and wrote poetry for several literary magazines in Havana. He also studied at the University of Havana, though without taking a degree. From 1941 to 1943 he wrote for the journals Espuela de Plata and Nadie Parecía, both edited by Lezama Lima, and later for Clavileño, edited by Gastón Baquero, Cintio Vitier, Eliseo Diego, y Fina García Marruz. He served as chancellor of the Chilean Consulate and Embassy in Santo Domingo from 1943 to 1945. Together with Dominican poets and the Spanish surrealist painter Eugenio Fernández Granell, he founded the journal La Poesía Sorprendida in which he published poetry by Ramón Guirao, Emilio Ballagas, Gastón Baquero, Lezama Lima, Cintio Vitier, Virgilio Piñera, and others. In his column "Ventana de Cada Día" in the newspaper La Opinión, he wrote about the relationships between Cuban and Dominican poetry. Returning to Cuba, he wrote for Orígenes and published studies on Fornaris, Varona, and Martí in various journals. He also wrote for Carteles and Bohemia and founded the journal Acento in Bayamo. Beginning in 1947, he held various positions as a teacher and librarian, and in 1954 he was appointed head of the library section of the National Organization of Public Circulating Libraries, a post he held until he went into exile in September 1960. He went to Mexico where he had a book published that he had written secretly in Cuba, which denounced the direction that the Cuban revolution had taken. Upon leaving Mexico he went to Paris where he worked as editor of the journal Cuadernos from 1961 until it ceased publication in 1965. He also worked from 1963 to 1965 as editor-in-chief of "El Mundo en Español" press service. In 1965 he became associated with the Center

for Documentation and Study which edited the journal Mañana, and
he traveled to Spain in 1966 for the journal. In 1967 he moved to
Costa Rica to accept an invitation to teach at the Interamerican
School for Democratic Education. The following year he was ap-
pointed library director and publications chief of the Latin American
Center of Democratic Studies. In connection with this position, he
gave seminars on the writer and on the process of artistic creation.
He worked in Costa Rica until 1978 when he settled permanently in
Spain.

He has been a prolific writer in all literary genres both in
Cuba and in exile, and his work has won numerous awards. Suf-
fice it to mention the National Prize in 1953 for the best biography
on José Martí and the "Hernández-Catá International Prize" in 1954
for his short story "Lonquimay." His poetry has been translated
into English, French, German, Italian, and Portuguese. His pseudo-
nymn (Carlos Flobal) was used in Cuba. Outside of Cuba it was used
only on a few occasions in journals.

Bibliografía de libros publicados fuera de Cuba

Poesía:
    Resucitado del infierno. México: Impresiones Modernas,
        1962.
    País de la memoria. Buenos Aires: Sobretiro de la revista
        Sur, 1964.
    Prisión sin muros. París: Imprimerie des Gondoles, 1964.
    Papeles en el viento. París: Imprimerie des Gondoles, 1964.
    El tiempo pasajero. Mendoza, Argentina: Talleres Butti,
        1966.
    El mundo como reino. Madrid: Artes Gráficas, 1967.
    A la sombra de las galaxias. San José, Costa Rica: s.n.,
        s.f.
    Continuación del mundo. San José, Costa Rica: Imprenta
        Borrasé, 1969.
    M.N.R. San José, Costa Rica: s.n., 1969.
    Misión: la luna. Hollywood, Cal.: Cuervo Internacional,
        1970.
    Días como años. Poesía 1942-1970. San José, Costa Rica:
        Imprenta Lehman, 1970.
    Israel (la estrella en el huracán). San José, Costa Rica:
        Imprenta Borrasé, 1970.
    Tercer mundo (poesía comprometida). San José, Costa Rica:
        Imprenta Borrasé, 1970.
    Cuaderno de la madre y del niño. San José, Costa Rica:
        Imprenta Borrasé, 1970.
    Canciones a la orilla del sueño. Cádiz: Torre Tavira, 1971.
    Tiwanaku. La Paz, Bolivia: Centro de Investigaciones
        Arqueológicas en Tiwanaku, 1972.
    El nieto. Caracas: Editorial Sucre, 1973.
    Caminante en España. Madrid: Ediciones RIALP, 1973.
    Poemas escritos sobre la tierra de Israel. San José, Costa
        Rica: Imprenta Borrasé, 1973.

Chile, septiembre 1973. San José, Costa Rica: Imprenta
Borrasé, 1973.
Cuaderno del viajero. San José, Costa Rica: Imprenta Borr-
asé, 1974.
Sol Inca. San José, Costa Rica: Imprenta Borrasé, 1974.
Cuarta dimensión. San José, Costa Rica Imprenta Borrasé,
1975.
Odiseo sin patria. Barcelona: Artes Gráficas Medinaceli, 1975.
Poesía en el tiempo, 1934-1974. Barcelona: Artes Gráficas
Medinaceli, 1975.
Cuaderno de Natalia. Barcelona: Ediciones Rondas, 1977.
Poesía sucesiva. Barcelona: Ediciones Rondas, 1980.
Geografía interior. Barcelona: Ediciones Rondas, 1980.
Poemas para cuatro manos. Toronto: Ediciones Oasis, 1980.
(Edición bilingüe español-inglés)
Las galerias invisibles. Barcelona: Ediciones Rondas, 1981.
Poeta en el Oriente planetario. Barcelona: Ediciones Rondas, 1981.
La tierra más hermosa. Santo Domingo: Editora Taller, 1981.
Poesía al instante. Málaga: Corona del Sur, 1981.
Guitarra chilena. Barcelona: Ediciones Rondas, 1981.
La persistencia de vivir. Barcelona: Ediciones Rondas, 1982.
Testimonio secreto. Barcelona: Poesía Nueva, 1982.
Vivir así. Barcelona: Ediciones Rondas, 1984.
Despedida. Barcelona: Ediciones Rondas, 1984.

Novelas:
La muerte en el paraíso—novela de la revolución cubana.
México: Costa Amic, 1965.
La frontera del adiós—novela del exilio. San Juan, Puerto
Rico: Editorial San Juan, 1970.
La frontera del adiós—novela del exilio. San José, Costa Rica:
Ediciones Epoca y Ser, 1970.
El pan sobre las aguas. San Juan, Puerto Rico: Editorial
San Juan, 1971.
El pan sobre las aguas. San José, Costa Rica: Ediciones
Epoca y Ser, 1971.

Cuentos:
Caribe amargo—narraciones. San Juan, Puerto Rico: Editorial
San Juan, 1970.
Porque allí no habrá noche—narraciones. Miami: Ediciones
Universal, 1972.
Pasadomañana—relatos. Barcelona: Artes Gráficas Medinaceli,
1975.

Teatro:
Tres piezas del teatro hacia el mañana: Shakespeare siglo
XXI: Romeo y las brumas, Otelo y la soledad, Hamlet y
las galaxias. Barcelona: Artes Gráficas Medinaceli, 1974.

Ensayos:
Cuba: el laurel y la palma-ensayos literarios: José Fornaris,

BARQUET, JESUS JOSE

n. 30 X 1953, La Habana (La Habana)

Poeta
Es Licenciado en Lengua y Literatura Hispánica por la Universidad de La Habana. Cursó estudios de postgrado en el Centro de Investigaciones Científicas en La Habana y en el Instituto Superior Pedagógio José Martí de Camagüey, al mismo tiempo que prestaba servicios como instructor en este último. De vuelta a La Habana en 1979 y durante ocho meses que trabajó estrechamente vinculado con los organismos culturales del Estado en carácter de realizador de películas documentales, llegó a la conclusión que no le quedaba otra opción que abandonar el país. Salió al exilio en marzo de 1980 vía Mariel. En la actualidad cursa estudios de postgrado en la Universidad de Tulane y está preparando un estudio de la revista Orígenes.

Poet
He holds a degree in Hispanic language and literature from the University of Havana and did graduate work at both the Center for Scientific Research in Havana and the José Martí Higher Education Institute in Camagüey. He also served as a graduate assistant at the latter institution. Returning to Havana in 1979, he worked for eight months as a documentary filmmaker, gradually coming to the realization that he had to leave the country. This he did via the port of Mariel in March 1980. At the present time he is doing graduate work at Tulane University and is finishing a study of the literary journal Orígenes.

Bibliografía de libros publicados fuera de Cuba

Sin decir el mar. Madrid: Editorial Playor, 1981.

BARROS, SILVIA A.

n. 1939

Poetisa, cuentista, ensayista
Radicada en Nueva York, hizo estudios de postgrado en el Graduate Center de la Universidad de la Ciudad de Nueva York. Ha colaborado con cuentos en Envíos y en otras revistas literarias.

Poet, short-story writer, essayist
After settling in New York, she did graduate work at the Graduate Center of the City University of New York. Her short stories have been published in Envíos and other literary journals.

Bibliografía de libros publicados fuera de Cuba

Maromas y musarañas. s.l., s.n., 1973.
Escrito con la uña. s.l., s.n., 1974.

BARROSO, BENITA

n. 21 III 1938, Colón (Matanzas)

Poetisa; educadora
Recibió el grado de Maestro en la Escuela Normal de Matanzas
en 1958 y se doctoró en pedagogía en la Universidad de La Habana
en 1961. Desempeñó cargos en varias escuelas de segunda enseñanza entre 1958 y 1964 y ocupó la cargo de Profesora de Español
en la Facultad de Educación de la Universidad de La Habana desde
1964 hasta 1966, año en que se marchó de Cuba. Obtuvo el grado
de Master of Arts en la Universidad de Georgia, Estados Unidos,
en 1972 y enseñó español en la Universidad Estatal de Georgia de
1972 a 1974. En la actualidad vive en España donde ejerce como
profesora de inglés, al mismo tiempo que cursa estudios del doctorado en la Universidad de Santiago de Compostela.

Poet; educator
She received a teaching certificate from the Normal School of
Matanzas in 1958 and a doctorate in education from the University
of Havana in 1961. Between 1958 and 1964 she held positions in
several secondary schools and from 1964 to 1966 was a professor of
Spanish in the School of Education of the University of Havana.
In 1966 she left Cuba. She received a master's degree from the
University of Georgia in 1972 and taught Spanish at Georgia State
University from 1972 to 1974. She currently resides in Spain where
she teaches English and pursues doctoral studies at the University
of Santiago de Compostela.

Bibliografía de libros publicados fuera de Cuba

Caminos. Toledo, España: Editorial Ebora, 1980. (coautora)

BARROSO, FERNANDO

n. 6 VI 1933, La Habana (La Habana)

Ensayista; abogado, educador
Cursó su educación primaria y secundaria en el Colegio Belén.
Estudió administración de negocios por dos años en Estados Unidos,
regresando a Cuba en 1952. Cursó derecho en la Universidad de
La Habana. En 1961 marchó al exilio, radicándose en Estados

Unidos. Obtuvo el grado de Master of Arts en la Universidad de
Virginia en 1967, doctorándose en 1970. Es profesor de español en
Madison College.

Essayist; lawyer, educator
    He received his primary and secondary education at the
Colegio Belén, after which he studied business administration in
the United States for two years. In 1952 he returned to Cuba and
studied law at the University of Havana. In 1961 he went into exile
and settled in the United States. He received a master's degree
from the University of Virginia in 1967 and a doctorate in 1970.
He is professor of Spanish at Madison College.

Bibliografía de libros publicados fuera de Cuba

El naturalismo en la Pardo Bazán. Madrid: Plaza Mayor, 1973.
Introducción al estudio de la civilización española. Miami: Ediciones
    Universal, 1976.
Jenaro Prieto. El socio. New York: Scribner's, 1983. (coeditor)

BARROSO, JUAN

    n. 4 XII 1940, Ariguanabo (La Habana)

Ensayista; educador
    Cursó su primera y segunda enseñanza en su pueblo natal.
En 1959 ingresó a la Universidad de La Habana donde estudió hasta
1962, año en que abandonó el país. Después de radicarse en
Estados Unidos, estudió en Miami-Dade Community College y en la
Universidad de Stetson donde obtuvo el grado de Bachelor of Arts
en 1967. Posteriormente obtuvo el grado de Master of Arts en la
Universidad Estatal de Luisiana en 1970, doctorándose en la misma
institución académica en 1975. Enseña en la Universidad Estatal del
Suroeste de Texas.

Essayist; educator
    He received his primary and secondary education in his native
city. In 1959 he entered the University of Havana where he studied
until going into exile in 1962. After settling in the United States,
he studied at Miami-Dade Community College and Stetson University.
After receiving a bachelor's degree in 1967, he entered Louisiana
State University where he received a master's degree in 1970 and a
doctorate in 1975. He teaches at Southwest Texas State University.

Bibliografía de libros publicados fuera de Cuba

"Realismo mágico" y "lo real maravilloso" en el Reino de Este Mundo
    y El Siglo de las Luces. Miami: Ediciones Universal, 1977.

Crítica

"Realismo mágico" y "lo real maravilloso" en el Reino de Este Mundo
y El Siglo de las Luces
    Hispania v. 63:412, No. 3 (May-Sept. 1979)

BAUM, CLARA véase/see ALZOLA Y VEGA, CONCEPCION

BECERRA GARCIA, SERGIO AMBROSIO

    n. 1935, La Habana (La Habana)

Poeta
    Era hombre de negocios y se dedicó a las actividades mer-
cantiles hasta marcharse al exilio en 1960. Se radió en Miami y se
unió a las fuerzas que intentaban liberar a Cuba de los comunistas.
Participó en la fracasada invasión de la Bahía de Cochinos como
miembro de la Brigada de Asalto 2506. Fue capturado y condenado
a presidio. Permaneció encarcelado en el penal de Isla de Pinos
hasta que se le permitió regresar a Miami.

Poet
    He was a businessman until he went into exile in 1960. After
settling in Miami, he joined the groups that were attempting to
liberate Cuba from communist hands. He saw action in the Bay of
Pigs landing as a member of Assault Brigade 2506 and was captured
and imprisoned. He remained in prison on the Isle of Pines until
those captured in the invasion were permitted to return to Miami.

Bibliografía de libros publicados fuera de Cuba

Poéticos. Miami: Service Offset Printers, 1964.
Lejos de mi patria; poesías. Miami: Editorial AIP, 1970.

BEJEL, EMILIO FELIX

    n. 21 II 1944, Manzanillo (Oriente)

Poeta, crítico, ensayista; educador
    Desde su salida de Cuba en 1962 se ha ocupado mayormente
de estudios y de escribir poesía y crítica. Se doctoró en la Universidad Estatal de la Florida en 1970. Ha enseñado en las universidades de Fairfield y Yale. En la actualidad es Profesor Asociado
de Literatura Hispanoamericana en la Universidad de la Florida. Es
especialista en la obra de Lezama Lima.

Poet, critic, essayist; educator
Since leaving Cuba in 1962, he has concerned himself largely with research and writing poetry and literary criticism. He received a doctorate from Florida State University in 1970 and since that time has taught at Fairfield and Yale universities. He is currently associate professor of Hispanic-American literature at the University of Florida. He specializes in the work of Lezama Lima.

Bibliografía de libros publicados fuera de Cuba

Buero Vallejo: lo moral, lo social y lo metafísico. Montevideo: Instituto de Estudios Superiores, 1972.
Del aire y la piedra. Madrid: Ediciones Internacionales, 1974.
Ese viaje único. Nueva York: Unida, 1977.
Direcciones y paraísos. Nueva York: Unida, 1977.
Huellas/Footprints. Gaithersburg, Md.: Hispámerica, 1982.
Literatura de nuestra América. Xalapa, México: Centro de Investigaciones Lingüístico-Literarias de la Universidad Veracruzana, 1983.

Crítica

Buero Vallejo: lo moral, lo social y lo metafísico
    Hispania v. 57:1015, No. 4 (12/74)
Huellas/Footprints
    Chasquí v. 12, No. 1 (12/82), p. 95
    World Literature Today v. 58, No. 1 (Winter 1984), p. 77
Direcciones y paraísos
    Hispamérica año VII, No. 21 (1978), p. 100
Ese viaje único
    Crítica Hispánica v. 1, No. 2 (1979), p. 188

BELTRAN DE QUIROS véase/see ROMEU Y FERNANDEZ, JOSE LUIS

BENITEZ ROJO, ANTONIO

    n. 14 III 1931, La Habana (La Habana)

Cuentista, novelista, crítico, guionista; estadístico, periodista, educador
    Cursó su educación secundaria en el Instituto de Segunda Enseñanza de Marianao. Se licenció en la Universidad de La Habana en 1955. Desde 1956 a 1957 estudió estadística laboral y demográficas en la American University en Washington, D.C., becado por la ICA. Ocupó puestos de responsabilidad en varias dependencias del gobierno nacional, llegando a ser Director de Estadísticas del Ministerio del Trabajo. A partir de 1965 comenzó a trabajar en el campo literario. Fue vice-director de la Dirección Nacional de Teatro y Danza desde 1965 a 1966 y Director de la Casa del Teatro de 1966 a 1967. Desde 1970 a 1979 desempeñó cargos en Casa de

las Américas incluso los de Director de Publicaciones y Director del Centro para el Estudio del Caribe. Salió de Cuba vía Mariel en 1980, radicándose en Estados Unidos. Ha sido profesor invitado de literatura hispánica en varias universidades estadounidenses. Actualmente enseña en Amherst College. Ha pronunciado numerosas conferencias en Estados Unidos sobre literatura hispanoamericana.

Short-story writer, novelist, critic, script writer; statistician, journalist, educator
He received his secondary education at the Institute of Secondary Instruction in Marianao and graduated from the University of Havana in 1955. From 1956 to 1957 he studied labor and population statistics at American University in Washington, D.C., on a grant from the ICA (International Cooperative Alliance). He held high positions in various agencies of the national government and served as director of statistics in the Ministry of Labor. In 1965 he began to work in literary areas and held the post of assistant director of the National Theatre and Dance Company from 1965 to 1966 as well as that of director of the Casa del Teatro from 1966 to 1967. From 1970 to 1979 he held several positions in Casa de las Américas, including those of publishing director and head of the Center for Caribbean Studies. He left Cuba in 1980 via Mariel and settled in the United States. He has been a visiting professor of Hispanic literature at several universities and currently teaches at Amherst College. He has lectured widely in the United States on Hispanic literature.

Bibliografía de libros publicados fuera de Cuba

Estatuas sepultadas y otros cuentos. Hanover, N.H.: Ediciones del Norte, 1984.

BERDEAL MONTALVO, LYDIA

n. 2 XI 1917, Guanabacoa (La Habana)

Poetisa
Cursó su segunda enseñanza en el Instituto de La Habana y hizo estudios de música en el Conservatorio Orbón. Colaboró en los periódicos El Crisol y El País Gráfico y en las revistas Romances, Jornada, y Variedades. Se marchó al exilio en 1961, radicándose en Nueva York. Sus poemas han sido publicados en El Diario-La Prensa, La Tribuna, Resumen, y Actualidades.

Poet
She received her secondary education at the Havana Institute and also studied music at the Orbón Conservatory. Her poetry appeared in the newspapers El Crisol and El País Gráfico and in the magazines Romances, Jornada, and Variedades. She left Cuba in

1961 and settled in New York. There she has contributed poetry
to El Diario-La Prensa, La Tribuna, Resumen, and Actualidades.

Bibliografía de libros publicados fuera de Cuba

Espigas doradas. Madrid: EPRAN, 1978.

BERTOT Y HERRERA, LILLIAN

Poetisa; educadora
    Se graduó en la Universidad de Miami y obtuvo el grado de
Master of Arts en lingüística en Florida Atlantic University. En-
señó en Florida Atlantic University y en la Universidad Nova.
Cursa estudios doctorales en la Universidad de la Florida.

Poet; educator
    She has an undergraduate degree from the University of
Miami and a master's in linguistics from Florida Atlantic University.
She has taught at Florida Atlantic University and at Nova University. She is currently pursuing doctoral studies at the University
of Florida.

Bibliografía de libros publicados fuera de Cuba

Separados por la espuma. Miami: Ediciones Universal, 1980.

BRENES, MARIA

Cuentista; actriz
    A la edad de dos años debutó en el teatro con sus padres.
A los diez años recorrió toda Cuba con la compañía de Fe Malumbres,
y antes de cumplir los 14 años actuaba en los primeros episodios
que se transmitieron en la radio cubana. Trabajó bajo contrato
para varias radioemisoras. En 1951 fue contratada para trabajar
en Estados Unidos. De vuelta a Cuba, en 1955 trabajó en la televisión nacional y continuó sus actuaciones estelares hasta marcharse
al exilio.

Short-story writer; actress
    At the age of two she made her theater debut with her par-
ents, and by the time she was ten had toured the entire country
with the Fe Malumbres Company. Before she was 14 she was per-
forming in the early days of Cuban radio. She worked under contract for several radio stations. In 1951 she went on tour in the
United States. In 1955 she was contracted to work in Cuban national television and continued her successful performances until
going into exile.

<u>Bibliografía de libros publicados fuera de Cuba</u>

Diez cuentos para un libro. Nueva York: Las Américas Publishing
Company, 1963.

BRODERMANN, NOHELY S.

n. 1923, Pinar del Río (Pinar del Río)

Ensayista; educadora
Se recibió de maestra en el Instituto Normal de Cuba en 1945
y ocupó cargos docentes hasta 1955. En 1969 recibió el grado de
Master of Arts en Northwestern State University de Luisiana. Se
le confirió el grado de Master of Arts en Stephen F. Austin University en Nacogdoches, Texas, en 1972. Desde 1969 enseña español
en Northwestern State University.

Essayist; educator
She received a degree from the Teachers College of Cuba in
1945 and taught until 1955. In 1969 she received a master's degree
from Northwestern State University in Louisiana, and in 1972
another master's from Stephen F. Austin University in Nacogdoches, Texas. She has been teaching Spanish at Northwestern
State University since 1969.

<u>Bibliografía de libros publicados fuera de Cuba</u>

José Martí: patriota y poeta. Montevideo: Ediciones Géminis, 1975.

BROWN, GERARDO

n. 3 X 1916, La Habana (La Habana)

Ensayista; educador
Se doctoró en ciencias sociales en la Universidad de La Habana
en 1944. Enseñó sociología en la Escuela Nacional de Antropología
e Historia en Ciudad de México desde 1948 a 1952 y desde 1956 a
1957. Ocupó cargos consultivos en el gobierno nacional cubano,
siendo consejero económico del Tribunal de Cuentas de 1952 a 1955,
consejero económico de la Junta Nacional de Planificación desde 1957
a 1959, y consejero diplomático del Ministerio de Relaciones Exteriores de 1959 a 1960. Salió al exilio en 1961. Ha ocupado cargos
docentes en Hartwick College (1962-1964), en la Universidad de San
Lorenzo (1964-1965) y, desde 1965, en la Universidad Estatal de
Nueva York en Cortland.

Essayist; educator
He received a doctorate in social science from the University

of Havana in 1944. From 1948 to 1952 and again from 1956 to 1957 he taught sociology at the National School of Anthropology and History in Mexico City. He held such consultant positions in the Cuban government as economic counselor to the Court of Appeals from 1952 to 1955, economic counselor to the National Planning Board from 1957 to 1959, and diplomatic counselor to the Ministry of Foreign Relations from 1959 to 1960. In 1961 he went into exile. He taught at Hartwick College from 1962 to 1964, at Saint Lawrence University from 1964 to 1965, and at State University of New York, Cortland, from 1965 to the present.

Bibliografía de libros publicados fuera de Cuba

Introducción al ensayo hispanoamericano. Nueva York: Las Américas Publishing Co., 1968. (coautor)

Crítica

Introducción al ensayo hispanoamericano
    Hispania v. 53:173, No. 1 (3/70)
    Círculo III (Verano 1971), p. 108

BUESA Y REGATO, JOSE ANGEL

    n. 2 IX 1910, Cruces (Las Villas)
    m. 1982

Poeta; educador
    Se doctoró en la Universidad de La Habana. Colaboró en Bohemia, Vanidades, y en otras revistas e integró la junta de redacción de Isla. Al salir de Cuba se radicó en la República Dominicana donde ocupó el puesto de Profesor de Literatura en la Universidad Nacional Pedro Henríquez Ureña. Además de haberse publicado seis antologías de sus versos, las poesías de Buesa han sido traducidas a varios idiomas. Se le considera un exponente del postmodernismo.

Poet; educator
    He received a doctorate from the University of Havana. Besides writing for such journals as Bohemia, Vanidades, and others, he was a member of the editorial board of Isla. When he went into exile he settled in the Dominican Republic where he was a professor of literature at the Pedro Henríquez Ureña National University. There have been six anthologies of his poetry published and his works have been translated into several languages. He is considered a member of the postmodernist school.

Bibliografía de libros publicados fuera de Cuba

Oasis. 14ª ed. México: Ediciones Minerva, 1966.

Antología. Nueva York: Minerva, 1969.
Tiempo en sombra. Barcelona: Bruguera, 1970.
Horario del viento. Miami: Ediciones Universal, 1971.
Nuevo oasis. España: 1973.
Los naipes marcados. San Juan, Puerto Rico: Ramallo Printing, 1974.
Poeta enamorado. España: 1974.
Método de versificación. San Juan, Puerto Rico: Ramallo Printing, 1974.
Método de versificación. Santo Domingo: Centurión, 1974.
Poemas prohibidos. Hato Rey, Puerto Rico: Ramallo Printing, 1974.
Antología poética total (1936-1980). San Juan, Puerto Rico: Ramallo Printing, 1981.
Para ellas. Miami: 1982.
Año bisiesto. Santo Domingo: Universidad Nacional Pedro Henríquez Ureña, 1982.

Crítica

Método de versificación
    Diario Las Américas (9/5/74), p. 5

BUSH, JUAN WILLIAM

    n. 1942

Poeta
    En 1962 editó en Nueva York la revista Protesta. Colaboró en Cuadernos del Hombre Libre. Estudió filosofía y letras.

Poet
    In 1962 in New York he edited the journal Protesta and contributed articles to Cuadernos del Hombre Libre. He was a student of liberal arts.

Bibliografía de libros publicados fuera de Cuba

Los muros rotos. Miami: s.n., 1967.

CABALLERO, JUAN A.

    n. 5 V 1921, Ciego de Avila (Camagüey)

Ensayista; abogado, educador
    Se doctoró en leyes en la Universidad de La Habana en 1947 y ejerció hasta su salida al exilio en 1961. Se trasladó a Estados Unidos. Obtuvo el grado de Master of Arts en la Universidad de Rutgers en 1967, doctorándose en 1970. Enseñó español en la

Universidad de Rutgers desde 1962 a 1967. Desde 1967 enseña en la Universidad de West Florida donde actualmente tiene el rango de Profesor de Español.

Essayist; lawyer, educator
He received a doctorate in law from the University of Havana in 1947 and practiced until he went into exile in 1961. After settling in the United States, he studied at Rutgers University where he received a master's degree in 1967 and a doctorate in 1970. He taught Spanish at Rutgers from 1962 to 1967. He has been at the University of West Florida since 1967, where he is currently professor of Spanish.

Bibliografía de libros publicados fuera de Cuba

A dictionary of Spanish idioms. s.l., L.A. Publishing Company, 1969.
Functional Spanish. Pensacola, Fla.: University of West Florida, 1974.
El teatro de Sebastián Salazar Bondy. Lima: García Ribeyro, 1975.
Español: práctica intensiva. s.l., Educational Linguistics Publishers, 1976.
García Lorca, Federico. La casa de Bernarda Alba. Madrid: Ediciones Cátedra, 1976. (coeditor)
García Lorca, Federico. Poema del Cante Jondo/Romancero Gitano. Madrid: Ediciones Cátedra, 1977. (coeditor)

CABRERA, LYDIA

n. 20 V 1900, La Habana (La Habana)

Folklorista, cuentista
Se educó en La Habana. Muy joven se interesó por las tradiciones de los negros de Cuba y al trasladarse a París, donde residió entre 1922 y 1938, comenzó a publicar relatos basados en las leyendas que había oído desde su niñez. Fue influída por aquellos escritores franceses que hacían uso de temas africanos en sus obras. De regreso a Cuba, fue desarrollando su labor investigativa y de recopilación, haciendo valiosos aportes tanto a la literatura como a la antropología/etnología. Fue asesora de la Junta del Instituto Nacional de Cultura. Se marchó al exilio en 1960, radicándose en Miami. Posteriormente viajó a España donde permaneció por un período de tiempo, para luego regresar a Estados Unidos donde reside en la actualidad. Sus estudios y relatos han sido publicados en revistas literarias de Francia y de Cuba, y algunos de sus libros han sido traducidos al francés y al portugués. En 1976 la Universidad de Miami dedicó el "Congreso de Literatura Afro-Americana" como "Homenaje a Lydia Cabrera." La Universidad de Denison le concedió el título de "Doctor of Letters, Honoris Causa" en 1977. En 1981 la Universidad de Redlands le confirió el título de "Doctor

of Human Letters." El valor de la obra de Lydia Cabrera estriba
no solo en el hecho de que ha dado a conocer la rica tradición
folklórica de los negros cubanos sino que, empleando una sutil elaboración literaria, ha sabido tejer una narrativa que ilumina un
mundo desconocido y misterioso. En su prosa abundan las palabras
africanas onomatopéyicas lo cual evoca el sentido auténtico del culto
a los dioses africanos.

Folklorist, short-story writer
    She was educated in Havana. Quite early in life she developed
a fascination for the traditions of the blacks of Cuba and upon going to Paris, where she lived between 1922 and 1938, she began to
publish stories based on the tales and legends with which she had
been familiar from childhood. She was influenced to an extent by
those French writers who used African motifs in their work. Upon
her return to Cuba she continued her collection and interpretation
of Afro-Cuban folklore, making valuable contributions not only in
the area of literature, but to anthropology and ethnology as well.
She served as a consultant to the National Institute of Culture. In
1960 she went into exile, settling first in Miami. Later she went to
Spain where she remained for a time, returning once again to the
United States where she currently lives. Her stories and tales
have appeared in journals in France and Cuba and several of her
books have been translated into French and Portuguese. In 1976
the University of Miami celebrated its Congress of Afro-American
Literature in honor of Lydia Cabrera. Denison University conferred
upon her the degree of "Doctor of Letters, Honoris Causa" in 1977,
and in 1981 Redlands University awarded her the degree of "Doctor
of Human Letters." The value of Lydia Cabrera's work lies in the
fact that not only has she divulged the rich folkloric tradition of
Cuban blacks, but also, by means of a subtle narrative style, she
explores a mysterious and little known world. By making use of
loan-words from West African languages as well as onomatopoetic
expressions, she is able to evoke the rich imagery of African religious cults in their New World forms.

Bibliografía de libros publicados fuera de Cuba

Anagó; vocabulario Lucumí. Miami: Ediciones Universal, 1969.
Otán Iyebiyé, las piedras preciosas. Miami: Ediciones Universal,
    1969.
La sociedad secreta Abakuá. 2ª ed. Miami: Ediciones Universal,
    1969.
Refranes de negros viejos. 2ª ed. Miami: Ediciones Universal,
    1970.
Ayapá: cuentos de jicotea. Miami: Ediciones Universal, 1971.
Cuentos negros de Cuba. 2ª ed. Miami: Ediciones Universal,
    1972.
Por qué: cuentos negros de Cuba. 2ª ed. Miami: Ediciones
    Universal, 1972.
La laguna sagrada de San Joaquín. Madrid: Ediciones R, 1973.
Anaforuana (ritual y símbolo de la iniciación en la sociedad secreta

Abakuá). Madrid: Ediciones R, 1975.
El monte (Igbo Finda, Ewe Orisha). 4ª ed. Miami: Ediciones Universal, 1975.
Francisco y Francisca, chascarrillos de negros viejos. Miami: Peninsular Printing, 1976.
La regla Kimbisa del Santo Cristo del Buen Viaje. Miami: Ediciones CR, Peninsular Printing, 1977.
Itinerarios del insomnio (Trinidad de Cuba). Miami: Ediciones CR, Peninsular Printing, 1977.
Reglas de congo: Palo Monte-Mayombé. Miami: Peninsular Printing, 1979.
Yemayá y Ochún (Kariocha, Iyalorichas y Olurichas). Nueva York: Eliseo Torres, 1980.
Koekó, Iyawó, aprende novicia: pequeño tratado de regla Lucumí. Miami: Ultra Graphics, 1980.
Yemayá y Ochún. São Paulo: Editorial Corrupio, 1982. (traducción al portugués)
Cuentos para adultos, niños y retrasados mentales. Miami: Chicherekú, 1983.
Vocabulario Congo. Miami: Ediciones Universal, 1985.
La Medicina Popular de Cuba. Miami: Chicherekú, 1985.

Crítica

Perera, Hilda. Idapó (sincretismo en los cuentos negros de Lydia Cabrera). Miami: Ediciones Universal, 1971.
Valdés-Cruz, Rosa. Lo ancestral en la narrativa de Lydia Cabrera. Barcelona: Vosgos, 1973.
Inclán, Josefa. Ayapá y otras Otán Iyebiyé de Lydia Cabrera. Miami: Ediciones Universal, 1976.
Hiriart, Rosario. Lydia Cabrera: vida hecha arte. Nueva York: Eliseo Torres, 1978.
Noticias de Arte. "Homenaje a Lydia Cabrera." Edición especial. Nueva York, 5/82.
Simó, Ana María. Lydia Cabrera: An intimate portrait. New York: INTAR, 1984.

Ayapá: cuentos de jicotea
        Booklist v. 68:979 (15/7/72)
Yemayá y Ochún
        Booklist v. 71:545 (1/2/75)
Cuentos negros de Cuba
        Revista Sur v. 349 (Julio-Dic. 1981), p. 89
Itinerarios del insomnio (Trinidad de Cuba)
        Inclán, Josefa. En torno a "Itinerarios del insomnio: Trinidad de Cuba" de Lydia Cabrera. Miami: 1978.

CABRERA, ROSA

    n. 28 III 1918, Camagüey (Camagüey)

Poetisa, ensayista; educadora
    Se graduó de Bachiller en Ciencias y Letras en el Instituto
Pre-Universitario de Camagüey en 1937 y se doctoró en filosofía
y letras en la Universidad de La Habana en 1945. Obtuvo el título
de Profesora de Piano en el Conservatorio Rafols de Camagüey en
1940. Desde 1941 hasta su salida de Cuba en 1961 fue Profesora
de Español en el Instituto Pre-Universitario de Camagüey. Traslada
a Estados Unidos, se desempeñó como profesora de francés y español en escuelas secundarias del estado de Maryland de 1961 a
1963, pasando luego a la Universidad Estatal de Nueva York, en
New Paltz, donde es Profesora de Español. Fundó y fue la primera
directora del Liceo de Camagüey de 1953 a 1961.

Poet, essayist; educator
    She received a Bachelor in Science and Letters degree in 1937
from the Pre-University Institute of Camagüey and a doctorate from
the University of Havana in 1945. She also graduated from the
Rafols Conservatory in Camagüey in 1940 with the title of Professor
of Piano. From 1941 until she left Cuba in 1961, she was professor
of Spanish at the Pre-University Institute of Camagüey. Since her
arrival in the United States she has devoted herself to teaching,
first at the secondary school level in Maryland from 1961 to 1963,
and then at the State University of New York, New Paltz, as professor of Spanish, a position she still holds. She founded and was
the first director of the Lyceum of Camagüey from 1953 to 1961.

Bibliografía de libros publicados fuera de Cuba

Anti-Americanism in Spanish American literature. New Paltz, N.Y.:
    SUNY Press, 1969.
Julián del Casal: vida y obra. Nueva York: Las Américas Pub-
    lishing Co., 1970.
Versos míos. Oviedo: Gráficas Summa, 1971.

Crítica
Juliá del Casal: vida y obra
        Círculo IV (Inv.-Ver.-Otoño 1972), p. 75-76
        Hispania v. 55:975 (12/72)
Versos míos
        Círculo IV (1973-1974), p. 194-195

CABRERA INFANTE, GUILLERMO

    n. 22 IV 1929, Gibara (Oriente)

Novelista, cuentista, ensayista, crítico cinematográfico, guionista;
periodista, traductor (Seudónimo: Guillermo Caín)
    A los doce años se trasladó con sus padres a La Habana donde
hizo estudios de bachillerato. A la edad de 18 años comenzó a

escribir, abandonándo los estudios universitarios para dedicarse al periodismo, carrera que estudió en una escuela profesional en 1950. En 1951 fundó la Cinemateca de Cuba, que dirigió hasta 1956. Fue jefe de redacción de Carteles desde 1957 hasta 1960, habiendo comenzado a contribuir crítica cinematográfica en dicha revista en 1954 bajo el seudónimo de "G. Caín." En 1959 fundó Lunes de Revolución de la que fue editor hasta su clausura en 1961 con motivo de la controversia acerca del papel del escritor en la Revolución. Nombrado agregado cultural de la Embajada de Cuba en Bruselas en 1962 y encargado de negocios en 1964, permaneció en Europa hasta 1965 cuando volvió a La Habana con motivo de los funerales de su madre. Fue retenido cuatro meses, renunció a su cargo diplomático y se marchó a España donde pasó nueve meses, trasladándose posteriormente a Londres, desde donde, únos años después, se vió envuelto, a distancia, en el notorio caso Padilla. En los últimos años Cabrera Infante se ha dedicado mayormente a la literatura y al cine. Escribió el guión de Vanishing Point, una película filmada en Hollywood en 1970, y el de Bajo el Volcán, la novela de Malcolm Lowry. Su novela Tres Tristes Tigres cuya importancia le ha asegurado a Cabrera Infante una posición permanente en la novelística latinoamericana de este siglo, ganó el Premio Biblioteca Breve en 1964 y el Premio del Mejor Libro Extranjero del año 1971 en París. Se le otorgó una beca Guggenheim en 1970. Cabrera Infante ha traducido al español los cuentos y narraciones de Sherwood Anderson, Ambrose Bierce, James Joyce, J.D. Salinger, Mark Twain y Vladimir Nabokov. Sus propias obras han sido traducidas al checo, chino, francés, inglés, italiano, polaco y portugués. Ha colaborado en revistas de España, Estados Unidos y América Latina. En la actualidad vive en Londres.

Novelist, short-story writer, essayist, film critic, script writer; journalist, translator (Pseudonym: Guillermo Caín)
At the age of twelve he moved with his family to Havana where he completed his secondary education. By the time he was eighteen, he had already begun to write and he left his university studies to devote himself to journalism, which he formally studied in 1950. In 1951 he started the Cinemateca of Cuba which he directed until 1956. From 1957 to 1960 he was managing editor of Carteles, a journal for which he had begun writing film criticism in 1954 under the pen name of "G. Caín." In 1959 he founded Lunes de Revolución and was its editor-in-chief until it was ordered closed by the government in 1961, a victim of the controversy over the role of the writer in revolutionary society. Cabrera Infante was named cultural attaché of the Cuban Embassy in Brussels in 1962 and chargé d'affaires in 1964. He remained in Europe until 1965 when he returned to Havana to attend his mother's funeral. After remaining there for four months, he broke with the government, resigned his diplomatic commission, and left for Spain where he remained for nine months before settling in London. It was from there, several years later, that he became embroiled in the notorious Padilla affair. In recent years Cabrera Infante has devoted himself

largely to film criticism and screen writing. He wrote the script for <u>Vanishing Point</u>, a film produced in Hollywood in 1970, and the screenplay for Malcolm Lowry's <u>Under the Volcano</u>. Cabrera Infante's novel <u>Tres Tristes Tigres</u>, whose importance has assured him a permanent place among Latin American novelists of this century, won the Biblioteca Breve Prize in 1964 and the Best Foreign Book of the Year Prize in Paris in 1971. He received a Guggenheim Fellowship for creative writing in 1970. He has translated into Spanish the short stories of Sherwood Anderson, Ambrose Bierce, James Joyce, Vladimir Nabokov, J.D. Salinger, and Mark Twain. His own works have been translated into Czech, Chinese, English, French, Italian, Polish, and Portuguese. He has written for journals in Spain, Latin America, and the United States. At the present time he lives in London.

Bibliografía de libros publicados fuera de Cuba

Dans la paix comme dans la guerre. (Traducción al francés de Asî
     en la paz como en la guerra). Paris: Gallimard, 1964.
Tres tristes tigres. Barcelona: Seix Barral, 1967.
Tres tristes tigres. 2ª ed. Barcelona: Seix Barral, 1968.
Asî en la paz como en la guerra; cuentos. Montevideo: Editorial
     Alfa, 1968.
Tres tristes tigres. 3ª ed. Barcelona: Seix Barral, 1969.
Asî en la paz como en la guerra; cuentos. Montevideo: Editorial
     Alfa, 1970.
Trois tristes tigres. Paris: Gallimard, 1970.
Asî en la paz como en la guerra. Barcelona: Seix Barral, 1971.
He sido el primer proxeneta creado por el socialismo. Caracas:
     Empresa El Cajo, 1971.
Tres tristes tigres. 4ª ed. Barcelona: Seix Barral, 1971.
Three trapped tigers. Translated from the Cuban by Donald Gard-
     ner and Suzanne Jill Levine in collaboration with the author.
     First U.S. edition. New York: Harper & Row, 1971.
Un oficio del siglo 20. G. Caîn 1954-60. Barcelona: Seix Barral,
     1973.
Tres tristes tigres. 5ª ed. Barcelona: Seix Barral, 1973.
Vista del amanecer en el trópico. Barcelona: Seix Barral, 1974.
O. Barcelona: Seix Barral, 1975.
Asî en la paz como en la guerra. 2ª ed. Barcelona: Seix Barral,
     1975.
Tres tristes tigres. 6ª ed. Barcelona: Seix Barral, 1975.
Exorcismos del esti(l)o. Barcelona: Seix Barral, 1976.
Arcadia todas las noches. Barcelona: Seix Barral, 1978.
View of dawn in the tropics. Translated from the Spanish by
     Suzanne Jill Levine. First U.S. edition. New York: Harper
     & Row, 1978.
La Habana para un infante difunto. Barcelona: Seix Barral, 1979.
Un oficio del siglo 20. G. Caîn 1954-60. 3ª ed. Barcelona: Seix
     Barral, 1982.
Infante's Inferno. Translation of <u>La Habana para un infante difunto</u>

by Suzanne Jill Levine and the author. New York: Harper & Row, 1984.

Crítica

Siemens, William. Guillermo Cabrera Infante: Language and creativity. University of Kansas, 1971. Unpublished Ph.D. dissertation.

Mickelsen, Vicki Gillespie. Games novelists play: Technical experiments in "La muerte de Artemio Cruz," "La casa verde," "Tres tristes tigres," and "Rayuela." Indiana University, 1974. Unpublished Ph.D. dissertation.

Jiménez, Reynaldo L. Guillermo Cabrera Infante y Tres Tristes Tigres. Miami: Ediciones Universal, 1977.

Older, Dora Vázquez. El juego contradictorio en Cabrera Infante. Brown University, 1977. Unpublished Ph.D. dissertation.

Merrim, Stephanie. Logos and the word: The role of language in "Grande Sertão: Veredas" and "Tres Tristes Tigres." Yale University, 1978. Unpublished Ph.D. dissertation.

Hayworth, Karen Lyn Getty. Language as technique in "Tres Tristes Tigres" and "El Recurso del Método." University of Texas at Austin, 1979. Unpublished Ph.D. dissertation.

Pereda, Rosa M. Cabrera Infante. Madrid: EDAF, 1979.

Nelson, Ardis Lorraine. Characterization and Menippean satire in the major works of Guillermo Cabrera Infante. Indiana University, 1980. Unpublished Ph.D. dissertation.

Alvarez-Borland, I. Discontinuidad y ruptura en Guillermo Cabrera Infante. Gaithersburg, Md.: Ediciones Hispamérica, 1982.

Tres Tristes Tigres
    New York Times Book Review (17/10/71), p. 5
                              (5/12/71), p. 84
Un Oficio del Siglo 20
    Booklist v. 72:556 (15/12/75)
    Latin American Literary Review v. 6, No. 12 (Spring/
        Summer 1978), p. 94
Exorcismos del Esti(1)o
    World Literature Today v. 51 (Spring 1977), p. 253
    Revista Iberoamericano v. 44, No. 102-103 (Enero-Junio
        1978), p. 276
Vista del Amanecer en el Trópico
    Books Abroad v. 50 (Winter 1976), p. 123
    Caribe v. 1, No. 2 (Otoño 1976), p. 121
    Nation v. 227 (4/11/78), p. 477
La Habana para un Infante Difunto
    Chasquí v. 8, No. 3 (5/79), p. 90
    Américas (Nov./Dic. 1980), p. 47
    Cuban Studies/Estudios Cubanos v. 11, No. 1 (1/81),
        p. 95
    Hispamérica año X, No. 30 (1981), p. 154
    World Literature Today v. 55 (Summer 1981), p. 435

Revista Canadiense de Estudios Hispánicos v. 5, No. 2
(Winter 1981), p. 216
Revista Iberoamericana v. 48, No. 118-119 (Mayo 1979),
p. 90
Revista de la Universidad de México v. 34, No. 11 (7/80),
p. 43
Arcadia Todas las Noches
Revista de la Universidad de México v. 34, No. 5 (1/80),
p. 47

Caribe v. 1, No. 2 (Otoño 1976), p. 123

CACHAN, MANUAL

n. 11 VII 1942, Marianao (La Habana)

Cuentista; trabajador social
Hizo estudios de bachillerato en la Academia de La Salle en
La Habana. En 1961 se marchó al exilio rumbo a España. Allí
permaneció hasta 1964 cuando se trasladó a Estados Unidos. Recibió
los grados de Bachelor of Arts en Rollins College en 1977 y Master
of Arts en la Universidad de Tulane en 1979. En la actualidad
vive en Miami donde se desempeña como trabajador social. Ha sido
premiado en varios concursos literarios entre los que figuran tres
patrocinados por el Círculo de Escritores y Poetas Iberoamericanos
y otro por la Universidad Old Dominion.

Short-story writer; social worker
He received his secondary education at the La Salle Academy
in Havana. In 1961 he went into exile in Spain where he remained
until 1964 when he went to the United States. He received a
bachelor's degree from Rollins College in 1977 and a master's degree
from Tulane University in 1979. He currently resides in Miami
where he is employed as a social worker. He has won awards in
several literary competitions, among them three sponsored by the
Circle of Iberoamerican Writers and Poets and another by Old Dominion University.

Bibliografía de libros publicados fuera de Cuba

Cuentos políticos. Nueva York: Editorial Mensaje, 1971.
Cuentos de aquí y allá. Miami: Ediciones Universal, 1977.

Crítica

Cuentos políticos
La Estafeta Literaria n. 493 (1972), p. 963-964
Menton, Seymour. Prose fiction of the Cuban Revolution.
Austin: University of Texas Press, 1975, p. 284

Cuentos de aquí y allá
La Estafeta Literaria n. 617 (1977), p. 2902-2903

CAIN, GUILLERMO véase/see CABRERA INFANTE, GUILLERMO

CAIÑAS PONZOA, ANGELES

n. 18 V 1898, West Tampa (Florida), EE.UU.

Poetisa; maestra
Se trasladó a Cuba con sus padres a la edad de cinco años.
Se hizo maestra y permaneció en la isla hasta 1962, año en que se
exilió, radicándose en Nueva York. Junto con Rolando Campins,
fundó la revista literaria Vanguardia. En la actualidad reside en
Miami.

Poet; teacher
Brought to Cuba at the age of five by her parents, she became a teacher and remained there until 1962 when she went into
exile and settled in New York. There, in conjunction with Rolando
Campins, she founded the literary journal Vanguardia. She currently resides in Miami.

Bibliografía de libros publicados fuera de Cuba

Versos. Nueva York: Colección Blanquita, 1965.
Versos. Concepción, Chile: Grupo Literario Internacional Antorcha
    de Chile, 1966.
Elegía en azul. Concepción, Chile: Grupo Literario Internacional
    Antorcha de Chile, 1966.
Agonías. Bilbao, España: Colección Alrededor de la Mesa, 1967.
Diez romances. Nueva York: Colección Blanquita, 1968.
Desnudez. Nueva York: Colección Mensaje, 1969.
Destierro. Nueva York: Colección Mensaje, 1969.

Crítica

Desnudez
        Revista Interamericana de Bibliografía v. 21, No. 3
        (Julio/Sep. 1971), p. 341

CAMPINS, ROLANDO

n. 1940, Palma Soriano (Oriente)

Poeta
    A partir de 1959 radicó por muchos años en Nueva York.
Junto con Angeles Caiñas Ponzoa, fundó y dirigió la revista literaria
Vanguardia. Integró el grupo Nueva Sangre ubicado en Nueva
York. Su poemario Sonsonero Mulato fue premiado por el Ateneo
de Bellas Artes de Nueva York y otro, Arbol Sin Paraíso, por el
Instituto Nacional del Libro en Madrid. Actualmente reside en Islas
Canarias.

Poet
    Beginning in 1959 he lived for a considerable period of time
in New York. Together with Angeles Caiñas Ponzoa, he founded
and directed the literary journal Vanguardia. He was a member of
the so-called "Nueva Sangre" school of poetry located in the New
York area. His collection of poems Sonsonero Mulato won a prize
from the Atheneum of Fine Arts of New York and his Arbol Sin
Paraíso won an award from the National Book Institute in Madrid.
He currently lives in the Canary Islands.

Bibliografía de libros publicados fuera de Cuba

Vecindario. s.l., s.n., 1966.
Sonsonero mulato. Nueva York: Colección Nueva Sangre, 1969.
Habitante de toda esperanza. Palencia, España: Colección de
    Poesía Hispanoamericana, 1969.
Arbol sin paraíso. Las tribulaciones y los sueños. Madrid: Al-
    faguara, 1971.

Crítica

Habitante de toda esperanza
        Círculo II (Otoño 1970), p. 198

CAMPOS, JULIETA

        n. 8 V 1932, La Habana (La Habana)

Novelista, poetisa, crítica, ensayista; editora, traductora
        Becada por la Alianza Francesa de La Habana, hizo estudios
de literatura francesa en la Sorbona desde 1953 a 1954. Posteriormente se doctoró en filosofía y letras en la Universidad de La
Habana. Desde 1955 reside en México. Trabajó como traductora
para varias casas editoriales. Entre los autores que ha traducido
al español figuran los nombres de Fanon, Fromm y Sartre. En la
actualidad ocupa el puesto de editora de la Revista de la Universidad
de México y integra el consejo de redacción de la revista literaria
Vuelta. Ha colaborado con crítica literaria en las revistas Revista
Mexicana de Literatura y Universidad de México. En 1974 ganó el
Premio Villaurrutia por su novela Tiene los Cabellos Rojizos y Se
Llama Sabina.

Novelist, poet, critic essayist; editor, translator

With the aid of a scholarship from the Alliance Française of Havana, she studied French literature at the Sorbonne from 1953 to 1954. She later received a doctorate in philosophy and letters from the University of Havana. She has lived in Mexico since 1955. She worked as a translator for several publishing houses and among those authors whose works she has translated into Spanish are Fanon, Fromm, and Sartre. Currently she is editor of Revista de la Universidad de México and a member of the editorial board of the literary journal Vuelta. She has published literary criticism in such journals as Revista Mexicana de Literatura and Universidad de México. In 1974 she won the Villaurrutia Prize for her novel Tiene los Cabellos Rojizos y Se Llama Sabina.

Bibliografía de libros publicados fuera de Cuba

La imagen en el espejo. México: UNAM, 1965.
Muerte por agua. México: Fondo de Cultura Económica, 1965.
Celina o los gatos. México: Siglo XXI, 1968.
Oficio de leer. México: Fondo de Cultura Económica, 1971.
Función de la novela. México: Joaquín Mortiz, 1973.
Tiene los cabellos rojizos y se llama Sabina. México: Joaquín Mortiz, 1974.
Tiene los cabellos rojizos y se llama Sabina. 2ª ed. México: Joaquín Mortiz, 1978.
El miedo de perder a Eurídice. México: Joaquín Mortiz, 1979.
La herencia obstinada, análisis de cuentos Nahuas. Ciudad de México: Fondo de Cultura Económica, 1982.

Crítica

Muerte por agua
       Letras de ayer y hoy No. 7 (Marzo 1966), p. 22-23
       Diálogos No. 4 (Mayo-Junio 1966), pp. 45-46
La imagen en el espejo
       Revista de la Universidad de México v. 20, No. 1 (Sep. 1965), p. 29-30
Tiene los cabellos rojizos y se llama Sabina
       Revista Iberoamericana v. 46, No. 112-113 (Julio/Dic. 1980), p. 680
La herencia obstinada, análisis de cuentos Nahuas
       Revista de la Universidad de México v. 38, No. 20 (12/82), p. 42

CANCELA, GILBERTO

n. 1929

Ensayista; educador

Cursó estudios universitarios en Cuba y después de exiliarse, los continuó en Estados Unidos. Es experto en educación bilingüe y ha dictado numerosas conferencias sobre este tema. Actualmente ocupa un cargo administrativo en Mercy College, recinto de Miami.

Essayist; educator
He pursued his higher education both in Cuba and the United States, where he settled after going into exile. He is considered to be an expert on bilingual education, a subject about which he has lectured extensively. He currently holds an administrative position at the Miami campus of Mercy College.

Bibliografía de libros publicados fuera de Cuba

Esquema de las letras españolas e hispanoamericanas. Nueva York: Las Américas Publishing Co., 1970.
El sentimiento religioso de Unamuno. Nueva York: Plaza Mayor, 1972.
Enrique Piñeyro: su vida y su obra. Miami: Ediciones Universal, 1977.

CANDELARIO GONZALEZ, ANDRES

n. 1934, Artemisa (Pinar del Río)

Cuentista; educador
Se marchó de Cuba en 1961 rumbo a Colombia, interrumpiendo así sus estudios universitarios, los cuales completó después de radicarse en Puerto Rico. Obtuvo el grado de Maestría en Planificación Social en la Universidad de Puerto Rico y, en la actualidad, ejerce como profesor de sociología en la Facultad de Ciencias Sociales del Colegio Regional de la Universidad de Puerto Rico en Humacao. Sus cuentos han sido publicados en periódicos y revistas de Nueva York y Puerto Rico y algunos de ellos recibieron mención honorífica en certámenes patrocinados por el Ateneo Puertorriqueño y el Círculo de Escritores y Poetas Iberoamericanos.

Short-story writer; educator
He left Cuba in 1961, settling first in Colombia and then Puerto Rico where he completed his university education. He received a master's degree in social planning from the University of Puerto Rico and is currently a professor of sociology in the School of Social Science at the University of Puerto Rico's Regional College in Humacao. His short stories have appeared in newspapers and journals in New York and Puerto Rico and several of them have won honorable mention in literary competitions sponsored by the Atheneum of Puerto Rico and the Circle of Iberoamerican Writers and Poets.

Bibliografía de libros publicados fuera de Cuba

Tiempo de morir. Miami: Ediciones Universal, 1983.

CANET, CARLOS

n. 24 V 1924, Regla (La Habana)

Poeta, folklorista
Cursó el bachillerato en el Instituto de La Habana, graduándose en 1944. Trabajó como estibador y ayudante en ingeniería mecánica hasta abandonar el país en 1965. Se radicó en Miami donde actualmente ocupa un cargo administrativo en una empresa textil.

Poet, folklorist
He received his secondary education at the Havana Institute where he graduated in 1944. He worked as a stevedore and as an engineering assistant until he went into exile in 1965. He settled in Miami where he currently resides and works as a plant manager in a knitting mill.

Bibliografía de libros publicados fuera de Cuba

Eva. Miami: Editorial AIP, s.f.
Lucumí: la religión de los Yorubas en Cuba. Miami: Editorial AIP, 1973.

CARBONELL, JOSE MANUEL

n. 3 VII 1880, Alquízar (La Habana)
m. 20 III 1968, Miami (Florida), EE.UU.

Poeta, cuentista; abogado diplomático
Siendo niño, se trasladó a Estados Unidos con su familia y allí hizo sus primeros estudios. Se graduó de Doctor de Derecho Público en la Universidad de La Habana en 1914. Presidió la Academia Nacional de Artes y Letras y dirigió la edición de la Evolución de la Cultura Cubana. También fue miembro de la Academia Cubana de la Lengua, de la Academia de la Historia de Cuba y del Ateneo de La Habana. Fue Senador de la República y diplomático representando a su país en el Brasil y México. Se marchó al exilio en 1959, trasladándose a Miami donde residió hasta su muerte en 1968.

Poet, short-story writer; lawyer, diplomat
He spent his early years in the United States where he completed his elementary education. In 1914 he received a doctorate in public law from the University of Havana. He directed the National Academy of Arts and Letters and was chief editor of the multi-volume Evolución de la Cultura Cubana. He was also a member of the Cuban Academy of the Spanish Language, of the Academy of the History of Cuba, and of the Atheneum of Havana. He was a

senator and also a diplomat accredited in Brazil and Mexico. In
1959 he went into exile, settling in Miami where he resided until
his death in 1968.

Bibliografía de libros publicados fuera de Cuba

La Cenicienta; el ruiseñor y la rosa; la amistad verdadera; el
    dragón; el rey destronado; William de Cloudesley; la reina
    de la nievas. 3ª ed. Barcelona: Editorial Bruguera, 1963.

CARDELLE PENICHET, GUSTAVO A.

    n. 1905, La Habana (La Habana)
    m. 1980, Nueva York, EE.UU.

Poeta; pediatra
    Se graduó de médico en la Universidad de La Habana en 1928
y fue Profesor de Pediatría en la misma universidad desde 1928 hasta
1951. Contribuyó artículos científicos a muchas revistas médicas de
su especialidad. Fue becado en la Facultad de Medicina de la Universidad de Harvard de 1941 a 1942. Fundó la Sociedad Cubana de
Pediatría.

Poet; pediatrician
    He received a medical degree from the University of Havana
in 1928 and taught pediatrics at the same university from 1928 to
1951. He published widely in medical journals of his specialty.
From 1941 to 1942 he was a fellow in pediatrics at Harvard Medical
School. He founded the Cuban Society of Pediatrics.

Bibliografía de libros publicados fuera de Cuba

Reflejos sobre la nieve. Nueva York: Senda Nueva de Ediciones,
    1978.

CARMENATE, ERNESTO

    n. 7 XI 1925, Alquízar (La Habana)

Poeta
    Es autodidacto. Desempeñó varios oficios en Cuba: lector de
tabaquería, viajero comercial, dependiente. En 1964 huyó en bote
hacia Estados Unidos.

Poet
    His formal education ended in primary school and he is largely
self-taught. He worked at a variety of jobs in Cuba--employee in

a cigar factory, traveling salesman, and clerk--until 1964 when he fled the country by small boat for the United States.

Bibliografía de libros publicados fuera de Cuba

Un río inmóvil. West New York, N.J.: Herrera Bros., 1974.

CARRASCO TOMASETTI, ISABEL

n. Camagüey (Camagüey)

Novelista, poetisa; odontóloga
Se doctoró en cirugía dental en la Universidad de La Habana. Perteneció a la directiva del Colegio Dental, asistiendo a varios congresos internacionales y publicando trabajos científicos en Cuba Odontológica. También estudió piano en el Conservatorio Peyrellade de Camagüey. En la actualidad vive en Miami.

Novelist, poet; dentist
She received a doctorate in dental surgery from the University of Havana. As a member of the administration of the College of Dentists, she attended several international dental congresses and published articles in Cuba Odontológica. She also studied piano at the Peyrellade Conservatory in Camagüey. She currently resides in Miami.

Bibliografía de libros publicados fuera de Cuba

La decisión fatal. Miami: Ediciones Universal, 1973.

Crítica

La decisión fatal
Círculo IV (1973-1974), p. 218

CARREÑO, JOSE

Novelista; periodista
Cursó estudios en la Escuela de Periodismo Profesional "Manuel Márquez Sterling." Trabajó para La Tarde y Excelsior-El País hasta ser detenido por hacer propaganda anticomunista. Fue condenado a presidio y allí integró el grupo de los plantados por más de 15 años. Indultado en 1979 por gestiones realizadas por la Sociedad Interamericana de Prensa, abandonó el país y pasó a Miami donde actualmente cursa estudios doctorales y trabaja en una radioemisora hispana.

Novelist; journalist
He graduated from the Manuel Márquez Sterling School of
Professional Journalism and worked for the newspapers La Tarde
and Excelsior-El País until he was arrested on charges of dis-
seminating anti-communist propaganda. Sentenced to prison, he
spent more than fifteen years in confinement until pardoned in 1979
at the behest of the Interamerican Press Society. He left Cuba and
settled in Miami where he is currently studying for a doctorate and
working for a Hispanic radio station.

Bibliografía de libros publicados fuera de Cuba

La revolución de la chambelona roja. Miami: Editorial S.I.B.I.,
1982.

CARTAÑA, LUIS

n. 10 VII 1942, La Habana (La Habana)

Poeta, cuentista; educador
Cursó estudios secundarios en el Colegio de la Salle donde
terminó el bachillerato en 1957. Estudió inglés en la Universidad
de Georgetown de 1961 a 1962. Luego se trasladó a España para
estudiar en la Universidad Central de Madrid donde obtuvo la licenciatura en leyes en 1967. De regreso el mismo año al continente
americano, se le otorgó una cátedra de estudios hispánicos en la
Universidad de Puerto Rico, recinto de Mayagüez, cargo que todavía
desempeña. Ha sido muy activo en los círculos culturales de todo
el continente americano, participando en foros de poesía y dando
conferencias y lecturas de sus poemas. Sus creaciones líricas y
cuentos han sido publicados en revistas y periódicos de España,
Estados Unidos, y Puerto Rico. En 1979 ganó el Primer Premio de
Poesía "Evaristo Ribera Chevremont" otorgado por la Sociedad
Puertorriqueña de Escritores. Obtuvo la Beca Cintas para el año
1983-1984.

Poet, short-story writer; educator
He completed his secondary education at the Colegio de la
Salle in 1957. From 1961 to 1962 he studied English at Georgetown
University and then went to Spain where he received a licentiate
in law from the Central University of Madrid in 1967. Upon his return from Spain the same year, he was offered a teaching position
in Hispanic studies at the University of Puerto Rico, Mayagüez
campus, a post he still holds. He has been extremely active in
Latin American cultural circles and has participated in conferences,
lectured, and given poetry readings. His poems and short stories
have been published in numerous newspapers and journals in Spain,
the United States, and Puerto Rico. In 1979 he won the Evaristo
Ribera Chevremont Prize for poetry awarded by the Puerto Rican

Society of Writers. He was awarded a Cintas Fellowship for the period 1983-1984.

Bibliografía de libros publicados fuera de Cuba

Estos humanos dioses. Barcelona: Editorial Carabela, 1967.
La joven resina. Barcelona: Editorial Carabela, 1971.
Canciones olvidadas. Mayagüez: Colección de Poesía Jardín de Espejos, 1978.
Límites al mar. Mayagüez: Colección de Poesía Jardín de Espejos, 1978.
Sobre la música. Mayagüez: Colección de Poesía Jardín de Espejos, 1981.
La mandarina y el fuego. Mayagüez: Colección de Poesía Jardín de Espejos, 1983.

Crítica

Canciones olvidadas
    Hispamérica año IX, No. 25-26 (1980), p. 185
Límites al mar
    Hispamérica año IX, No. 25-26 (1980), p. 185

CASADO, RAFAEL

Novelista
    Salió al exilio en 1960 y en la actualidad vive en Venezuela.

Novelist
    He went into exile in 1960 and at the present time lives in Venezuela.

Bibliografía de libros publicados fuera de Cuba

Coa Bai: la tierra de los muertos. Caracas: Tipografía Cero, 1975.

CASAL VALDES, LOURDES

    n. 5 IV 1938, La Habana (La Habana)
    m. II 1981, La Habana (La Habana)

Poetisa, cuentista, ensayista; educadora
    Estudió en la Universidad Católica de Santo Tomás de Villanueva y después de su traslado a Estados Unidos en 1961, en la New School for Social Research donde obtuvo el grado de Master of Arts en psicología en 1962 y el doctorado en 1975. Desempeñó

cargos docentes en varias universidades estadounidenses, principalmente en la de Rutgers. Integró la junta de redacción de las
revistas Areíto y Cuban Studies/Estudios Cubanos. Contribuyó
con poesía, cuentos, crítica, y reseñas a las revistas Norte, Alacrán
Azul, Exilio, Nueva Generación, Envíos, Areíto, Cuba Review, Latin
American Research Review, Latin American Perspectives, Cineaste,
The Wilson Quarterly, Cuban Studies/Estudios Cubanos y otras.

Poet, short-story writer, essayist; educator
    She studied at the Catholic University of Saint Thomas of
Villanueva and after going to the United States in 1961, at the New
School for Social research where she received a master's degree in
psychology in 1962 and a doctorate in 1975. She held teaching
posts at several universities, most notably at Rutgers University.
She was a member of the editorial board of the journals Areíto and
Cuban Studies/Estudios Cubanos, and contributed poetry, short
stories, critical articles, and reviews to the journals Norte, Alacran
Azul, Exilio, Nueva Generación, Envíos, Areíto, Cuba Review, Latin
American Research Review, Latin American Perspectives, Cineaste,
The Wilson Quarterly, Cuban Studies/Estudios Cubanos, and others.

Bibliografía de libros publicados fuera de Cuba

Cuaderno de Agosto. New York: s.n., 1968.
El caso Padilla; literatura y revolución en Cuba. Miami: Ediciones
    Universal, 1971.
Los fundadores: Alfonso y otros cuentos. Miami: Ediciones Uni-
    versal, 1973.
The Cuban minority in the United States: preliminary report and
    need identification and program evaluation. Boca Ratón,
    Fla.: Florida Atlantic University, 1973. (coautora)
Itinerario ideológico. Antología de Lourdes Casal. Miami: Instituto
    de Estudios Cubanos, 1982.

Crítica

Los fundadores: Alfonso y otros cuentos
        Caribe v. 1, No. 2 (Otoño 1976), p. 127
        Handbook of Latin American Studies v. 38 (1976), p. 418,
        #6602

CASASUS, JUAN JOSE

    n. 15 VIII 1899, Caibarién (Las Villas)

Ensayista, biógrafo; jurisconsulto, militar
    Se graduó en la Academia Militar de Cuba en 1920 con el
rango de Teniente de Artillería, cuerpo en el que sirvió, así como
en el Estado Mayor. Se doctoró en leyes en la Universidad de La

Habana en 1923. En 1926, habiéndose retirado del ejército, ingresó
en la carrera judicial. Ocupó altos cargos jurídicos, entre ellos
Magistrado por oposición de la Sala de lo Civil y de lo Contencioso
de la Audiencia de La Habana, y Presidente por selección de la Sala
de lo Criminal del Tribunal Supremo de Cuba. Ha publicado gran
número de tratados jurídicos así como biografías de cubanos célebres
y obras de carácter filosófico-jurídico. Al salir de Cuba en 1969
fue a Estados Unidos donde ha continuado su fecunda labor literaria.
Es autor de no menos de diez libros publicados en el exilio sin
mencionar centenares de artículos publicados en revistas y periódicos. En la actualidad proyecta la publicación de su Historia Heróica, una monumental historia de Cuba en ocho tomos.

Essayist, biographer; jurist, military officer
    He graduated with a commission as Lieutenant of Artillery
from the Military Academy of Cuba in 1920. In 1923 he received a
doctorate in law from the University of Havana and in 1926, having
surrendered his commission, began to practice law. He held several
important legal posts, among them Magistrate of the Civil and Criminal Courts of the Court of Havana and Presiding Judge of the
Criminal Court of the Supreme Court of Cuba. The author of many
legal treatises, he has also written biographies of famous Cubans
as well as works of a philosophical-legal nature. After leaving
Cuba in 1969 and going to the United States, he continued his
prolific literary production. He has published over ten books in
exile as well as hundreds of articles in newspapers and journals.
At the present time he is nearing publication of his Historia Heróica,
a monumental history of Cuba in eight volumes.

Bibliografía de libros publicados fuera de Cuba

La invasión. 2ª ed. Miami: Rex Press, 1969.
Vida militar de Ignacio Agramonte. Miami: Editorial AIP, 1972.
José Martí: su pensamiento, su tarea, su ejemplo. Miami: Rex
    Press, 1973.
Vida militar de Ignacio Agramonte. 2ª ed. Miami: Editorial AIP, 1973.
En el centenaro de Ignacio Agramonte. Miami: Rex Press, 1973.
En el nacimiento del Maestro. Miami: Prensa de Miami, 1974.
El comunismo: tumba de la libertad. Miami: Rex Press, 1975.
Carlos Marx y W.I. Lenin, los más funestos demagogos de la his-
    toria. Miami: Ediciones Lohe, 1975.
Centenario de la toma de Tunas. Nueva York: Club Tuneo, 1976.
Mártires del comunismo. Miami: Rex Press, 1976.
Atila sobre Cuba. Miami: Promotion Sales Co., s.f.

CASEY, CALVERT

        n. 1923, Baltimore (Maryland), EE.UU.
        m. 17 V 1969, Roma, Italia

Cuentista, crítico; periodista (Seudónimo: José de América)
   Hijo de cubana y de norteamericano, nació en Estados Unidos
pero creció y se educó en Cuba. Comenzó a escribir muy joven y
ya a la edad de 16 años, había escrito su primer libro. Viajó extensivamente por Europa y América y fijó residencia en Nueva York
por largo período de tiempo. Uno de sus cuentos fue premiado por
la casa editorial Doubleday Doran y luego transformado en un libreto
para el cual el compositor cubano Natalio Galán escribió la ópera El
Paseo. Ya de vuelta a Cuba, a partir de 1959, empezó a colaborar
en revistas tales como Ciclón, Lunes de Revolución y Casa de las
Américas, y se dedicó a la crítica y al periodismo. Se juntó al
grupo "El Puente." Salió del país nuevamente en 1967 rumbo a los
países del bloque socialista con motivo de la traducción al polaco de
su libro de cuentos El Regreso. Luego se dirigió a Roma donde
consiguió el puesto de traductor de una organización internacional.
En dicha ciudad permaneció hasta su muerte por suicidio, ocurrida
en 1969.

Short-story writer, critic; journalist (Pseudonym: José de América)
   He was born in the United States of a Cuban mother and an
American father but grew up and was educated in Cuba. While still
quite young he began to write and by the time he was sixteen had
already completed a novel. After traveling widely throughout Europe and America, he settled in New York for a lengthy period of
time. One of his short stories was awarded a prize by the Doubleday Doran publishing company and was later made into a libretto
for which the composer Natalio Galán wrote the opera El Paseo.
Having returned to Cuba in 1959, he began contributing articles to
such journals as Ciclón, Lunes de Revolución, and Casa de las
Américas, as well as devoting himself to criticism and journalism.
He identified himself with the literary group known as "El Puente."
He left Cuba again in 1967 in order to travel to the socialist block
countries on the occasion of the translation into Polish of his collection of short stories El Regreso. He later gravitated to Rome
where, having received a position as translator with an international
organization, he remained until his death by suicide in 1969.

Bibliografía de libros publicados fuera de Cuba

El regreso y otros cuentos. Barcelona: Seix Barral, 1967.
Notas de un simulador. Barcelona: Seix Barral, 1969.

CASTELLANOS COLLINS, MARIA

   n. 24 I 1941, Limonar (Matanzas)

Ensayista; educadora
   Cursó su educación primaria y parte de la secundaria en el
Colegio Nuestra Señora de Lourdes en La Habana. En 1959 terminó

su segunda enseñanza en la Academia Inmaculada en Miami. Se graduó en la Universidad de Miami en 1963. Recibió el grado de Master of Arts en la misma institución académica en 1972. Se doctoró en la Universidad de Kentucky en 1975. Ejerció como profesora de español en la Academia Inmaculada desde 1964 a 1966, en la Universidad de Miami desde 1969 a 1971, y en la Universidad de Kentucky desde 1971 a 1975. En la actualidad desempeña como profesora de lengua y literatura españolas en la Universidad Estatal de Kansas.

Essayist; educator
     She received her primary and part of her secondary education at Our Lady of Lourdes School in Havana. In 1959 she graduated from the Immaculate Academy in Miami and in 1963 from the University of Miami with a bachelor's degree in education. In 1972 she received a master's degree from the same institution and in 1975 a doctorate from the University of Kentucky. She taught Spanish at the Immaculate Academy from 1964 to 1966, at the University of Miami from 1969 to 1971, and at the University of Kentucky from 1971 to 1975. She currently teaches Spanish language and literature at Kansas State University.

Bibliografía de libros publicados fuera de Cuba

Tierra, mar y cielo en la poesía de Eugenio Florit. Miami: Ediciones Universal, 1976.

Crítica

Tierra, mar y cielo en la poesía de Eugenio Florit
     Hispania v. 61:394 (5/78)
     World Literature Today Vol. 51 (1977), p. 419-420

CASTELLS OLIVELLA, MATILDE

     n. 20 XII 1929, Santiago de Cuba (Oriente)

Ensayista; educadora
     Se doctoró en filosofía y letras en la Universidad de La Habana en 1956. Enseñó en el Instituto del Vedado desde 1956 a 1959. Abandonó el país en 1960, radicándose en Estados Unidos. Enseñó en escuelas secundarias del estado de Pensilvania desde 1961 a 1963, y en la Universidad de Rutgers desde 1963 a 1969. Desde 1972 enseña en la Universidad Estatal de California en Los Angeles. Ha contribuido con artículos de crítica a las revistas literarias Romance Notes y Hispania. En 1980 se le otorgó el Premio Juan J. Remos.

Essayist; educator
     She was awarded a doctorate in humanities from the University

of Havana in 1956. She taught at the Vedado Institute from 1956 to 1959. After leaving Cuba for exile in 1960, she settled in the United States. From 1961 to 1963 she taught in secondary schools in Pennsylvania, and from 1963 to 1969 at Rutgers University. She has taught at California State University in Los Angeles since 1972. She has published in such literary journals as Romance Notes and Hispania. In 1980 she won the Juan J. Remos Prize.

Bibliografía de libros publicados fuera de Cuba

Lengua y lectura: un repaso y una continuación. New York: Harcourt Brace & Jovanovich, 1970.
La lengua española: gramática y cultura. New York: Scribner's, 1974.
La lengua española: gramática y cultura. 2ª ed. New York: Scribner's, 1978.
Mundo hispánico: lengua y cultura. New York: Wiley, 1981.

CASTRO MARTINEZ, ANGEL

n. 8 VII 1930, Bolondrón (Matanzas)

Poeta, cuentista; abogado, educador, contador público
Se doctoró en leyes en la Universidad del Norte de Oriente en 1958 y en la Universidad de la Habana en 1961. Enseñó en la Facultad de Ciencias Económicas de la Universidad Nacional José Martí desde 1954 hasta 1959, siendo nombrado Decano en 1957. Se marchó al exilio en 1962, trasladándose a Miami donde vivió dos años. Ocupó puestos docentes en escuelas secundarias y en varias universidades desde 1965 a 1971, principalmente en Hampton Institute y en la Universidad Old Dominion, donde fue Profesor Adjunto de Lengua y Literatura Hispánicas. Desde 1973 trabaja en Miami como contador público.

Poet, short-story writer; lawyer, educator, accountant
He received doctorates in law from Norte de Oriente University in 1958 and the University of Havana in 1961. He taught in the Faculty of Economics of the José Martí National University from 1954 to 1959 and in 1957 was appointed dean. In 1962 he went into exile and settled in Miami where he lived for two years. From 1965 to 1972 he held teaching appointments in high schools and colleges in various parts of the country, his most significant posts being at Hampton Institute and Old Dominion University where he was assistant professor of Hispanic language and literature. He has been employed as an accountant in Miami since 1973.

Bibliografía de libros publicados fuera de Cuba

The plays of José Martí. Hampton, Va.: Hampton Institute Press, 1967.

Poesías, cuentos y teatro de José Martí. Hampton, Va.: Hampton
Institute Press, 1967.
José Martí: páginas literarias. New York: McGraw-Hill, 1969.
(coeditor)
A guide to Spanish phonemes. Norfolk, Va.: Old Dominion Uni-
versity Press, 1969.
Refugiados. Zaragoza, España: Editorial Cometa, 1969.
Cuentos del exilio cubano. Nueva York: Lectorum, 1970.
Poemas del destierro. Zaragoza, España: Editorial Cometa, 1971.
Cubano, go home! Nueva York: Eliseo Torres, 1972.
Cuentos yanquis. Miami: Ediciones Universal, 1972.
Cuentos de Nueva York. Miami: Ediciones Universal, 1973.

Crítica

José Martí: páginas literarias
Hispania v. 54:233, No. 1 (3/71)

Poemas del destierro
Handbook of Latin American Studies v. 38 (1976), p. 455,
#6930

CATALA, RAFAEL

n. 26 IX 1942, Victoria de las Tunas (Oriente)

Poeta, ensayista; educador, editor
Cursó estudios primarios y secundarios en Cuba. Se marchó
al exilio en 1961. Hizo todos sus estudios universitarios en la Universidad de Nueva York, recibiendo los grados de Bachelor of Arts,
Master of Arts, y el doctorado. Ocupó cargos docentes en la Universidad de Nueva York y en Lafayette College de 1972 a 1978.
Actualmente es editor del Index of American Periodical Verse. Su
poesía y ensayística han sido publicadas en revistas, periódicos y
antologías en Estados Unidos, Canadá, América Latina y Europa.

Poet, essayist; educator, editor
He received his primary and secondary education in Cuba. In
1961 he went into exile and settled in New York where he completed
undergraduate as well as doctoral studies at New York University.
From 1972 to 1978 he taught at New York University and Lafayette
College. Currently, he is editor of the Index of American Periodical
Verse. His poetry and essays have appeared in journals, newspapers, and anthologies in the United States, Canada, Latin America,
and Europe.

Bibliografía de libros publicados fuera de Cuba

Caminos/Roads. Nueva York: Hispanic Press, 1973. Edición bilingüe.

Círculo cuadrado. Nueva York: Anaya-Las Américas, 1973.
Ojo sencillo/Triqui-traque. Nueva York: Editorial Cartago, 1974.
(Coautor)
Cinco aproximaciones a la narrativa hispanoamericana. Madrid:
Playor, 1977. (Coautor)
Copulantes. Santo Domingo: Colección de poesía Luna Cabeza
Caliente, 1981.

Crítica

La poesía teórica y la teoría poética de Rafael Catalá. En Rojo
(San Juan) 22/1/82, p. 9

Círculo cuadrado
      Románica XII (1975), p. 47-54
      El Tiempo Hispano (Nueva York) (2/3/75), p. 18
Ojo sencillo/Triqui-traque
      La Estafeta Literaria (Madrid), No. 628 (15/1/78), p.
      3065-3066
Copulantes
      Ultima Hora (Santo Domingo) (6/8/81), p. 10
      Ultima Hora (Santo Domingo) (13/8/81), p. 10
      Romano, James. "Ecuación del Caribe: Copulantes" en
      Literatures in Transition: The Many Voices of the
      Caribbean Area. Rose S. Minc, ed. Montclair State
      College and Ediciones Hispamérica, 1982.

CAULFIELD, CARLOTA

     n. 16 I 1953, La Habana (La Habana)

Poetisa
     Cursó estudios de bachillerato en el Instituto del Vedado. Se
licenció en la Universidad de La Habana en 1979. Desde 1974 a
1980 trabajó como editor de libros para el Ministerio de Cultura.
Salió de Cuba en 1981 con rumbo a Europa. Ganó una mención en
el Concurso Internacional de Poesía "Mairena" en 1983 por su poemario Oscuridad divina. Es directora de la gaceta de arte y literatura
El Gato Tuerto. En la actualidad hace estudios de postgrado en la
Universidad Estatal de California en San Francisco, donde también
enseña español.

Poet
     She received her secondary education at the Vedado Institute,
and completed undergraduate studies at the University of Havana
in 1979. From 1974 to 1980 she worked as a book editor for the
Ministry of Culture. In 1981 she left Cuba and went to Europe.
She won an honorable mention in the Mairena International Poetry

Competition in 1983 for her book <u>Oscuridad divina</u>. She is director of the literary gazette <u>El Gato Tuerto</u>. At the present time, she is doing graduate work at California State University in San Francisco, where she also teaches Spanish.

Bibliografía de libros publicados fuera de Cuba

Fanaim. San Francisco: Ediciones El Gato Tuerto, 1984.
Oscuridad divina. San Francisco: Ediciones El Gato Tuerto, 1985.

Crítica

Oscuridad divina
        Mairena (Río Piedras), año VI, No. 16 (Primavera 1984), p. 3

CAZORLA, ROBERTO véase/see DAVILA CAZORLA, ROBERTO

CEPERO SOTOLONGO, ALFREDO

    n. 21 VIII 1937, Amarillas (Matanzas)

Poeta; abogado, periodista
    Hizo estudios de bachillerato en el Instituto de Segunda Enseñanza de Matanzas. Estudió la carrera de leyes en las universidades de La Habana y Santo Tomás de Villanueva, y la de periodismo en la Escuela de Periodismo Profesional "Manuel Márquez Sterling." Después de marcharse al exilio, se radicó en Estados Unidos. Obtuvo el grado de Master of Business Administration en la Universidad Americana en Washington, D.C.

Poet; lawyer, journalist
    He graduated from the Institute of Secondary Education in Matanzas, studied law at the universities of Havana and Saint Thomas of Villanueva, and journalism at the Manuel Márquez Sterling Professional School of Journalism. After leaving Cuba for exile in the United States, he studied at American University in Washington, D.C., where he received a master's degree in business administration.

Bibliografía de libros publicados fuera de Cuba

Poemas del exilio. Miami: Rex Press, 1962.
Calendario de la ausencia. Madrid: Editorial Playor, 1974.

CID DE SIRGADO, ISABEL MERCEDES

Ensayista; educadora
Ha ejercido la docencia en la Universidad de Hofstra, y en la actualidad en Baruch College de la Universidad de la Ciudad de Nueva York, donde tiene el rango de Profesora Titular de Español.

Essayist; educator
She has taught at Hofstra University, and currently teaches at Baruch College, CUNY, where she is professor of Spanish.

Bibliografía de libros publicados fuera de Cuba

Afrancesados y neoclásicos: su deslinde en el teatro español del siglo XVIII. Madrid: Ediciones Cultura Hispánica, 1973.

Crítica

Afrancesados y neoclásicos: su deslinde en el teatro español del siglo XVIII
Círculo IV (1973-1974), p. 200

CID-PEREZ, JOSE

n. 12 XI 1906, Guanabacoa (La Habana)

Dramaturgo, ensayista, crítico, articulista; educador, periodista
Se graduó en varias carreras en la Universidad de La Habana. Ha dedicado su vida al teatro como dramaturgo, empresario, director, crítico, y profesor. Ha pronunciado un sinnúmero de conferencias sobre aspectos técnicos y literarios del teatro, y sobre la literatura y cultura hispanoamericanas en diversas universidades y centros culturales a lo largo de la América Latina y Estados Unidos. Asimismo ha contribuido con artículos de crítica literaria a revistas y periódicos como El Mundo, Diario La Marina, Ellas, Carteles, Nosotros, Hablemos y El Boletín del Instituto de Estudios del Teatro. Sus obras teatrales han sido premiadas en muchas ocasiones y él ha recibido varios honores y condecoraciones. En la actualidad es Profesor Emérito en la Universidad de Purdue. Radica en Nueva York.

Playwright, essayist, critic; educator, journalist
He received degrees in several disciplines from the University of Havana. His entire career has been devoted to the theater in one form or another--as playwright, actor, director, impresario, critic, and teacher. He has lectured throughout the United States and Latin America on literary and technical aspects of the theater, as well as on Latin American literature and culture, and has written literary criticism for such newspapers as El Mundo and Diario de la

Marina and for such journals as Ellas, Carteles, Nosotros, Hablemos, and El Boletín del Instituto de Estudios del Teatro. His theater works have received many prizes and he himself has been the recipient of many honors and awards. He is currently Emeritus Professor at Purdue University and resides in New York.

Bibliografía de libros publicados fuera de Cuba

Teatro indio precolombino. Madrid: Aguilar, 1964. (Coautor)
Un tríptico y dos comedias. Buenos Aires: Ediciones del Carro
    de Tespis, 1972.
Teatro indoamericano colonial. Madrid: Aguilar, 1973. (Coautor)

Crítica

Davis, Michele Star. Proyecciones estilísticas en los personajes
    femininos de José Cid-Pérez. Purdue University, 1974. Un-
    published Ph.D. dissertation.
Davis, Michele Star. A dramatist and his characters: José Cid-
    Pérez. New York: Senda Nueva de Ediciones, 1983.

Un tríptico y dos comedias
        Círculo IV (Inv.-Ver.-Otoño 1972), p. 80
Teatro indoamericano colonial
        Círculo IV (1973-1974), p. 215

CLAVIJO, UVA

        n. 11 VII 1944, La Habana (La Habana)

Poetisa, cuentista, articulista, ensayista
        Llegó a Estados Unidos en 1959. En 1961 completó en Wash-
ington, D.C., los estudios secundarios que había comenzado en la
Academia Ruston de La Habana. Estudió en Biscayne College de
Miami. Escribe desde muy joven. A los 14 años ya contribuía con
artículos a Diario de la Marina e Información. En Estados Unidos ha
colaborado en Diario Las Américas y ha publicado también en La
Opinion, Crítica, El Tiempo, La Voz y 20 de Mayo. Sus cuentos,
ensayos, y poemas han aparecido en revistas y cuadernos literarios
tales como Américas, Círculo, Letras Femininas, Cuba Va, Cubanacán, Opiniones Latinoamericanas y Nuestro. Ha pronunciado conferencias y ha dado lecturas de sus cuentos y poemas en universidades y centros culturales en distintos lugares de Estados Unidos.
En 1976 ganó el Premio Alfonso Hernández-Catá por su cuento "Ni
verdad ni mentira."

Poet, short-story writer, essayist
        She left Cuba in 1959 and settled in the United States. In
1961 she finished, in Washington, D.C., the secondary studies she

had begun at the Ruston Academy in Havana, subsequently doing undergraduate work at Biscayne College in Miami. She began writing in childhood and by the age of 14 was already contributing articles to Diario de la Marina and Información. She has been writing for Diario Las Américas almost since her arrival in the United States and has also published articles in such journals and literary reviews as Américas, Círculo, Letras Femininas, Cuba Va, Cubanacán, Opiniones Latinoamericanas, and Nuestro. She has lectured and given readings of her short stories and poems in universities and cultural centers in various areas of the United States. In 1976 she was awarded the Alfonso Hernández-Catá Prize for her short story "Ni verdad ni mentira."

Bibliografía de libros publicados fuera de Cuba

Eternidad, viñetas. Madrid: Plaza Mayor, 1972.
Versos de exilio. Miami: Edición Aniversario, 1976.
Ni verdad ni mentira y otros cuentos. Miami: Ediciones Universal, 1977.
Entresemáforos (poemas escritos en ruta). Miami: Ediciones Universal, 1981.
Tus ojos y yo. Miami: Ediciones Universal, 1985.

Crítica

Eternidad
> Diario Las Américas (26/3/72)
> Círculo IV (1973-1974), p. 221-223

CLAY MENDEZ, LUIS FELIPE

n. 26 V 1943, La Habana (La Habana)

Poeta, ensayista; educador
Cursó estudios de bachillerato en el Colegio Baldor. En 1961, después de haber sido encarcelado por motivos políticos, salió al exilio. Se radicó en el estado de Missouri, Estados Unidos, donde obtuvo el grado de Bachelor of Science en Southwest Missouri State University y el de Master of Arts en la Universidad Washington en Saint Louis. Posteriormente se doctoró en la misma institución académica. Enseña español y literatura hispanoamericana en la Universidad Estatal de Illinois. Su poesía y crítica literaria han sido publicadas en las revistas Persona e Imagen, Cuaderno Literario, Cuadernos Americanos, Cuadernos Hispanoamericanos, Revista de Estudios Hispánicos, Anales de Literatura Hispanoamericana y Latin American Literary Review.

Poet, essayist; educator
He received his secondary education at the Colegio Baldor. In 1961, after having been imprisoned for political reasons, he left

the country for exile. He settled in Missouri where he pursued his higher education, receiving a bachelor's degree from Southwest Missouri State University and a master's from Washington University in Saint Louis. He subsequently received a doctorate from the latter institution. He teaches Spanish language and Hispanic American literature at Illinois State University. He has contributed poetry and literary criticism to such journals as Persona e Imagen, Cuaderno Literario, Cuadernos Americanos, Cuadernos Hispanoamericanos, Revista de Estudios Hispánicos, Anales de Literatura Hispanoamericana, and Latin American Literary Review.

Bibliografía de libros publicados fuera de Cuba

Julián del Casal, estudio comparativo de prosa y poesía. Miami: Ediciones Universal, 1979.

COBO SAUSA, MANUEL

Novelista; abogado
    Es doctor en derecho civil. Se exilió en Estados Unidos a mediados del año 1960, involucrándose en actividades contrarrevolucionarias que dieron raíz al argumento de su primera novela.

Novelist; lawyer
    He has a doctorate in civil law. He left Cuba and went to the United States in mid-1960, where he became involved in counterrevolutionary activities which provided much of the background material for the plot of his first novel.

Bibliografía de libros publicados fuera de Cuba

El cielo será nuestro. Medellín: Editorial Granamérica, 1965.
El mono exorcista. Madrid: Editorial Petronio, 1979.

CONTE-AGÜERO, LUIS

    n. 6 VII 1924, Santiago de Cuba (Oriente)

Poeta, ensayista; periodista, ejecutivo
    Se doctoró en filosofía y letras en la Universidad de La Habana. Trabajó en la radio y televisión cubanas y colaboró con muchos periódicos. Fue representante a la Cámara desde 1948 a 1952. En el exilio ha colaborado con muchos periódicos en Estados Unidos y países de la América Latina. Ha desempeñado puestos de director de noticias y locutor en varias radioemisoras en Estados Unidos. Actualmente es presidente de una agencia publicitaria y director de ventas de una distribuidora de automóviles.

Poet, essayist; journalist, executive
He received a doctorate in philosophy and letters from the University of Havana. In Cuba he worked in radio and television and wrote for several newspapers. He was a member of the Chamber of Deputies from 1948 to 1952. Since going into exile, he has continued to write for newspapers in the United States and several Latin American countries and has held such positions as news director and commentator for several radio stations in the United States. At the present time he is president of a public relations firm and sales director for an automobile dealership.

Bibliografía de libros publicados fuera de Cuba

Sembrado en un ala. Miami: Editorial AIP, 1974.
Soy millionario: poemas de hoy. Miami: Editorial AIP, 1975.
Cuando la muerte canta: María. Miami: Ediciones Universal, 1981.

CORRALES, JOSE

n. 20 X 1937, Guanabacoa (La Habana)

Poeta, dramaturgo
Salió de Cuba en 1964 rumbo a México donde pasó unos meses antes de radicarse definitivamente en Nueva York, ciudad en la que vive en la actualidad. Sus obras teatrales han sido estrenadas en el área metropolitana de Nueva York. Es uno de los editores de la revista Palabras y Papel y pertenece al taller de poesía "Circular" de Nueva York.

Poet, playwright
In 1964 he left Cuba for Mexico where he remained for a few months until going to New York, which has become his permanent residence. His theater works have been performed in the New York metropolitan area on several occasions. He is one of the editors of the journal Palabras y Papel and belongs to the "Circular" poetry workshop of New York.

Bibliografía de libros publicados fuera de Cuba

Nada tenemos en común. (un portafolio con poemas suyos, de Mario Peña) Nueva York: Ediciones Nuevasangre, 1974.
Razones y amarguras: poemas del que llega a los 40. Hoboken, N.J.: Ediciones Contra Viento y Marea, 1978.
Los trabajos de Gerión. Barcelona: Ediciones Rondas, 1981.
Faramalla. (comedia) (Coautor)
El espíritu de Navidad. (comedia)
Spics, spices, gringos y gracejo. (comedia)
Juana Machete, la muerte en bicicleta. (comedia)

CORREA, MIGUEL

n. 26 X 1956, Placetas (Las Villas)

Novelista
Cursó la carrera de letras en la Universidad de La Habana
hasta ser expulsado por haber hecho comentarios a favor del escritor ruso Alejandro Solzhenitsyn, exilado en Estados Unidos. En
1980 abandonó el país por la vía de Mariel, radicándose en Nueva
York. En la actualidad estudia en la Universidad de Nueva York.

Novelist
He studied liberal arts at the University of Havana until he
was expelled for having made favorable comments about Alexander
Solzhenitsyn. In 1980 he left Cuba via Mariel. He settled in New
York where he is currently studying at New York University.

Bibliografía de libros publicados fuera de Cuba

Al norte del infierno. Ciudad de México: SIBI Editorial, 1984.
La arboleda de Dionisio. Ciudad de México: SIBI Editorial, 1984.

Crítica

Al norte del infierno
          Linden Lane Magazine v. 3, No. 2, 3, 4 (Abril/Dic. 1984),
          p. 30

CORTAZAR, MERCEDES

n. La Habana (La Habana)

Poetisa, dramaturgo, cuentista
Radicada en Nueva York desde 1961, se ha dedicado a labores
literarias y editoriales. Ha sido miembro de la junta editorial de la
revista Nueva Sangre y ha colaborado en revistas literarias como
Mundo Nuevo, El Corno Emplumado, Exilio y Escandalar.

Poet, playwright, short-story writer
She has lived in New York since 1961 where she has devoted
herself to literary and publishing concerns. She has been a member
of the editorial board of the journal Nueva Sangre and has contributed poetry and short stories to such literary journals as Mundo
Nuevo, El Corno Emplumado, Exilio, y Escandalar.

Bibliografía de libros publicados fuera de Cuba

Dos poemas. Nueva York: Osmar Press, 1965. Edición bilingüe
          español-francés.
Astrogifts. New York: Harper and Row, 1980.

COUTO, ARMANDO véase/see COUTO, LEANDRO ARMANDO

COUTO, LEANDRO ARMANDO

n. 13 V 1918, La Habana (La Habana)

Novelista, escritor de radio y televisión; periodista (Seudónimo: Armando Couto)
Se doctoró en filosofía y letras en la Universidad de La Habana en 1942. A partir del año 1941 comenzó una exitosa carrera de escritor de radio y luego de televisión. Sus programas radiales "Tamakún," "Los Tres Villalobos" y "Tierra Adentro" gozaron de gran popularidad tanto en Cuba como en el extranjero. Se marchó de Cuba en 1961, radicándose en Miami. Desde entonces ha desempeñado muchos cargos, siendo el más importante el de redactor de la revista Réplica, de 1973 a 1977. Su afán por el "tipismo" le llevó a escribir una novela costumbrista sin otro propósito que el de dejar constancia de una época que tarde o temprano ha de ser olvidada.

Novelist, radio and television writer; journalist (Pseudonym: Armando Couto)
He received a doctorate in philosophy and letters from the University of Havana in 1942. In 1941 he began what was to be a successful career as a radio script writer and, as of 1951, as a writer for television. His radio programs "Tamakún," "Los Tres Villalobos," and "Tierra Adentro" enjoyed great popularity not only in Cuba but also abroad. He left Cuba in 1961 and settled in Miami. Since then he has held a variety of positions, the most important being that of editor of Réplica magazine from 1973 to 1977. His concern for "costumbrismo" led him to write a novel in that genre for the sole purpose of bearing witness to a period in Cuban history that, in his view, sooner or later will be forgotten.

Bibliografía de libros publicados fuera de Cuba

La triste historia de mi vida oscura. Miami: Ediciones Universal, 1978.
Mi querido Mingo. Miami: Ediciones Universal, 1982.

CRUZ-ALVAREZ, FELIX

n. 18 X 1937, Cárdenas (Matanzas)

Poeta, ensayista; educador
Hizo sus estudios primarios y secundarios en el Colegio Presbiteriano "La Progresiva" de Cárdenas, recibiendo el grado de Bachiller

en Letras en 1955. Empezó estudios de derecho y de ciencias sociales en la Universidad de La Habana, los cuales fueron interrumpidos por motivos políticos. Entre 1958 y 1966 trabajó en la administración pública, y de 1967 a 1968 como peón de obras públicas. Se marchó al exilio en 1968. Una vez radicado en Estados Unidos, completó sus estudios universitarios en Biscayne College, graduándose de Bachelor of Arts en 1974. Posteriormente recibió el grado de Master of Arts en la Universidad de Miami y se doctoró en la misma institución en 1979. Ocupó el cargo de Profesor de Literatura Hispanoamericana en el Departamento de Educación de la Universidad de Miami. Obtuvo el Premio Jorge Mañach de ensayo en 1974 y el Premio del Cuban Woman's Club por su ensayo sobre Fray Bartolomé de las Casas. Ha colaborado con poesía y ensayos sobre historia y literatura en muchos periódicos y revistas.

Poet, essayist; educator
    He received his primary and secondary education at the Colegio Presbiteriano "La Progresiva" in Cárdenas where he received a bachelor of letters degree in 1955. He began law studies at the University of Havana but was unable to finish them for political reasons. From 1958 to 1966 he worked in public administration and from 1967 to 1968 as a laborer in public works projects. He went into exile in the United States in 1968 and, after establishing himself in his adopted homeland, finished undergraduate studies at Biscayne College. He subsequently received a master's degree from the University of Miami and a doctorate from the same institution in 1979. He was professor of Hispanic literature in the Department of Continuing Education of the University of Miami. In 1974 he received the Jorge Mañach Prize for the essay and the Cuban Women's Club Prize for an essay on Fray Bartolomé de las Casas. He has contributed poetry and essays on history and literature to many newspapers and journals.

Bibliografía de libros publicados fuera de Cuba

Cinco variaciones sobre la existencia. Miami: 1973.
Varadero: sueño con mareas. Miami: 1973.
Sonetos. Miami: Ediciones Isimir, 1975.
Homenaje a las furias. Miami: Editorial Areos, 1977.
La poesía de Emilia Bernal. Miami: Editorial AIP, 1982.

CRUZ RAMIREZ, LUIS

    n. 21 VI 1906, Ciego de Avila (Camagüey)

Poeta; abogado, periodista, educador
    Se doctoró en leyes en la Universidad de La Habana y cursó estudios de criminología en la Universidad de Madrid. Ejerció de abogado durante 25 años a la vez que desempeñaba el cargo de

Secretario de Administración Provincial de Camagüey. Se marchó al exilio en 1961. Vivió dos años en México donde se dedicó al periodismo. Luego se radicó en Puerto Rico donde ocupó cargos docentes en varios colegios.

Poet; lawyer, journalist, educator
He received a doctorate in law from the University of Havana and later studied criminology at the University of Madrid. He practiced law for 25 years and also held the post of Secretary of Administration of Camagüey Province. After going into exile in 1961, he spent two years in Mexico working as a journalist. Later he settled in Puerto Rico where he held teaching positions in several secondary schools.

Bibliografía de libros publicados fuera de Cuba

Y hablará la sangre. México: Editorial Blas, 1962.
Camagüey en el recuerdo. San Juan de Puerto Rico: Impresor
  Vihual, 1973.
Historia de Ciego de Avila. San Juan de Puerto Rico: Impresor
  Ramallo, 1980. (coautor)

CUADRA LANDROVE, ANGEL

  n. 29 VIII 1931, La Habana (La Habana)

Poeta; abogado
Se graduó en derecho y en artes dramáticas en la Universidad de La Habana. Detenido en 1967 y quitado de su puesto de asesor legal al Instituto Cubano de Artistas y Escritores, fue acusado de haber atentado contra la seguridad del Estado y condenado a muerte, sentencia ésta que fue conmutada después a 15 años de trabajos forzados. Fue puesto en libertad en 1976, pero detenido nuevamente en 1977 por considerarse subversivo un poemario suyo que poco antes había sido publicado en el exterior. En 1982, junto con Armando Valladares y Jorge Valls, le fue otorgado el Premio Internacional de la Asociación Pro-Cultura Hispánica-Puertorriqueña por haber logrado destacarse en las artes a pesar de graves obstáculos físicos y sociales. Recientemente fue puesto de nuevo en libertad, exiliándose en Estados Unidos.

Poet; lawyer
He graduated from the University of Havana with degrees in law and drama. In 1967 he was arrested, removed from his post as legal advisor to the Cuban Institute of Artists and Writers, accused of having conspired against state security, and sentenced to death. The sentence was later commuted to 15 years at hard labor. In 1976 he was released but was rearrested in 1977 on the grounds that a collection of his poems, published abroad that same year, was

subversive. In 1982, together with Armando Valladares and Jorge Valls, he was awarded the International Prize of the Hispanic-Puerto Rican Pro-Culture Association for distinguished performance in the arts in spite of severe physical and social obstacles. Recently he was again released from prison and allowed to go into exile in the United States.

Bibliografía de libros publicados fuera de Cuba

Impromptus. Washington, D.C.: Solar, 1977.
Tiempo del hombre. Madrid: Hispanova de Ediciones, 1977.
Poemas en correspondencia (desde prisión). Miami: Solar, 1979.
Fantasía para el viernes. Miami: Solar, 1985.
Esa tristeza que nos inunda. Madrid: Editorial Playor, 1985.

Crítica

Baeza Flores, Alberto. Cuba, el laurel y la palma. Miami: Ediciones Universal, 1977.

CUBEÑAS PELUZZO, JOSE ANTONIO

n. Manzanillo (Oriente)

Ensayista; abogado
    Cursó su segunda enseñanza en Santiago de Cuba. Se doctoró en leyes en la Universidad de La Habana y ejerció como abogado. Trasladado a Estados Unidos, participó en las investigaciones relacionadas con la restauración de la antigua ciudad española de San Agustín de la Florida. Ha hecho estudios de postgrado en la Universidad de Pittsburgh.

Essayist; lawyer
    He received his secondary education in Santiago de Cuba. After receiving a doctorate in law from the University of Havana, he practiced his profession. Upon leaving Cuba for exile, he settled in the United States where he carried out research in connection with the restoration of the city of Saint Augustine, Florida. He has done graduate work at the University of Pittsburgh.

Bibliografía de libros publicados fuera de Cuba

Rubén Darío: restaurador de la conciencia de la armonía del mundo. New York: Nine Kings Editors, 1975.
Presencia española e hispánica en la Florida desde el descubrimiento hasta el Bicentenario. Madrid: Ediciones Cultura Hispánica, 1978.
Spanish and Hispanic presence in Florida from the Discovery to the Bicentennial; the Oliveros house. Madrid: Colección Mensaje, 1979.

CUSCO GELPI, JOSE MANUEL

Poeta; abogado, educador
    Se graduó en leyes en Cuba. Al marcharse al exilio, se
radicó en Luisiana. Fundó y editó el semanario Panamericana. En
el año 1966 se graduó en drama y literatura en la Universidad de
Mississippi, y en 1971 se recibió en la Universidad de Loyola en
Nueva Orleans. Se ha dedicado a la enseñanza de lenguas clásicas
y modernas.

Poet; lawyer, educator
    He received a law degree in Cuba. After going into exile,
he settled in Louisiana where he founded and edited the weekly
newspaper Panamericana. In 1966 he graduated from the University
of Mississippi and in 1971 from Loyola University in New Orleans.
He has devoted himself principally to teaching classical and modern
languages.

Bibliografía de libros publicados fuera de Cuba

Cantos de patria y amor. Metairie, La.: Regional Publishing Com-
    pany, 1973.
El arquero proscrito. Metairie, La.: Regional Publishing Company,
    1975.

CUZA MALE, BELKIS

    n. 15 VI 1942, Guantánamo (Oriente)

Poetisa, biógrafa
    Cursó estudios de bachillerato en Santiago de Cuba. En 1964
se trasladó a La Habana. Se licenció en la Universidad de La Habana en 1967. Desde 1966 a 1968 trabajó como periodista para Granma,
y desde 1968 a 1979 fue redactora y editora de La Gaceta de Cuba,
revista literaria de la Unión de Escritores y Artistas de Cuba.
Abandonó el país en 1979, trasladándose a Estados Unidos. Fundó
en 1982 la revista literaria Linden Lane Magazine de la que es editora. Sus poemas han sido publicados en revistas literarias en Cuba
y Estados Unidos.

Poet, biographer
    She received her secondary education in Santiago de Cuba.
In 1964 she moved to Havana. She received a licentiate degree
from the University of Havana in 1967. From 1966 to 1968 she
worked as a journalist for the newspaper Granma, and from 1968
to 1979 was an editor for La Gaceta de Cuba, the literary publication of the Artists and Writers Guild of Cuba. She went into exile
in 1979 and settled in the United States. She is currently the editor
of Linden Lane Magazine, a literary review she founded in 1982.

Her poetry has appeared in literary journals in both Cuba and the
United States.

Bibliografía de libros publicados fuera de Cuba

El clavel y la rosa. Madrid: Ediciones Cultura Hispánica, Instituto
de Cooperación Iberoamericana, 1984.

Crítica

Levine, Linda Gould, and Gloria Feiman Waldman, "No más máscaras:
un diálogo entre tres escritoras del Caribe: Belkis Cuza
Malé--Cuba, Matilde Daviú--Venezuela, Rosario Ferré--Puerto
Rico," en Minc, Rose S., ed. Literatures in Transition:
The many voices of the Caribbean area: A symposium.
Gaithersburg, Md. and Upper Montclair, N.J.: Hispamérica
and Montclair State College, 1982.

CHANG-RODRIGUEZ, RAQUEL

    n. 23 I 1943, Cárdenas (Matanzas)

Ensayista; educadora
    Salió de Cuba en 1961. Se graduó en la Universidad Estatal
de Montana en 1965. Obtuvo el grado de Master of Arts en la
Universidad de Ohio en 1967. Se doctoró en la Universidad de
Nueva York en 1973. Desde 1968 enseña en la Universidad de la
Ciudad de Nueva York donde tiene el rango de Profesora Titular.
Ha contribuido artículos a revistas literarias como Cuadernos Ame-
ricanos, Modern Language Notes, Revista Iberoamericana, Revista
de Crítica Literaria Latinoamericana y Areíto.

Essayist; educator
    After leaving Cuba in 1961, she received an undergraduate
degree from Montana State University in 1965, a master's degree
from Ohio University in 1967, and a doctorate from New York University in 1973. Since 1968 she has taught at the City University
of New York, where she holds the rank of professor. She has
contributed to such scholarly journals as Cuadernos Americanos,
Modern Language Notes, Revista Iberoamericana, Revista de Crítica
Literaria Latinoamericana, and Areíto.

Bibliografía de libros publicados fuera de Cuba

Homage to Irving A. Leonard: Essays on Hispanic art, history and
    literature. East Lansing, Mich.: Latin American Studies
    Center of Michigan State University, 1977. (coeditora)
Prosa hispanoamericana virreinal (compilación, introducción y biblio-
    grafía). Barcelona: Hispam, 1978. (editora)

Mario Vargas Llosa; the genesis and evolution of Pantaleón y las
Visitadoras. New York: The City College, 1979.
Violencia y subversión en la prosa colonial hispanoamericana. Mad-
rid: José Porrúa Turanzas, 1982.
Cancionero peruano del siglo XVII. Lima: Pontiffica Universidad
Católica del Perú, 1983.

Crítica

Homage to Irving A. Leonard: Essays on Hispanic art, history and
literature
    Latin American Literary Review v. 8, No. 15 (Fall-Winter
      1979), p. 56
    Revista de Crítica Literaria Latinoamericana año IV, No.
      7-8 (1978), p. 236
Prosa hispanoamericana virreinal
    Hispamérica año VIII, No. 23-24 (1979), p. 195
    Revista de Crítica Literaria Latinoamericana año V, No.
      10 (1979), p. 154
    Chasqui v. 9, No. 1 (11/79), p. 109
    Revista Iberoamericana v. 46, No. 112-113 (Julio/Dic.
      1980), p. 679
Violencia y subversión en la prosa colonial hispanoamericana
    Hispania v. 66:643, No. 4 (12/83)
    Hispamérica año XIII, No. 37 (1984), p. 90

CHAO HERMIDA, FRANCISCO

n. 8 III 1925, La Habana (La Habana)

Novelista; periodista, ejecutivo de relaciones públicas
    Estudió en la Escuela de Periodismo Profesional "Manuel Már-
quez Sterling" en La Habana. Fue director de producción de una
agencia publicitaria en La Habana desde 1952 a 1956, jefe de relaciones públicas de la Confederación de Trabajadores de Cuba, y
director general de Radio Unión de 1956 a 1959. Salió al exilio en
1960. Fue a México donde desempeñó el cargo de redactor de la
revista Todo. En 1964 fue nombrado jefe del Departamento de
Programas Grabados de la Voz de América. Posteriormente se
trasladó a Venezuela, donde se hizo director de una agencia publicitaria.

Novelist; journalist, public relations executive
    He graduated from the Manuel Márquez Sterling Professional
School of Journalism in Havana. His career includes positions as
production director of a public relations firm from 1952 to 1956,
director of public relations of the Confederation of Workers of Cuba,
and director general of Radio Unión from 1956 to 1959. He went into
exile in 1960, going first to Mexico where he became editor of Todo

magazine. In 1964 he was named chief of the Department of Recorded Programs of the Voice of America. He subsequently settled in Venezuela where he became director of a public relations firm.

Bibliografía de libros publicados fuera de Cuba

Un obrero de vanguardia. Miami: Ediciones Universal, 1970.

Crítica

Un obrero de vanguardia
     Handbook of Latin American Studies v. 36 (1974), p.
     390, #4227

CHAVES, TERESA LABARTA DE

     n. 8 IV 1926, La Habana (La Habana)

Ensayista; educadora
     Se doctoró en filosofía y letras en la Universidad de La Habana en 1948. Enseñó en la Escuela de St. George en La Habana desde 1947 a 1952. Ocupó el cargo de director de la Escuela Calvert desde 1953 a 1956. Enseñó en la Universidad de Oriente desde 1956 a 1961, año en que abandonó el país. Se radicó en Washington, D.C., donde ocupó cargos docentes en la Universidad de Howard entre 1962 y 1972. Pasó en 1972 a la Universidad del Distrito de Columbia donde actualmente es Profesora Titular de Español. Se doctoró en la Universidad de Maryland en 1970. Ha publicado artículos en revistas letradas como Hispanófila, Latin American Literary review, Explicación de Textos y Sign Language Studies.

Essayist; educator
     She received a doctorate in humanities from the University of Havana in 1948. From 1947 to 1952 she taught at the St. George School in Havana and was principal of the Calvert School from 1953 to 1956. She taught at the University of Oriente from 1956 to 1961, the year she went into exile. Settling in Washington, D.C., she taught at Howard University from 1962 to 1972. She has been teaching at the University of the District of Columbia since 1972 and currently holds the rank of professor of Spanish. In 1972 she received a doctorate from the University of Maryland. She has contributed articles to such scholarly journals as Hispanófila, Latin American Literary Review, Explicación de Textos, and Sign Language Studies.

Bibliografía de libros publicados fuera de Cuba

Vida de Santo Domingo de Silos por Gonzalo de Berceo. Madrid:
     Editorial Castalia, 1973.

CHILDS, GEORGE

Cuentista; periodista
Al abandonar Cuba en 1961, se radicó en Miami donde trabaja como periodista y columnista para El Miami Herald.

Short-story writer; journalist
After leaving Cuba in 1961, he settled in Miami where he works as a journalist and columnist for the Spanish-language edition of the Miami Herald.

Bibliografía de libros publicados fuera de Cuba

¡Esto es Miami, Chaguito! Miami: The Miami Herald, 1978.
Como les iba diciendo. Miami: The Miami Herald, 1979.

D'AQUINO, HERNANDO   véase/see HERNANDEZ, MANUEL H.

DAVILA CAZORLA, ROBERTO

n. 28 VI 1932, Matanzas (Matanzas)

Poeta, cuentista, dramaturgo; periodista (Seudónimo: Roberto Cazorla)
Estudió teatro con Irma de la Vega y se graduó en el Conservatorio de La Habana con especialidad en arte dramático. Escribe poesía desde los 11 años, habiendo sido introducido al arte por Carilda Oliver Labra, insigne poetisa matancera. En el Teatro Talía de La Habana se estrenó su obra Esta Carne que Habitamos. Fue director de teatro. También trabajó como actor en la radio y televisión cubanas. Fundó en Matanzas el grupo teatral "Atenas." Salió al exilio en 1963 y se radicó en España. Desde 1964 labora en una agencia de prensa madrileña. También ha actuado en Radio Madrid con la compañía de René Muñoz.

Poet, short-story writer, playwright; journalist (Pseudonym: Roberto Cazorla)
He studied acting with Irma de la Vega and graduated from the Havana Conservatory with a major in drama. Although he began writing poetry at the age of 11, having been introduced to the art by the celebrated poet Carilda Oliver Labra, he has also written extensively for the theater, and his play Esta Carne que Habitamos was performed at the Talia Theatre in Havana. He was a theater director and also performed in Cuban radio and television. In Matanzas he founded the "Atenas" theater group. In 1963 he left Cuba and settled in Spain where he has worked for a news agency in Madrid since 1964. He has also worked as an actor on Radio Madrid, with the theater company of René Muñoz.

Bibliografía de libros publicados fuera de Cuba

Un pedazo de azul en el bolsillo. Madrid: Artegraf, 1978.
En alas de la sombra. Madrid: Artegraf, 1978.
La herida exacta. Madrid: Artegraf, 1978.
Fuga de ruidos. Madrid: Artegraf, 1978.
El olor silvestre de la fiebre. Madrid: Artegraf, 1978.
Subir de puntos. Madrid: Artegraf, 1978.
Con el sol doblado por el frente. Madrid: Artegraf, 1979.
El mar es amante de mi rostro. Madrid: Artegraf, 1979.
El epicentro de mi verdad. Madrid: Artegraf, 1979.
También los colores se suicidan. Madrid: Artegraf, 1979.
Poesía compartida: ocho poetas cubanos. Miami: Ultra Graphics
    Corp., 1980.
Esta calle mundial de indiferencia. Madrid: Ediciones La Gota de
    Agua, 1981.

Crítica

Poesía compartida: ocho poetas cubanos
        Hispania v. 66:443, No. 3 (9/83)

DE AMERICA, JOSE   véase/see   CALVERT, CASEY

DE ARMAS, JOSE R.

        n. 3 VII 1924, La Habana (La Habana)

Ensayista; educador
        Se doctoró en pedagogía y en filosofía y letras en la Univer-
sidad de La Habana. Se le otorgó el título de "Professeur d'Hon-
neur" del Institut des Hautes Etudes Economiques et Sociales en
Bruselas. Enseñó español en Ashland College desde 1963 a 1966.
Desde 1967 enseña en la Universidad de Denison donde es Profesor
Titular de Español y Estudios Latinoamericanos.

Essayist; educator
        He earned doctorates in education and in humanities from the
University of Havana. He holds the degree of "Professeur d'Hon-
neur" awarded by the Institut des Hautes Etudes Economiques et
Sociales of Brussels. From 1963 to 1966 he taught Spanish at Ashland College. He has been at Denison University since 1967 where
he is professor of Spanish and Latin American studies.

Bibliografía de libros publicados fuera de Cuba

Cuba, consciousness in literature. Miami: Ediciones Universal,
    1978. (coeditor)

La dicotomía amorosa en la vida de Gertrudis Gómez de Avellaneda.
Miami: Ediciones Universal, 1980.

DE CASALTA, DUQUE véase/see SAINZ DE LA PEÑA, JOSE

DE CORZOS, ALONSO véase/see ALONSO, EUTIMO

DE LA SUAREE, OCTAVIO

n. 24 II 1943, La Habana (La Habana)

Ensayista; educador
Cursó su segunda enseñanza en La Habana. Se marchó al
exilio en 1960, radicándose en Miami. Se graduó en la Universidad
de Miami en 1966, y obtuvo el grado de Master of Arts en la Universidad de la Ciudad de Nueva York en 1971. Se doctoró en la
misma institución en 1976. Desde 1973 enseña español en William
Patterson College. Ha pronunciado conferencias en varias universidades en el área metropolitana de Nueva York y en otros lugares.
Ha colaborado en tales revistas literarias como Antorcha, Envíos,
Círculo, La Revista Bilingüe, Crítica Hispánica, Hispamérica,
Cuadernos Hispanoamericanos, y Resumen. Ha sido editor de las
revistas Envíos y Contra Viento y Marea.

Essayist; educator
He completed his secondary education in Havana and upon going into exile in 1960, settled in Miami where he graduated from the
University of Miami in 1966. In 1971 he received a master's degree
from the City University of New York, and in 1976 a doctorate from
the same institution. He has been teaching Spanish at William Paterson College since 1973. He has lectured extensively at universities throughout the New York metropolitan area as well as at other
places. His articles have appeared in such literary journals as
Antorcha, Envíos, Círculo, La Revista Bilingüe, Crítica Hispánica,
Hispamérica, Cuadernos Hispanoamericanos, and Resumen. He has
been editor of Envíos and Contra Viento y Marea.

Bibliografía de libros publicados fuera de Cuba

La obra literaria de Regino E. Boti. Nueva York: Senda Nueva de
Ediciones, 1977.
Fiesta del poeta en el Centro. Nueva York: Editorial Centro Cul-
tural Cubano, 1977.
Sociedad y política en la ensayística de Ramón Pérez de Ayala.
Nueva York: Contra Viento y Marea, 1980.

Crítica

La obra literaria de Regino E. Boti
    Revista Iberoamericana v. 45, No. 108-109 (Julio-Dic.
    1979), p. 700

DE LA TORRE, AMALIA

    n. 9 IX 1926, Cabañas (Pinar del Río)

Ensayista; abogado, educadora
    Se graduó de bachiller en el Instituto de Artemisa en 1944 y
se doctoró en leyes en la Universidad de La Habana en 1949.
Desde 1950 hasta 1952 desempeñó el cargo de Abogado de Oficio de
la Audiencia de Las Villas como resultado de haber ganado el Premio
Ricardo Dolz. Fue asistente a la subsecretaria del Ministerio de
Bienestar Social desde 1959 hasta 1960, año en que abandonó el
país y se trasladó a Estados Unidos. Radicándose en el estado de
Indiana, empezó estudios en la Universidad Estatal de Indiana en
Terre Haute. Allí recibió los grados de Bachelor of Arts en 1964
y Master of Arts en 1965. Se doctoró en la Universidad de Indiana
en 1975. Enseñó español en Saint Mary's Academy de South Bend,
Indiana, de 1964 a 1968. Desde 1969 enseña español y literatura
hispánica en Saint Mary's College.

Essayist; lawyer, educator
    She received her secondary education at the Artemisa Institute.
In 1949 she received a doctorate in law from the University of
Havana. From 1950 to 1952 she held the post of Attorney of the
Court of Las Villas as a result of having won the Ricardo Dolz Prize.
She was also assistant to the under-secretary of the Ministry of So-
cial Welfare from 1959 to 1960, when she went into exile in the
United States. After settling in Indiana, she earned bachelor's
and master's degrees from Indiana State University in 1964 and
1965, respectively. In 1975 she was awarded a doctorate by Indi-
ana University. She taught Spanish at Saint Mary's Academy at
South Bend, Indiana, from 1964 to 1968 and since 1969 has taught
Spanish and Hispanic literature at Saint Mary's College.

Bibliografía de libros publicados fuera de Cuba

Jorge Mañach; maestro del ensayo. Miami: Ediciones Universal,
    1978.

Crítica

Jorge Mañach; maestro del ensayo
        Cuban Studies/Estudios Cubanos v. 11, No. 1 (1/81), p.
        100
        Hispania v. 64:162, No. 1 (3/81)

DE LA TORRE, CARLOS

n. Santiago de Cuba (Oriente)

Ensayista; abogado, educador
Se doctoró en derecho civil y público así como en ciencias sociales, políticas, y económicas en la Universidad de La Habana. Es licenciado en derecho administrativo y en derecho diplomático y consular por la misma institución académica. Ejerció la abogacía en La Habana por veinte años y ocupó varios puestos administrativos en el gobierno. Después de abandonar el país, se radicó en Estados Unidos. Estudió en la Universidad de California donde obtuvo los grados de Master of Arts en educación y en lenguas romances. Enseñó por más de doce años en California a nivel de la educación superior.

Essayist; lawyer, educator
He received doctorates in civil and public law and in social science from the University of Havana. He also received licentiate degrees in administrative and in diplomatic and consular law from the same institution. He practiced law in Havana for twenty years and held several administrative positions in government. After going into exile, he settled in the United States. He received master's degrees in education and Romance languages from the University of California. Prior to his retirement, he taught for more than twelve years in California at the college level.

Bibliografía de libros publicados fuera de Cuba

El imperio de la arbitrariedad como norma fundamental de gobierno.
    Ciudad de México: Ediciones Botas, 1964.
Anecdotario mambí. Los Angeles: Editorial Ideas, 1979.

DE LA TORRE, ROGELIO

n. 13 VI 1926, Morón (Camagüey)

Poeta, ensayista; abogado, educador
Se graduó de bachiller en el Instituto de Morón en 1944 y se doctoró en leyes en la Universidad de La Habana en 1949. Desde 1950 hasta 1952 ocupó el puesto de Abogado de Oficio de la Audiencia de La Habana como resultado de haber ganado el Premio Ricardo Dolz. Fue Profesor por Oposición en la Facultad de Derecho de la Universidad de La Habana desde 1951 hasta 1960, año en que salió al exilio rumbo a Estados Unidos. Una vez radicado en el estado de Indiana, se entregó de nuevo a los estudios, recibiendo los grados de Bachelor of Arts en 1964 y Master of Arts en 1965 en la Universidad de Indiana en 1973. Fue profesor de español en escuelas secundarias de Indiana y desde 1969 enseña español y literatura hispánica en la Universidad Estatal de Indiana en South Bend.

Poet, essayist; lawyer, educator
He received his secondary education at the Morón Institute. In 1949 he received a doctorate in law from the University of Havana. From 1950 to 1952 he held the post of Attorney of the Court of Havana as a result of having won the Ricardo Dolz Prize. He was a professor at the School of Law of the University of Havana from 1951 until 1960, when he went into exile in the United States. Having settled in Indiana, he entered Indiana State University where he received a bachelor's degree in 1964 and a master's in 1965. In 1973 he received a doctorate from the University of Indiana. He has taught Spanish at the secondary school level and since 1969 has taught Spanish and Hispanic literature at Indiana State University in South Bend.

Bibliografía de libros publicados fuera de Cuba

Gotas de presente. Miami: Ediciones Universal, 1972.
La obra poética de Emilio Ballagas. Miami: Ediciones Universal, 1977.
Ausencias. Miami: Ediciones Universal, 1978.

DE LA VEGA, FERNAN véase/see DE LA VEGA FERNANDEZ, OSCAR J.

DEL CASTILLO, AMELIA

n. 14 VI 1925, Matanzas (Matanzas)

Poetisa, cuentista; contadora
Cursó estudios de administración de negocios en la Academia Comercial de La Habana y en la Havana Business University. Desde 1954 hasta 1960 estudió en la Facultad de Filosofía y Letras de la Universidad de La Habana. Trabajó como contadora en el Ministerio de Obras Públicas hasta su salida al exilio en 1960. Se radicó en Miami donde ejerció de contadora hasta llegar a ser tesorera de una entidad comercial, cargo que ocupa en la actualidad. Estudió también en Biscayne College. Su labor literaria ha sido premiada en numerosas ocasiones. En 1977 fue galardonada con el Premio Eduardo Sánchez de Fuentes por su obra musical Qué Importa? En 1978 recibió el Premio José María Heredia por el poemario Cauce de Tiempo y en 1979 el Premio Alfonso Hernández-Catá por su cuento "Superstición." Ha recibido también varias menciones por otros cuentos y poesías. Cabe mencionarse que tiene registradas más de treinta canciones. Ha pronunciado conferencias y dado lecturas de su poesía en las universidades de Miami, Kansas, y Carolina del Norte y en otros centros culturales. Es miembro fundador y Presidenta del Grupo Artístico Literario Abril.

Poet, short-story writer; accountant
She studied business administration at the Havana Business
Academy and the Havana Business University, and from 1954 to 1960
studied in the School of Philosophy and Letters of the University
of Havana. She worked as an accountant in the Ministry of Public
Works until she went into exile in 1960. After settling in Miami,
she worked as an accountant in several firms until becoming comp-
troller-assistant treasurer of a corporation where she is currently
employed. She also studied at Biscayne College. Her literary work
has won awards on several occasions. She won the Eduardo Sánchez
de Fuentes Prize in 1977 for her musical composition Qué Importa?
In 1978 she received the José María Heredia Prize for her volume
of poetry Cauce de Tiempo and in 1979 the Alfonso Hernández-Catá
Prize for her short story "superstición." Other of her poems and
short stories have received honorable mention in literary competitions. It should be noted that she has written and copyrighted
moe than thirty songs. She has lectured and given poetry readings
at the universities of Miami, Kansas, and North Carolina and in other cultural centers. She is a founding member and president of the
April Artistic and Literary Group.

Bibliografía de libros publicados fuera de Cuba

Urdimbre. Miami: Editorial AIP, 1975.
Voces de silencio. Miami: Hispanova de Ediciones, 1978.
Cauce del tiempo. Miami: 1982.

DE LEON, ROSARIO R. véase/see REXACH, ROSARIO

DEL MAR, JULIO véase/see MARQUEZ STERLING Y GUIRAL,
CARLOS

DE QUIROS, BELTRAN véase/see ROMEU Y FERNANDEZ, JOSE
LUIS

DE VILLA, ALVARO véase/see ALVAREZ DE VILLA, ROLANDO

DIAZ-CARNOT, RAUL

    n. 1913, Matanzas (Matanzas)

Poeta; abogado, educador
Se doctoró en leyes en la Universidad de La Habana en 1942. Después de abandonar el país, se radicó en Miami en cuya universidad obtuvo el grado de Master of Arts en 1965. Es profesor de español y de historia latinoamericana en Culver-Stockton College (Missouri) desde el año 1965.

Poet; lawyer, educator
He received a doctorate in law from the University of Havana in 1942. After leaving Cuba and settling in Miami, he received a master's degree from the University of Miami in 1965. He has taught Spanish and Latin American history at Culver-Stockton College, Missouri, since 1965.

Bibliografía de libros publicados fuera de Cuba

Vibraciones (poesía y prosa). Miami: Ediciones Universal, 1973.

DIAZ RODRIGUEZ, ERNESTO

n. 1939, Cojímar (La Habana)

Poeta
En 1968 fue detenido, acusado de actividades contrarrevolucionarias, y condenado a 15 años de presidio a los cuales fueron añadidos otros 25 por haber conspirado contra el Estado, no obstante ya encontrarse encarcelado. Sus versos, sacados clandestinamente de Cuba, fueron recogidos en un poemario que se publicó en el exterior. Sigue encarcelado en la prisión de Boniato.

Poet
In 1968 he was arrested, accused of counterrevolutionary activity, and sentenced to a term of 15 years. Once imprisoned, he was again accused and found guilty, this time of plotting against the State, and 25 more years were added to his original sentence. His poems were smuggled out of Cuba and published abroad. He remains incarcerated in Boniato prison.

Bibliografía de libros publicados fuera de Cuba

Un testigo urgente. 1977.
La campana del alba. Madrid: Fundacion Nacional Cubano-
    Americana/Editorial Playor, 1984.

DIAZ RODRIGUEZ, LOMBERTO

n. 16 IV 1914, Pinar del Río (Pinar del Río)

Ensayista; abogado, diplomático, periodista, educador
  Hizo estudios de bachillerato en el Instituto de Segunda Enseñanza de Pinar del Río. Se doctoró en derecho civil en la Universidad de La Habana en 1938, y en ciencias políticas, sociales y
económicas en 1944 en la misma institución. Obtuvo el título de
"periodista" en la Escuela Profesional de Periodismo "Manuel Márquez
Sterling." Fue abogado consultor del Ministerio de Agricultura.
Fue representante a la Cámara y Presidente de la Comisión de Justicia y Códigos de la Cámara de Representantes. Fue Presidente de
la Comisión de Comercio y Ministro de Gobernación. Se le nombró
Embajador de Cuba en Venezuela. Después de marcharse al exilio,
ejerció una cátedra de ciencias políticas en el Centro Interamericano
de Estudios Políticos y Sociales en la República Dominicana en 1963.
Se radicó luego en Estados Unidos. Estudió en la Universidad Estatal de Indiana en Terre Haute, obteniendo los grados de Bachelor
of Arts en 1965 y Master of Arts en 1966. Se doctoró en filosofía
en la Universidad Estatal de la Florida en 1969. Enseñó en Northeastern Missouri State College, la Universidad Estatal de la Florida,
y en la Universidad Estatal de Indiana en Evansville donde se jubiló
en 1980 con el rango de Profeso Emérito de Español. Fue profesor
invitado en el Instituto de Filología Hispánica en Saltillo, México en
1971 y en la Universidad de San Luis Potosí en 1972.

Essayist; lawyer, diplomat, journalist, educator
  He received his secondary education at the Pinar del Río Institute. In 1938 he received a doctorate in civil law from the University of Havana and in 1944 a doctorate in political, social, and
economic sciences from the same institution. He also received the
title of "Professional Journalist" from the Manuel Márquez Sterling
Professional School of Journalism. He held such posts as legal consultant to the Ministry of Agriculture, representative to the House,
and president of the Commission of Justice and Codes of the House
of Representatives. He was also president of the Commerce Commission, minister of government, and ambassador to Venezuela. After going into exile, he taught political science at the Interamerican
Center of Political and Social Studies in the Dominican Republic in
1963. He later went to the United States. After receiving bachelor's and master's degrees from Indiana State University in Terre
Haute in 1965 and 1966, respectively, he studied at Florida State
University, where he received a Ph.D. in philosophy in 1969. He
taught at Northeastern Missouri State College, Florida State University, and at Indiana State University at Evansville, where he
retired in 1980 with the rank of Emeritus Professor of Spanish. He
was a visiting professor at the Institute of Hispanic Philology in
Saltillo, Mexico, in 1971 and at the University of San Luis Potosí
in 1972.

Bibliografía de libros publicados fuera de Cuba

Heredia, primer romántico hispanoamericano. Montevideo: Ediciones
  Géminis, 1975.

DIAZ-VERSON, SALVADOR

n. 3 XI 1905, Matanzas (Matanzas)
m. 1982

Novelista, ensayista; periodista
Hizo estudios de bachillerato de 1921 a 1925 y estudió derecho en la Universidad de La Habana de 1926 a 1930. Trabajó muchos años en periodismo, ocupando los cargos de jefe de redacción de El País de 1926 a 1933 y de 1940 a 1958, y de director de la Revista Occidente de 1957 a 1958. También ocupó los puestos de Jefe de la Policía Nacional de Cuba de 1933 a 1934 y Jefe del Servicio de Inteligencia Militar de Cuba de 1948 a 1952. Ha colaborado en los periódicos El Imparcial, La Noche, El País, El Sol, y Excelsior, y en las revistas Bohemia y Carteles. Desde su traslado a Estados Unidos ha trabajado como editorialista en Diario Las Américas.

Novelist, essayist; journalist
After completing his secondary education, he studied law at the University of Havana from 1926 to 1930. He worked for many years as a journalist, serving as editor-in-chief of El País from 1926 to 1933 and from 1940 to 1958, as well as director of Revista Occidente from 1957 to 1958. From 1933 to 1934 he held the post of Chief of the National Police of Cuba and from 1948 to 1952 that of Chief of the Cuban Military Intelligence Service. He was editorially affiliated with the newspapers El Imparcial, La Noche, El País, El Sol, and Excelsior, and with the journals Bohemia and Carteles. Since his arrival in the United States, he has worked as an editor for Diario Las Américas.

Bibliografía de libros publicados fuera de Cuba

Ya el mundo oscurece: novela de la revolución cubana. México: Ediciones Botas, 1961.
Historia de un archivo. Miami: 1961.
Caníbales del siglo XX. Miami: Editora Libertad, 1962.
Cuando la razón se vuelve inútil. México: Ediciones Botas, 1962.
El quinto jinete del Apocalipsis. Miami: 1963.
El zarismo rojo (Rusia avanzando sobre América). Miami: 1970.
One man, one battle. New York: World-Wide Publishing Co., 1980.

DIEZ DE RAMOS, NENA

n. 28 II 1916, Santiago de Cuba (Oriente)

Poetisa
Su niñez y juventud las pasó en España, realizando sus estudios de primaria y secundaria en Madrid. De regreso a Cuba, se dedicó a la poesía. Salió al exilio en 1960 rumbo a España donde permaneció hasta su translado definitivo a Estados Unidos en 1962.

Poet
       She spent her childhood in Spain, receiving her elementary
and secondary education in Madrid. Upon her return to Cuba,
she devoted herself to writing poetry. In 1960 she went into exile
in Spain, where she remained until settling permanently in the
United States in 1962.

Bibliografía de libros publicados fuera de Cuba

Hojas sueltas. Miami: Ediciones Universal, 1981.

DOMINGUEZ, IVO

       n. 10 X 1930, Palma Soriano Soriano (Oriente)

Ensayista; abogado, educador
       Se recibió de abogado en la Universidad de Oriente en 1956
y ejerció su profesión hasta abandonar el país en 1961. Se radicó
en Tampa, Florida, donde recibió el grado de Bachelor of Arts en
la Universidad de la Florida del Sur en 1965. En 1968 obtuvo el
título de Master of Arts en la Universidad Estatal de la Florida,
doctorándose al año siguiente en la misma institución académica.
Desde 1967 a 1970 enseñó español en la Universidad Estatal de la
Florida. Actualmente enseña en la Universidad de Delaware, cargo
que ocupa desde 1970.

Essayist; lawyer, educator
       He received a law degree from Oriente University in 1956 and
practiced until going into exile in 1961. He settled in Tampa, Florida, and studied at the University of South Florida where he earned
a bachelor's degree in 1965. In 1968 he received a master's degree
from Florida State University and a doctorate the following year.
He taught Spanish at Florida State from 1967 to 1970, when he
moved on to the University of Delaware, where he currently teaches.

Bibliografía de libros publicados fuera de Cuba

El derecho como recurso literario en las Novelas Ejemplares de Cer-
       vantes. Montevideo: Instituto de Estudios Superiores, 1972.
Tres novelas moriscas. Montevideo: Instituto de Estudios Superi-
       ores, 1975. (coeditor)

DOMINGUEZ COMPANY, FRANCISCO

       n. 13 I 1913, Manzanillo (Oriente)

Ensayista; diplomatico
       Es Licenciado en derecho y hizo estudios para el doctorado

en Madrid de 1931 a 1934. Se graduó en lengua y civilización fran-
cesas en la Universidad de Besançon en 1936. Siguió cursos en
ciencias políticas, sociales y económicas en la Universidad Libre
de Bruselas de 1936 a 1938. Es Licenciado en derecho diplomático
y consular, Licenciado en derecho administrativo y Doctor en ciencias sociales y derecho público por la Universidad de La Habana,
entre 1938 y 1943. Ingresó al servicio exterior de Cuba en 1946.
Prestó servicios en Italia, México y Brasil hasta 1960. Desde 1960
hasta 1978 desempeñó cargos en la Organización de Estados Americanos. Ha contribuido artículos sobre la historia de las instituciones
locales hispanoamericanas a revistas de Cuba, España, Estados
Unidos, Italia y México.

Essayist; diplomat
       He graduated from the School of Law of the University of Mad-
rid in 1934 and received a degree in French language and civiliza-
tion from the University of Besançon in 1936. From 1936 to 1938
he studied political science and economics at the Free University of
Brussels. Returning to Cuba, he studied at the University of
Havana over a five-year period beginning in 1938 and received a
degree in administrative law as well as a doctorate in social science
and public law. He entered the Cuban foreign service in 1946 and
served in Italy, Mexico, and Brazil until 1960. From 1962 until
1978 he held various positions in the Organization of American
States. He has contributed articles on the history of Hispanic institutions to journals in Cuba, Spain, the United States, Italy, and
Mexico.

Bibliografía de libros publicados fuera de Cuba

La vida en las pequeñas ciudades hispanoamericanas de la Conquista.
       Madrid: Ediciones Cultura Hispánica del Centro Iberoamericano
       de Cooperación, 1978.

DOMINICIS, MARIA CANTELI

       n. 4 VI 1934, Camagüey (Camagüey)

Ensayista, poetisa; educadora
       Se doctoró en filosofía y letras en la Universidad de La Haba-
na en 1958. En 1960 se marchó al exilio, radicándose en Estados
Unidos. Desde su llegada a ese país, se ha dedicado a la enseñanza
del español al nivel universitario. Ocupó cargos docentes en universidades de los estados de Ohio y Virginia entre 1961 y 1964. Desde
1964 enseña en la Universidad de Saint John's en Nueva York donde
en la actualidad tiene el rango de profesora asociada. Se doctoró
en la Universidad de Nueva York en 1974. Ha publicado poemas
en revistas literarias.

Essayist, poet; educator
    She received a doctorate in humanities from the University of
Havana in 1958. In 1960 she went into exile and settled in the
United States where she has devoted herself to teaching Spanish
at the university level. From 1961 to 1964 she taught at universities in Ohio and Virginia. She has been teaching at Saint John's
University since 1964 and currently holds the rank of associate
professor. In 1974 she received a doctorate from New York University. Her poetry has been published in several literary journals.

Bibliografía de libros publicados fuera de Cuba

Don Juan en el teatro español del siglo XX. Miami: Ediciones
    Universal, 1978.
De todo un poco. New York: Macmillan Publishing Company,
    1978. (coautora)
Casos y cosas. Glenview, Ill.: Scott, Foresman & Co., 1981.
Escenas cotidianas. New York: Random House, 1983.

Crítica

Don Juan en el teatro español del siglo XX
        Hispania v. 63:435, No. 3 (5/80)
De todo un poco
        Hispania v. 62:417, No. 3 (5/79)
Casos y cosas .
        Hispania v. 65:152 (3/82)
        Modern Language Journal v. 65, No. 4 (Winter 1981),
            p. 449

DUARTE OROPESA, JOSE

        n. 10 X 1924, Guanabacoa (La Habana)

Ensayista
        Hizo estudios de bachillerato en el Instituto de la Víbora y
se licenció en la Universidad de La Habana. Fue preso político
desde 1960 a 1967. Al salir del país, se radicó en California. Es
miembro de la Academia de la Historia de Cuba en el Exilio y del
Colegio Nacional de Periodistas de Cuba en el Exilio.

Essayist
        He received his secondary education at the Víbora Institute
and later graduated from the University of Havana. From 1960 to
1967 he was imprisoned for political reasons. Upon leaving Cuba
for exile, he settled in California. He is a member of the Academy
of History of Cuba in Exile and a member of the Cuban National
College of Journalists in Exile.

Bibliografía de libros publicados fuera de Cuba

Historiología cubana. 2v. Miami: Ediciones Universal, 1974.

DUARTE PARLA, EDELMIRO

n. 31 XII 1921, La Habana (La Habana)

Novelista, biógrafo; militar
Hizo estudios de bachillerato en el Instituto de Santiago de
Cuba. Prestó servicios en las fuerzas armadas de Cuba durante
más de veinte años. Se marchó a Estados Unidos en 1968, radicándose en Miami. Se incorporó al Colegio Nacional de Periodistas en
el Exilio y colabora en los periódicos de Miami.

Novelist, biographer; professional soldier
He received his secondary education at the Institute of Santi-
ago de Cuba and subsequently served for over twenty years in the
Cuban armed forces. In 1968 he went into exile and settled in
Miami. He is a member of the College of Journalists in Exile and
writes for Miami newspapers.

Bibliografía de libros publicados fuera de Cuba

Fragmentos de la historia. Miami: Sol Press, 1974.
La misa del diablo. Miami: Sol Press, 1974.

ECHERRI CRESPO, MANUEL VICENTE

n. 25 IX 1948, Trinidad (Las Villas)

Poeta, cuentista; trabajador social, traductor
Hizo sus primeros estudios en Cuba. En 1968 fue encarcelado
por dos años y medio por haber intentado huir del país en una
pequeña embarcación. Al ser puesto en libertad, regresó a su
ciudad natal y se inició en el oficio de traductor. Desde 1972
hasta 1977 estudió teología, sin llegar a ordenarse. Salió de Cuba
en 1979 con rumbo a Europa, y después de recorrer varios países
se radicó en Nueva York en 1980, donde se ha desempeñado como
trabajador social y traductor. Ha colaborado con poemas y cuentos
en publicaciones periódicas de Estados Unidos y América Latina.
Su poemario Luz en la piedra ganó el Premio José María Lacalle
1981 en Barcelona.

Poet, short-story writer; social worker, translator
He received his primary and secondary education in Cuba.
In 1968 he was sentenced to prison for two and a half years for

having attempted to leave the country in a small boat. Upon his
release, he returned to his native city and took up work as a translator. From 1972 to 1977 he studied theology without, however,
being ordained. In 1979 he left Cuba and went first to Europe
where he visited several countries. He settled in New York in 1980
where he has held positions as a social worker and translator. His
poems and short stories have been published in literary journals in
both the United States and Latin America. His collection of poetry
Luz en la piedra won the 1981 José María Lacalle Prize in Barcelona.

Bibliografía de libros publicados fuera de Cuba

Casi de memorias. Santo Domingo: Luna Cabeza Caliente, 1985.
Luz en la piedra. Madrid: Editorial Oriens, 1985.

EDUARDO GONZALEZ, CIPRIANO

n. 31 XII 1932, La Habana (La Habana)

Novelista, dramaturgo
En Cuba trabajó como intérprete para la Comisión del Turismo
de Santiago de Cuba de 1955 a 1960, haciendo uso de los idomas
que había aprendido durante largos viajes en el exterior entre 1949
y 1954. Se marchó a Estados Unidos en 1962. Ha trabajado en
diversos oficios para sostenerse mientras escribe. Tiene varias
obras de teatro inéditas. Actualmente vive en Minneapolis, estado
de Minnesota.

Novelist, playwright
In Cuba he worked as an interpreter for the Tourist Commission of the city of Santiago de Cuba from 1955 to 1960, utilizing the
languages he had learned during extensive travels abroad between
1949 and 1954. In 1962 he left Cuba for the United States, where
he has worked at a number of jobs to support himself while writing.
He has written several plays, all unpublished. He currently resides
in Minneapolis, Minnesota.

Bibliografía de libros publicados fuera de Cuba

The violent shake. New York: Pageant, 1968.
La sacudida violenta. Miami: Ediciones Universal, 1971.
Boxing fan's glossary. Bend, Ore.: Maverick Press, 1980.

EGÜES Y GRANDA, JOSE RAMON

n. 1938, La Habana (La Habana)

Poeta, ensayista; periodista
    Se exilió en 1960 y desde 1961 vive en Estados Unidos. Su labor periodística ha sido premiada en dos ocasiones con el Premio Llillo Jiménez, en 1964 y 1965.

Poet, essayist; journalist
    He went into exile in 1960 and since 1961 has lived in the United States. He received the Llillo Jiménez Prize for journalism in 1964 and 1965.

Bibliografía de libros publicados fuera de Cuba

En el exilio infinito. Hato Rey, Puerto Rico: Ramallo Printing, 1981.

ENTENZA ESCOBAR, PEDRO PABLO

    n. 1932
    m. 1969, Washington, D.C., EE.UU.

Novelista, poeta
    Finalista del Premio Villa de Torrelló en 1969 por su novela No hay aceras, murió trágicamente en un accidente automovilístico el mismo año.

Novelist, poet
    He was a finalist in the Villa de Torrelló Prize competition in 1969 with his novel No hay aceras. He died that same year in an automobile accident.

Bibliografía de libros publicados fuera de Cuba

No hay aceras. Barcelona: Editorial Planeta, 1969.

Crítica

No hay aceras
        Hispania v. 53:346, No. 2 (5/70)
        Romance Notes v. 13:234 (1971)

ESPINA PEREZ, DARIO M.

Poeta, etimologista; abogado, ingeniero, educador
    Es ingeniero agrónomo quien en la actualidad presta servicios con una organización internacional. Tiene los grados de Doctor en Derecho, Ingeniero Agrónomo y Perito Químico Azucarero. Ocupó puestos docentes en las universidades de Pinar del Río y de La

Habana, de esta última también fue Decano de la Facultad de Ingenieros Agrónomos y Azucareros. Actualmente vive en Miami.

Poet, etymologist; lawyer, engineer, educator
He is currently working as an agricultural engineer with an international organization. He has a doctorate in law, a degree in agricultural engineering, and a certificate of specialization as a sugar chemist. He has taught at the universities of Pinar del Río and Havana and at the latter was also dean of the School of Agricultural Engineering. He lives in Miami.

Bibliografía de libros publicados fuera de Cuba

Manual del tasador agrícola. Washington, D.C.: Banco Interamericano de Desarollo, 1965. (coautor)
Diccionario de sinónimos hispanoamericanos. Barcelona: Ediciones Rumbos, 1969.
Diccionario de cubanismos. Barcelona: Ediciones Rumbos, 1972.
Alma de Haití. Sevilla: Editorial Católica Española, 1979.
A sangre y fuego. San José, Costa Rica: Imprenta LIL, 1981.
Guerra de la triple alianza. La epopeya de América. San José, Costa Rica: Imprenta LIL, 1981.
Poemario de historia universal. Miami: Hispania, 1983.
Apicultura tropical. 3ª ed. San José, Costa Rica: Editorial Tecnológica, 1983. (coautor)
Fabulario y rimas (Espinelas). San José, Costa Rica: Imprenta LIL, 1983.
Refranero Poético. San José, Costa Rica: Imprenta LIL, 1984.

ESTENGER Y NEULING, RAFAEL

n. 15 X 1899, Santiago de Cuba (Oriente)
m. 1983

Poeta, ensayista, biógrafo, antologista; abogado, diplomático, periodista
Se graduó de Doctor en derecho civil y público en la Universidad de La Habana en 1925. Ejerció de abogado, desempeñando los cargos de Abogado de Oficio de la Audiencia de Oriente de 1925 a 1930 y Teniente Fiscal de la misma de 1930 a 1933. Fue abogado consultor del Ministerio de Comercio de 1936 a 1940, Ministro Consejero de la embajada de Cuba en México en 1947, y Embajador de Cuba en Guatemala en 1948. Como periodista, fue redactor de los periódicos Diario de Cuba, El Sol, Avance, Información, y Alerta y de las revistas Bohemia y Carteles. Fue miembro del Colegio Nacional de Periodistas, Académico Correspondiente de la Academia Nacional de Artes y Letras, y Consejero del Instituto Nacional de Reforma Económica. Antologista y biógrafo hábil, ha sabido reunir valiosos materiales sobre el desarrollo literario-histórico cubano. Se distingue por su poesía y ensayos críticos.

Poet, essayist, biographer, anthologist; lawyer, diplomat, journalist
He graduated from the University of Havana in 1925 with a
doctorate in civil and public law. His career included the posts of
chief lawyer of the court of Oriente from 1925 to 1930, lieutenant
of the same court from 1930 to 1933, legal consultant to the Ministry
of Commerce from 1936 to 1940, minister counselor of embassy of the
Cuban embassy in Mexico in 1947, and ambassador of Cuba in Guatemala in 1948. He was editor of such newspapers as Diario de Cuba,
El Sol, Avance, Información, and Alerta and of the journals Bohemia
and Carteles. He was a member of the National Academy of Arts
and Letters, and counselor of the National Institute of Economic
Reform. A gifted anthologist and biographer, he has gathered valuable material on Cuban history and literature. He is well known
for his poetry and literary criticism.

Bibliografía de libros publicados fuera de Cuba

Cuba en la cruz. México: Cooperativo Modelo, 1960.
Vida de Martí. 7ª ed. Miami: Editorial AIP, 1965.
Martí frente al comunismo; glosas de contrapunto entre el hombre
    y el autómata. Miami: Editorial AIP, 1966.
Cien de las mejores poesías cubanas. 2ª ed. Miami: Mnemosyne
    Publ. Co., 1969.
Sincera historia de Cuba (1492-1973). Medellín: Bedout, 1974.
Pequeño divan oriental-occidental. Nueva York: 1980.
La vida gloriosa y triste de Juan Pablo Duarte. Santo Domingo:
    Editora Universidad Nacional, 1981.

ESTORINO, JULIO

    n. 12 IV 1943, Unión de Reyes (Matanzas)

Poeta
    Inició estudios en la Escuela de Comercio de Matanzas los
cuales no pudo terminar por motivos políticos. Detenido varias
veces por el gobierno revolucionario, se escapó de la prisión donde
fue recluido. Buscó asilo en la embajada de Uruguay y salió al
exilio en 1963, radicándose en Miami. En 1978 obtuvo el grado de
Bachelor of Arts en Biscayne College.

Poet
    He began studies at the School of Business in Matanzas but
was unable to complete the program because of the political situation
at the time. Arrested several times by the revolutionary government, he escaped from the prison where he was being held and
sought political asylum in the Uruguayan embassy. He left Cuba
in 1963 and settled in Miami. In 1978 he received a bachelor's degree from Biscayne College.

Bibliografía de libros publicados fuera de Cuba

Patria y pasión. Miami: 1975.

FAJARDO JANE, PABLO

Poeta; abogado
    Se doctoró en derecho civil en la Universidad de La Habana.
Fue delegado a la Asamblea Nacional del Colegio de Abogados de
Cuba por la provincia de Oriente y vocal del Comité Ejecutivo
Nacional del mismo. Se marchó al exilio en 1966, radicándose en
Miami.

Poet; lawyer
    He received a doctorate in civil law from the University of
Havana. He served as a delegate from Oriente province to the
National Assembly of the College of Lawyers of Cuba and as a vot-
ing member of its National Executive Committee. In 1966 he went
into exile and settled in Miami.

Bibliografía de libros publicados fuera de Cuba

Formas y espíritus. Miami: Rex Press, 1970.

FAJARDO VALLS, PABLO

n. 5 I 1945, Santiago de Cuba (Oriente)

Poeta
    Cursó estudios de bachillerato en el Colegio de Dolores de su
ciudad natal hasta 1960 cuando salió al exilio. Se radicó en Miami,
trasladándose posteriormente a Cleveland, Ohio, donde terminó su
educación secundaria en 1962. Desde 1964 trabaja en la administración de hoteles, y en la actualidad ocupa el puesto de gerente
de operaciones de una importante empresa hotelera. Además de
ser poeta, compone canciones, varias de las cuales están bajo contrato con una compañía grabadora internacional.

Poet
    He studied at the Colegio de Dolores in Santiago de Cuba un-
til 1960 when he went into exile. Settling first in Miami, he later
moved to Cleveland, Ohio, where he completed his secondary school
education. He has worked in hotel administration since 1964 and
currently holds the position of operations manager in a major hotel
chain. Besides writing poetry, he also composes, with several of
his songs under contract with an international recording company.

Bibliografía de libros publicados fuera de Cuba

El néctar de la luz. Miami: Rex Press, 1975.

FEITO, FRANCISCO

n. 6 IV 1931, La Habana (La Habana)

Ensayista; abogado, educador
Cursó estudios de bachillerato en el Colegio Edison. Se graduó en derecho diplomático en la Universidad de La Habana en 1953 y posteriormente se doctoró en derecho en la misma universidad. Ejerció la abogacía de 1953 a 1961. Enseñó en la Facultad de Derecho de la Universidad Masónica en La Habana de 1955 a 1956. Salió de Cuba en 1961 después de haber permanecido tres meses en la embajada de Venezuela en calidad de refugiado político. Pasó un breve período en Caracas y luego fue a Estados Unidos. Desde 1969 enseña en Kean College de Nueva Jersey. Recibió el grado de Master of Arts en la Universidad de Rutgers y se doctoró en literatura hispanoamericana en la Universidad de la Ciudad de Nueva York en 1976. Ha pronunciado muchas conferencias y ha contribuido artículos a revistas literarias tales como Círculo, Envíos y Iberoromania. En la actualidad es coeditor de Contra Viento y Marea, habiendo desempeñado el mismo cargo con Envíos de 1971 a 1976.

Essayist; lawyer, educator
After completing his secondary education at the Colegio Edison, he graduated in diplomatic law from the University of Havana in 1953 and later received a doctorate in law from the same school. He practiced from 1953 to 1961 and also taught in the law school of the Masonic University in Havana from 1955 to 1956. After seeking political asylum in the Venezuelan embassy in Havana and remaining there for three months, he left Cuba in 1961. He spent a short period in Caracas and then went to the United States. He has taught at Kean College in New Jersey since 1969. After receiving a master's degree from Rutgers University, he studied at the Graduate Center of the City University of New York where he received a doctorate in Hispanic literature in 1976. He has lectured widely and has contributed many articles to such literary magazines as Círculo, Envíos, and Iberoromania. Currently coeditor of Contra Viento y Marea, he held the same position with Envíos from 1971 to 1976.

Bibliografía de libros publicados fuera de Cuba

El Paraguay en la obra de Gabriel Casaccia. Buenos Aires: García Cambeiro Editor, 1977.

Indice de "El Pensamiento" (Cuba 1879-1880). Nueva York: Senda
Nueva de Ediciones, 1977. (coautor)

Crítica

El Paraguay en la obra de Gabriel Cassacia
        Hispania v. 61:1016, No. 4 (12/78)
        Círculo VII (1978), p. 137-140
        World Literature Today 3 (Summer 1978), p. 441
        Hispamérica año VI, No. 18 (1977), p. 93
Indice de "El Pensamiento" (Cuba 1879-1880)
        Románica, XIV (1977), p. 70
        Diario Las Américas, (31/7/77), p. 18

FERNANDEZ, GASTON J.

    n. 20 X 1921, Placetas (Las Villas)

Ensayista; abogado, educador
    Cursó estudios secundarios en el Instituto de Segunda En-
señanza de Remedios.   Se doctoró en leyes en la Universidad de
La Habana en 1942 y ejerció su profesión hasta su salida del país
en 1960.   Se radicó en Estados Unidos.   Recibió el grado de Master
of Arts en la Universidad de Carolina del Norte en 1967 y se doctoró en la Universidad de Kentucky en 1971.   En la actualidad es
Profesor de Español en la Universidad de Clemson.

Essayist; lawyer, educator
    He received his secondary education at the Institute of Sec-
ondary Education in Remedios.   In 1942 he received a doctorate in
law from the University of Havana and he practiced his profession
until he went into exile in 1960.   After settling in the United States,
he studied at the University of North Carolina where he received
a master's degree in 1967, and at the University of Kentucky where
he received a doctorate in 1971.   He is currently professor of
Spanish at Clemson University.

Bibliografía de libros publicados fuera de Cuba

Temas e imágenes en los versos sencillos de Martí.   Miami: Edici-
    ones Universal, 1977.

FERNANDEZ, JOSE BENIGNO

    n. 13 V 1922, Santiago de Cuba (Oriente)

Bibliógrafo; educador
    Se licenció en derecho diplomático y en derecho administrativo

en la Universidad de La Habana y se doctoró en ciencias sociales en la misma institución académica en 1960. Se marchó al exilio en 1961. Obtuvo el grado de Master of Arts en la Universidad de Miami en 1964. Enseñó español en la Universidad de Miami desde 1961 a 1964, en la Universidad Estatal de Georgia en Valdosta desde 1968 a 1976, y en la Universidad de Colorado desde 1976 a 1981. En la actualidad enseña en la Universidad de la Florida Central.

Bibliographer; educator
He received undergraduate degrees in diplomatic and administrative law from the University of Havana and a doctorate in social science from the same institution in 1960. The following year he went into exile. He received a master's degree from the University of Miami in 1964. He taught Spanish at the University of Miami from 1961 to 1964, at Valdosta (Georgia) State College from 1968 to 1976, and at the University of Colorado from 1976 to 1981. At the present time he is teaching at the University of Central Florida.

Bibliografía de libros publicados fuera de Cuba

Alvar Núñez Cabeza de Vaca: The forgotten chronicler. Miami: Ediciones Universal, 1975.
Indice bibliográfico de autores cubanos (Diáspora 1959-1979). Miami: Ediciones Universal, 1983. (coautor)

FERNANDEZ, ROBERTO G.

n. 24 IX 1949, Sagua La Grande (Las Villas)

Cuentista; educador
Se marchó de Cuba rumbo a Estados Unidos en 1961. Estudió en Florida Atlantic University donde obtuvo los grados de Bachelor of Arts en 1970 y Master of Arts en 1973. En 1977 se doctoró en la Universidad Estatal de la Florida, donde también enseñó literatura hispánica de 1975 a 1978. Desde 1978 enseña en la Universidad de Alabama del Sur.

Short-story writer; educator
He left Cuba in 1961 and went to the United States. He studied at Florida Atlantic University where he received a bachelor's degree in 1970 and a master's degree in 1973. In 1977 he received a doctorate from Florida State University where he also taught Hispanic literature from 1975 to 1978. He has been teaching at the University of South Alabama since 1978.

Bibliografía de libros publicados fuera de Cuba

Cuentos sin rumbo. Miami: Ediciones Universal, 1975.
El jardín de la luna. Tallahassee, Fla.: s.n., 1976.

La vida es un special. Miami: Ediciones Universal, 1983.
Indice bibliográfico de autores cubanos (Diáspora 1959-1979). Miami:
Ediciones Universal, 1983. (coautor)
La montaña rusa. Houston: Arte Público Press, 1984.

FERNANDEZ BONILLA, RAIMUNDO

n. 5 IX 1931, Guantánamo (Oriente)

Poeta, ensayista, crítico; educador
Terminó estudios de filosofía y letras en la Universidad de
Oriente en el año 1955. Luego estudió derecho diplomático en la
Universidad de La Habana. Fue cofundador de la revista Nueva
Generación. A principios de 1960 fundó con Severo Sarduy la
página de arte y literatura del periódico Diario Libre. En 1961 se
marchó al exilio, radicándose en Nueva York donde, en 1965, ayudó
a fundar la revista Exilio. Es profesor de lengua y literatura españolas en la Universidad de Nueva York.

Poet, essayist, critic; educator
He completed undergraduate studies in liberal arts at Oriente
University in 1955 and then studied diplomatic law at the University
of Havana. He helped found the journal Nueva Generación. At the
beginning of 1960, together with Severo Sarduy, he founded the
literary page of the newspaper Diario Libre. In 1961 he went into
exile and settled in New York where, in 1965, he helped found the
journal Exilio. He teaches Spanish language and literature at New
York University.

Bibliografía de libros publicados fuera de Cuba

Hermes viales. Nueva York: Ediciones Exilio, 1972.
El tiempo como Jano. Siete ensayos sobre literatura española.
Nueva York: Iberama Publishing Co., 1972.

FERNANDEZ CAMUS, EMILIO

n. 8 VI 1897
m. ?

Novelista; abogado educador
Cursó estudios de derecho civil en la Universidad de La
Habana. Enseñó durante muchos años en la Facultad de Derecho
de La Universidad de La Habana, y publicó muchos tratados sobre
derecho civil y filosofía jurídica. Fue decano de la Facultad de
Derecho de la misma. Se marchó de Cuba poco después de que el
gobierno revolucionario se apoderó del país y vivió exiliado hasta
su muerte.

Novelist; lawyer, educator
He studied civil law at the University of Havana. He taught
for many years in the School of Law of the same university and
published many treatises on civil law and on the philosophy of law.
He also served as Dean of the School of Law. He left Cuba shortly
after the revolutionary government took power, and he remained in
exile until his death.

Bibliografía de libros publicados fuera de Cuba

Caminos llenos de borrascos. Madrid: s.n., 1962.

FERNANDEZ CRUZ, MAURICIO

n. 2 XI 1938, La Habana (La Habana)

Poeta, cuentista
Hizo estudios secundarios en el Instituto Mariano de La Habana, recibiendo el grado de Bachiller en Letras en 1959. Estudió
derecho diplomático en la Universidad de La Habana hasta marcharse
del país en 1961. Se trasladó a Miami donde inició una intensa actividad literaria. Colaboró en el Boletín de la Asociación Cubana de
Artes Plásticas en el Exilio y fundó y dirigió las revistas literarias
Cuadernos Desterrados y Cuadernos del Hombre Libre. Colaboró
con el grupo teatral "Teatro 66." En 1967 fundó otra revista literaria, Punto Cardinal, y en 1976, junto con el poeta Orlando Rossardi, editó la revista Enlace. Ha colaborado en un sinnúmero de
revistas literarias, algunas de las cuales son Comorán y Delfín,
Encuentro, Caracol, Espiral, La Nueva Sangre, Envíos, Alaluz y
Norte. Sus poemas aparecen en varias antologías de la poesía
cubana. Ocupa el cargo de director de la revista Hombre del Mundo.

Poet, short-story writer
He received his secondary education at the Mariano Institute
in Havana where he received a Bachelor of Letters degree in 1959.
He studied diplomatic law at the University of Havana but interrupted his studies when he went into exile in 1961. After settling
in Miami, he became active in literary endeavors. He was involved
in the publication of the Bulletin of the Cuban Association of Plastic
Arts in Exile and founded and directed the literary magazines
Cuadernos Desterrados and Cuadernos del Hombre Libre. He also
worked with the theater group "Teatro 66." In 1967 he founded
another literary journal, Punto Cardinal, and in 1976, in cooperation
with the poet Orlando Rossardi, edited the journal Enlace. He has
contributed to numerous literary journals, some of which are
Comorán y Delfín, Encuentro, Caracol, Espiral, La Nueva Sangre,
Envíos, Alaluz, and Norte. His poems appear in several anthologies
of Cuban poetry. He is editor of the journal Hombre del Mundo.

Bibliografía de libros publicados fuera de Cuba

Meridiano presente. Miami: Ediciones Punto Cardinal, 1967.
El rito de los símbolos. Miami: Ediciones Escorpión, 1968.
Los caminos enanos. Miami: Ediciones Escorpión, 1969.
Región y existencia. Miami: Editorial Afiche, 1969.
Geometría para un diálogo. Niza, Francia: Profils poétiques, 1970.
Calendario del hombre descalzo. Miami: Ediciones Escorpión, 1970.
El cortejo. Barcelona: Editorial Carabela, 1972.
En los días que suceden. Barcelona: Editorial Campos, 1973.

Crítica

En los días que suceden
    Diario Las Américas (5/12/74)

FERNANDEZ DE LA TORRIENTE, GASTON

    n. 26 XII 1924, La Habana (La Habana)

Ensayista; abogado, educador
    Se doctoró en leyes en la Universidad de La Habana en 1947
y en ciencias sociales en la misma institución en 1952. Enseñó
economía en la Universidad de Santo Tomás de Villanueva desde
1957 a 1960. Al marcharse al exilio, se radicó en Estados Unidos.
Se doctoró en la Universidad de Miami en 1967. Desde 1967 enseña
en la Universidad de Arkansas donde es Profesor de Español.

Essayist; lawyer, educator
    He received doctorates in law (1947) and in social science
(1952) from the University of Havana. He taught economics at
Saint Thomas of Villanueva University from 1957 to 1960. Upon
going into exile, he settled in the United States. In 1967 he received a doctorate from the University of Miami. He has been teaching at the University of Arkansas since 1967 where he is professor
of Spanish.

Bibliografía de libros publicados fuera de Cuba

La comunicación escrita. Madrid: Playor, 1975.
La comunicación oral. Madrid: Playor, 1975.
Vocabulario superior. Madrid: Playor, 1975.
La novela de Hernández-Catá: un estudio desde la psicología.
    Madrid: Playor, 1976.
La comunicación escrita. 3ª ed. Madrid: Playor, 1978.
La narrativa de Carlos Alberto Montaner. Madrid: Editorial
    Planeta/Universidad de Arkansas, 1978. (editor)

Crítica

La narrativa de Carlos Alberto Montaner
Hispania, v. 63:787, No. 4 (12/80)

FERNANDEZ DE LA VEGA, OSCAR J.

n. 4 VII 1914, La Habana (La Habana)

Poeta, ensayista, crítico; educador (Seudónimo: Fernán de la
Vega [sólo en obras poéticas])
     Hizo estudios de bachillerato en el Instituto de La Habana.
Se doctoró en pedagogía en la Universidad de La Habana en 1939
y en filosofía y letras en 1941. Ocupó cargos docentes tanto al
nivel de la segunda enseñanza como la superior, siendo Profesor y
Jefe de la Cátedra de Español en el Colegio Baldor de 1933 a 1947,
Profesor y Supervisor del Bachillerato en Español en el Colegio St.
George's School de 1952 a 1956, Profesor del Centro Superior
Tecnológico de Ceiba del Agua de 1954 a 1959, Profesor Asociado,
Vice-Decano y Decano de la Facultad de Educación de la Universidad
de Santo Tomás de Villanueva de 1953 a 1960. En 1947 prestó
servicios como Instructor de Español en Middlebury College. Se
marchó al exilio en 1960, radicándose en Nueva York. Fue Profesor
Asociado de Español en la Universidad de Saint John's de 1960 a
1964. Desde 1964 enseña en Hunter College de la Universidad de
la Ciudad de Nueva York donde actualmente es Profesor Titular de
Español. Ha sido Profesor Invitado en Middlebury College y en la
Universidad de Kent State. Ha contribuido artículos, ensayos,
reseñas y poesías en revistas literarias tales como Revista Hispánica
Moderna, Revista Interamericana de Bibliografía, Insula, Envíos,
Círculo Poético, y Duquesne Hispanic Review y ha pronunciado un
sinnúmero de conferencias en diversas universidades de Estados
Unidos. Es miembro Correspondiente (en exilio) de la Academia
Cubana de la Lengua.

Poet, essayist, critic; educator (Pseudonym: Fernán de la Vega
[used only for his poetry])
     He received his secondary education at the Havana Institute.
In 1939 he received a doctorate in education from the University of
Havana and in 1941 a doctorate in philosophy and letters from the
same institution. He held teaching positions at both the secondary
and university levels. From 1933 to 1947 he was professor of
Spanish and chairman of the Spanish department at Colegio Baldor;
from 1952 to 1956 professor and academic director at Saint George's
School; from 1954 to 1959 professor of Spanish at the Higher Technological Center of Ceiba del Agua. He was also associate professor, associate dean, and dean of the School of Education of Saint
Thomas of Villanueva University from 1953 to 1960. In 1947 he was
an instructor of Spanish at Middlebury College. Leaving Cuba in

1960, he settled in New York City where he taught at Saint John's
University from 160 to 1964. He has been teaching at Hunter College, of CUNY, since 1964 and currently holds the rank of professor
of Spanish. He has also been a visiting professor at Middlebury College and at Kent State University. His articles, essays, book reviews, and poetry have appeared in such literary journals as Revista
Hispánica Moderna, Revista Interamericana de Bibliografía, Insula,
Envíos, Círculo Poético, and the Duquesne Hispanic Review. He
has lectured widely at universities around the country. He is a
corresponding member (in exile) of the Cuban Academy of the Spanish Language.
Bibliografía de libros publicados fuera de Cuba

Gramática moderna. New York: American Book Company, 1968.
    (coautor)
Iniciación a la poesía afro-americana. Miami: Ediciones Universal,
    1973. (coautor)
Viajero de mi centro: sonetos en vilo (1960-1964). Nueva York:
    Hispanic Printing Corp., 1974.
La indómnita querella (sonetos en ansia); Filo que nunca siega
    (sonetos en sorna); En inmóvil torrente (sonetos en brega).
    Nueva York: Hispanic Printing Corp., 1975.
Agonemas martianas. Madrid: Playor, 1975.
Entre verdes y azules (poemas al paso); Reverso de la sombra
    (Poemas en escorzo); Al doblar de la ausencia (elegías en
    clamor); Nostalgia de Villanueva (poemas en recuerdo).
    Nueva York: Hispanic Printing Corp., 1976.
Ortografía en acción. Cincinnati: South-Western Publishing Co.,
    1978. (coautor)

Crítica

Iniciación a la poesía afro-americana
        Booklist v. 71:545 (2/1/75)
        Revista Iberoamericana v. 41, No. 90 (Enero-Marzo 1975),
        p. 158
        Handbook of Latin American Studies v. 38 (1976), p. 464,
        #7028
Ortografía en acción
        Hispania v. 63:449 (5/80)

FERNANDEZ-MARCANE, LEONARDO

    n. 10 XII 1937, La Habana (La Habana)

Poeta, cuentista, ensayista, antologista; abogado, educador
    Se graduó de abogado en la Universidad de La Habana en
1960. Anteriormente había trabajado como secretario en el consulado
de Colombia en La Habana de 1955 a 1960 y fue Canciller de

Embajada de 1960 a 1962. Después de salir de Cuba estudió en la
Universidad de Puerto Rico, graduándose en 1965. Recibió el
grado de Master of Arts en la Universidad Estatal de Nueva York
en Albany en 1967 y el doctorado en 1974. Desde 1966 hasta 1971
enseñó español en la misma institución. Desde 1971 enseña en la
Universidad Estatal de Nueva York en New Paltz. Ha colaborado
con poesía, crítica, ensayos, y reseñas en revistas literarias como
Envíos, Nueva Narrativa HIspanoamericana, World Literature Today,
y Revista Interamericana. En 1975 ganó el Premio Literario Juan J.
Remos y en 1976 fue jefe del jurado del Premio Nacional Jorge
Mañach. Desde 1973 es director de reseñas de la revista Spanish
Today.

Poet, short-story writer, essayist, anthologist; lawyer, educator
    He received a degree in law from the University of Havana
in 1960. Earlier, he had worked as a secretary in the Colombian
consulate in Havana from 1955 to 1960 and was Secretary of Embassy
from 1960 to 1962. After leaving Cuba he began studies anew,
graduating from the University of Puerto Rico in 1965 with a bachelor's degree, from State University of New York, Albany, in 1967
with a master's and in 1974 with a doctorate. From 1966 to 1971
he taught Spanish in the same institution, and since 1971 has been
teaching at SUNY New Paltz. He has contributed poetry, criticism,
essays and reviews to such literary journals as Envíos, Nueva
Narrativa Hispanoamericana, World Literature Today, and Revista
Interamericana. In 1975 he was awarded the Juan J. Remos literary
prize and in 1976 he presided over the jury of the Jorge Mañach
National Literary Award. He has been book review editor for
Spanish Today magazine since 1973.

Bibliografía de libros publicados fuera de Cuba

Diez años de revolución cubana. Río Piedras, Puerto Rico: Editor-
        ial San Juan, 1970. (coautor)
El teatro de Tirso de Molina: estudio de onomatología. Madrid:
        Plaza Mayor, 1972.
Veinte cuentistas cubanos. Miami: Ediciones Universal, 1978.
Cuentos del Caribe. Madrid: Editorial Playor, 1979.

Crítica

El teatro de Tirso de Molina: estudio de onomatología
        Spanish Today VI, 5 (1973), p. 7
Cuentos del Caribe
        Hispania v. 63:784, No. 4 (12/80)
        Latin American Literary Review v. 9, No. 19 (Fall/Winter
        1981), p. 57
Veinte cuentistas cubanos
        Hispanic Journal v. 1, No. 2 (Spring 1980), p. 155

FERNANDEZ SANTIAGO, WIFREDO

n. 25 VII 1945, Consolación del Sur (Pinar del Río)
m. 25 X 1977, Madrid, España

Poeta, ensayista; periodista (Seudónimo: Fernando Proaza)
Después de cursar estudios primarios y secundarios en Cuba,
estudió periodismo en la Escuela Carlos Septién García en México.
Desde que salió de Cuba, trabajó como periodista para las revistas
Sol, Réplica, Miami Extra, Nuevo Día, Bohemia, y Avance. Durante
su estancia en Miami colaboró con una distribuidora de libros en
español, trasladándose luego a Madrid en el seno de la misma empresa, aunque sin dejar de escribir asiduamente artículos periodísticos. Falleció en Madrid, víctima de un accidente.

Poet, essayist; journalist (Pseudonym: Fernando Proaza)
After completing primary and secondary school in Cuba, he
studied journalism at the Carlos Septién García School in Mexico.
He worked as a journalist for such magazines as Sol, Réplica,
Miami Extra, Nuevo Día, Bohemia, and Avance. In Miami he worked
for a distributor of Spanish language books. He was later sent to
Madrid to work in the head office of the firm, and it was there that
he died in an accident.

Bibliografía de libros publicados fuera de Cuba

Baruj Salinas: su mundo pictórico. Miami: Ediciones Punto Cardi-
nal, 1971.
Luis Hernández o el tiempo enemistado. San Juan, Puerto Rico:
Editorial Xagüey, 1972.
Palabra de hombre. Madrid: Editorial Playor, 1973.
Martí y la filosofía. Miami: Ediciones Universal, 1974.
Amanecer de la ceniza. Miami: Ediciones Interbooks, 1976.
El libro de Wifredo: poesías completas. Madrid: Editorial Playor,
1978.

Crítica

Baruj Salinas: su mundo pictórico
Diario Las Américas (5/11/71)
Palabra de hombre
Diario Las Américas (9/7/74)

FERNANDEZ VAZQUEZ, ANTONIO

n. 19 II 1949, Santa Clara (Las Villas)

Ensayista; educador
Salió de Cuba en 1962, trasladándose a Estados Unidos. Se

graduó en Saint Andrews College y recibió el grado de Master of Arts en la Universidad de Kentucky. Posteriormente se doctoró en la misma universidad. Desde 1979 enseña español en el Virginia Polytechnic Institute and State University.

Essayist; educator
He left Cuba in 1962 and went to the United States. He received a bachelor's degree from Saint Andrews College and a master's and doctorate from the University of Kentucky. He has been teaching Spanish at Virginia Polytechnic Institute and State University since 1979.

Bibliografía de libros publicados fuera de Cuba

La novelística cubana de la Revolución. Miami: Ediciones Universal, 1980.

Crítica

La novelística cubana de la Revolución
    Crítica Hispánica v. 4, No. 2 (1982), p. 181

FERNANDEZ Y SOSA, LUIS FRANCISCO

n. 21 IX 1930, Camagüey (Camagüey)

Cursó estudios de bachillerato en el Instituto de Segunda Enseñanza de Camagüey. Se doctoró en leyes en la Universidad de La Habana en 1952. Ejerció como abogado hasta 1962 cuando abandonó el país. En 1964 recibió el grado de Master of Arts en la Universidad de Iowa. Se doctoró en la Universidad de Illinois en 1975. Ha ejercido cátedras en varias universidades de Kansas y de Iowa y, últimamente, en la Universidad de Western Illinois.

Essayist; lawyer, educator
He studied at the Institute of Secondary Education in Camagüey. In 1952 he received a doctorate in law from the University of Havana and practiced until 1962 when he went into exile. In 1964 he received a master's degree from the University of Iowa and in 1975 a doctorate from the University of Illinois. He has taught at universities in Kansas and Iowa and, most recently, at the University of Western Illinois.

Bibliografía de libros publicados fuera de Cuba

José Lezama Lima y la crítica anagónica. Miami: Ediciones Universal, 1976.

Crítica

José Lezama Lima y la crítica anagónica
Hispania v. 61:1013 (12/78)

FERREIRA LOPEZ, RAMON

n. 1921, El Puente (Lugo), España

Cuentista
Muy joven fue a Cuba. Trabajó y estudió en escuelas noc-
turnas sin terminar el bachillerato. Vivió dos años en Estados
Unidos. Al regresar a Cuba obtuvo una mención en el certamen
narrativo "Hernández-Catá" y en 1950 ganó dicho premio por su
relato "Bagazo." Con la llegada del gobierno castrista, abandonó
el país. Radica actualmente en Puerto Rico.

Short-story writer
He went to Cuba while still quite young. While working he
attended night school but did not finish his secondary education.
He lived for two years in the United States and upon his return to
Cuba won an honorable mention in the "Hernández-Catá" literary
competition. In 1950 he won first prize for his short story
"Bagazo." He left Cuba when the Castro government came into
power and currently resides in Puerto Rico.

Bibliografía de libros publicados fuera de Cuba

Los malos olores de este mundo. México: Fondo de Cultura Económica, 1969.

FIGUEROA, MIGUEL

n. 26 III 1907, Matanzas (Matanzas)

Ensayista; abogado, diplomático, educador
Hizo estudios de bachillerato en la Academia La Salle, graduándose en 1925. Después de estudiar un año en la Academia Mercersburg en Mercersburg, Pensilvania, ingresó a la Facultad de
Derecho de la Universidad de La Habana donde se doctoró en 1930.
Estudió historia del arte en la Universidad de Roma de 1937 a 1939.
Ejerció de abogado desde su egreso de la Universidad de La Habana
hasta 1937 cuando ingresó al servicio exterior de Cuba. Prestó
servicios en Italia y en la República Dominicana, y desempeñó altos
cargos en el Ministerio de Relaciones Exteriores hasta su salida de
Cuba para el exilio en 1961. En su último puesto, el de Director
de la Academia Diplomática de dicho ministerio, tuvo el rango de

embajador. Después de trasladarse a Estados Unidos se radicó en Miami, donde enseñó en escuelas secundarias hasta 1965, año en que se marchó a Puerto Rico para aceptar el puesto de Catedrático Auxiliar de Humanidades en la Facultad de Estudios Generales de la Universidad de Puerto Rico, cargo que ocupó hasta su jubilación en 1975.

Essayist; lawyer, diplomat, educator
He received his secondary education at the La Salle Academy where he graduated in 1925. After spending a year at the Mercersburg Academy in Mercersburg, Pennsylvania, he entered the law school of the University of Havana where he graduated with a doctorate in law in 1930. He also studied art history at the University of Rome from 1937 to 1939. He practiced law until 1937, when he entered the Cuban diplomatic corps, serving in Italy and the Dominican Republic. At the time of his departure from Cuba in 1961 for exile, he was serving as director of the Diplomatic Academy of the Ministry of Foreign Affairs, with the rank of ambassador. Upon his arrival in the United States, he began teaching at the secondary school level and did so until 1965 when he went to Puerto Rico to accept a teaching post as professor of humanities in the School of General Studies of the University of Puerto Rico, a position he held until his retirement in 1975.

Bibliografía de libros publicados fuera de Cuba

La pintura cristiana en los tres primeros siglos. San Juan, Puerto Rico: Editorial Universitaria, 1973.
Religión y política en la Cuba del siglo XIX--el obispo Espada visto a la luz de los Archivos Romanos, 1802-1832. Miami: Ediciones Universal, 1975.

FIGUEROA AMARAL, ESPERANZA

n. 1913, La Habana (La Habana)

Ensayista; educadora
Cursó estudios de bachillerato en el Instituto de La Habana. Es doctora en filosofía por la Universidad de La Habana. Ha ejercido la docencia tanto a nivel de la segunda enseñanza como al de la educación superior, habiendo enseñado en el Instituto de Segunda Enseñanza de Marianao en Cuba y en el exilio, en la Universidad de Morelia, México, la Universidad de Minnesota, Wells College, Montclair State College, y en Elmira College donde, al jubilarse, fue nombrada Profesora Emérita de Español.

Essayist; educator
She received her secondary education at the Havana Institute and holds a doctorate from the University of Havana. Her teaching

career includes positions at both secondary school and university levels. In Cuba she taught at the Institute of Secondary Education at Marianao and in exile has taught at the University of Morelia, Mexico, the University of Minnesota, Wells College, Montclair State College, and Elmira College where, upon retiring, she was named Professor Emeritus of Spanish.

Bibliografía de libros publicados fuera de Cuba

Julián del Casal: estudios críticos sobre su obra. Miami: Ediciones Universal, 1974. (coautor)

Crítica

Julián del Casal: estudios críticos sobre su obra
        Revista Iberoamericana v. 42, No. 94 (Enero-Marzo 1976),
        p. 151

FLOBAL, CARLOS véase/see BAEZA FLORES, ALBERTO

FLORIT Y SANCHEZ DE FUENTES, EUGENIO

        n. 15/X/03, Madrid, España

Poeta, antologista, crítico, ensayista; abogado, diplomático, educador
        Terminó estudios de bachillerato en el Instituto de Segunda Enseñanza de La Habana en 1918. Se doctoró en derecho civil en la Universidad de La Habana en 1926. Ingresó al servicio exterior de Cuba en 1927 y desempeñó cargos en el Ministerio de Relaciones Exteriores hasta 1940, cuando fue a Nueva York a ocupar un puesto en el consulado general de Cuba. En 1942 comenzó a enseñar en la Universidad de Columbia, retirándose del servicio consular en 1945 para dedicarse por completo a la docencia. Fue catedrático de español en Barnard College desde 1945 hasta su jubilación en 1969. Fue nombrado Profesor Emérito de Español ese mismo año. Enseñó en la Escuela de Verano de Español de Middlebury College de 1944 a 1964. Es miembro de la Sociedad Hispánica de Nueva York, de la Modern Language Association y de la Academia Norteamericana de la Lengua Española. En 1969 se le otorgó la Medalla Mitre de la Sociedad Hispánica de Nueva York. Ha colaborado con crítica literaria, ensayos, y reseñas en revistas letradas de Europa y América. Fue editor de Revista Hispánica Moderna de 1960 a 1969.

Poet, anthologist, critic, essayist; lawyer, diplomat, educator
        He finished his secondary studies in 1918 at the Institute of Secondary Education in Havana and in 1926 received a doctorate in civil law from the University of Havana. He entered the Cuban

diplomatic corps in 1927 and served in the Ministry of Foreign Relations until 1940 when he was posted to the Cuban consulate general in New York. In 1942 he began to teach at Columbia University and in 1945 resigned his diplomatic commission in order to devote himself to a teaching career. He was professor of Spanish at Barnard College from 1945 until his retirement in 1969, at which time he was named Emeritus Professor of Spanish. He also taught at the Middlebury College Summer School of Spanish from 1944 to 1964. He is a member of the Hispanic Society of New York, the Modern Language Association, and of the North American Academy of the Spanish Language. In 1969 he was awarded the Mitre Medal by the Hispanic Society of New York. He has published numerous articles of literary criticism, essays, and reviews in scholarly journals in Europe and North and South America. He was editor of Revista Hispánica Moderna from 1960 to 1969.

Bibliografía de libros publicados fuera de Cuba

Tres autos religiosos. Madrid: s.n., 1960.
Siete poemas. Montevideo: Cuadernos Julio Herrera y Reissig, 1960.
Literatura hispanoamericana: antología e introducción histórica. New York: Holt, Rinehart and Winston, 1960. (co-compilador)
Retratos de Hispanoamérica. New York: Holt, Rinehart and Winston, 1962. (coeditor)
José Martí: Versos. Estudio preliminar, selección y notas de Eugenio Florit. Nueva York: Las Américas, 1965.
Cien de las mejores poesías españolas. Seleccionadas y anotadas por Eugenio Florit. Nueva York: Las Américas, 1965.
Hábito de esperanza: poemas (1936-1964). Madrid: Insula, 1965.
Invitation to Spanish poetry. New York: Dover, 1965.
La poesía hispanoamericana desde el modernismo: antología, estudio preliminar y notas críticas. New York: Appleton-Century-Crofts, 1967. (coeditor)
La poesía hispanoamericana desde el modernismo: antología, estudio preliminar y notas críticas. Englewood Cliffs, N.J.: Prentice-Hall, 1968. (coeditor)
Antología penúltima. Madrid: Editorial Plenitud, 1970.
Antología poética (1898-1953). Madrid: Editorial Biblioteca Nueva, 1971.
Spanish poetry: a seleciton from the Cantar de Mío Cid to Miguel Hernández, in Spanish with English translation. Selection, introduction, biographical and critical notes and translations by Eugenio Florit. New York: Dover, 1971.
De tiempo y agonía. Madrid: Ediciones de la Revista de Occidente, 1974.
Poesía casi siempre: ensayos literarios. Madrid: Mensaje, 1978.
Poesía en José Martí, Juan Ramón Jiménez, Alfonso Reyes, Federico García Lorca y Pablo Neruda: cinco ensayos. Miami: Ediciones Universal, 1978.
Versos pequeños (1938-1975). Miami: El Marco, 1979.

Obras completas (versos nuevos y algunas prosas de ayer y de
hoy). Vol. III. Omaha, Neb.: Society of Spanish and
Spanish-American Studies, 1982.

Critica

Saa, Orlando E. La serenidad en las obras de Eugenio Florit.
Miami: Ediciones Universal, 1973.
Castellanos Collins, María. Tierra, mar y cielo en la poesía de
Eugenio Florit. Miami: Ediciones Universal, 1976.
Baeza Flores, Alberto. Cuba, el laurel y la palma. Miami: Edici-
ones Universal, 1977.
Parajón, Mario. Eugenio Florit y su poesía. Madrid: Insula, 1977.
Strathdee, Katherine Elizabeth. The four Greek elements in the
poetry of Eugenio Florit. University of California at Los
Angeles, 1979. Unpublished Ph.D. dissertation.

Hábito de esperanza
    Insula (Madrid) 232 (3/66)
Invitation to Spanish poetry
    Modern Language Journal v. 50:171 (3/66)
Cien de los mejores poesías españolas
    Revista Hispánica Moderna año XXXII, 3-4, (Julio/Oct.
    1966)
    Hispania v. 50:390 (5/67)
La poesía hispanoamericana desde el modernismo
    Hispania v. 52:344 (5/69)
    Hispania v. 55:403 (5/72)
    Hispania v. 55:610 (9/72)
    Revista Interamericana de Bibliografía v. 20 (1970), p.
    340
De tiempo y agonía
    Booklist v. 72:556 (15/12/75)
Retratos de Hispanoamerica
    Hispania v. 46;450, No. 2 (5/63)
Obras completas (versos nuevos y algunas prosas de ayer y de
hoy). Vol. III
    Chasqui v. 12, No. 2-3 (Feb.-Mayo 1983), p. 92
Antología penúltima
    Revista Iberoamericana v. 37, No. 75 (Abril-Junio 1971),
    p. 479

FOJO HERMIDA, CARLOS

    n. 5 I 1925, La Habana (La Habana)

Poeta; contador público
    Se graduó de bachiller en el Instituto de Segunda Enseñanza
de La Habana y de contador público en la Universidad de La Habana.

Salió de Cuba en 1969, radicándose en Miami. Estudió en Biscayne College, donde obtuvo el grado de Bachelor of Arts en administración de negocios. En la actualidad ejerce como contador público en Miami.

Poet; accountant
He completed his secondary education at the Institute of Secondary Education in Havana and later graduated from the University of Havana with a degree in accounting. In 1969 he left Cuba and settled in Miami. He studied at Biscayne College where he received a degree in business administration. He is currently employed as an accountant in Miami.

Bibliografía de libros publicados fuera de Cuba

Senderos cotidianos. Hialeah, Fla.: Editors and Printers Press, 1973.
Poemas del último estío. Hialeah, Fla.: Editors and Printers Press, 1975.

FORES, ALDO

n. 26 VI 1922, Mayarí (Oriente)

Poeta, ensayista; abogado, educador
Cursó el bachillerato en Holguín. Ingresó a la Facultad de Derecho de la Universidad de La Habana, graduándose en 1947. Ejerció de abogado en La Habana hasta 1960 cuando abandonó el país. Fue a México donde trabajó como maestro por un período de dos años. En 1962 emigró a Estados Unidos. Obtuvo el grado de Bachelor of Arts en el College of Great Falls (Montana) en 1965 y el de Master of Arts en la Universidad de Minnesota en 1968. Se doctoró en 1976 en la misma universidad. En la actualidad es Profesor de Español en la Universidad de Fordham.

Poet, essayist; lawyer, educator
He received his secondary education in the city of Holguín and entered the School of Law of the University of Havana from which he graduated in 1947. He practiced law until 1960 when he went into exile in Mexico. After remaining there two years, during which time he worked as a teacher, he went to the United States. He received a bachelor's degree from the College of Great Falls (Montana) in 1965, and a master's and a doctorate from the University of Minnesota in 1968 and 1976, respectively. He currently teaches Spanish at Fordham University.

Bibliografía de libros publicados fuera de Cuba

La poesía de Agustín Acosta, poeta nacional de Cuba. Miami: Ediciones Universal, 1977.

Poemas del destierro. Miami: Ediciones Universal, 1977.

Crítica

La poesía de Agustín Acosta
Hispania v. 61:1013, No. 4 (12/78)

FOWLER Y CABRERA, RAOUL A.

n. 21 IX 1905, La Habana (La Habana)

Novelista; abogado
Cursó estudios de bachillerato tanto en Estados Unidos como
en Cuba, graduándose en el Instituto de Segunda Enseñanza de
La Habana. Se doctoró en derecho civil en la Universidad de La
Habana. Fue dueño de varios centrales entre 1929 y 1950. Ejerció
de abogado durante muchos años hasta marcharse al exilio. Se
radicó en Miami.

Novelist; lawyer
He received his secondary education both in the United States
and Cuba, graduating from the Institute of Secondary Education in
Havana. He received a doctorate in civil law from the University
of Havana. Between 1929 and 1950 he was owner of several sugar
mills. For many years he practiced law as well, until going into
exile and setting in Miami.

Bibliografía de libros publicados fuera de Cuba

En las garras de la paloma. Miami: Ediciones Universal, 1967.

Crítica

En las garras de la paloma
Hispania v. 58:284 (1975)

FOX, ARTURO

n. Holguín (Oriente)

Novelista; abogado, educador
Terminó estudios secundarios en el Instituto Pre-Universitario
de Holguín en 1952. Se doctoró en leyes en la Universidad de La
Habana en 1960 y ejerció en su ciudad natal hasta 1962, cuando se
marchó al exilio. Se radicó en Estados Unidos y estudió en la Universidad de Minnesota, doctorándose de nuevo en 1971. Desde 1966
enseña español en Dickinson College.

Novelist; lawyer, educator
He completed his secondary education at the Pre-University
Institute of Holguín in 1952 and received a doctorate in law from
the University of Havana in 1960. He practiced in his native city
until 1962 when he went into exile. After settling in the United
States, he studied at the University of Minnesota where he received
a doctorate in 1971. Since 1966 he has taught Spanish at Dickinson
College.

Bibliografía de libros publicados fuera de Cuba

Otras gentes, otros modos. New York: Holt, Rinehart and Win-
    ston, 1967.
Anecdotario del comandante. Miami: Ediciones Universal, 1976.

FRANQUI, CARLOS

    n. 1921, Clavellinas (Las Villas)

Ensayista; periodista
    Colaboró con Fidel Castro durante largos años, habiendo
participado en la expedición de Cayo Confites en la República Dominicana en 1947. Fue miembro de la Juventud Socialista. Trabajó
para Carteles y Hoy como periodista. Decepcionado con las tácticas
usadas por el partido comunista, rompió con él en 1968. Su cercana
asociación con el liderazgo del partido comunista cubano le ha per-
mitido narrar con gran habilidad y lujo de detalles los sucesos que
tuvieron lugar en Cuba tanto antes como después del año 1959.
En la actualidad vive en Puerto Rico.

Essayist; journalist
    He was a close collaborator of Fidel Castro for many years
and took part in the Cayo Confites expedition in the Dominican
Republic in 1947. He was a member of the Socialist Youth organization and worked as a journalist for Carteles and Hoy magazines.
Disillusioned with the conduct and tactics of the Cuban communist
party, he broke with it in 1968. His close association for so many
years with the party's leadership has enabled him to reconstruct in
detail the events that transpired in Cuba both before and after
1959. He currently lives in Puerto Rico.

Bibliografía de libros publicados fuera de Cuba

Cuba, el libro de los doce. México: Ediciones Era, 1966.
Cuba, le livre des douze. Traduit par Jean Francis Reille. Paris:
    Gallimard, 1965.
The twelve. Translated by Albert B. Teichner. New York: Lyle
    Stuart, 1968.
Diario de la revolución cubana. Barcelona: R. Torres, 1976.

Diary of the Cuban revolution. Translated by Georgette Felix.
New York: Viking, 1980.
Retrato de familia con Fidel. Barcelona: Seix Barral, 1981.
Family portrait with Fidel. A memoir. Translated from the Spanish
by Alfred MacAdam. New York: Random House, 1984.

Crítica

Diario de la revolución cubana
Cuban Studies/Estudios Cubanos v. 9, No. 2 (7/79), p.
98
Family portrait with Fidel. A memoir
Linden Lane Magazine v. 3, No. 2, 3, 4 (Abril/Dic. 1984),
p. 3

FREIXAS, CLAUDIO JESUS

n. 28 VI 1919, La Habana (La Habana)

Poeta; abogado, educador
Se educó en el Colegio Champagnat de los Maristas. En 1937
se graduó de bachiller en el Instituto de la Víbora. Se doctoró en
leyes en la Universidad de La Habana. Ejerció la abogacía desde
la fecha de su graduación hasta 1962, año en que marchó al exilio.
También ocupó los puestos de abogado consultor del Ministerio de
Educación (1944-1946) y del Ministerio de Obras Públicas (1946-
1952). Después de permanecer algunos meses en Miami, se trasladó
a la ciudad de Portland, en el estado de Oregon. Enseñó español
en Lewis and Clark College de dicha ciudad. También trabajó como
profesor de español en Wagner Pacific College, de la misma ciudad.
En 1965 recibió el título de Bachelor of Arts en la Universidad del
Pacífico y obtuvo el cargo de profesor asistente de español en la
Universidad Estatal de California en Humboldt. En 1970 se le confirió el grado de Master of Arts en la Universidad del Pacífico. Se
jubiló en 1983 con el rango de Profesor Titular y ahora es Profesor
Emérito de la Universidad Estatal de Humboldt.

Poet; lawyer, educator
He received his elementary education in Havana at the Colegio
Champagnat and his secondary education at the Víbora Institute
where he graduated in 1937. In 1941 he received a doctorate in
law from the University of Havana and practiced as a member of
the family law firm until he went into exile in 1962. He also held
consultative positions with the Ministry of Education (1944-1946)
and with the Ministry of Public Works (1946-1952). Upon going
into exile, he spent a few months in Miami and then settled in Portland, Oregon. He taught Spanish at Lewis and Clark College and
at Wagner Pacific College. In 1965 he received a bachelor's degree
from Pacific University and in 1970 a master's from the same

institution. He was a professor of Spanish at California State University at Humboldt from 1965 until his retirement in 1983. He currently holds the rank of Emeritus Professor of Spanish.

Bibliografía de libros publicados fuera de Cuba

Translations of five modernist Spanish American poets. Arcata, Cal.: Action Community Pressworks, 1975.
Polarizaciones. Arcata, Cal.: Bug Press, 1978.
Afro-Cuban poetry--De Oshún a Yemayá. Miami: Ediciones Universal, 1978.

Crítica

Translations of five modernist Spanish American poets
    Diario Las Américas (28/4/75), p. 5
Afro-Cuban poetry--De Oshún a Yemayá
    Diario Las Américas (30/12/79), p. 20

FUNDORA DE RODRIGUEZ ARAGON, RAQUEL

n. 19 V 1924, Bolondrón (Matanzas)

Poetisa
    Se educó en Cuba y en Estados Unidos. Salió de Cuba en 1959 acompañada de su familia, y desde entonces ha residido en Miami. En el destierro empezó a escribir poesías inspiradas por temas de su juventud. Sus poemas han sido publicados en Diario Las Américas, Revista Ideal, y Círculo Poético. Ha sido premiada varias veces en concursos de poesía. Actualmente ocupa el puesto de Directora de la Biblioteca de la Cámara de Comercio Latina de los Estados Unidos.

Poet
    She was educated both in Cuba and the United States. After leaving Cuba in 1959 with her family, she went to Miami where she has since resided. She began to write poetry in exile, inspired by impressions of her childhood. Her work has appeared in Diario Las Américas, Revista Ideal, and Círculo Poético, and she has won awards in several poetry competitions. At the present time she holds the position of director of the library of the Latin Chamber of Commerce of the United States.

Bibliografía de libros publicados fuera de Cuba

Nostalgia inconsolable. Miami: AIP Publications, 1973.
El canto del viento. Miami: AIP Publications, 1980.

Crítica

Nostalgia inconsolable
Diario Las Américas (30/11/73)
Diario Las Américas (1/12/73)
Círculo IV (1973-1974), p. 217-218

GABRE, MARCO véase/see GARCIA IGLESIAS, RAOUL

GALAN SARIOL, NATALIO

n. 7 VIII 1917, Camagüey (Camagüey)

Ensayista, crítico; compositor, musicólogo
El aprendizaje musical de Natalio Galán fue largo y sólo se realizó a costo de duros sacrificios. Aunque comenzó sus estudios a la edad de 8 años, no fue hasta tenía 19 que pudo estudiar formalmente, pasando cuatro años en el Conservatorio Aguirre bajo la tutela del mismo José Aguirre. En 1943 emprendió un período de estudio con José Ardévol que duró cuatro años. En 1947 se estrenó su obra "Septeta para instrumentos de viento y piano." Luego fue a Nueva York a estudiar composición con Aaron Copland. Esto le resultó imposible y para ganarse la vida, trabajó como oficinista en la sede de las Naciones Unidas desde 1947 a 1953. Durante este período hizo viajes por Estados Unidos y Europa. En 1953 estudió orquestración con Henry Cowell en la New School for Social Research. Al año siguiente estudió con Henry Brandt en la Escuela de Música Juilliard. Desde 1954 a 1959 dió clases de piano y de clavecín y compuso mucho, abarcando su producción música para el cine y el teatro, óperas, un concierto y una suita para guitarra. En 1959, creyendo que había llegado el momento propicio para regresar a Cuba para contribuir al desarrollo cultural del nuevo gobierno mediante sus labores como compositor y profesor, aceptó un cargo de crítico de música del Diario Revolución, puesto que ocupó hasta abandonar el país. Durante los próximos cinco años escribió artículos de crítica, reseñas y ensayos, y dictó conferencias sobre temas relacionados con la música. También dió clases de historia de la música, contrapunto, e harmonía en el Conservatorio Caturla. Durante este período se estrenaron muchas de sus obras, a saber, música de cámara, música sinfónica, música de teatro, ballet y óperas. En 1964 abandonó el país y después de pasar un año en París, se radicó en Estados Unidos donde se ha dedicado a escribir artículos y libros sobre la música cubana. Ha compuesto también música sinfónica e instrumental. Desde 1967 a 1969 estudió en Kansas State Teachers College donde obtuvo el grado de Master of Science en composición musical. Sus Obras más recientes han sido escritas para guitarra y para orquesta de cámara. Ha contribuido

artículos a revistas como Zona Franca, Imagen, La Nueva Sangre, Escandalar y Alacrán Azul. En la actualidad reside en Nueva Orleans.

Essayist, critic; composer, musicologist
      Natalio Galán's musical education was long and arduous and only achieved through many sacrifices. Although he began his studies at the age of eight, it wasn't until he was nineteen that he was able to study formally. He studied for four years under José Aguirre at the conservatory of the same name. In 1943 he undertook a four-year period of study with José Ardévol, at the end of which his "Septet for Wind Instruments and Piano" was performed in public. Shortly thereafter he left for New York, intending to study with Aaron Copland. However, this proved to be impossible and in order to earn his living, he took a clerical position at the United Nations. He worked in this capacity from 1947 to 1953 during which time he traveled widely throughout the United States and Europe. In 1953 he studied orchestration with Henry Cowell at the New School for Social Research, and, in 1954, traditional and modern techniques with Henry Brandt. From 1954 to 1959 he supported himself by teaching piano and harpsichord while composing music for films and incidental music for the theater. During this period he also wrote two operas and composed a concerto and a suite for guitar. In 1959, with the advent of the Cuban revolution and believing that the moment had arrived for him to return to his country to make a contribution through his activities as a composer and teacher, Galán returned to Cuba and accepted a position as music critic for Diario Revolución, a job he held until he left the country. The next five years were very productive. He wrote criticism, essays, and reviews and lectured widely. He also taught music history, harmony, and counterpoint at the Caturla Conservatory. A considerable number of his works were performed in public-- chamber and symphonic music, music for the theater, ballets, and operas. In 1964 he left Cuba and after spending a year in Paris, settled in the United States where he has devoted himself largely to writing about Cuban music. He has also composed symphonic and instrumental music. He studied at Kansas State Teachers College from 1967 to 1969 and received a master's degree in composition. His most recent works have been written for guitar and for chamber orchestra. He has written articles for such literary journals as Zona Franca, Imagen, La Nueva Sangre, Escandalar, and Alacrán Azul. He currently resides in New Orleans.

Bibliografía de libros publicados fuera de Cuba

Una historia inusitada. Madrid: Playor, 1974.
Cuba y sus sones. Valencia, España: Pre-Textos, 1983.

GALBIS, IGNACIO

n. 13 V 1931, La Habana (La Habana)

Ensayista, cuentista; abogado, educador
Cursó estudios de bachillerato en el Colegio de la Salle. Se doctoró en derecho en la Universidad de La Habana en 1952 y ejerció de abogado hasta 1960. Se marchó del país en 1961 y fue a Estados Unidos. Hizo estudios de postgrado en la Universidad Estatal de Mississippi, doctorándose luego en la Universidad de Syracuse. Ha desempeñado cargos docentes en las universidades de Mississippi, Maine, California y San Francisco. Se le otorgó una beca Cintas para el año 1982/83. Desde 1980 enseña en San Bernardino Valley College.

Essayist, short-story writer; lawyer, educator
He received his secondary education at the Colegio de la Salle. In 1952 he received a doctorate in law from the University of Havana and practiced until 1960. He left Cuba in 1961 and went to the United States. After receiving a master's degree from Mississippi State University, he completed doctoral studies at Syracuse University. He has taught at the universities of Mississippi, Maine, California, and San Francisco. He was awarded a Cintas Fellowship for 1982/83. He has been teaching at San Bernardino Valley College since 1980.

Bibliografía de libros publicados fuera de Cuba

Unamuno: tres personajes existenciales. Barcelona: Hispam, 1976.
Baroja: el lirismo de tono menor. Nueva York: Torres, 1977.
Trece relatos sombríos. Nueva York: Senda Nueva de Ediciones, 1979.
De Mío Cid a Alfonso Reyes. Nueva York: Senda Nueva de Ediciones, 1981.

Crítica

Baroja: el lirismo de tono menor
        Hispania v. 60, no. 3 (9/77)

GALEOTE, MARIO

n. 30 VIII 1940, Arroyo Apolo (La Habana)

Cuentista
Cursó su educación primaria y secundaria en Cuba y trabajó como panadero hasta marcharse al exilio. Actualmente vive en Miami donde trabaja como impresor de serigrafía. En Cuba algunos de sus cuentos fueron trasmitidos por Radio Unión.

Short-story writer
He received his primary and secondary education in Cuba.
He worked as a baker until leaving the country for exile. At the
present time he lives in Miami where he works as a silk screen
printer. Some of his short stories were broadcast on Union Radio
in Cuba.

Bibliografía de libros publicados fuera de Cuba

El príncipe ermitaño. Miami: Ediciones Universal, 1975.

GARCERAN DEL VALL Y SOUSA, JULIO

n. 10 X 1917, La Habana (La Habana)

Ensayista; abogado, bibliotecario, educador
Terminó su educación secundaria en el Instituto de La Habana.
Se doctoró en derecho civil y en filosofía y letras en la Universidad
de La Habana. Ejerció de abogado y desempeñó altos puestos jurí-
dicos en La Habana y Oriente. Fue magistrado del Tribunal Suprema
de Cuba y profesor de la Facultad de Derecho de la Universidad de
La Habana. Salió al exilio en 1961, radicándose en Nueva York.
Recibió una maestría en bibliotecología en la Universidad Estatal de
Nueva York en Albany, doctorándose posteriormente en la misma
universidad. Ha dictado muchas conferencias sobre la historia y la
literatura cubanas en centros culturales a través de Estados Unidos.
Ha trabajado como maestro en escuelas de segunda enseñanza en
Nueva York.

Essayist; lawyer, librarian, educator
He received his secondary education at the Havana Institute
and took doctorates in law and in philosophy and letters at the
University of Havana. He practiced law and held important judicial
positions in Havana and Oriente Province, including that of Justice
of the Supreme Court of Cuba. He was also a faculty member of
the School of Law of the University of Havana. In 1961 he went
into exile and settled in New York. He received a master's degree
in library science from the State University of New York at Albany
and, subsequently, a doctorate from the same university. He has
lectured extensively on Cuban history and literature throughout
the United States. He has held positions as a high school teacher
in New York.

Bibliografía de libros publicados fuera de Cuba

Guía del idioma español. Nueva York: Las Américas, 1971. (co-
    autor)
Heredia y la libertad. Miami: Ediciones Universal, 1978.

Crítica

Heredia y la libertad
          Crítica Hispánica v. 4, No. 1 (1982), p. 88
Guía del idioma español
          Círculo III (Verano 1971), p. 104

GARCIA, BENITO

    n. 1947

Ensayista
    Comenzó estudios de bachillerato en Camagüey los cuales
interrumpió al abandonar el país en 1961. Se radicó en Nueva York
y se graduó en City College de la Universidad de la Ciudad de
Nueva York en 1969. Empezó estudios de postgrado en la misma
universidad los cuales continuó en la Universidad de Georgia, donde
también enseñó español. Dejó la carrera académica en 1974 para
dedicarse al diseño gráfico y la publicidad. Dirige la galería Xanas
y Meigas, y colabora en la revista Guángara Libertaria.

Essayist
    His secondary education, begun in Camagüey, was cut short
when he went into exile in 1961, and was continued and completed
after he settled in New York. In 1969 he graduated from City College of the City University of New York. He began graduate work
at the same institution and then transferred to the University of
Georgia where he also taught Spanish. In 1974 he decided to give
up his academic career in order to devote himself to graphic design
and advertising. He currently manages the Xanas and Meigas gallery and writes for the journal Guángara Literaria.

Bibliografía de libros publicados fuera de Cuba

Epístola a los cipayos. Miami: Ediciones Perspectiva, 1983.

GARCIA, EMILIO FABIAN

    n. 22 VI 1939, La Habana (La Habana)

Ensayista; educador
    Cursó su segunda enseñanza en el Colegio Presbiteriano "La
Progresiva." Terminados sus estudios secundarios, fue a Estados
Unidos a realizar su educación superior. Obtuvo el grado de
Bachelor of Arts en la Universidad de Southwestern Louisiana y
el de Master of Arts en la Universidad de Tulane. Se doctoró en
La Universidad Estatal de Luisiana en 1973. Desde 1965 enseña en
la Universidad de Southwestern Louisiana.

Essayist; educator
    After completing his secondary education at the Colegio Pres-
biteriano "La Progresiva," he went to the United States to continue
his higher education. He received a bachelor's degree from South-
western Louisiana University, a master's from Tulane University,
and a doctorate from Louisiana State University in 1973. He has
taught at Southwestern Louisiana University since 1965.

Bibliografía de libros publicados fuera de Cuba

Hombres de maíz: unidad y sentido a través de sus símbolos mito-
    lógicos. Miami: Ediciones Universal, 1978.
Indice de los documentos y manuscritos Delmontinos en la Biblioteca
    Otto G. Richter de la Universidad de Miami. Miami: Ediciones
    Universal, 1978.

GARCIA FOX, LEONARDO

    n. 1892

Poeta; médico, educador
    Ocupó la cátedra de Fisiología en la Facultad de Medicina de
la Universidad de La Habana.

Poet; physician, educator
    He held the chair of physiology in the School of Medicine of
the University of Havana.

Bibliografía de libros publicados fuera de Cuba

Poemas del exilio. s.l., s.n., 1966.

GARCIA-GOMEZ, JORGE

    n. 14 I 1937, La Habana (La Habana)

Poeta, cuentista, ensayista, crítico; educador
    Cursó estudios de bachillerato en el Instituto del Vedado.
Estudió en la Universidad Católica de Santo Tomás de Villanueva
de 1954 a 1958 y en la Universidad de La Habana de 1954 a 1956.
Salió de Cuba en 1960 y se trasladó a Nueva York donde hizo estudios
de postgrado en la New School for Social Research, recibiendo el
grado de Master of Arts en filosofía en 1965 y el doctorado en 1971.
Enseñó filosofía en la Universidad del Sagrado Corazón en Bridgeport, Connecticut, de 1965 a 1968 y desde 1968 en Southampton
College de la Universidad de Long Island, donde actualmente tiene
el rango de Profesor Titular. Tiene una variada producción literaria

que abarca la poesía, el cuento, el ensayo, y la crítica literaria.
Sus ensayos sobre temas literario-filosóficos han aparecido en revistas como Cuadernos Hispanoamericanos, Revista de Espiritualidad,
y Revista Hispánica Moderna. Parte de su obra poética ha sido
recogida en el poemario Ciudades. Otros poemas suyos han aparecido en revistas y periódicos como Insula, Carteles, y Diario Libre.
Sus cuentos se encuentran dispersos en revistas, periódicos, y
antologías del cuento cubano. Ha llevado a cabo una destacada
labor editorial, habiendo sido editor de las revistas Insula, Hora
de Cuba, y Abraxas.

Poet, short-story writer, essayist, critic; educator
    He completed his secondary education at the Vedado Institute
and studied at the Catholic University of Saint Thomas of Villanueva
from 1954 to 1958 and at the University of Havana from 1954 to
1956. After leaving Cuba in 1960, he went to New York where he
did graduate work at the New School for Social Research. He received a master's degree in philosophy in 1965 and a doctorate in
1971. From 1965 to 1968 he taught philosophy at Sacred Heart University in Bridgeport, Connecticut, and since 1968 at Southampton
College of Long Island University where he holds the rank of professor. His literary output is diverse and includes poetry, short
stories, essays, and literary criticism. He has contributed essays
on literature and philosophy to such journals as Cuadernos Hispanoamericanos, Revista de Espiritualidad, and Revista Hispánica Moderna. Some of his poetry has been published in a collection titled
Ciudades; other poems have appeared in such journals and newspapers as Insula, Carteles, and Diario Libre. His short stories
have appeared in journals, newspapers, and anthologies of the
Cuban short story. He has held the editorship of the journals
Insula, Hora de Cuba, and Abraxas.

Bibliografía de libros publicados fuera de Cuba

Ciudades. Madrid: Editoral Plenitud, 1964.

GARCIA IGLESIAS, RAOUL

        n. 2 VII 1924, Sagua La Grande (Las Villas)

Cuentista, poeta, biógrafo; piloto, educador, traductor, director de
viajes (Seudónimos: Marco Gabre, Alerón Riostra)
    De origen humilde, desde temprano se vió en la necesidad de
luchar para ganarse la vida. Conoció los trabajos más variados en
ingenios azucareros, fundiciones, etc. A los 22 años ya era director
del Instituto de Sagua la Grande, especialmente autorizado por
decreto presidencial, ya que el reglamento exigía 30 años. Aprendió
a volar y de sus experiencias como piloto rural habría de nacer el
fondo de muchos de sus cuentos. Salió al exilio en 1959, trasladándose

a Detroit, Michigan. Trabajó de traductor y maestro en las escuelas
Berlitz de dicha ciudad. Luego ocupó el cargo de director de viajes
de una conocida agencia por un período de diez años durante los
cuales viajó por el mundo. En la actualidad vive en Miami y se
desempeña en el giro de los negocios, mientras escribe recuerdos
extraidos de su memoria, como son las estampas del campo cubano
de su juventud.

Short-story writer, poet, biographer; pilot, educator, translator,
travel director (Pseudonyms: Marco Gabre, Aleron Riostra)
      From a family of humble origins, he was obliged early in life
to work at a variety of jobs, on sugar cane plantations and in
foundries, to earn a living. At the age of 22 he became the director of the Sagua la Grande Institute. He learned to fly and his
experiences as a rural pilot provide the background for many of
his short stories. After leaving Cuba in 1959, he went to Detroit,
Michigan, where he worked as a teacher and translator for the
Berlitz Schools. He later worked as an executive in a travel agency,
a position which permitted him to travel the world. At the present
time he is a businessman in Miami and, as time permits, writes about
his former life and experiences in Cuba.

Bibliografía de libros publicados fuera de Cuba

Joaquín Albarrán, biografía. Miami: Ediciones Universal, 1972.
Chirrinero, cuentos de aviación rural cubana. Miami: Ediciones
      Universal, 1975.
Horizonte. Miami: Ediciones Solar, 1977.
Crónicas del porvenir. Miami: Ediciones Solar, 1980.
Chirrinero, vuelo dos. Miami: Ediciones Universal, 1982.

GARCIA PEDROSA, JOSE RAMON

      n. 8 X 1901, Cienfuegos (Santa Clara)

Crítico; abogado
      Cursó su primera y segunda enseñanza en el Colegio de los
Jesuitas de su ciudad natal y se graduó de bachiller en 1917.
Después de un breve período de estudio en Manhattan College de
Nueva York, ingresó en la Universidad de La Habana, graduándose
de doctor en derecho público y de doctor en derecho civil en 1920.
Impedido por su minoría de edad para ejercer su profesión, se
dedicó al periodismo y a la literatura. Hizo crítica teatral en varios
periódicos de La Habana y desempeñó el cargo de secretario de la
Sociedad de Teatro Cubano. Ocupó altos cargos públicos e integró
las delegaciones cubanas a varias reuniones internacionales. En
1936 empezó a publicar la Legislación Social de Cuba, obra que al-
canzó siete tomos.

Critic; lawyer

He received his primary and secondary education in the Jesuit school of Cienfuegos and completed his degree in 1917. After studying briefly at Manhattan College in New York, he entered the University of Havana where he received doctorates in public and civil law in 1920. Not having reached his majority and therefore unable to practice law, he turned to journalism and literature. He also wrote theater criticism for several Havana newspapers and served as secretary of the Society of Cuban Theatre. During the course of his career he held a number of important public offices and was a member of several delegations that represented Cuba in international conferences. In 1936 he began publication of his Legislación Social de Cuba in seven volumes.

Bibliografïa de libros publicados fuera de Cuba

Memorias de un desmemoriado (leña para el fuego de la historia de Cuba). Miami: Ediciones Universal, 1979.

GARCIA TUDURI, ROSAURA

n. 31 III 1914, La Habana (La Habana)

Ensayista; educadora, pintora, escultora

Se doctoró en filosofïa y letras y en pedagogïa en la Universidad de La Habana. Fue profesora de dibujo y modelado y profesora de dibujo y pintura en la Academia Nacional de San Alejandro. Ejerció una cátedra en el Instituto de Segunda Enseñanza de la Vïbora. Fue Profesora Titular de la Facultad de Filosofïa y Letras de la Universidad Católica de Santo Tomás de Villanueva, y Directora del Departamento de Arte de la misma universidad. Ha colaborado en revistas letradas y literarias como Revista Cubana de Filosofïa, Noverim y Estampas. Ha realizado obras de escultura para diversos monumentos públicos en La Habana.

Essayist; educator, painter, sculptor

She received doctorates in humanities and in education from the University of Havana. She was a teacher of painting, drawing, and sculpture at the San Alejandro National Academy and also taught at the Institute of Secondary Education in La Vïbora. She held the rank of professor in the School of Arts and Letters of the Catholic University of Saint Thomas of Villanueva and also was chairman of the Art Department of the same institution. Her articles have appeared in such literary and scholarly journals as Revista Cubana de Filosofïa, Noverim, and Estampas. She has executed works of sculpture for several public monuments in Havana.

Bibliografïa de libros publicados fuera de Cuba

Lógica. 8ª ed. Nueva York: Minerva Books, 1966.

Introducción a la filosofía. Nueva York: Minerva Books, 1966.
(coautora)

GARCIA-TUDURI DE COYA, MERCEDES

n. 21 IV 1904, La Habana (La Habana)

Poetisa; educadora
   Obtuvo doctorados en filosofía y letras, pedagogía, derecho, ciencias políticas, sociales, y económicas, y una licenciatura en derecho diplomático y consular, todos por la Universidad de La Habana. Ha tenido una distinguida carrera docente, habiendo desempeñado los cargos de Profesora de Estudios Filosóficos y Sociales en el Instituto de La Habana y de Directora de la misma institución, Profesora de Filosofía en la Universidad Católica de Santo Tomás de Villanueva y Decano de la Facultad de Educación de la misma, Presidenta de la Sección Filosófica del Ateneo de La Habana, y Presidenta de la Sociedad Cubana de Filosofía. Desde que se trasladó a Estados Unidos en 1959, ha ejercido cargos en Marygrove College, la Universidad de Miami y, a partir de 1972, en Biscayne College. Su producción literaria es muy amplia. Ha publicado libros de texto de filosofía, sociología, y psicología así como ensayos y poesía. Ha sido premiada en varias ocasiones por su obra poética. Ha colaborado en Revista Lyceum, Revista Cubana de Filosofía y Revista Bohemia.

Poet; educator
   She holds doctorates in philosophy and letters, education, law, political, social, and economic sciences and a licenciate in diplomatic and consular law from the University of Havana. She has had a distinguished teaching career which has included such positions as professor of philosophy and social sciences at the Havana Institute as well as director of the same institution, professor of philosophy at the Catholic University of Saint Thomas of Villanueva and dean of the School of Education of the same institution, president of the philosophy section of the Havana Atheneum, and president of the Cuban Society of Philosophy. Since coming to the United States in 1959, she has taught at Marygrove College, the University of Miami, and, since 1972, at Biscayne College. She has published textbooks on philosophy, sociology, and psychology, as well as essays and poetry, and has contributed articles to such journals as Revista Lyceum, Revista Cubana de Filosofía, and Revista Bohemia.

Bibliografía de libros publicados fuera de Cuba

Ausencia. Madrid: Imprenta Progreso, 1968.
Introducción a la filosofía. New York: Minerva Books, 1968.
Ensayos filosóficos. Nueva York: Senda Nueva de Ediciones, 1983.
   (coautora)

Andariega de dios: tiempo de exilio. Nueva York: Senda Nueva
de Ediciones, 1983.

Crítica

Ausencia
El Día (28/6/69), p. 18
Círculo: Revista de Cultura (2) (1970), p. 54

GARCIA VEGA, LORENZO

n. 1926, Jagüey Grande (Matanzas)

Poeta, cuentista
Se doctoró en filosofía y letras en la Universidad de La Habana. Perteneció al grupo "Orígenes." Trabajó como jefe de información de la revista Cuba de la UNESCO y como subdirector del
Centro Cubano de Investigaciones Literarias. Abandonó el país en
1968, trasladándose a Nueva York. Contribuye con frecuencia a
revistas literarias. En la actualidad vive en Miami.

Poet, short-story writer
He received a doctorate in philosophy and letters from the
University of Havana and was a member of the literary group
"Orígenes." He worked as director of information for the UNESCO
publication Cuba and as assistant director of the Cuban Center for
Literary Research. He went into exile in 1968 and lived in New
York for a time. He contributes with regularity to literary jour-
nals. At the present time he resides in Miami.

Bibliografía de libros publicados fuera de Cuba

Ritmos acribillados. Nueva York: Expúblico, 1972.
Rostros del reverso. Caracas: Monte Avila, 1977.
Los años de Orígenes. Caracas: Monte Avila, 1979.

GEADA, RITA

n. 7 IX 1937, Pinar del Río (Pinar del Río)

Poetisa, cuentista, ensayista; educadora
Recibió el grado de Bachiller en Letras en el Instituto de
Pinar del Río y luego se doctoró en filosofía y letras en la Universidad de La Habana. Becada por la Organización de Estados Americanos en 1961, viajó a la Argentina para hacer estudios postdoc-
torales en la Universidad de Buenos Aires. Durante su estadía allí
ofreció lecturas de su poesía y dió conferencias sobre la poesía

cubana. Ha ejercido la docencia tanto en Cuba como en el extranjero. En Cuba fue Profesora de Lengua y Literatura Hispánica en el Instituto de Pinar del Río, y poco después de su llegada a Estados Unidos, en 1963, comenzó a enseñar en Southern Connecticut State College. Ha colaborado en revistas y páginas literarias de América y Europa, entre ellas Espiral, Alaluz, Papeles de Son Armadans, Latin American Literary Review, Norte, Caracola y The American Pen. Su obra ha sido traducida al francés, italiano, inglés y portugués. En 1969 fue premiada con el "Carabela de Oro" por su poemario Mascarada. Fue profesora invitada en el Humanities Center de la Universidad de Yale durante el verano de 1977. Recibió una beca Cintas para el año 1978-1979.

Poet, short-story writer, essayist; educator
    She received a bachelor of letters degree from the Pinar del Río Institute and a doctorate from the University of Havana. Awarded a scholarship by the Organization of American States in 1961, she went to Argentina for postdoctoral studies at the University of Buenos Aires. During her stay there she offered readings of her poetry and lectured on Cuban poetry. She has taught both in Cuba and abroad. In Cuba she was professor of Hispanic language and literature at the Pinar del Río Institute, and since her arrival in the United States in 1963 she has been professor of Spanish language and literature at Southern Connecticut State College. She has contributed to such literary journals as Espiral, Alaluz, Papeles de Son Armadans, Latin American Literary Review, Norte, Caracola, and The American Pen. Her work has been translated into French, Italian, English, and Portuguese. In 1969 she won the "Carabela de Oro" award for her collection of verse Mascarada. She was a visiting professor at the Humanities Center of Yale University during the summer of 1977. She received a creative writing fellowship from the Cintas Foundation for 1978-1979.

Bibliografía de libros publicados fuera de Cuba

Cuando cantan las pisadas. Buenos Aires: Américalee, 1967.
Poemas escogidos. Nice, France: Profils poètiques des pays latins, 1969.
Mascarada. Barcelona: Carabela, 1970.
Vertizonte. Miami: Hispanova, 1977.

Crítica

Cuando cantan las pisadas
        Diario Las Américas (12/4/73)
Mascarada
        Diario Las Américas (26/3/72)
        Alaluz v. 4, No. 2 (Otoño 1972)
Vertizonte
        Revista Iberoamericana v. 45, No. 108-109 (Julio-Dic. 1979), p. 695.

GIL, LOURDES

n. La Habana (La Habana)

Poetisa
Se marchó de Cuba en 1961, trasladándose a Estados Unidos. Radicada en Nueva York, estudió literatura hispanoamericana en la Universidad de Nueva York. Ha sido editora de la revista literaria Románica.

Poet
She left Cuba in 1961 and went to the United States. Settling in New York, she studied Latin American literature at New York University. She was editor of the literary journal Románica.

Bibliografía de libros publicados fuera de Cuba

Neumas. Nueva York: Senda Nueva de Ediciones, 1977.
Vencido el fuego de la especie. Somerville, N.J.: SLUSA, 1983.

GIRAUDIER, ANTONIO

n. 28 IX 1928

Poeta, cuentista; abogado
Se doctoró en derecho civil en la Universidad de La Habana. Colaboró con poesía en revistas y periódicos de Cuba y Europa. Ha viajado extensivamente por Europa y América.

Poet, short-story writer; lawyer
He received a doctorate in civil law from the University of Havana. His poetry has been published in journals and newspapers in both Cuba and Europe. He has traveled widely throughout Europe and North and South America.

Bibliografía de libros publicados fuera de Cuba

Prosa y verso. Madrid: Ediciones Agora, 1962.
Rainswill. Philadelphia: Dorrance, 1962.
Poetical notes for 24 collages. New York: 1966.
Aceros guardados. Madrid: Agora, 1966.
Selections from five works. Chicago: 1968.
Acorde y asombra. Madrid: Alfaguara, 1969.
The inner room; weaving and sifting within the realms of the poetry paths. Charleston, Ill.: Prairie Press Books, 1972.
A trilogy and work notes. Charleston, Ill.: Prairie Press Books, 1972.
Two works. Charleston, Ill.: Prairie Press Books, 1973.
Ten remembrances for Don Quixote and other works. New York: Avanti Galleries, 1975.

GODOY, GUSTAVO

        n. 17 XII 1888, La Habana (La Habana)
        m. 22 III 1979, Miami (Florida), EE.UU.

Poeta; banquero
        Fue distinguido banquero. Cuando tenía dos años su familia
fue a Lima donde vivió hasta la edad de 24. Ocupó el puesto de
Superintendente de la Bolsa de Lima. De regresó a La Habana,
desempeñó el cargo de Director del Banco Español de Cuba desde
1915 hasta 1921, año en que se retiró de los negocios, dedicándose
a la literatura. Se trasladó a Paris con su familia, participando allí
en el círculo que giraba en torno a su hermano, el poeta cubano de
expresión francesa Armando Godoy. De nuevo en Cuba en 1926,
fue uno de los fundadores del Círculo de Amigos de la Cultura
Francesa que presidió más tarde. Volvió a Parí́s en 1933 por dos
años y allí publicó su primer libro de versos Relicario. Desde 1935
hasta 1960 residió en La Habana, pero los acontecimientos políticos
lo hicieron partir al destierro, trasladándose a Miami donde pasó
los últimos años de su vida. Allí falleció, víctima de un accidente
automovilístico.

Poet; banker
        He was a distinguished banker. When he was two years old,
his family moved to Lima where he lived until the age of 24 and
where he became superintendent of the Lima Stock Exchange. Upon
his return to Havana, he served as director of the Spanish Bank
of Cuba from 1915 to 1921, the year in which he retired from business in order to devote himself to literature. He settled in Paris
with his family in 1921 and participated in the literary circle that
revolved about his brother Armando Godoy, whose published poetry
was in French. Back in Cuba in 1926, he was one of the founders
of the Circle of Friends of French Culture of which he became
president. He returned to Paris in 1933 for two years and there
published his first collection of poetry, Relicario. From 1935 to
1960 he lived in Havana until the political situation forced him to
go into exile in Miami. He spent the remaining years of his life
there, until his death in an automobile accident.

Bibliografía de libros publicados fuera de Cuba

Las horas furtivas. Miami: Ediciones Universal, 1972.

Crítica

Las horas furtivas
        El Tiempo (16/9/73), p. 25
        Diario Las Américas (16/5/73)

GODOY, JOSE ANTONIO

    n. 31 III 1919, La Habana (La Habana)
    m. 23 II 1977, Miami (Florida), EE.UU.

Poeta; banquero, pintor
    Hijo del poeta Gustavo Godoy. A la edad de dos años fue
a Francia con sus padres quienes se instalaron en París. En 1926
la familia regresó a La Habana donde permaneció durante siete
años, regresando luego a París. Muy joven comenzó a trabajar y
llegó a ser Vice-Presidente del Banco Godoy Sayán. Comenzó a
pintar. En 1960 la situación política le obligó a exiliarse. Se
radicó en Miami donde dió clases de pintura. Continuó escribiendo
versos hasta que un ataque cardíaco terminó bruscamente su vida.

Poet; banker, painter
    Son of the poet Gustavo Godoy. When he was two years old
his parents moved to Paris where the family lived for five years.
They returned to Havana in 1926, remained there for seven years,
and then returned once more to Paris. They stayed the second
time until 1935. Godoy began working at a young age and eventually became vice-president of the Godoy-Sayán Bank. He took up
painting. In 1960 the political situation in Cuba compelled him to
go into exile. He went to Miami where he taught painting and
continued to write poetry until his sudden death of a heart attack.

Bibliografía de libros publicados fuera de Cuba

Yólogos. Miami: Editorial Rex, 1980.

GOLDARAS, JOSE RAUL

    n. 28 VII 1912, La Habana (La Habana)

Ensayista, poeta; abogado, periodista, trabajador social
    Se graduó en el Instituo de La Habana en 1930 y se doctoró
en leyes en la Universidad de La Habana en 1939. En 1944 obtuvo
el Certificado de Aptitud Periodística Profesional en la Escuela Profesional de Periodismo "Manuel Márquez Sterling." Fue editor de
Diario de la Marina desde 1932 hasta 1960, al mismo tiempo que
ejercía de abogado. Publicó dos poemarios y muchos ensayos sobre
temas literarios. En 1962 se marchó al exilio, trasladándose a Miami,
donde laboró como trabajador social.

Essayist, poet; lawyer, journalist, social worker
    He received his secondary education at the Havana Institute.
In 1939 he received a doctorate in law from the University of Havana, and in 1944 the Certificate of Professional Journalistic Aptitude
from the Manuel Márquez Sterling Professional School of Journalism.

He was an editor of the newspaper Diario de la Marina from 1932
to 1960 and maintained a private law practice as well. He published
two volumes of poetry and many articles on literary topics. In
1962 he went into exile and settled in Miami, working as a social
worker.

Bibliografía de libros publicados fuera de Cuba

Ser algo: E.U.-Cuba-Puerto Rico. Miami: Ediciones Universal,
    1979.
3 Goldarás en la poesía del siglo XX. Miami: Ediciones Universal,
    1981.

Crítica

3 Goldarás en la poesía del siglo XX
        Círculo: revista de cultura (11) (1982), p. 37-45

GOMEZ CARBONELL, MARIA

    n. 1903, La Habana (La Habana)

Poetisa; senador, educadora
    Cursó su segunda enseñanza en el Instituto de La Habana y
se doctoró en filosofía y letras en la Universidad de La Habana.
Fue co-directora del Colegio de Primera y Segunda Enseñanza "Nestor Leonelo Carbonell." Fue Consejero de Estado en 1934, Representante a la Cámara de 1936 a 1940, Senador de la República de
1940 a 1944 y de 1955 a 1959, y Miembro del Gabinete de Gobierno
en 1941, 1952 y 1957. Al marcharse del país, se radicó en Miami
donde ha llevado a cabo una labor en pro de la cultura cubana en
el exilio. Fundó la Cruzada Educativa Cubana y dirigió la revista
El Habanero.

Poet; senator, educator
    She received her secondary education at the Havana Institute
and studied at the University of Havana where she received a doctorate in philosophy and letters. She was co-director of the Nestor
Leonelo Carbonell Primary and Secondary School and later held the
following public offices counselor of state in 1934, representative
to the House from 1936 to 1940, senator from 1940 to 1944 and again
from 1955 to 1959, member of the cabinet in 1941, 1952, and 1957.
Upon going into exile she settled in Miami where she has actively
supported efforts to maintain Cuban culture in exile. She founded
the Cuban Educational Crusade and was director of the journal El
Habanero.

Bibliografía de libros publicados fuera de Cuba

Volver. Miami: Ediciones Universal, 1980.

GOMEZ FRANCA, LOURDES

n. 15 II 1933, Vedado (La Habana)

Poetisa; pintora
Comenzó a pintar y a escribir poesías a una edad muy joven.
Después de terminar sus estudios secundarios se dió cuenta que lo
mejor que hacía era pintar, y en 1953 empezó a estudiar en la Escuela San Alejandro en La Habana. En 1957 exhibió en el Lyceum.
Por esa época conoció a Víctor Manuel y a Carlos Enríquez quienes
le aconsejaron que fuera a París a seguir sus estudios. Allí estudió con André Lhote y Stanley Hayter, regresando a Cuba en
1958. Se exilió en 1960 y actualmente reside en Miami. Ha exhibido
sus pinturas en Cuba, Venezuela, Miami, Nueva York, y Washington.
Tiene un sinnúmero de poesías inéditas en español, francés e
inglés ya que desde su salida al exilio no ha cesado de escribir.

Poet; painter
She began to paint and write poetry at a very young age.
After finishing high school, she realized that what she was able to
do best was to paint, which made her decide to study painting
formally. She entered the San Alejandro School in 1953. In 1957
she had an exhibition at the Lyceum in Havana. About that time
she met Victor Manuel and Carlos Enríquez who advised her to continue her studies in Paris. There she studied with André Lhote
and Stanley Hayter. She returned to Cuba in 1958 and remained
until 1960 when she went into exile in the United States. She currently resides in Miami. Her paintings have been exhibited in
Cuba, Venezuela, Miami, New York, and Washington. She has to
her credit a large body of unpublished poetry in Spanish, French,
and English, the result of almost continuous writing since leaving
Cuba.

Bibliografía de libros publicados fuera de Cuba

Poemas íntimos. Miami: Editorial Acape, 1964.
Era una lágrima que amaba en silencio. Miami: Editorial AIP, 1975.

GOMEZ KEMP, RAMIRO (VICENTE)

n. 1914, La Habana (La Habana)
M. ?, Miami (Florida), EE.UU.

Novelista, poeta; publicista
Fue activo en la industria cinematográfica mexicana desde 1942
hasta 1946 como autor, adaptor y guionista. En Cuba trabajó en
el campo de la publicidad y en la televisión. Al marcharse del país
en 1960, fue a Puerto Rico donde continuó sus actividades publici-
tarias. Luego se trasladó a Venezuela y en 1965 estuvo en Miami,

donde ocupó un cargo docente en Miami-Dade Community College. Su novela Los Desposeídos ganó el Premio Café Gijón en 1972.

Novelist, poet; advertising executive
He worked in the Mexican film industry from 1942 to 1946 as an author, adapter, and script writer. In Cuba he worked in advertising and television. Upon leaving the country in 1960, he first settled in Puerto Rico where he continued his public relations work. Later he went to Venezuela and in 1965 he was in Miami, teaching at Miami-Dade Community College. His novel Los Desposeídos won the Café Gijón literary prize in 1972.

Bibliografía de libros publicados fuera de Cuba

Playa Girón: 20 poemas del destierro. San Juan: 1963.
Los desposeídos. Miami: Ediciones Universal, 1972.
La garra y la carne. Barcelona: Planeta, 1973.
Los años verdes. Miami: Ediciones Universal, 1973.
El turpial. México: Editorial Diana, 1973.

Crítica

El turpial
    Handbook of Latin American Studies v. 38 (1976), p. 418,
    #6606

GOMEZ-QUINTERO, ELA ROSA

n. 28 II 1928, La Habana (La Habana)

Ensayista; abogado, educadora
Cursó el bachillerato en el Instituto de La Habana, doctorándose en leyes posteriormente en la Universidad de La Habana. Traslada a Estados Unidos, se doctoró en la Universidad de Nueva York en 1974. Desde 1967 enseña en Iona College donde es Profesora Titular de Español.

Essayist; lawyer, educator
She received her secondary education at the Havana Institute and later received a doctorate in law from the University of Havana. In 1974 she received a doctorate from New York University. Since 1967 she has taught at Iona College, where she is professor of Spanish.

Bibliografía de libros publicados fuera de Cuba

Quevedo, hombre y escritor en conflicto con su época. Madrid:
    Ediciones Universal, 1978.
La crítica social en El Alguacil Endemoniado de Quevedo. Madrid:
    Playor, 1981.

Al día en los negocios--escribamos. New York: Random House,
    1984.
Al día en los negocios--hablemos. New York: Random House, 1984.

GOMEZ-VIDAL, OSCAR

n. 26 VI 1923, Cienfuegos (Las Villas)

Poeta, cuentista; abogado, diplomático, educador
    Se graduó de Doctor en Derecho y de Licenciado en Derecho
Diplomático y Consular en la Universidad de La Habana en 1946.
Fundó, con otros poetas jóvenes, el grupo neo-humanista "Señal"
en 1947. Por un período de dos años navegó entre Nueva York,
Canadá y las Antillas con la flota mercante cubana, resumiendo
sus experiencias como, marino en Diez Cuentos de Ciudad Amarga.
En 1953 ingresó en el servicio exterior cubano, siendo nombrado vice-
cónsul en Barcelona. Dictó conferencias en la Universidad de
Barcelona durante el Centenario de José Martí. De regreso a Cuba
en 1955, ejerció como abogado mientras participaba activamente en
tertulias y simposios, y escribía crítica teatral para la revista
Gente. Abandonó el país en 1962 y se marchó a Estados Unidos.
Se radicó en California y estudió en la Universidad Estatal de
California en Fresno, recibiendo el grado de Master of Arts en
1970. Desde 1967 ha enseñado idiomas en Madera High School en
Fresno. Ofrece también cursos de español en Fresno City College
y en Fresno State College. Ha pronunciado gran número de conferencias en Estados Unidos y ha realizado viajes de investigación
cultural por México y la América Central. Sus poemas han aparecido
en revistas literarias de España y Estados Unidos.

Poet, short-story writer; lawyer, diplomat, educator
    He received a doctorate in law and a licentiate in diplomatic
and consular law from the University of Havana in 1946. The following year, together with other young poets, he founded the neo-
humanist group "Señal." For a period of two years he sailed between New York, Canada, and the West Indies with the Cuban mer-
chant marine, and his experiences as a seaman provide the background for Diez Cuentos de Ciudad Amarga. In 1953 he entered
the Cuban foreign service and was posted as vice-consul to Barcelona. During his stay there he lectured at the University of Barcelona on the occasion of the José Martí Centenary. He returned to
Cuba in 1955 and took up the practice of law. He also moved in
Havana intellectual circles and wrote theater criticism for Gente.
In 1962 he went into exile, settled in California, and studied at
California State University in Fresno where he received a master's
degree in 1970. He has taught languages at Madera High School
since 1967 and has also taught Spanish at Fresno City College and
Fresno State College. He has lectured widely and has undertaken
several trips to Mexico and Central America. His poetry has appeared in literary journals in the United States and Spain.

Bibliografía de libros publicados fuera de Cuba

Spanish for the law enforcement professions. San Francisco: Ken
    Books, 1975.
El otro mundo de Tina. Madrid: Gráficas J.V.F., 1975.
Diez cuentos de ciudad amarga. Madrid: Closas-Orcoyen, 1975.
¿Sabes la noticia? Dios llega mañana. Nueva York: Editorial Senda
    Nueva de Ediciones, 1978.
Definiciones. Madrid: Editorial Playor, 1980.

Crítica

¿Sabes la noticia? Dios llega mañana
    Círculo: Revista de Cultura VII (1979), p. 155

GONZALEZ, ANA HILDA

    n. 9 VII 1912, Guanabacoa (La Habana)

Poetisa, cuentista; pintora (Seudónimo: A.H.G. Montijo)
    Cursó estudios de bachillerato en el Instituto de la Enseñanza
Secundaria de La Habana. En 1957 se doctoró en la Universidad de
La Habana. Hizo estudios de pintura y escultura en la Escuela de
Arte Michelina de 1936 a 1941. Posteriormente dió clases de pintura.
De 1947 a 1956 trabajó para el Fondo de Jubilación de los Trabajadores Públicos de La Habana, y de 1956 a 1958 como jefa de la
división de estadísticas del Comité de Investigación en las Ciencias
Sociales. Sus poemas y cuentos han sido publicados en revistas y
antologías en Cuba y el extranjero, muchos de ellos en Círculo:
revista de cultura, publicación que ella fundó con su esposo y la
que tanto respaldo ha dado a los poetas cubanos exiliados.

Poet, short-story writer; painter (Pseudonym: A.H.G. Montijo)
    She received her high school education at Havana's Institute
of Secondary Education. In 1957 she received a doctorate from the
University of Havana. She studied painting and sculpture at the
Michelina School of Art from 1936 to 1941 and subsequently taught
painting on a private basis for several years. From 1947 to 1956
she worked for the retirement fund of the public workers of Havana
and from 1956 to 1958 as chief of the statistics section of the Committee for Research in the Social Sciences. Her poems and her
short stories have been published in journals and anthologies both
in Cuba and abroad, many of them in Círculo: revista de cultura,
a journal she and her husband founded--one which has given great
support to exiled Cuban poets.

Bibliografía de libros publicados fuera de Cuba

La sombra invitada. Troy, New York: Círculo de Cultura Pan-
    americana, 1965.

Crítica

La sombra invitada
Círculo II (Invierno 1970), p. 54-55

GONZALEZ, CELEDONIO

n. 16 IX 1923, La Esperanza (Las Villas)

Novelista, cuentista, dramaturgo
En Cuba fue colono teniendo en propiedad una colonia de caña. Desde su llegada a Estados Unidos en 1961, ha trabajado en diversos oficios para ganarse la vida.

Novelist, short-story writer, playwright
In Cuba he owned property and derived his income from raising sugar cane. Since his arrival in the United States in 1961, he has worked at a variety of jobs to earn a living.

Bibliografía de libros publicados fuera de Cuba

La soledad es una amiga que vendrá. Miami: Ediciones Universal, 1971.
Los primos. Miami: Ediciones Universal, 1971.
Los cuatro embajadores. Miami: Ediciones Universal, 1973.
El espesor del pellejo de un gato ya cadáver. Miami: Ediciones Universal, 1978.

Crítica

Los primos
          Diario Las Américas (5/11/72)
          Caribe 1 (1976), p. 129-146
          Handbook of Latin American Studies v. 36 (1974), p. 390, #4233
El espesor del pellejo de un gato ya cadáver
          Crítica Hispánica v. 3, No. 2 (1981), p. 185

GONZALEZ, EDELMIRA

n. 1914
m. 30 XI 1966, Miami (Florida), EE.UU.

Poetisa, cuentista; periodista
          Obtuvo el título de Periodista Profesional en la Escuela Profesional de Periodismo "Manuel Márquez Sterling." Colaboró en El Sol, El País, El Imparcial, y otros periódicos y revistas. Redactó

programas para Radio Unión y Radio Salas de La Habana. Desde 1952 a 1960 dedicó sus actividades a las informaciones policíacas en Estados Unidos. En 1961 se marchó al exilio, radicándose en Miami donde se afiló al Colegio de Periodistas Cubanos Anticomunistas.

Poet, short-story writer; journalist
She received a degree in journalism from the Manuel Márquez Sterling Professional School of Journalism and wrote for such newspapers as El Sol, El País, El Imparcial, and others. She was also a writer for Union Radio and Salas Radio in Havana. From 1952 to 1960 she devoted herself to crime reporting in the United States. In 1961 she went into exile and settled in Miami where she became a member of the College of Anticommunist Cuban Journalists.

Bibliografía de libros publicados fuera de Cuba

Estampas del exilio. Miami: s.n., 1963.
El exilio a pluma y lápiz. Miami: Rema Press, 1965.
Mansión de mis amores. San José, Costa Rica: Editorial Costa
    Rica, 1973.

GONZALEZ, EDUARDO

    n. 1913

Ensayista; educador
    Se graduó en la Universidad de Indiana. Enseña literatura hispánica en Bennington College, Vermont.

Essayist; educator
    He graduated from the University of Indiana and teaches Latin American literature at Bennington College, Vermont.

Bibliografía de libros publicados fuera de Cuba

Alejo Carpentier: el tiempo del hombre. Caracas: Monte Avila,
    1978.

GONZALEZ, MIGUEL

    n. 30 XII 1918, Cifuentes (Las Villas)

Poeta
    Cursó derecho administrativo en la Universidad de La Habana. Ha colaborado en diversas publicaciones literarias tanto en Cuba como en el exilio, entre ellas Bohemia, Carteles, y El País Gráfico. Se fue al exilio en 1960.

Poet
    He studied administrative law at the University of Havana.
His articles and poetry have appeared in literary journals both in
Cuba and abroad, among them Bohemia, Carteles, and El País
Gráfico. He went into exile in 1960.

Bibliografía de libros publicados fuera de Cuba

Sangre en Cuba. Ciudad de México: Ediciones Botas, 1960.

GONZALEZ, MIRZA L.

    n. Güines (La Habana)

Ensayista; educadora
    Cursó estudios en la Universidad de La Habana. Salió al
exilio en 1961, trasladándose a Estados Unidos. Obtuvo el grado
de Master of Arts en la Universidad de Loyola en Chicago y el
doctorado en la Universidad de Northwestern. Enseña lengua y
literatura españolas en la Universidad de De Paul donde tiene el
rango de profesora asociada.

Essayist; educator
    She studied at the University of Havana until going into exile
in the United States in 1961. She received a master's degree from
Loyola University in Chicago and a doctorate from Northwestern
University. She teaches Spanish language and literature at De
Paul University, where she has the rank of associate professor.

Bibliografía de libros publicados fuera de Cuba

La novela y el cuento psicológicos de Miguel de Carrión: estudio
    psico-social cubano. Miami: Ediciones Universal, 1979.

GONZALEZ-CONCEPCION, FELIPE

    n. 9 VIII 1925, Sagua la Grande (Las Villas)

Poeta
    Cursó estudios en el Instituo de Segunda Enseñanza de Sagua
la Grande. En 1945 obtuvo el título de Periodista Profesional en la
Escuela de Periodismo de La Habana. Trabajó en la venta de arte-
factos elétricos hasta su salida de Cuba en 1966. Desde su traslado a Puerto Rico en dicho año ha seguido en el mismo empleo.

Poet
        He completed his high school education at the Institute of
Secondary Education in Sagua la Grande in 1942. In 1945 he received the title of "Professional Journalist" from the School of Journalism in Havana. He worked in retail sales of electrical appliances
until he left Cuba in 1966 for Puerto Rico, continuing in the same
line of work there.

Bibliografía de libros publicados fuera de Cuba

Versos por Cuba y para Cuba. San Juan: Editorial Martín, 1968.
Poemas de la vida y de la muerte. San Juan: Editorial Edil, 1969.
Poemas de pasión y de ternura. San Juan: Editorial Edil, 1975.
Amor, bendita palabra. San Juan: Editorial Ramallo, 1976.
Una pasión diferente. San Juan: Editorial Ramallo, 1982.
Aquella calle y otros motivos. San Juan: Editorial Ramallo, 1983.

GONZALEZ-CRUZ, LUIS FRANCISCO

        n. 11 XII 1943, Cárdenas (Matanzas)

Poeta, cuentista, ensayista, crítico; educador
        Cursó estudios de bachillerato en el Instituto José Smith
Comas en Cárdenas. Se graduó de laboratorista de salud pública
y de técnico de rayos-X en el Instituto Carlos J. Finlay en 1962.
Salió de Cuba en 1965 y después de una breve estancia en España,
fue a Estados Unidos. Obtuvo el grado de Master of Arts en lengua
y literatura hispánica en la Universidad de Pittsburgh, doctorándose
en la misma institución en 1970. Desde 1969 ha enseñado español
en la Universidad Estatal de Pennsilvania, recinto de New Kensington y actualmente tiene el rango de profesor titular. Ha sido miembro de la junta editorial de las revistas literarias Mester, Caribe,
y Escolios, y editor de Consenso: revista de literatura. Ha publicado muchos artículos sobre literatura hispánica y su poesía en
español y portugués ha aparecido en Mester, Poema Convidado,
Papeles de la Frontera, Zona Franca, Exilio y otras revistas literarias. Sus cuentos se han recogido en varias antologías.

Poet, short-story writer, essayist, critic; educator
        He completed his secondary education at the José Smith Comas
Institute in Cárdenas and graduated as a public-health laboratory
technician and x-ray technician from the Carlos J. Finlay Institute
in 1962. After leaving Cuba in 1962 and spending a short time in
Spain, he came to the United States. In 1968 he received a master's
degree in Hispanic language and literature from the University of
Pittsburgh and a doctorate in 1970 from the same institution. He
has taught Spanish at the New Kensington campus of the Pennsyl-

vania State University since 1969 and currently holds the rank of professor. He has been a member of the editorial board of the journals Mester, Caribe, and Escolios, as well as editor of Consenso: revista de literatura. He has published numerous articles on Hispanic literature and his poetry in Spanish and Portuguese has appeared in Mester, Poema Convidado, Papeles de la Frontera, Zona Franca, Exilio and other literary journals. His short stories have appeared in several anthologies.

Bibliografía de libros publicados fuera de Cuba

Pablo Neruda y el "Memorial de la Isla Negra." Integración de la visión poética. Miami: Ediciones Universal, 1972.

Pablo Neruda, César Vallejo y Federico García Lorca: microcosmos poéticos. Nueva York: Anaya-Las Américas, 1975.

Tirando al blanco/Shooting gallery. Miami: Ediciones Universal, 1975.

Neruda: de "Tentativa" a la totalidad. Nueva York: Abra-Las Américas, 1979.

Crítica

Pablo Neruda y el "Memorial de la Isla Negra." Integración de la visión poética.

> Revista Iberoamericana v. 40, No. 86 (Enero-Marzo 1974), p. 79
>
> Hispania v. 43:335 (Summer 1975)
>
> (London) Times Literary Supplement No. 3838 (3/10/75), p. 1154
>
> Bulletin of Hispanic Studies v. 52, No. 3 (7/75), p. 310
>
> Hispanic Review v. 43, No. 3 (Summer 1975), p. 335

Pablo Neruda, César Vallejo y Federico García Lorca: microcosmos poéticos

> Hispania v. 59:965 (12/76)
>
> Bulletin of Hispanic Studies v. 54, No. 3 (7/77), p. 279

Neruda: de "Tentativa" a la totalidad

> Hispania v. 64:161, No. 1 (3/81)

GONZALEZ-DEL VALLE RIO, LUIS TOMAS

n. 19 XI 1946, Santa Clara (Las Villas)

Ensayista, crítico, cuentista; educador
    Recibió el grado de Bachelor of Arts en Wilmington College en 1968 y el de Master of Arts en la Universidad de Massachusetts en 1972, doctorándose el mismo año. Enseñó en la Universidad Estatal de Kansas desde 1972 hasta 1977, pasando luego a la Universidad de

Nebraska donde en la actualidad tiene el rango de profesor titular. Ha contribuido con crítica, reseñas y cuentos cortos a las siguientes revistas literarias: Babel, Cuadernos Americanos, Archivum, Sin Nombre, Romance Notes, Cuadernos Hispanoamericanos, Hispanófila, Envíos, Círculo, Chasquí, Papeles de Son Armadans, Hispania, World Literature Today y Cubanacán.

Essayist, critic, short-story writer; educator
He received a bachelor's degree from Wilmington College in 1968 and master's and doctor's degrees from the University of Massachusetts in 1972. He taught at Kansas State University from 1972 to 1977. In 1977 he went to the University of Nebraska where he currently holds the rank of full professor. He has contributed criticism, book reviews, and short stories to such literary journals as Babel, Cuadernos Americanos, Archivum, Sin Nombre, Romance Notes, Cuadernos Hispanoamericanos, Hispanófila, Envíos, Círculo, Chasquí, Papeles de Son Armadans, Hispania, World Literature Today, and Cubanacán.

Bibliografía de libros publicados fuera de Cuba

La nueva ficción hispanoamericana a través de M. A. Asturias y
    G. García Márquez. Nueva York: Torres Library of Literary
    Studies, 1972. (coautor)
La tragedia en el teatro de Unamuno, Valle-Inclán y García Lorca.
    Nueva York: Torres Library of Literary Studies, 1975.
Manual of business Spanish. Wilmington, Del.: ARS, 1973. (co-
    autor)
La correspondencia comercial: fondo y forma. Cincinnati: South-
    Western Publishing Corp., 1975. (coautor)
La ficción de Luis Romero. Manhattan, Kan.: Society of Spanish
    and Spanish-American Studies, 1976. (coautor)
Novela española contemporánea: Cela, Delibes, Romero y Hernán-
    dez. Madrid: Sociedad General Española de Libería, 1978.
    (coautor)
Hispanic writers in French journals: an annotated bibliography.
    Lincoln, Neb.: Society of Spanish and Spanish-American
    Studies, 1978. (coautor)
Luis Romero. Boston: Twayne, 1979. (coautor)
Dos décadas del hispanismo norteamericano ante la literatura española
    del siglo XX. Lincoln, Neb.: Society of Spanish and
    Spanish-American Studies, 1979.
El teatro de Federico García Lorca y otros ensayos sobre literatura
    española e hispanoamericana. Lincoln, Neb.: Society of Span-
    ish and Spanish-American Studies, 1980.

Crítica

Luis Romero
        Hispania v. 64:164 (3/81)
        Modern Language Journal v. 65:97 (Spring 1981)

El teatro de Federico García Lorca y otros ensayos sobre literatura
española e hispanoamericana
Bulletin of Hispanic Studies v. 58, No. 4 (10/81), p. 349
Crítica Hispánica v. 3, No. 2 (1981), p. 188

GONZALEZ-ECHEVARRIA, ROBERTO

n. 18 XI 1943, Sagua la Grande (Las Villas)

Ensayista, crítico; educador
Se marchó de Cuba en 1959, radicándose en Estados Unidos.
Se graduó en la Universidad de Sur Florida en 1964, en la Universidad de Indiana en 1966, y se doctoró en la Universidad de Yale
en 1970. Ha ocupado puestos docentes en la Universidad de Cornell
y en la de Yale donde actualmente es Profesor Titular de Estudios
Latinoamericanos. Ha sido profesor invitado en Trinity College, la
Universidad de Wesleyan, la Universidad de Stanford, la New School
for Social Research, la Universidad de Brown, la Universidad Simón
Bolívar, y la Universidad de Johns Hopkins. Desde 1978 es editor
asociado de Monographs in Romance Languages. Es editor también
de Latin American Literary Review, Handbook of Latin American
Studies, y Review del Center for Inter-American Relations. Ha
sido miembro de la junta editorial de Diacritics, Revista Iberoamericana, Journal of Spanish Studies: Twentieth Century, Studies in
Twentieth Century Literature y, desde 1980, de Modern Language
Studies. Ha traducido al inglés obras de Cortázar y Sarduy.

Essayist, critic; educator
He left Cuba in 1959 and settled in the United States. He
graduated from the University of South Florida in 1964, from Indiana University in 1966, and received a doctorate from Yale in 1970.
He has taught at Cornell and at Yale where he is currently profes-
sor of Latin American studies. He has been a visiting professor
at Trinity College, Wesleyan University, Stanford University, the
New School for Social Research, Brown University, Simón Bolívar
University, the University of Ottawa, and Johns Hopkins University.
He has been associate editor of Monographs in Romance Languages
since 1978, as well as editor of Latin American Literary Review,
Handbook of Latin American Studies, and Review of the Center for
Inter-American Relations. He has been a member of the editorial
board of Diacritics, Revista Iberoamericana, Journal of Spanish
Studies: Twentieth Century, Studies in Twentieth Century Litera-
ture and, since 1980, of Modern Language Studies. He has translated into English works of Cortázar and Sarduy.

Bibliografía de libros publicados fuera de Cuba

Calderón ante la crítica: historia y antología. Madrid: Gredos,
1976. (coautor)

Relecturas: estudios de literatura cubana. Caracas: Monte Avila, 1976.
Alejo Carpentier: The pilgrim at home. Ithaca, N.Y.: Cornell University Press, 1977.
Historia y ficción en la narrativa hispanoamericana: coloquio de Yale. Caracas: Monte Avila, 1980. (editor)
Isla a su vuelo. México: Porrúa, 1983.
Alejo Carpentier: Bibliographical guide/guía bibliográfica. Westport, Conn.: Greenwood Press, 1983. (coautor)

Crítica

Alejo Carpentier: The pilgrim at home
    Cuban Studies/Estudios Cubanos v. 8, No. 1 (1/78), p. 52
    Hispania v. 61:393, No. 2 (5/78)
    Criticism v. 20:94 (Winter 1978)
    Modern Fiction Studies v. 24:328 (Summer 1978)
    Modern Language Quarterly v. 39:208 (6/78)
    World Literature Today v. 52:265 (Spring 1978)
    Bulletin of Hispanic Studies v. 55, No. 4 (10/78), p. 348
    Revista Interamericana de Bibliografía v. 28 (1978), p. 204
    Chasquí v. 7, No. 3 (5/78), p. 88-92
    Modern Language Journal v. 63:70 (Jan./Feb. 1979)
    Modern Language Review v. 74:483 (4/79)
    Modern Language Notes v. 94:420 (3/79)
    Modern Philosophy v. 77:456 (5/80)
    Hispanic American Historical Review v. 60:555 (8/80)
Relecturas: estudios de literatura cubana
    Hispanic Review v. 46:400 (Summer 1978)
    Hispania v. 61:574, No. 3 (9/78)
Alejo Carpentier: Bibliographical guide/guía bibliográfica
    Revista Interamericana de Bibliografía v. 34:97, No. 1 (1984)

GONZALEZ-ESTEVA, ORLANDO

    n. 18 XII 1952, Palma Soriano (Oriente)

Poeta, dramaturgo; educador, músico
    Reside en United States desde 1965. Hizo estudios de postgrado en Washington University, obteniendo el grado de Master of Arts en literatura hispánica en 1975. Fue profesor de literatura en Miami-Dade Community College desde 1976 hasta 1980. En 1979 se estrenaron dos obras teatrales suyas, El Viaje y La Abuela, en el Primer Simposio de Teatro Latinoamericano celebrado en Miami. En la actualidad se dedica a la música.

Poet, playwright; educator, musician
    He has lived in the United States since 1965. In 1975 he received a master's degree in Hispanic literature from Washington University. From 1976 to 1980 he taught literature at Miami-Dade Community College. In 1979 two of his plays, El Viaje and La Abuela, were staged at the First Symposium of Latin American Theatre held in Miami. At the present time he is performing as a musician.

Bibliografía de libros publicados fuera de Cuba

El ángel perplejo. 1975.
El mundo se dilata. Miami: Ediciones Isimir, 1979.
Mañas de la poesía. Miami: Asociación de Hispanistas de las Américas, 1981.

GONZALEZ-MONTES, YARA

    n. La Habana (La Habana)

Ensayista; educadora
    Hizo estudios de bachillerato en el Instituto de Segunda Enseñanza de La Habana. Se doctoró en filosofía y letras en la Universidad de La Habana en 1955. Se marchó al exilio en 1961. Desde 1965 enseña en la Universidad de Hawaii donde actualmente tiene el rango de profesora asociada. Se doctoró en literatura hispánica en la Universidad de Pittsburgh en 1978. Ha colaborado en las revistas literarias Hispanic Review, Hispanófila y Revista de Estudios Hispánicos.

Essayist; educator
    She completed her secondary studies at the Institute of Secondary Education in Havana. In 1955 she received a doctorate in humanities from the University of Havana. She went into exile in 1961. Since 1965 she has taught at the University of Hawaii, where she currently holds the rank of associate professor. In 1978 she received a doctorate in Hispanic literature from the University of Pittsburgh. She has contributed to such literary journals as Hispanic Review, Hispanófila, and Revista de Estudios Hispánicos.

Bibliografía de libros publicados fuera de Cuba

Bibliografía crítica de la poesía cubana (Exilio: 1959-1971). Madrid: Plaza Mayor, 1972. (coautora)
La lozana andaluza: voluntad femenina individual en la picaresca albertiana en La Picaresca: orígenes, textos, y estructura. Madrid: Fundación Universitaria Española, 1979.
Pasión y forma en "Cal y Canto" de Rafael Alberti. Nueva York: Ediciones Abra, 1982.

Crítica

Pasión y forma en "Cal y Canto" de Rafael Alberti
       Hispania v. 66:639, No. 4 (12/83)

GONZALEZ-PROAZA, ALBERTO

Cuentista; publicista, periodista
    Al abandonar Cuba, se trasladó a Texas.

Short-story writer; advertising executive, journalist
    Upon leaving Cuba, he went to Texas.

Bibliografía de libros publicados fuera de Cuba

El tigre. Miami: Ediciones Círculo Martiano, 1979.

GUERRA, JUAN

    n. 1931, Holguín (Oriente)

Dramaturgo
    Estudió derecho en la Universidad de La Habana y periodismo
en la Escuela Profesional de Periodismo "Manuel Márquez Sterling."
Luego ingresó en el Seminario de Arte Dramático de la Universidad
de La Habana. Posteriormente estudió en el Instituto de Altos
Estudios de la Sorbona en París. En 1963 obtuvo el Primer Premio
de Dirección Escénica de la Universidad del Teatro de las Naciones
en París por la dirección de su propio comi-drama Los martes de
Mallarmé. En 1971 se estrenó su comi-tragedia Anaconda en el
Teatro Español de Madrid, y en 1973 su comi-drama La piano-mujer.
Desde 1974 reside en Nueva York.

Playwright
    He studied law at the University of Havana and journalism at
the Manuel Márquez Sterling Professional School of Journalism.
Subsequently he studied at the Seminar for Dramatic Arts held at
the University of Havana and at the Institute of Higher Studies of
the Sorbonne in Paris. In 1963 he won first prize for stage direction from the University of the Theatre of the Nations in Paris for
the direction of his comic drama Los martes de Mallarmé. In 1971
his tragi-comedy Anaconda was performed at the Teatro Español in
Madrid and in 1973 his comic drama La piano-mujer. He has been
living in New York since 1974.

Bibliografía de libros publicados fuera de Cuba

Los martes de Mallarmé (obra de teatro)

La piano-mujer (obra de teatro)
Anaconda (obra de teatro)

GUIGOU, ALBERTO

   n. 1913, La Habana (La Habana)

Novelista, poeta, dramaturgo
   Está radicado en Nueva York desde 1960, año en que salió
de Cuba. Ha escrito una novela, poesías, y obras de teatro una
de las cuales, Bruno, fue premiada. Se le otorgó la medalla de
plata de la Sociedad Académica de Artes, Ciencias y Letras de
París por su novela Días Acratas.

Novelist, poet, playwright
   He has been living in New York since 1960, the year he left
Cuba for exile. His literary output includes a novel as well as
poetry and plays, one of which, Bruno, won an award. He was
also awarded the silver medal of the Academic Society of Arts, Sciences and Letters of Paris for his novel Días Acratas.

Bibliografía de libros publicados fuera de Cuba

Días ácratas. Nueva York: Senda Nueva de Ediciones, 1981.
Bruno. Nueva York: Senda Nueva de Ediciones, 1984.

Crítica

Días ácratas
         Noticias de Arte (Nueva York) (12/82), p. 16

GUILLERMO, EDENIA

   n. 28 III 1915, Bolondrón (Matanzas)

Ensayista; educadora
   Cursó estudios de bachillerato en el Instituto de Segunda Enseñanza de Matanzas. Se licenció en pedagogía en la Universidad de
La Habana en 1935, doctorándose en 1949. Fue profesora de español y de ciencias sociales en el Instituto Pre-Universitario del
Vedado desde 1940 a 1961. Ocupó el puesto de Directora de Educación por la provincia de La Habana de 1960 a 1961. Se fue al
exilio en 1961, radicándose en Estados Unidos. Enseñó en escuelas
secundarias desde 1962 a 1965. Fue profesora en Monmouth College,
Illinois, desde 1965 a 1974. En 1974 pasó a Hood College, Maryland,
con el rango de profesora titular. Ha colaborado con artículos en
las revistas literarias Revista Interamericana de Bibliografía y
Papeles de Son Armadans.

Essayist; educator
   She finished her secondary studies at the Institute of Secondary Education of Matanzas. In 1935 she received a degree in education from the University of Havana and a doctorate in 1949. She taught Spanish and social studies at the Vedado Pre-University Institute from 1940 to 1961. From 1960 to 1961 she served as director of education for the Province of Havana. In 1961 she went into exile and settled in the United States. She taught at the high school level from 1962 to 1965. From 1965 to 1974 she taught Spanish at Monmouth College, Illinois. In 1974 she received an appointment at Hood College, Maryland, as a full professor. She has contributed articles to such journals as Revista Interamericana de Bibliografía y Papeles de Son Armadans.

Bibliografía de libros publicados fuera de Cuba

Novelística española de los sesenta. Nueva York: Torres, 1971.
       (coautora)
Quince novelas hispanoamericanas. Nueva York: Las Américas
       Publishing Co., 1972. (coautora)
El teatro hispánico. Skokie, Ill.: National Textbook Co., 1972.
       (coautora)

GUIQUEZ, CARLOS   véase/see MARQUEZ STERLING Y GUIRAL,
CARLOS

GUITART, JORGE MIGUEL

   n. 15 IX 1937, La Habana (La Habana)

Poeta; educador, lingüista
   Cursó estudios de bachillerato en el Colegio de La Salle en Vedado y estudió dos años en la Universidad de La Habana. Salió al exilio en 1962, radicándose en Estados Unidos. Continuó estudios superiores y obtuvo los grados de Bachelor of Arts en la Universidad de George Washington en 1967 y Master of Arts y Ph.D. en la Universidad de Georgetown en 1970 y 1973, respectivamente. Ha ejercido la docencia en las universidades de Georgetown, Pittsburgh, y SUNY Albany. Actualmente es catedrático de español y lingüística en SUNY Buffalo. Ha contribuido artículos sobre lingüística hispánica a revistas letradas y poesía en español e inglés a las revistas literarias Punto Cardinal, Envíos, El Urogallo, Caribe, Verbena, Lyrik und Prosa, y Polis. Desde 1980 es editor de Terra Poética.

Poet; educator, linguist
   He received his secondary education at the Colegio de La Salle in Vedado and studied for two years at the University of Havana.

In 1962 he left Cuba for the United States. He continued his studies, receiving a bachelor's degree from George Washington University in 1967, and master's and doctor's degrees from Georgetown University in 1970 and 1973, respectively. He has taught at the universities of Georgetown, Pittsburgh, and SUNY Albany. He is currently associate professor of Spanish and linguistics at SUNY Buffalo. His articles on Hispanic linguistics have been published in scholarly journals and he has contributed poetry both in Spanish and English to such literary journals as Punto Cardinal, Envíos, El Urogallo, Caribe, Verbena, Lyrik und Prosa, and Polis. He has been editor of Terra Poética since 1980.

Bibliografía de libros publicados fuera de Cuba

Markedness and a Cuban dialect of Spanish. Washington: Georgetown University Press, 1976.
La estructura fónica de la lengua castellana. Barcelona: Anagrama, 1980. (coeditor)

Crítica

Markedness and a Cuban dialect of Spanish
    Hispania v. 61:580 (1978)

GUTIERREZ DE LA SOLANA, ALBERTO

n. 5 XII 1913, La Habana (La Habana)

Ensayista, crítico; abogado, educador
    Se doctoró en leyes en la Universidad de La Habana en 1941 y ejerció como abogado durante veinte años. Fundó y editó la revista de jurisprudencia El Derecho Social al Día. En 1960 se marchó al exilio, radicándose en Nueva York. Estudió en la Universidad de Nueva York, doctorándose en 1967. Con excepción de un breve período cuando enseñó en la Universidad de Saint John's, toda su carrera docente ha transcurrido en la Universidad de Nueva York. Ha contribuido un sinnúmero de artículos a revistas letradas y ha pronunciado numerosas conferencias sobre temas literarios en Estados Unidos y el exterior.

Essayist, critic; lawyer, educator
    He received a doctorate in law from the University of Havana in 1941 and practiced for twenty years. He was the founder and editor of the law journal El Derecho Social al Día. In 1960 he left Cuba for exile and settled in New York. He studied at New York University and was awarded the doctorate in 1967. With the exception of a brief period at Saint John's University, his entire teaching career has been at New York University. He has written for many scholarly journals and has lectured widely on literary topics both in the United States and abroad.

Bibliografía de libros publicados fuera de Cuba

Maneras de narrar: contraste de Lino Novás Calvo y Alfonso
 Hernández-Catá. Nueva York: Eliseo Torres, 1972.
Investigación y crítica literaria y lingüística cubana. Nueva York:
 Senda Nueva de Ediciones, 1978.
Rubén Darío: Prosa y poesía. Nueva York: Senda Nueva de
 Ediciones, 1979.
Festschrift José Cid-Pérez. Nueva York: Senda Nueva de Edici-
 ones, 1981. (coeditor)
Cruzada Educativa Cubana. Nueva York: Senda Nueva de Ediciones,
 1984. (editor)

Crítica

Maneras de narrar: contraste de Lino Novás Calvo y Alfonso
 Hernández-Catá
  Círculo IV (1973-1974), p. 213

GUTIERREZ KANN, ASELA

  n. 1915, La Habana (La Habana)

Cuentista; educadora, traductora
  Se doctoró en filosofía y letras en la Universidad de La Haba-
na. En 1949, después de una estancia en Panamá, se radicó en
Estados Unidos. Ha ejercido la docencia en Cuba, Panamá y
Estados Unidos, y ha realizado una significativa labor como traduc-
tora tanto en Cuba como en Estados Unidos. Fue co-traductora del
Diccionario Médico Stedman y ha traducido obras literarias y técni-
cas así como las obras de Swedenborg. En la década de los 40
colaboró con periódicos y revistas de Cuba, Panamá y Costa Rica.
Reanudó esta labor en Estados Unidos a partir de 1970 y ha con-
tribuido a muchas revistas de Los Angeles y a Diario Las Américas.
En 1979 obtuvo el Premio Juan J. Remos.

Short-story writer; educator, translator
  She received a doctorate in philosophy and letters from the
University of Havana. In 1949 she settled in the United States
after having lived for a time in Panama. She has taught in Cuba,
Panama, and the United States and is a translator of note. She
was co-translator of the Spanish edition of the Stedman Medical
Dictionary and has translated literary and technical works, as well
as the writings of Swedenborg. In the 1940's she wrote for
magazines and newspapers in Cuba, Panama, and Costa Rica, and
as of 1970 recommenced her journalistic activities in the United
States. She is a regular contributor to Spanish language journals
in the Los Angeles area and also writes for Diario Las Américas.
She was awarded the Juan J. Remos Prize in 1979.

Bibliografía de libros publicados fuera de Cuba

Las pirañas y otros cuentos cubanos. Miami: Ediciones Universal, 1972.

GUTIERREZ-VEGA, ZENAIDA

n. 23 VI 1924, Unión de Reyes (Matanzas)

Ensayista; educadora
Terminó el bachillerato en el Instituto de Segunda Enseñanza de Matanzas en 1945. Se doctoró en filosofía y letras en la Universidad de La Habana en 1950, y en filología románica en la Universidad de Madrid en 1966. Fue profesora auxiliar de lengua y literatura hispanoamericanas en el Instituto de Segunda Enseñanza de La Habana desde 1952 a 1959, y profesora titular en el Instituto de Segunda Enseñanza de Cienfuegos de 1959 a 1962. Se desempeñó como profesora de historia del arte en La Universidad de Las Villas desde 1960 a 1961, y como profesora de literatura hispanoamericana en la misma institución académica desde 1961 a 1962. Después de abandonar el país enseñó literatura hispanoamericana en la Universidad de Missouri de 1967 a 1968, y en la Universidad Estatal de Nueva York en Oswego desde 1968 a 1972. Desde 1972 enseña en Hunter College de la Universidad de la Ciudad de Nueva York, donde actualmente tiene el rango de Profesora Asociada de Español.

Essayist; educator
She graduated from the Institute of Secondary Education of Matanzas in 1945. In 1950 she received a doctorate in humanities from the University of Havana, and in 1960 another one in Romance philology from the University of Madrid. From 1952 to 1959 she taught Hispanic language and literature at the Institute of Secondary Education of Havana, and from 1959 to 1962 at the Institute of Secondary Education of Cienfuegos. She held dual appointments at the University of Las Villas--as professor of art history from 1960 to 1961 and as professor of Hispanic literature from 1961 to 1962. After going into exile, she taught at the University of Missouri from 1967 to 1968 and at SUNY Oswego from 1968 to 1972. She has taught at Hunter College of CUNY since 1972 and currently holds the rank of associate professor of Spanish.

Bibliografía de libros publicados fuera de Cuba

José María Chacón y Calvo; hispanista cubano. Madrid: Ediciones Cultural Hispánica, 1969.
Epistolario Alfonso Reyes-José María Chacón. Madrid: Fundación Universitaria Española, 1976.
Estudio bibliográfico de José María Chacón y Calvo. Madrid: Fundación Universitaria Española, 1976.

Estudio bibliográfico de José María Chacón y Calvo. Madrid:
    Fundación Universitaria Española, 1982.
Fernando Ortiz en sus cartas a José María Chacón y Calvo. Mad-
    rid: Fundación Universitaria, 1982.

Crítica

Epistolario Alfonso Reyes-José María Chacón
        Hispania v. 60:1032, No. 4 (12/77)
José María Chacón y Calvo; hispanista cubano
        Revista Iberoamericana v. 38, No. 79 (Abril-Junio 1972),
    p. 345

HENRIQUEZ LAURANZON, ENRIQUE COTUBANAMA

    n. 6 VI 1902, Santo Domingo, República Dominicana
    m. ?

Novelista, cuentista; médico
    A la edad de dos años fue llevado a Santiago de Cuba, ciudad
en que estudió su primera enseñanza y el bachillerato. Se graduó
en la Escuela de Medicina de la Universidad de Paris y ejerció en
Santiago de Cuba. Fue nombrado médico antropólogo de prisiones
por oposición. Fue miembro del Instituto de Criminología de La
Habana. Fue Representante a la Cámara por la provincia de Oro-
ente.

Novelist, short-story writer; physician
    He was brought to Santiago de Cuba at the age of two and
there received his primary and secondary education. He received
a degree in medicine from the University of Paris and practiced for
many years in Santiago de Cuba. He was appointed medical anthropologist for the Cuban penal system and was a member of the Institute of Criminology of Havana. He served as representative to
the Chamber of Deputies for Oriente province.

Bibliografía de libros publicados fuera de Cuba

Crímenes de la brujería: la sugestión criminal en los ignorantes
    fanáticos. Buenos Aires: Depalma Editor, 1970.
¡Patria o muerte! Santo Domingo: Horizontes de América, 1974.
El esclavo y el reflejo. Miami: Editorial Rex Press, 1977.

HERNANDEZ, ALINA

Poetisa
    Al salir de Cuba, se radicó en el estado de Nueva Jersey,
Estados Unidos.

Poet
Upon leaving Cuba, she settled in New Jersey, United States.

Bibliografía de libros publicados fuera de Cuba

Razón del mar. Madrid: Playor, 1976.

HERNANDEZ, GEORGINA

n. 20 V 1916, Ciego de Avila (Camagüey)

Novelista, poetisa; educadora (Seudónimo: Gina Obrador)
Se graduó en el Instituto de Segunda Enseñanza de Camagüey
y en la Escuela Normal para Maestros de esa misma ciudad. Se
doctoró en pedagogía en la Universidad de La Habana y trabajó
como maestra en escuelas primarias hasta 1959. Fue profesora de
gramática y de literatura en el Instituto de Educación Integral del
Vedado de 1959 a 1960. Después de su traslado a Estados Unidos,
estudió en la Universidad Estatal de Nueva York en Albany, obteniendo el grado de Master of Arts. A partir de 1965 desempeñó
cargos docentes en escuelas secundarias en varias regiones de
Estados Unidos.

Novelist, poet; educator (Pseudonym: Gina Obrador)
She received her high school education at the Institute for
Secondary Education in Camagüey and received a teacher's certificate
from the Normal School of Camagüey. She later received a doctorate
in education from the University of Havana. She worked as an elementary school teacher until 1959, and taught grammar and literature
at the Institute of Complete Education in Vedado from 1959 to 1960.
After going to the United States, she studied at SUNY, Albany
where she received a master's degree. Since 1965 she has taught
Spanish at the high school level in several states.

Bibliografía de libros publicados fuera de Cuba

Cuadrángulos. Barcelona: Artes Gráficas Medinaceli, 1978.

HERNANDEZ, JUAN

n. 1921, Marianao (La Habana)

Poeta
Vivió en Estados Unidos desde 1946 hasta 1960 cuando regresó
a Cuba con motivo de la Revolución. Decepcionado con el rumbo
que tomaba la política del nuevo régimen, trató de exiliarse pero
no fue hasta 1968 que logró sus propósitos. Se radicó en Miami.

Poet
He lived in the United States from 1946 to 1960 when he returned to Cuba, attracted by the hope of a new future for the country. Soon disappointed with the direction the new government had taken, he attempted to leave the country but it was not until 1968 that he was able to do so. He settled in Miami.

Bibliografía de libros publicados fuera de Cuba

Retumbar. Miami: s.n., 1974.

HERNANDEZ, JUANA AMELIA

n. 1936, La Habana (La Habana)

Poetisa, ensayista; educadora
Se doctoró en la Universidad de La Habana en 1959. Enseñó español en la Academia Loyola desde 1957 hasta 1960 y en el Instituto Pre-Universitario del Vedado de 1959 a 1961, año en que salió al exilio. Radicándose en Estados Unidos, ejerció la docencia en escuelas secundarias por varios años. En 1965 pasó a Hood College, Maryland, donde actualmente es Profesora Titular de Español. Ha colaborado con muchas revistas literarias.

Poet, essayist; educator
She received a doctorate from the University of Havana in 1959. From 1957 until 1960 she taught Spanish at the Loyola Academy and from 1959 to 1961 at the Pre-University Institute of Vedado. In 1961 she went into exile and settled in the United States. She taught Spanish at the secondary school level in several states until receiving an appointment in 1965 at Hood College, Maryland, where she is currently professor of Spanish. She has contributed articles to many scholarly journals.

Bibliografía de libros publicados fuera de Cuba

Primera constancia. Madrid: Gráfica Comercial, 1966.
Novelística española de los sesenta. Nueva York: Eliseo Torres, 1971. (coautora)
Quince novelas hispanoamericanas. Nueva York: Las Américas, 1971. (coautora)

HERNANDEZ, MANUEL H.

n. 1 IV 1897, Santa Cruz de Tenerife (Canarias), España

Poeta, ensayista, dramaturgo; abogado, juez, educador (Seudónimo: Hernando d'Aquino)

Emigró a Cuba con su familia a la edad de dos años y se crió en La Habana. Cursó allí los estudios primarios y estudió el bachillerato en el Instituto de La Habana. Se doctoró en filosofía y letras y en derecho civil en la Universidad de La Habana en 1921 y 1922, respectivamente. Ejerció como abogado hasta 1924 cuando fue nombrado catedrático de literatura y lógica en el Instituto de Camagüey. Dejó la cátedra en 1932 para ocupar el cargo de juez municipal en varias localidades hasta llegar a ser Presidente de la Audiencia de La Habana. Fue nombrado Académico de Número de la Academia Nacional de Artes y Letras de Cuba. En 1960 pidió asilio político en la embajada de México en La Habana. Posteriormente abandonó el país y fue a Estados Unidos. En Cuba publicó ensayos sobre arte y literatura así como poesía y obras de teatro. En el exilio su labor literaria se ha enfocado en la poesía.

Poet, essayist, playwright; lawyer, judge, educator (Pseudonym: Hernando d'Aquino)

He emigrated with his family to Cuba at the age of two and grew up in Havana where he received his primary and secondary education. He received doctorates in philosophy and letters and in civil law from the University of Havana in 1921 and 1922, respectively. After practicing law for two years, he was appointed to teach literature and logic at the Camagüey Institute. He left teaching in 1932 to take the post of municipal judge, serving in this capacity in several localities until becoming Chief Justice of the Court of Havana. He was named Academician of the National Academy of Arts and Letters of Cuba. In 1960 he sought political asylum in the Mexican embassy in Havana and later left the country for exile in the United States. In Cuba he published essays on art and literature, as well as poetry and plays. In exile he has tended to concentrate on poetry.

Bibliografía de libros publicados fuera de Cuba

Sinfonía martiana. Miami: Ediciones Universal, 1971.
La gesta de siete bravos. Miami: 1981.
Romancero de la invasión. Miami: Municipio de Ciego de Avila, 1983.

Crítica

Sinfonía martiana
    Spanish Today (Feb. 1973)
    Diario Las Américas (23/6/72)

HERNANDEZ-DANIEL, OSCAR FRANCISCO

n. 28 IV 1924, Londres, Inglaterra

Ensayista; abogado, educador
 Cursó al bachillerato en el Instituto Pre-Universitario del
Vedado. Se doctoró en leyes en la Universidad de La Habana en
1946 y ejerció su profesión hasta 1961. También ocupó el cargo de
Director de la Escuela Tecnológica de Matanzas desde 1949 hasta
1962, año en que abandonó el país. Se trasladó a Estados Unidos,
permaneciendo dos años en la Florida donde se desempeñó como
trabajador social. En 1964 comenzó estudios de postgrado en la
Universidad Estatal de Emporia (Kansas). Obtuvo el grado de
Master of Arts en dicha universidad en 1965, y se doctoró en la
Universidad de la Florida en 1975. Desde 1964 enseña en la Uni-
versidad Estatal de Emporia, donde actualmente tiene el rango de
Profesor Titular de Español y Lingüística Aplicada. Desde 1973
presta servicios como Asesor a la Secretaría de Estado para Asuntos
Centroamericanos.

Essayist; lawyer, educator
 He received his secondary education at the Vedado Pre-
University Institute. In 1946 he received a doctorate in law from
the University of Havana and practiced until 1961. From 1949 to
1969 he was director of the Matanzas Technological School. Upon
going into exile in 1962, he settled in Florida where he held a
position with the state as a social worker. In 1964 he began graduate studies at Emporia State University (Kansas) and received a
master's degree the following year. In 1975 he received a doctorate
from the University of Florida. He has taught at Emporia State
University since 1964 and is currently professor of Spanish and
applied linguistics. He has served as a consultant to the Department of State on Central American affairs since 1973.

Bibliografía de libros publicados fuera de Cuba

Acercamiento al Quijote a través de los Principios del Arte de
 Wolfflin. Buenos Aires: Aguilar, 1977.
Caseload 105: CR345. Miami: Ediciones Universal, 1978.
Español comercial: teoría y práctica. Emporia, Kan.: Emporia
 State University Press, 1978.

HERNANDEZ LOPEZ, CARLOS

 n. 1917, Santa Clara (Las Villas)

Poeta, cuentista; abogado, periodista
 Insigne poeta, ha sido antologado en varias colecciones de
poesía cubana. También ha sido galardonado en concursos de cuentos. En Cuba publicó varios poemarios.

Poet, short-story writer; lawyer, journalist
 He is a distinguished poet whose work has appeared in several

anthologies of Cuban poetry. He has also won awards for his short stories. Several collections of his poetry were published in Cuba.

Bibliografía de libros publicados fuera de Cuba

El lecho nuestro de cada día. Mayagüez, Puerto Rico: s.n., 1970. Voz en la despedida. Miami: Editors and Printers, 1979.

HERNANDEZ-MIYARES, JULIO E.

    n. 15 VII 1931, Santiago de Cuba (Oriente)

Poeta, antologista, crítico; abogado, educador
    Cursó estudios de bachillerato en el Colegio de Belén en La Habana. Se doctoró en derecho en la Universidad de La Habana en 1953. Ejerció como abogado y profesó la cátedra de leyes en la Universidad La Salle. Salió al exilio en 1961. Después de radicarse en Nueva York, empezó estudios de postgrado en la Universidad de Nueva York, recibiendo el grado de Master of Arts en 1966 y el doctorado en 1972. Ha enseñado lengua y literatura hispánicas en Kingsborough Community College de la Universidad de la Ciudad de Nueva York desde 1966. Actualmente tiene el rango de Profesor Titular de Español y Jefe del Departamento de Lenguas Extranjeras de dicha institución académica. Es miembro de la junta editorial de las siguientes publicaciones: Caribe, Gradiva, Círculo: revista de cultura, y Círculo Poético. También es miembro de la Junta de Directores de la Sociedad de Estudios Literarios Cubanos. Ha recibido los premios Lincoln-Martí (1971) y Juan J. Remos (1972) por sus actividades académicas, cívicas, y literarias. Su poesía ha aparecido en las revistas Norte, Círculo Poético, y Resumen. Ha contribuido con artículos de crítica a diversas revistas literarias como Revista Cubana, Círculo, Revista Iberoamericana, Nueva Generación, e Hispania.

Poet, anthologist, critic; lawyer, educator
    He received his secondary education at the Colegio de Belén in Havana. In 1953 he received a doctorate in law from the University of Havana. He practiced law and at the same time held an appointment as professor of law at La Salle University. In 1961 he went into exile. After settling in New York, he began graduate studies at New York University where he received a master's degree in 1966 and a doctorate in 1972. He has taught Hispanic language and literature at Kingsborough Community College of the City University of New York since 1966 and currently holds the rank of professor of Spanish and chairman of the department of foreign languages. He is a member of the editorial board of the following publications: Caribe, Gradiva, Círculo: revista de cultura, and Círculo Poético. He is also a member of the board of directors of the Society of Cuban Literary studies. He received the Lincoln-

Marti Prize in 1971 and the Juan J. Remos Prize in 1972 for his academic, civic, and literary activities. His poetry has appeared in such journals as Norte, Círculo Poético, and Resumen and he has published articles of criticism in such literary journals as Revista Cubana, Círculo, Revista Iberoamericana, Nueva Generación, and Hispania.

Bibliografía de libros publicados fuera de Cuba

Doce cartas desconocidas de Julián del Casal. New York: 1972.
Antillana rotunda. Barcelona: Editorial Vosges, 1974.
Julián del Casal: estudios críticos sobre su obra. Miami: Ediciones Universal, 1974. (coautor)
Narradores cubanos de hoy. Miami: Ediciones Universal, 1975.
Spanish for nurses and allied health students. New York: Arco, 1977. (coautor)
Ortografía en acción. Cincinnati: Southwestern Publishing Company, 1978. (coautor)

Crítica

Antillana rotunda
    Diario Las Américas (17/6/75)
    Booklist v. 72:556 (15/12/75)
    Revista Interamericana de Bibliografía v. 25, No. 3 (7/75), p. 292
    Gradiva v. 1, No. 4 (Primavera 1978), p. 331
Narradores cubanos de hoy
    Booklist v. 73:1341 (5/1/77)
    Círculo (1977), p. 127
Spanish for nurses and allied health students
    Modern Language Journal v. 61:429 (12/77)
Julián del Casal: estudios críticos sobre su obra
    Revista Iberoamericana v. 42, No. 94 (Enero-Marzo 1976), p. 151

HERRERA, ROBERTO

    n. La Habana (La Habana)

Ensayista; abogado, educador
    Se doctoró en leyes en la Universidad de La Habana en 1951. Se marchó al exilio en 1960, radicándose en Miami. En 1963 se trasladó al estado de Michigan para enseñar español en la Universidad de Michigan Central.

Essayist; lawyer, educator
    He received a doctorate in law from the University of Havana in 1951. In 1960 he went into exile and settled in Miami where he

remained until 1963 when he accepted a teaching position in the department of foreign languages of Central Michigan University.

Bibliografía de libros publicados fuera de Cuba

Charlas literarias. Miami: Ediciones Universal, 1972.

Crítica

Charlas literarias

Círculo IV (1973-1974), p. 192

HIRIART, ROSARIO

n. La Habana (La Habana)

Ensayista; educadora
Inició sus estudios superiores en la Universidad de La Habana. Al trasladarse a Estados Unidos, terminó su educación universitaria, doctorándose en la Universidad de Nueva York en 1971. Ha ejercido la docencia en Iona College, New Rochelle, N.Y. Sus artículos han aparecido en importantes revistas literarias de América y Europa.

Essayist; educator
She studied at the University of Havana and completed her higher education upon going into exile in the United States. In 1971 she received a doctorate from New York University. She has taught at Iona College, New Rochelle, N.Y., and has contributed articles to major literary journals in Europe and Latin America.

Bibliografía de libros publicados fuera de Cuba

Las alusiones literarias en la obra narrativa de Francisco Ayala.
    Nueva York: E. Torres & Son, 1972.
Los recursos técnicos en la novelística de Francisco Ayala. Madrid:
    Insula, 1972.
Lydia Cabrera: vida hecha arte. Nueva York: E. Torres & Son,
    1978.
Más cerca de Teresa de la Parra. Caracas: Monte Avila, 1980.
Un poeta en el tiempo: Idelfonso-Manuel Gil. Zaragoza, España:
    1981.
Conversaciones con Francisco Ayala. Madrid: Espasa-Calpe, 1982.
Tu ojo, cocodrilo verde. Madrid: Biblioteca Nueva, 1984.

Crítica

Las alusiones literarias en la obra de Francisco Ayala
    Hispanic Review v. 42, No. 1 (Winter 1974), p. 115

Los recursos técnicos en la novelística de Francisco Ayala
  Hispanic Review v. 42, No. 1 (Winter 1974), p. 115
Un poeta en el tiempo: Idelfonso-Manuel Gil
  Hispanic Review v. 50, No. 4 (Autumn 1982), p. 499

IGLESIAS, ELENA

n. 11 VIII 1940, La Habana (La Habana)

Poetisa
  Cursó el bachillerato en la Academia Ruston. Es licenciada
en letras por la Universidad Católica Andrés Bello en Caracas.
Venezuela ha sido el lugar en donde ha producido la mayor parte
de su obra literaria. En 1975, y de nuevo en 1978, obtuvo el
primer premio para poesía, de la Universidad Católica Andrés Bello.
En 1970 se le otorgó una mención de honor por su obra "Campo
Raso" en el XII Concurso Anual de Literatura de la Universidad de
Carabobo. Ha formado parte de los talleres literarios del Centro
de Estudios Latinoamericanos "Rómulo Gallegos" de la Universidad
Católica Andrés Bello y ha colaborado con poesías a las revistas
literarias Rastros, Hojas de Calicanto, Nuevo América, Ideal y
Resumen Literario El Puente. En la actualidad reside en Miami.

Poet
  She received her secondary education at the Ruston Academy
in Havana and received a licentiate in letters degree from the Andrés
Bello Catholic University in Caracas. Venezuela has been the place
where she has produced most of her literary work. In 1975, and
again in 1978, she received first prize for poetry from the Andrés
Bello Catholic University. In 1979 she was awarded an honorable
mention for her work "Campo Raso" in the XII Annual Literary Competition of the University of Carabobo. She participated in the literary workshops of the Rómulo Gallegos Center for Latin American
Studies of the Andrés Bello Catholic University and has contributed
poetry to such literary journals as Rastros, Hojas de Calicanto,
Nueva América, Ideal, and Resumen Literario El Puente. She currently resides in Miami.

Bibliografía de libros publicados fuera de Cuba

Península. Washington: Ediciones Solar, 1977.
Mundo de aire. Miami: Ediciones Solar, 1978.

INCLAN, JOSEFA

n. 27 XII 1923, La Habana (La Habana)

Ensayista; educadora
Terminó sus estudios secundarios en el Instituto de La Habana. Se doctoró en filosofía y letras en la Universidad de La Habana. Desempeñó cargos docentes en Cuba y en el exterior entre 1943 y 1951, incluso pasó un año en el New Jersey College for Women de la Universidad de Rutgers. De 1956 a 1957 fue Profesora de Literatura Hispánica en Ladycliff College de Nueva York. En 1959 se radicó en Miami. Ha enseñado en la Universidad de Miami y en Miami-Dade Community College. Actualmente es Profesora de Literatura Hispánica en la Universidad de Denison.

Essayist; educator
She received her secondary education at the Havana Institute and completed a doctorate in philosophy and letters at the University of Havana. From 1943 to 1951 she held teaching positions both in Cuba and abroad, including one year at the New Jersey College for Women at Rutgers University. From 1956 to 1957 she was professor of Hispanic literature at Ladycliff College, New York. In 1959 she settled in Miami and taught at the University of Miami and Miami-Dade Community College. She is currently professor of Hispanic literature at Denison University.

Bibliografía de libros publicados fuera de Cuba

Nuestro Gustavo Adolfo Bécquer. Miami: Ediciones Universal, 1970.
Cuba en el destierro de Juan J. Remos. Miami: Ediciones Universal, 1971.
En la calenda de Noviembre. Madrid: Plaza Mayor Libre, 1973.
Una carta de Martí. Miami: 1976.
Ayapá y otras Otán Iyebiyé de Lydia Cabrera. Miami: Ediciones Universal, 1976.
Viajando por la Cuba que fue libre. Miami: Ediciones Universal, 1977.
En torno a "Itinerarios del insomnio: Trinidad de Cuba" de Lydia Cabrera. Miami: 1978.
Carmen Conde y el mar. Miami: Ediciones Universal, 1980.

Crítica

Cuba en el destierro de Juan J. Remos
Diario Las Américas (6/6/71), p. 5
Círculo III (Verano 1971), p. 107

ISAMAT Y DIAZ DE CABRERA, AURELIO JOSE MIGUEL (INFANTE DE AMPURIAS)

n. 5 IX 1947, La Habana (La Habana)

Poeta, cuentista
Miembro de una distinguida familia habanera la que, habiendo

sufrido persecuciones políticas, salió al destierro en 1961. Terminó su educación en Biscayne College donde obtuvo el grado de Bachelor of Arts en 1970. Posteriormente hizo estudios en la Universidad de Miami. Aunque se ha dedicado mayormente a la poesía y ha escrito gran número de poemas de diversa índole tales como odas, epopeyas, romances, y sonetos, también ha cultivado el cuento, la crítica literaria y ha escrito tratados de filosofía. La mayoría de su obra ha quedado inédita. Es miembro honorario de la Academia y Universidad Internacional Filobizantina.

Poet, short-story writer
    Member of a distinguished family which, having undergone political persecution, left Cuba for the United States in 1961. He received a bachelor's degree from Biscayne College in 1970 and later studied at the University of Miami. Although he has largely concerned himself with poetry and has specialized in the ode, the epic, the romance, and the sonnet, he has also cultivated the short story and literary criticism, and has written philosophical treatises. Most of his work is unpublished. He is a member of the International Philo-Byzantine Academy and University.

Bibliografía de libros publicados fuera de Cuba

Miscelánea. Miami: s.n., 1972.
Anforas de ónix. Miami: s.n., 1981.
Gemas. Miami: s.n., 1983.

ISERN CORDERO, JOSE

        n. 23 XII 1901, Sancti Spíritus (Las Villas)
        m. 16 XI 1975, Virginia Gardens (Florida), EE.UU.

Poeta; abogado, periodista, maestro
    Fue maestro de instrucción pública en 1923. Se doctoró en derecho en la Universidad de La Habana en 1930. Durante muchos años escribió una columna semanal para Carteles. Escribió también para los periódicos Pueblo y El Mundo. Después de salir de Cuba y radicarse en Miami en 1962, trabajó como traductor y escritor para una casa editorial. También fue jefe de redacción de Mecánica Popular.

Poet; lawyer, journalist, teacher
    He was a public school teacher in 1923. In 1930 he received a doctorate in law from the University of Havana. For many years he wrote a weekly column for Carteles magazine and also wrote for such newspapers as Pueblo and El Mundo. After leaving Cuba and settling in Miami in 1962, he worked as a writer/translator for a publishing company. He was also chief editor of Mecánica Popular.

Bibliografïa de libros publicados fuera de Cuba

Pioneros cubanos en la Florida. Miami: 1971.
Obispos cubanos en Luisiana y las Floridas. Miami: Editorial AIP,
1973.
Trofeos bïblicos. Miami: Editorial AIP, 1973.
Gobernadores cubanos de la Florida. Miami: Editorial AIP, 1974.

ISLAS, MAYA véase/see VALDIVIA ISLA, OMARA DE LA CARIDAD

ITURRALDE, IRAIDA

Poetisa; editora
Fue editora de la revista literaria Românica publicada por la
Universidad de Nueva York. Se le otorgó una beca Cintas para el
año 1982-1983. En la actualidad vive en el estado de Nuevo Jersey.

Poet; editor
She was editor of the literary journal Românica, published by
New York University. She was awarded a Cintas fellowship for
creative writing for 1982-1983. She currently resides in New Jersey.

Bibliografïa de libros publicados fuera de Cuba

Hubo la viola. Hoboken, N.J.: Contra Viento y Marea Editores,
1979.

JIMENEZ, JOSE OLIVIO

n. 29 X 1926, Santa Clara (Las Villas)

Crïtico, ensayista, antologista; educador
Cursó el bachillerato en el Instituto de Segunda Enseñanza
de Santa Clara. Se doctoró en filosofïa y letras en la Universidad
de La Habana en 1952, y en la Universidad de Madrid en 1955. El
mismo año recibió un tïtulo en filologïa hispânica en la Universidad
de Salamanca. Enseñó en la Universidad Católica de Santo Tomâs
de Villanueva desde 1956 hasta su salida del païs en 1960. Se
radicó en Nueva York. En 1962 tomó un cargo docente en Hunter
College de la Universidad de la Ciudad de Nueva York, puesto que
todavïa ocupa. Ha contribuido con artïculos de crïtica a muchas
revistas literarias de Europa y América.

Critic, essayist, anthologist; educator
He received his secondary education at the Santa Clara

Institute. In 1952 he received a doctorate in humanities from the University of Havana and in 1955 the same degree from the University of Madrid. He also received a degree in Hispanic philology from the University of Salamanca in 1955. He taught at the Catholic University of Saint Thomas of Villanueva from 1956 until he left the country for exile in 1960. After settling in New York, he joined the faculty of Hunter College of the City University of New York where he still teaches. He has contributed literary criticism to numerous journals in Europe, the United States, and Latin America.

Bibliografía de libros publicados fuera de Cuba

Cinco poetas del tiempo: Vicente Aleixandre, Luis Cernuda, José Hierro, Carlos Bousoño, Francisco Brines. Madrid: Insula, 1964.

Cien de las mejores poesías hispanoamericanas. Nueva York: Las Américas Publishing Co., 1965.

Estudios sobre poesía cubana contemporánea: Regino Boti, Agustín Acosta, Eugenio Florit, Angel Gaztelu, Roberto Fernández Retamar. Nueva York: Las Américas Publishing Co., 1967.

La poesía hispanoamericana desde el modernismo. New York: Appleton-Century-Crofts, 1968. (coeditor)

Antología de la poesía hispanoamericana contemporánea, 1914-1970. Madrid: Alianza Editorial, 1971.

Cinco poetas del tiempo: Vicente Aleixandre, Luis Cernuda, José Hierro, Carlos Bousoño, Francisco Brines. 2ª ed. Madrid: Insula, 1972.

Diez años de poesía española: 1960-1970. Madrid: Insula, 1972.

Grandes poetas de Hispanoamérica del siglo XV al XX. Madrid: Alianza Editorial, 1972.

Antología de la poesía hispanoamericana contemporánea, 1914-1970. 2ª ed. Madrid: Alianza Editorial, 1973.

José Martí. Prosa escogida. Madrid: Magisterio Español, 1975.

Estudios críticos sobre la prosa modernista hispanoamericana. Nueva York: Eliseo Torres, 1975.

Antología crítica de la prosa modernista hispanoamericana. Nueva York: Eliseo Torres, 1976. (coeditor)

Antología de la poesía hispanoamericana contemporánea, 1914-1970. 3ª ed. Madrid: Alianza Editorial, 1977.

Rubén Darío. Cuentos fantásticos. Madrid: Alianza Editorial, 1977.

Antología de la poesía hispanoamericana contemporánea, 1914-1970. 4ª ed. Madrid: Alianza Editorial, 1978.

El simbolismo. Madrid: Editorial Taurus, 1979.

José Martí, poesía y existencia. Ciudad de México: Oasis, 1983.

Crítica

Cinco poetas del tiempo: Vicente Aleixandre, Luis Cernuda, José Hierro, Carlos Bousoño, Francisco Brines
Hispania v. 49:890, No. 4 (12/66)
Hispanic Review v. 43, No. 4 (Autumn 1975), p. 443

Estudios sobre poesía cubana contemporánea: Regino Boti, Agustín
Acosta, Eugenio Florit, Angel Gaztelu, Roberto Fernández
Retamar
    Revista Iberoamericana No. 66 (Julio-Dic. 1968), p. 384
    Hispania v. 52:971, No. 4 (12/69)
La poesía hispanoamericana desde el modernismo
    Revista Interamericana de Bibliografía v. 20 (1970), p.
    340
Diez años de poesía española, 1960-1970
    Hispanic Review v. 43, No. 4 (Autumn 1975), p. 443
    Hispania v. 58:227, No. 1 (3/75)
Estudios críticos sobre la poesía modernista hispanoamericana
    Revista Iberoamericana v. 42, No. 96-97 (Julio-Dic. 1976),
    p. 629
    Hispania v. 60:170, No. 1 (3/77)
Antología crítica de la prosa modernista hispanoamericana
    Hispania v. 60:1027, No. 4 (12/77)
José Martí. Prosa escogida
    Hispania v. 60:174, No. 1 (3/77)
Antología de la poesía hispanoamericana contemporánea, 1914-1970
    Revista Interamericana de Bibliografía v. 22, No. 4
    (1972), p. 429
    Hispania v. 55:388, No. 2 (5/72)
El simbolismo
    Revista Iberoamericana v. 46, No. 112-113 (Julio-Dic.
    1980), p. 675

JIMENEZ, LUIS A.

    n. 1944, Camagüey (Camagüey)

Ensayista; educador
    Cursó estudios de bachillerato en el Instituto de Camagüey.
Obtuvo el grado de Master of Arts en la Universidad de Carolina
del Norte y el doctorado en la Universidad de Johns Hopkins. Ha
enseñado lengua y literatura españolas en la Universidad de Val-
paraíso en Indiana.

Essayist; educator
    He received his secondary education at the Camagüey Insti-
tute. He received a master's degree from the University of North
Carolina and a doctorate from Johns Hopkins University. He has
taught Spanish language and literature at Valparaiso University in
Indiana.

Bibliografía de libros publicados fuera de Cuba

Julián del Casal: estudios críticos sobre su obra. Miami: Ediciones
    Universal, 1974. (coautor)

Crítica

Julián del Casal: estudios críticos sobre su obra
   Revista Iberoamericana v. 42, No. 94 (Enero-Marzo 1976),
   p. 151

JIMENEZ, RENE A.

   n. 1906, La Habana (La Habana)

Cuentista; periodista
   Trabajó como periodista en La Habana y Santiago hasta
marcharse del país. Fijó residencia en Miami después de vivir unos
años en Nueva York.

Short-story writer; journalist
   He worked as a journalist in Havana and Santiago until going
into exile. After living for a time in New York, he settled in Miami.

Bibliografía de libros publicados fuera de Cuba

Reminiscencias cubanas. Miami: Ediciones Universal, 1977.
Siete cuentos cubanos. Miami: A.A. Abbott Corp., s.f.

JIMENEZ, REYNALDO LUIS

   n. 13 VII 1946, La Habana (La Habana)

Ensayista; educador
   Recibió los grados de Bachelor of Arts (1969) y Master of
Arts (1970) en la Universidad de Illinois, doctorándose en 1974.
Ha enseñado en la Universidad de Illinois (1972-1974), la Univer-
sidad Estatal de Ohio (1974-1981) y desde 1981, en la Universidad
de la Florida.

Essayist; educator
   He received bachelor's and master's degrees from the University of Illinois in 1969 and 1970, respectively, and a doctorate in
1974. He has taught at the University of Illinois (1972-1974), Ohio
State University (1974-1981), and at the University of Florida since
1981.

Bibliografía de libros publicados fuera de Cuba

Guillermo Cabrera Infante y Tres Tristes Tigres. Miami: Ediciones
   Universal, 1976.

Crítica

Guillermo Cabrera Infante y Tres Tristes Tigres
          Chasquí v. 9, No. 2-3 (Feb.-Mayo 1980), p. 82
          Hispania v. 62:188, No. 1 (3/79)

JIMENEZ PINEDA, ONILDA ANGELICA

     n. 24 XII 1930, Fomento (Las Villas)

Ensayista; educadora
     Hizo estudios de bachillerato en el Instituto del Vedado,
graduándose en 1948. Recibió una licenciatura en derecho en la
Universidad de La Habana en 1954 y el doctorado en filosofía y
letras de la misma institución académica en 1955. Al marcharse al
exilio, en 1964, se radicó en Estados Unidos. Obtuvo el grado de
Master of Arts en la Universidad de Columbia en 1968 y el doctorado
en la Universidad de Nueva York en 1979. Desde 1968 enseña español en Jersey City State College. Ha colaborado en Círculo:
revista de cultura y Noticias de Arte.

Essayist; educator
     She completed her secondary education at the Vedado Institute
in 1948. In 1954 she received a licentiate in law from the University of Havana and a doctorate in humanities the following year.
Upon going into exile, in 1964, she settled in the United States.
She received a master's degree from Columbia University in 1968
and a doctorate from New York University in 1979. She has been
teaching Spanish at Jersey City State College since 1968. She has
contributed articles to such publications as Círculo: revista de
cultura and Noticias de Arte.

Bibliografía de libros publicados fuera de Cuba

La crítica literaria en la obra de Gabriela Mistral. Miami: Ediciones
     Universal, 1982.

Crítica

La crítica literaria en la obra de Gabriela Mistral
          Círculo XIV (1985)

KOZER, JOSE

     n. 28 III 1940, La Habana (La Habana)

Poeta, cuentista, ensayista; educador
     Cursó el bachillerato en el Instituto Edison y estudió dos años

de derecho en la Universidad de La Habana antes de salir de Cuba en 1960. Desde entonces reside en Nueva York. Se graduó en la Universidad de Nueva York en 1965 con el grado de Bachelor of Arts. Obtuvo el grado de Master of Arts en Queens College en 1967. Desde 1965 enseña español y portugués en Queens College. Ha publicado diversos ensayos críticos sobre Graciliano Ramos, José Lins do Rego, Juan Rulfo, Nicanor Parra, y sobre la nueva poesía hispanoamericana en Estados Unidos. Sus poesías, cuentos y ensayos han aparecido en tales revistas literarias como El Corno Emplumado, Revista de la U.N.A.M., Eco, Camp de l'Arpa, Papeles, Nimrod, Hipótesis, El Urogallo, y Chasquí.

Poet, short-story writer, essayist; educator

He received his secondary education at the Edison Institute in Havana and studied law for two years at the University of Havana prior to leaving Cuba in 1960. From that time on he has lived in New York. He received a bachelor's degree from New York University in 1965 and a master's degree from Queens College in 1967. He has taught Portuguese and Spanish at Queens College since 1965 and has published critical essays on Gracilianos Ramos, José Lins do Rego, Juan Rulfo, Nicanor Parra, and on recent Hispanic poetry in the United States. His poetry, short stories, and essays have appeared in such literary journals as El Corno Emplumado, Revista de la U.N.A.M., Eco, Camp de l'Arpa, Papeles de Son Armadans, Papeles, Nimrod, Hipótesis, El Urogallo, y Chasquí.

Bibliografía de libros publicados fuera de Cuba

Padres y otras profesiones. Nueva York: Editorial Villa Miseria, 1972.
De Chepén a La Habana. Nueva York: Bayú-Menoráh, 1973. (coautor)
Poemas de Guadelupe. Buenos Aires: Por la poesía, 1973.
Poemas de Guadelupe. 2ª ed. Buenos Aires: Por la poesía, 1974.
Este judío de números y letras. Tenerife: Editorial Nuestro Arte, 1975.
Y así tomaron posesión en las ciudades. Barcelona: Editorial Ambito Literario, 1978.
Y así tomaron posesión en las ciudades. 2ª ed. México: Editorial Universidad Nacional Autónoma de México, 1979.
La rueca de los semblantes. León, España: Instituto Fray Bartolomé Sahagún, 1980.
Jarrón de las abreviaturas. México: Premia Editora, 1980.
Nueve láminas (glorieta). México: La Máquina de Escribir, 1980.
Antología breve. Santo Domingo: Editorial Luna Cabeza Caliente, 1981.
The ark upon the number. Merrick, N.Y.: Cross-Cultural Communications, 1982.
Bajo este cien. México: Fondo de Cultura Económica, 1983.

Crítica

Padres y otras profesiones
     Envíos No. 5 (1973), p. 40
De Chepén a La Habana
     Poesía Hispánica No. 252 (12/73), p. 92
     Cuadernos Hispanoamericanos No. 301 (7/75), p. 251
Este judío de números y letras
     Arbol de Fuego No. 107 (2/77), p. 20
Y así tomaron posesión en las ciudades
     Vuelta No. 45 (8/80), p. 43
     Zona Franca año V, No. 30/31 (Julio-Oct. 1982), p. 81
La rueca de los semblantes
     Hora de Poesía No. 13 (Enero/Feb. 1980), p. 31

KRIEGHOFF, MARIA LUISA

    n. 18 IX 1939, Vedado (La Habana)

Poetisa
    Se recibió de Bachiller en Ciencias y Letras en 1956 en el
Colegio Teresiano. Estudió en la Universidad de La Habana.
Trabajó como secretaria trilingüe hasta marcharse al exilio en 1960.
En Miami ha tenido varios puestos--secretaria, maestra de escuela
primaria, ejecutivo de una empresa de bienes raíces, profesora de
idiomas, y dueño de un servicio de traducciones. Se graduó en
Miami-Dade Community College en 1969.

Poet
    She received her secondary education at the Colegio Teresiano,
from which she graduated in 1956. After studying for a time at the
University of Havana, she worked as a trilingual secretary until
going into exile in 1960. She settled in Miami where she has held
a number of positions--secretary, elementary school teacher, real
estate executive, language teacher, and owner of a translating
service. In 1969 she graduated from Miami-Dade Community College.

Bibliografía de libros publicados fuera de Cuba

Lira poética. Miami: s.n., 1971.

LABRADOR RUIZ, ENRIQUE

    n. 11 V 1902, Sagua la Grande (Las Villas)

Novelista, cuentista, poeta, ensayista; periodista
    Cursó sexto grado. A la edad de 20 años inició su carrera

periodística. Colaboró con muchos periódicos y revistas habaneros. Recorrió el país como viajero comercial. En 1933 publicó su primera novela gaseiforme, Laberinto, la cual, junto con Cresival (1936) y Anteo (1940), habría de formar una trilogía. En 1946 Conejito Ulán, "novelín neblinoso," ganó el Premio Hernández-Catá. En 1950 Labrador Ruiz ganó el Premio Nacional de Novela con La Sangre Hambrienta, y en 1951 se le otorgó el premio periodístico Juan Gualberto Gómez del Colegio Nacional de Periodistas. Con la colección de narraciones, El gallo en el espejo, inició la "cuentería cubiche." Ha colaborado en un sinnúmero de revistas literarias tanto dentro como fuera de Cuba. Después de ocupar cargos en el gobierno revolucionario a partir de 1959, se decepcionó y se marchó al exilio, radicándose en Miami. En 1979 el Congreso de Literatura Cubana celebró una serie de conferencias en la Universidad Internacional de la Florida en torno a la obra literaria de Labrador Ruiz.

Novelist, short-story writer, poet, essayist; journalist
     His education ended at the sixth grade after which he was self-taught. At the age of twenty he began his career as a journalist and wrote for many magazines and newspapers in Havana. He also traveled throughout the island as a salesman. In 1933 he published his first "gaseiform" novel, Laberinto, which with Cresival (1936) and Anteo (1940) would form a trilogy. In 1946 Conejito Ulán, a "novelín neblinoso," won the Hernández-Catá Prize. In 1950 Labrador Ruiz won the National Prize for the Novel with La Sangre Hambrienta, and in 1951 the Juan Gualberto Gómez Journalism Prize from the National College of Journalists. With his collection of short stories El gallo en el espejo, he began his "cuentería cubiche" style. He has published numerous articles in literary journals both in Cuba and abroad. After initially holding posts in the revolutionary government, after 1959 he became disillusioned with the policy the government had taken and went into exile, settling in Miami. In 1979 the Congress of Cuban Literature offered a series of lectures and discussions at Florida International University on the work of Labrador Ruiz.

Bibliografía de libros publicados fuera de Cuba

La sangre hambrienta. México: Ediciones Nuevo Mundo, 1959.
Carne de quimera. Miami: SIBI, 1983.
El laberinto de sí mismo. Nueva York: Senda Nueva de Ediciones, 1983.

Crítica

Molinero, Rita. La narrativa de Enrique Labrador Ruiz. Madrid: Playor, 1977.
Homenaje a Enrique Labrador Ruiz. Nueva York: Senda Nueva de Ediciones, 1981.

LAMADRID, LUCAS

n. 10 I 1919, La Habana (La Habana)

Poeta; abogado, oficial militar
Cursó estudios de bachillerato en el Colegio Belén. Se doctoró en leyes en la Universidad de La Habana en 1940. Ejerció como abogado en el Servicio Jurídico del Ejército Cubano desde 1940 a 1958. Salió al exilio en 1959, trasladándose a Miami. Cursó un programa de supervisión en Miami-Dade Community College en 1964 y desde el mismo año ha trabajado como supervisor de almacén en Miami.

Poet; lawyer, military officer
He completed his secondary education at the Colegio Belén and received a doctorate in law from the University of Havana in 1940. He was an officer in the Judge Advocate General Corps of the Cuban army from 1940 to 1958. He left Cuba for exile in 1959 and settled in Miami. After completing a program in supervisory management in Miami-Dade Community College in 1964, he took a position as a warehouse supervisor in Miami.

Bibliografía de libros publicados fuera de Cuba

Canto de dos caminos; antología mínima. Barcelona: Artes Gráficas Medinaceli, 1977.
Poesía compartida; ocho poetas cubanos. (edición conjunta) Miami: Ultra Graphics Corp., 1980.

Crítica

Poesía compartida: ocho poetas cubanos
        Hispania v. 66:443, No. 3 (9/83)

LANDA, RENE GABRIEL

n. 2 XII 1922, La Habana (La Habana)

Novelista; abogado, educador
Se doctoró en derecho y en ciencias sociales en la Universidad de La Habana. Se graduó en derecho en la Universidad de La Florida. Fue profesor de español en Blackburn College desde 1963 a 1967 y, a partir del mismo año, en New England College. Su novela, Entre el Todo y la Nada, fue finalista en el certamen Premio Nadal de 1975.

Novelist; lawyer, educator
He received doctorates in law and social sciences from the University of Havana. He also studied law at the University of

Florida. From 1963 to 1967 he taught Spanish at Blackburn College and, beginning in 1967, at New England College. His novel, Entre el Todo y la Nada, was a finalist in the Nadal Prize literary competition for 1975.

Bibliografía de libros publicados fuera de Cuba

De buena cepa. Miami: Ediciones Universal, 1967.
Entre el todo y la nada. Miami: Ediciones Universal, 1976.

Crítica

De buena cepa
        Hispania v. 58:284 (1975)
Entre el todo y la nada
        Booklist v. 75:364 (15/10/78)

LAZARO, FELIPE véase/see ALVAREZ ALFONSO, FELIPE

LEANTE MAGALONI, CESAR EUGENIO

    n. 1 VIII 1928, Matanzas (Matanzas)

Novelista; cuentista; periodista, guionista
        Desde 1950 a 1959 fue guionista radial y de televisión. Fue jefe de servicios especiales de la agencia de noticias Prensa Latina y periodista del diario Revolución. Prestó servicios como Agregado Cultural de la embajada de Cuba en París. Ocupó el cargo de Secretario de Relaciones Públicas de la Unión de Escritores y Artistas de Cuba. Desempeñó el puesto de Asesor Nacional de Literatura del Ministerio de Cultura hasta 1981 cuando, durante un vuelo de Cuba a Bulgaria, se aprovechó de una escala que hizo el avión en Madrid para fugarse y pedir asilo político a las autoridades españolas. En la actualidad reside en España donde dirige una casa editorial. Literariamente, pertenece a la generación que se agrupó en torno a la revista Lunes de Revolución. Ha colaborado con tales revistas literarias como Cuadernos Hispanoamericanos, La Nueva Estafeta, Insula, y Cuadernos Americanos.

Novelist, short-story writer; journalist, script-writer
        From 1950 to 1959 he was a radio and television script-writer. With the advent of the Revolution, he held such positions as chief of special services of the "Prensa Latina" news agency, journalist for the newspaper Revolución, cultural attaché of the Cuban embassy in Paris, and public relations secretary of the Cuban Artists and Writers Union. He served as National Literary Consultant in the ministry of Culture until 1981 when, during a stopover in Madrid

on a flight from Cuba to Bulgaria, he sought political asylum. At
the present time he lives in Spain where he heads a publishing
house. From a literary standpoint, Leante can be said to belong
to the group that was associated with the journal Lunes de Revolución. He has written for such literary journals as Cuadernos
Hispanoamericanos, La Nueva Estafeta, Insula, and Cuadernos
Americanos.

Bibliografía de libros publicados fuera de Cuba

Capitán de cimarrones. Barcelona: Argos Vergara, 1982.

Crítica

Capitán de Cimarrones
        Américas (Sept./Oct. 1982), p. 63
        Cuadernos Hispanoamericanos No. 398 (8/83)
        Insula No. 433 (12/82)
        Mundo Negro (Agost./Sep. 1982)
        Reseña (Mayo/Junio 1982)

LEON, RENE

    n. 1935, La Habana (La Habana)

Poeta, ensayista
    Obtuvo el grado de Master of Arts en Winthrop College. Ha
colaborado con artículos y poemas en Diario Las Américas y Spanish
Today.

Poet, essayist
    He received a master's degree from Winthrop College. He
has contributed articles and poetry to Diario Las Américas and
Spanish Today.

Bibliografía de libros publicados fuera de Cuba

Bibliografía sobre Lydia Cabrera. Miami: s.n., 1977.
La poesía negra de José Sánchez-Boudy. Miami: Ediciones Universal,
    1977.

LEON HILL, ELADIA

Ensayista; educadora
    Se doctoró en filosofía y letras en la Universidad de La Habana
y después de radicarse en Estados Unidos, se doctoró en la Universidad de Iowa. En la actualidad es Profesora Asociada de Español
en Texas A & I University.

Essayist; educator
   She received a doctorate in humanities from the University of
Havana. After settling in the United States, she received another
doctorate from the University of Iowa. She is currently associate
professor of Spanish at Texas A & I University.

Bibliografîa de libros publicados fuera de Cuba

Miguel Angel Asturias: lo ancestral en su obra literaria. Nueva
   York: Eliseo Torres, 1972.
Clarivigilia Primaveral y otras poesîas de Miguel Angel Asturias.
   Paris: Editions Klincksiek, 1979.

LE RIVEREND BRUZONE, PABLO

   n. 25 II 1907, Montevideo, Uruguay

Poeta, cuentista; periodista, ejecutivo, educador
   Nació en Montevideo, hijo del cónsul cubano en dicha ciudad.
Cursó el bachillerato en el Instituto de Segunda Enseñanza de La
Habana e hizo estudios de administración pública en la Universidad
de La Habana. Ha sido funcionario del Ministerio de Hacienda,
editor, y gerente de imprenta, actividad a la que ha dedicado la
mayor parte de su vida. Después de su llegada a Estados Unidos
en 1962, ejerció la docencia en Heidelberg College de Tiffin, Ohio,
donde fue profesor auxiliar de español hasta su jubilación. Su
labor literaria es extensa, representada mayormente por la poesîa
y el cuento. Ha colaborado en las revistas Bohemia, Cuadernos
Desterrados, e Indice. Su obra poética ha sido premiada en Cuba,
Estados Unidos, y España.

Poet, short-story writer; journalist, executive, educator
   He was born in Montevideo where his father was the Cuban
consul. After completing secondary studies at the Institute of
Secondary Education in Havana, he studied public administration
at the University of Havana. He held positions in the Ministry of
Finance, worked as an editor, and as an executive in the printing
industry, this last position occupying the largest portion of his
career. After his arrival in the United States in 1962, he taught
Spanish at Heidelberg College in Tiffin, Ohio, where he held the
rank of assistant professor at the time of his retirement. His literary output is considerable, comprised largely of poetry and short
stories. Among the journals to which he has contributed are
Bohemia, Cuadernos Desterrados, and Indice. His poetry has won
awards in Cuba, the United States, and Spain.

Bibliografîa de libros publicados fuera de Cuba

Glosas martianas. Cielo de piedra. Miami: 1963.

Cantos del dilatado olvido. s.l., s.n., 1964.
Pena trillada. Miami: s.n., 1968.
La estrella sobre la llaga. Tiffin, Ohio: Heidelberg College, 1970.
La alegría sin quehacer. Tiffin, Ohio: Heidelberg College, 1971.
Minutos en mi quedados. Tiffin, Ohio: Heidelberg College, 1971.
Reductos de algodón. Tiffin, Ohio: Heidelberg College, 1971.
Sílabas inútiles. Tiffin, Ohio: Heidelberg College, 1972.
Por más señas, 1962-1973. Newark, N.J.: s.n., 1974.
Grafito de Newark. Newark, N.J.: Intramuros, 1975.
El tiempo sobre las voces y el silencio. Newark, N.J.: s.n., 1975.
Donde sudan mis labios. Barcelona: Rondas, 1976.
Un aliento de poros. Barcelona: Rondas, 1977.
Ir tolerando el látigo del tiempo. Hoboken, N.J.: Ediciones Contra
    Viento y Marea, 1978.
Por más señas, 1973-1978. Barcelona: Rondas, 1978.
Jaula de sombras. Barcelona: Rondas, 1978.
Los ojos trepanados. Barcelona: Rondas, 1978.
De un doble. Barcelona: Rondas, 1979.
Con una salvedad congruente. Barcelona: Rondas, 1979.
Hijo de Cuba, me llamo Pablo: antología de primera intención (1962-
    1980). Barcelona: Rondas, 1980.
Póstumo, relativamente. Newark, N.J.: s.n., 1982.
Ir tolerando el látigo del tiempo. Newark, N.J.: Editorial Q-21,
    1983.
Colectivo de poetas Q-21 (edición de Le Riverend). Newark, N.J.:
    Editorial Q-21, 1983.

Crítica

Por más señas, 1962-1973.
    Círculo IV (1973-1974), p. 187-189

LEYVA UGARRIZA, RENE ARMANDO

    n. 18 VII 1913, Gíbara (Oriente)

Poeta; abogado, periodista
    Se graduó de abogado en la Universidad de La Habana en 1940
y de periodista en la Escuela de Periodismo "Manuel Márquez Sterling." Fue jefe de redacción del semanario Resumen y jefe de información del diario Avance hasta que fueron clausurados por el
gobierno revolucionario en 1960. Ocupó un cargo en la Dirección
de Cultura del Ministerio de Educación. En 1960 se marchó al
exilio, radicándose en Miami después de breves estancias en Caracas
y Santo Domingo. En Miami trabajó como jefe de información de
Avance en el Exilio, redactor de la agencia periodística AIP, y jefe
de información del semanario El Crisol y del diario El Día. En Car-
cas fue editor del diario Ultimas Noticias, y en Santo Domingo jefe
de información de El Tiempo.

Poet; lawyer, journalist

He graduated from the University of Havana in 1940 with a degree in law and from the Manuel Márquez Sterling School of Journalism. He was chief editor of the weekly Resumen and director of information of Avance until both were shut down by the revolutionary government in 1960. He held a position in the Office of Culture of the Ministry of Education. In 1960 he went into exile, settling in Miami after short stays in Caracas and Santo Domingo. In Miami he worked as director of information for Avance en el Exilio, as editor of the news agency AIP, and as director of information for the weekly El Crisol and the daily El Día. In Caracas he was editor of Ultimas Noticias and in Santo Domingo director of information for El Tiempo.

Bibliografía de libros publicados fuera de Cuba

Trajectoria de Martí. Miami: Editorial AIP, 1967.

LI-AN-SU véase/see SUAREZ DE FOX, OFELIA

LIMA, ROBERT F.

n. 7 XI 1935, La Habana (La Habana)

Poeta, ensayista; educador

Recibió los grados de Bachelor of Arts y Master of Arts en la Universidad de Villanova en 1957 y 1961, respectivamente, doctorándose en la Universidad de Nueva York en 1968. Enseñó español en Hunter College desde 1962 a 1965, pasando luego a la Universidad Estatal de Pensilvania donde actualmente tiene el rango de Profesor de Español y Literatura Comparada. Se le otorgó una beca Cintas en 1971 para poesía. En el año lectivo 1976-1977 fue profesor invitado en la Universidad Católica de Lima, Perú.

Poet, essayist; educator

He received bachelor's and master's degrees from Villanova University in 1957 and 1961, respectively, and a doctorate from New York University in 1968. From 1962 to 1965 he taught at Hunter College CUNY. Since 1965 he has been teaching at Pennsylvania State University, where he is professor of Spanish and comparative literature. He was awarded a Cintas Fellowship for poetry in 1971. He spent the 1976-77 academic year as a visiting professor at the Catholic University of Lima, Peru.

Bibliografía de libros publicados fuera de Cuba

The theatre of García Lorca. Nueva York: Las Américas Publishing Company, 1963.

Ramón del Valle-Inclán. New York: Columbia University Press, 1972.
An annotated bibliography of Ramón del Valle-Inclán. University Park, Pa.: Pennsylvania State University Libraries, 1972.
Poems of exile and alienation. Millville, Minn.: Anvil Press, 1976.
Fathoms. State College, Pa.: Carnation Press, 1981.

LINARES LANUEZ, MANUEL

n. 14 XI 1909

Novelista, cuentista
Completó estudios primarios. Trabajó como telegrafista de los ferrocarriles hasta 1953 cuando se trasladó a La Habana para trabajar en las revistas Bohemia y Carteles y en programas de radio y televisión. Mientras trabajaba, escribía incansablemente. En 1962 se vió forzado a abandonar el país por motivos políticos y fue a Estados Unidos, radicándose en Frederick, Maryland. Reanudó su labor literaria y ganó premios por sus novelas Los Ferrández y Cuando vive la ilusión, y por sus cuentos "Memorias de Bolo Gras" y "Los Rivero." Otros muchos cuentos y novelas suyos han sido finalistas en varios concursos literarios. Su producción novelística asciende a 42 de las cuales cinco han sido publicadas; las demás han quedado inéditas.

Novelist, short-story writer
His education ended at the sixth grade level. After working for many years as a railroad telegrapher, he went to Havana in 1953 to work for Bohemia and Carteles magazines, as well as in radio and television. While earning his living he wrote unceasingly. In 1962 he left the country for politican reasons and settled in Frederick, Maryland. He continued writing and won awards for his novels Los Ferrández and Cuando vive la ilusión, as well as for his short stories "Memorias de Bolo Gras" and "Los Rivero." Many of his other novels and short stories have been finalists in literary competitions. He has written a total of 42 novels, of which five have been published.

Bibliografía de libros publicados fuera de Cuba

Los Ferrández. Barcelona: Editorial Manucci, 1965.
Cuando vive la ilusión. Barcelona: Seix Barral, 1974.
¿Ha muerto la humanidad? New York: Gordon, 1976.
Sam. Miami: Editor's Printing, 1976.
Una novela para reir y para pensar. Miami: Editorial Arturo, 1978.

Crítica

Los Ferrández
        Círculo II (Invierno 1970), p. 52-53

LINARES PEREZ, MARTA

n. 18 VI 1922, La Habana (La Habana)

Ensayista; educadora
Cursó estudios de bachillerato en el Instituto de Segunda Enseñanza de La Habana. Se doctoró en filosofía y letras en la Universidad de La Habana. Fue profesora de francés en el Instituto de Idiomas, anexo a la Facultad de Filosofía y Letras de la Universidad de La Habana. Se desempeñó como profesora de francés en la Escuela Normal de Matanzas y como profesora de francés y español en el Colegio del Sagrado Corazón de La Habana. Se marchó al exilio en 1960. Recibió el grado de Master of Arts en la Universidad de la Florida y se doctoró en lenguas modernas en Middlebury College (Vermont). Actualmente enseña lengua y literatura españolas en la Universidad de Jacksonville donde tiene el rango de profesora titular.

Essayist; educator
She completed studies at the Institute of Secondary Education in Havana and later received a doctorate in humanities from the University of Havana. She was a professor of French at the Institute of Languages of the faculty of Philosophy and Letters of the University of Havana. She also taught French at the Normal College in Matanzas and at the Sacred Heart School in Havana. In 1960 she went into exile. She received a master's degree from the University of Florida and a doctorate in modern languages from Middlebury College. She currently teaches Spanish language and literature at Jacksonville University where she holds the rank of professor.

Bibliografía de libros publicados fuera de Cuba

La poesía pura en Cuba y su evolución. Madrid: Editorial Playor, 1975.

LOPEZ, MARTHA V.

n. 23 V 1936, La Habana (La Habana)

Poetisa
Es bachiller en letras. Después de radicarse en Estados Unidos en 1961, cursó literatura en la Universidad de Miami. Actualmente trabaja como contadora.

Poet
She completed her secondary education in Cuba and after settling in the United States in 1961, took courses in literature at the University of Miami. She currently works as an accountant.

Bibliografïa de libros publicados fuera de Cuba

Lágrimas y versos. México: Shegar, s.f.

LOPEZ, PEDRO RAMON

    n. 20 VIII 1945, Santa Clara (Las Villas)

Cuentista; abogado
    Se marchó al exilio en 1961, radicándose en Miami. Obtuvo
los grados de Bachelor of Arts en Florida Atlantic University en
1968, Master of Arts en la Universidad de Miami en 1970 y Juris
Doctor en la Universidad Interamericana de San Germán, Puerto
Rico en 1974. Desde 1975 ejerce la carrera de leyes en Miami donde
tiene bufete. Fundó la revista literaria Nueva Generación en 1965
y fue su redactor hasta 1966. Colabora en varias revistas literarias.

Short-story writer; lawyer
    He went into exile in 1961 and settled in Miami. He received
a bachelor's degree from Florida Atlantic University in 1968, a master's degree from the University of Miami in 1970, and a law degree
from the Inter American University, San Germán, Puerto Rico, in
1974. He has practiced law in Miami since 1975 and is senior part-
ner in his own firm. In 1965 he founded the literary journal Nueva
Generación and was its editor-in-chief until 1966. He contributes
to several literary journals.

Bibliografïa de libros publicados fuera de Cuba

¿Te acuerdas de aquello, Ofi? Madrid: Editorial Playor, 1974.

LOPEZ-CAPESTANY, PABLO A.

    n. 16 X 1917, Placetas (Las Villas)

Novelista, cuentista; abogado, educador
    Se doctoró en leyes en la Universidad de La Habana y se
graduó de periodista en la Escuela Profesional de Periodismo "Manuel
Márquez Sterling." Ocupó el puesto de Abogado de la Aduana de
La Habana desde 1951 a 1961, año en que fue encarcelado por motivos políticos. Después de dos años de presidio, fue puesto en
libertad y abandonó el país. Fue a Estados Unidos, doctorándose
de nuevo en la Universidad de la Florida. Enseñó español en Ursuline College de Louisville, Kentucky, desde 1964 a 1966, en Saint
Leo College de Saint Leo, Florida, desde 1966 a 1970, y en la Universidad de La Florida desde 1972 a 1974. Posteriormente ocupó

el puesto de Coordinador de Escuelas Secundarias en Hialeah. Ha sido premiado en varias ocasiones por su obra literaria. Ganó el premio Continental en 1976 por su cuento "El Fuego," el premio Patronato de Cultura Pro-Cuba en 1977 por la mejor colección de cuentos, y la mención honorífica de la Asociación de Críticos de Arte en 1977 por su cuento "Soledad." Ha contribuido numerosos artículos y cuentos a periódicos y revistas literarias como Diario Las Américas, Revista Unica, Réplica, ABC de las Américas, Cuadernos Hispanoamericanos, y Cuadernos Americanos.

Novelist, short-story writer; lawyer, educator
He received a doctorate in law from the University of Havana and a degree in journalism from the Manuel Márquez Sterling Professional School of Journalism. He held the post of director of the Legal Section of the Customs House of Havana from 1951 to 1961 when he was jailed for political reasons. Upon his release from prison in 1963, he went to the United States. He earned a doctorate from the University of Florida. He taught Spanish at Ursuline College, Louisville, Kentucky, from 1964 to 1966, at Saint Leo College, Saint Leo, Florida, from 1966 to 1970, and at the University of Florida 1972 to 1974. He subsequently held the post of Community School coordinator in Hialeah. He has won awards on several occasions for his literary work--the Continental Prize in 1976 for his short story "El Fuego," the Patronato de Cultura Pro-Cuba Prize in 1977 for the best collection of short stories, and an honorable mention in 1977 from the Association of Art Critics for his short story "Soledad." He has contributed many articles and short stories to such newspapers and literary journals as Diario Las Américas, Revista Unica, Réplica, ABC de las Américas, Cuadernos Hispanoamericanos, and Cuadernos Americanos.

Bibliografía de libros publicados fuera de Cuba

Ayer sin mañana. Miami: Ediciones Universal, 1969.
Arco y flecha. Miami: Pan American Litho, 1979.

LOPEZ GASTON, JOSE RAMON

n. 14 XI 1928, La Habana (La Habana)

Poeta; educador
Se doctoró en filosofía y letras en la Universidad de Santo Tomás de Villanueva en 1955. Enseñó en el Colegio Champagnat de La Habana desde 1951 hasta su salida al exilio en 1962. Inicialmente se radicó en México, trasladándose posteriormente a Estados Unidos. Enseñó en escuelas secundarias en varias ciudades desde 1962 a 1967. Obtuvo el grado de Master of Arts en la Universidad de la Florida en 1967, doctorándose en 1968. Ha enseñado español y francés en Saint Joseph's College, y desde 1972 enseña en New Mexico Highlands University.

Poet, educator
    He received a doctorate in philosophy and letters from Saint
Thomas of Villanueva University in 1955. He taught at the Colegio
Champagnat in Havana from 1951 until his departure for exile in
1962. Settling first in Mexico, he later went to the United States.
From 1962 to 1967 he taught in high schools in several cities. He
received a master's degree from the University of Florida in 1967
and a doctorate in 1968. After teaching French and Spanish at
Saint Joseph's College for several years, he went to New Mexico
Highlands University in 1972 where he still teaches.

Bibliografía de libros publicados fuera de Cuba

El fuego en las cenizas. Zaragoza: Editorial Círculo, s.f.
Los recursos literarios de la poesía de Pedro López de Ayala.
    Miami: Ediciones Universal, 1970.

LOPEZ MORALES, HUMBERTO

    n. 2 XII 1936, La Habana (La Habana)

Lingüista; educador
    Se graduó de Bachiller en Letras en el Colegio de las Escuelas
Pías de Guanabacoa en 1954. Recibió una licenciatura en filosofía
y letras con especialidad lingüístico-literaria en la Universidad de
La Habana en 1958 y el mismo título con especialidad en filología
románica en la Universidad de Madrid en 1960. Se doctoró en la
misma Universidad de Madrid en 1962. Ha tenido una distinguida
carrera académica durante la cual ha enseñado en las universidades
de Madrid, New Hampshire, Texas, Rice, y Puerto Rico. Ha desarrollado una intensa labor en el camp de la lingüística la cual se ha
manifestado a través de sus muchos libros y contribuciones a las
revistas del ramo. Ha sido ponente en muchos congresos internacionales sobre temas lingüísticos y ha dictado numerosas conferencias en centros docentes de España, Inglaterra, Italia, Estados
Unidos, México, Puerto Rico y Venezuela. Ha enseñado cursos de
verano en Fresno State College, Sonoma State College y Middlebury
College. Ha sido profesor invitado en el Instituto Caro y Cuervo
de Bogotá. Es miembro fundador de la Sociedad Española de
Lingüística y miembro de otras sociedades letradas.

Linguist; educator
    He received his secondary education at the Colegio de las
Escuelas Pías in Guanabacoa from which he graduated in 1954. In
1958 he graduated from the University of Havana with a major in
linguistics and in 1960 from the University of Madrid with a major
in Romance linguistics. He received a doctorate from the University
of Madrid in 1962. He has had a distinguished academic career
during which he has taught at the universities of Madrid, New

Hampshire, Texas, Puerto Rico, and Rice University. He has done significant research in linguistics and his many publications attest to his activity in this area. Besides presenting papers at numerous international linguistic conferences, he has lectured widely at academic institutions in Spain, England, Italy, the United States, Mexico, Puerto Rico, and Venezuela and has taught summer courses at Fresno State College, Sonoma State College, and Middlebury College. He has also been a visiting professor at the Caro y Cuervo Institute in Bogotá. He is a founding member of the Spanish Society of Linguistics as well as a member of several other learned societies.

Bibliografía de libros publicados fuera de Cuba

Poesía cubana contemporánea. Un ensayo de antología. Cádiz:
    Colección de Arrecife, 1963.
Eglogas de Juan del Enzina. Nueva York: Las Américas, 1963.
Tres comedias de Torres Naharro; Soldadesca, Ymenea, Aquilana.
    Edición, prólogo notas. Nueva York: Las Américas, 1965.
Poesía cubana contemporánea. Un ensayo de antología. 2ª ed.
    Nueva York: Las Américas, 1967.
Tradición y creación en los orígines del teatro castellano. Madrid:
    Ediciones Alcalá, 1968.
Eglogas completas de Juan del Enzina. Madrid: Escelicer, 1968.
Teatro selecto de Torres Naharro. Madrid: Escelicer, 1970.
Estudios sobre el español de Cuba. Nueva York: Las Américas,
    1971.
Historia de la literatura medieval española. v. 1. Madrid: Hispanova de Ediciones, 1974.
Introducción a la lingüística generativa. Madrid: Ediciones Alcalá,
    1974.
Corrientes actuales en la dialectología del Caribe hispánico. Actos
    de un simposio. Río Piedras, Puerto Rico: Editorial Universitaria, 1978.
Dialectología y sociolingüística: temas puertorriqueños. Madrid:
    Hispanova de Ediciones, 1979.
Introducción a la lingüística actual. Madrid: Playor, 1983. (editor)

Crítica

Poesía cubana contemporánea
        Hispania v. 53:159, No. 1 (3/70)
Tradición y creación en los orígines del teatro castellano
        Hispania v. 52:958 (12/69)
        Modern Philology v. 67:373 (5/70)
Estudios sobre el español de Cuba
        Hispania v. 56:1125, No. 4 (12/73)
        Revista/Review Interamericana v. 2, No. 4 (Winter 1973),
            p. 610

LORENZO, ISMAEL

n. 1945, La Habana (La Habana)

Novelista, ensayista
    En Cuba hizo los más variados trabajos para sostenerse mientras escribía. Logrando confundir a las fuerzas de la seguridad del Estado, pudo sacar clandestinamente sus manuscritos al salir de Cuba en 1980 vía Mariel. En la actualidad reside en Nueva York donde es editor de la revista literaria Unveiling Cuba.

Novelist, essayist
    In Cuba he worked at a variety of jobs in order to support himself while writing. Fleeing the country in 1980 via Mariel, he managed to smuggle out with him the manuscripts of several books. At the present time he lives in New York where he is the editor of the literary review Unveiling Cuba.

Bibliografía de libros publicados fuera de Cuba

La hostería del tesoro. Nueva York: Las Américas, 1982.
Alicia y las mil camas. Cincinnati: Término Editorial, 1984.

LORIE BERTOT, FRANCISCO

n. 4 II 1898, San José, Costa Rica

Poeta, biógrafo; abogado, trabajador social
    Se doctoró en leyes en la Universidad de La Habana en 1922. Ejerció como abogado criminalista durante casi cuarenta años hasta su salida del país en 1961. Fue representante a la Cámara de Diputados desde 1936 a 1946. Colaboró con artículos en los periódicos Excelsior y El Universal durante una estancia de tres años en la ciudad de México como Agregado Jurídico de la embajada de Cuba. Al radicarse en Nueva York en 1961, trabajó como visitador social hasta su jubilación en 1968.

Poet, biographer; lawyer, social worker
    After receiving a doctorate in law from the University of Havana in 1922, he practiced as a criminal lawyer for almost forty years until he went into exile in 1961. He was a representative to the Chamber of Deputies from 1936 to 1946, and a legal attaché in the Cuban embassy in Mexico City for three years during which time he wrote articles for the newspapers Excelsior and El Universal. After settling in New York in 1961, he worked as a social worker until his retirement in 1968.

Bibliografía de libros publicados fuera de Cuba

Rafael Díaz-Balart; pensamiento y acción. Miami: Rex Press, 1978.
Biografía del beso. Miami: Rex Press, 1979.

LOSA, NOEMI

n. 14 II 1939, La Habana (La Habana)

Poetisa, cuentista
Recibió su educación primaria y secundaria en el Colegio San
Juan Bosco en La Habana. Completó posteriormente estudios de
secretariado en la Academia Gregg. Contribuyó con cuentos a varias revistas en Cuba, y desde su traslado a Miami en 1971 colabora
con poesías en Diario Las Américas.

Poet, short-story writer
She received her elementary and secondary education at the
Colegio San Juan Bosco in Havana and completed a secretarial program at the Gregg Academy. Her short stories were published in
several magazines in Cuba and since settling in Miami in 1971, she
has had her poetry published in Diario Las Américas.

Bibliografía de libros publicados fuera de Cuba

Anclaje en el sueño. Miami: Editorial AIP, 1975.

LOYSEL, CARLOS   véase/see   MARQUEZ STERLING Y GUIRAL,
CARLOS

LUIS, CARLOS M.

n. 1932, La Habana (La Habana)

Poeta
Perteneció a los escritores del grupo "Orígenes." Colaboró
en varias revistas de Cuba y del extranjero. Se marchó al exilio
en 1961 y inicialmente residió en Nueva York. Ha sido miembro del
consejo editorial de la revista literaria Exilio. Actualmente está
radicado en Miami donde dirige el Museo Cubano de Arte y Cultura.

Poet
He was a member of the literary group called "Orígines" and
his poetry appeared in journals both in Cuba and abroad. In 1961
he went into exile and settled in New York where he was a member
of the editorial board of the literary journal Exilio. At the present
time he resides in Miami where he is the director of the Cuban
Museum of Art and Culture.

Bibliografía de libros publicados fuera de Cuba

Espacio deseado. Nueva York: s.n., 1966.
Entrado en la semejanza. Nueva York: s.n., 1972.

LLERENA BLANCO, EDITH

n. 19 X 1936, La Habana (La Habana)

Poetisa; profesora de ballet
Cursó estudios con el Ballet Nacional de Cuba y con el Conjunto Nacional de Danza. Estudió también idiomas y arte dramático.
Fue profesora de ballet y de danza desde 1953 hasta 1970. Salió
de Cuba en 1974 y marchó a España. Actualmente vive en Madrid
donde trabaja como correctora de pruebas. Sue poesía ha sido
publicada en las revistas Poesía Hispánica, Diálogo y Resumen
Literario "El Puente."

Poet; ballet teacher
She studied with the National Ballet of Cuba and the National
Dance Group. She also studied foreign languages and acting.
From 1953 to 1970 she taught ballet and dance. After leaving Cuba
in 1974, she went to Madrid where she currently resides and works
as a proofreader. Her poetry has appeared in such journals as
Poesía Hispánica, Diálogo, and Resumen Literario "El Puente."

Bibliografía de libros publicados fuera de Cuba

Tus amigos de la tierra. Madrid: Escuela Española, 1971.
La piel de la memoria. Madrid: Editorial Playor, 1977.
Las flores. Madrid: Escuela Española, 1979.
Los animales. Madrid: Escuela Española, 1979.
Los oficios. Madrid: Escuela Española, 1979.
Canto a España. Madrid: Ediciones La Gota de Agua, 1979.
Las catedrales del agua. Madrid: Editorial Playor, 1981.
Canciones para la muerte. Madrid: 1982.

Crítica

La piel de la memoria
        Handbook of Latin American Studies v. 42 (1980), p. 584,
        #5777

LLEVADA, NILDA CEPERO DE

n. 1946, Playa de Santa Fe (La Habana)

Poetisa
Escribe poesías desde la edad de once años. Se marchó al
exilio en 1960, radicándose en Estados Unidos. En 1962 terminó
su educación secundaria en Boston. Desde 1973 está radicada en
Miami, ciudad en que llevó a término sus estudios universitarios.

Poet
She began writing poetry at the age of eleven. In 1962 she
went into exile in the United States. She completed her secondary
education in Boston in 1962. In 1973 she moved to Miami where she
completed her undergraduate education.

Bibliografía de libros publicados fuera de Cuba

De mi alma a mi pueblo. Miami: Editorial Doble Omega, 1983.

MADRIGAL, JOSE ANTONIO

n. 18 VII 1945, Ciego de Avila (Camagüey)

Ensayista, crítico; educador
Recibió su educación secundaria en Cuba. Fue a Estados
Unidos en 1962 y cursó estudios universitarios en Northern Michigan
University y en la Universidad Estatal de Michigan donde obtuvo el
grado de Bachelor of Arts en 1966. En 1968 recibió el grado de
Master of Arts en la misma institución. Se doctoró en lengua y
literatura hispánica en la Universidad de Kentucky en 1973. Desde
1970 ha enseñado en la Universidad de Auburn. Ha publicado muchos
artículos sobre temas de literatura hispánica en revistas literarias
de Europa y América, y ha dictado conferencias en España y
Estados Unidos.

Essayist, critic; educator
He completed his secondary education in Cuba. After going
to the United States in 1962, he did undergraduate work at Northern Michigan University and at Michigan State University, where
he received a bachelor's degree in 1966. In 1968 he received a
master's degree from the same institution and in 1973 a doctorate
in Hispanic language and literature from the University of Kentucky.
He has taught at Auburn University since 1970. He is a frequent
contributor to scholarly journals in Europe and the United States
and has lectured widely both in Spain and the United States.

Bibliografía de libros publicados fuera de Cuba

El salvaje y la mitología, el arte y la religión. Miami: Ediciones
Universal, 1975.
Bibliografía sobre el pundonor: teatro del Siglo de Oro. Miami:
Ediciones Universal, 1977.

Studies in the Spanish Golden Age: Cervantes and Lope de Vega.
Miami: Ediciones Universal, 1978. (coautor)
Homenaje a Lydia Cabrera. Miami: Ediciones Universal, 1978.
(coautor)

Crítica

Bibliografía sobre el pundonor: teatro del Siglo de Oro
Crítica Hispánica v. 1, No. 2 (1979), p. 190

MANET, EDUARDO

n. 19 III 1927, La Habana (La Habana)

Dramaturgo, novelista; cineasta, director teatral, periodista
Cursó estudios secundarios y universitarios en Cuba. En
1950 viajó a Europa y estudió teatro en Londres y París, así como
literatura en Italia. Regresó a Cuba en 1960 como invitado de
Casa de las Américas. Creó y dirigió el Conjunto Dramático Nacional. Colaboró como realizador de cortos y largos metrajes y
guionista en el ICAIC. Se marchó al exilio en 1968, radicándose
en París. Ha sido director de teatro en París, Beirut y Montreal,
y profesor de técnica vocal y corporal del actor en París, Beirut,
Montreal y Niza. Es ciudadano francés desde 1979. Su novela
La Mauresque fue finalista en el concurso Premio Goncourt en 1983.

Playwright, novelist; cinematographer, theatre director, journalist
He received his secondary and university education in Cuba.
In 1950 he traveled to Europe and for the next several years studied
theater in London and Paris and literature in Italy. In 1960 he
returned to Cuba, invited by Casa de las Américas. He founded
and directed the National Theatre Group and worked as a film producer and writer for ICAIC. In 1968 he went into exile and settled
in Paris. He has been a director in Paris, Beirut, and Montreal
and a teacher of diction and theater technique in Paris, Beirut,
Montreal, and Nice. He has been a French citizen since 1979. His
novel La Mauresque was a finalist in the Goncourt Prize competition
in 1983.

Bibliografía de libros publicados fuera de Cuba

Les étrangers dans la ville. Paris: Editions Juillard, 1961.
Un cri sur le rivage. Paris: Editions Juillard, 1963.
Les nonnes. Paris: Gallimard (Le manteau d'Arlequin), 1969.
Eux. Paris: Gallimard (Le manteau d'Arlequin), s.f.
Le borgne. Paris: Gallimard (Le manteau d'Arlequin), s.f.
Madras, la nuit où.... Paris: Gallimard (Le manteau d'Arlequin),
s.f.
L'autre Don Juan. Paris: Gallimard (Le manteau d'Arlequin), s.f.

Un balcon sur les Andes. Paris: Editions Stock, s.f.
Lady Strass. Paris: Avant-Scene, s.f.
Le jour où Mary Shelley rencontra Charlotte Brontë. Paris: Avant-
Scene, s.f.
La mauresque. Paris: Gallimard, 1983.
Pour l'amour. Paris: Gallimard, 1984.
Clandestins. Paris: Gallimard, 1984.

MAÑACH Y ROBATO, JORGE

n. 14 II 1898, Sagua la Grande (Las Villas)
m. 25 VI 1961, Río Piedras, Puerto Rico

Ensayista, biógrafo; abogado, estadista, periodista, educador
Se graduó en Cambridge High and Latin School en Boston en
1917 y en la Universidad de Harvard en 1920. Posteriormente se
doctoró en derecho civil y en filosofía y letras en la Universidad de
La Habana. Fue editorialista de Diario de la Marina y de El País
desde 1923 a 1933. Fundó la Revista de Avance en 1927. Ejerció
como abogado de oficio del Tribunal Supremo de Cuba y como abogado de una empresa publicitaria. Fue Ministro de Educación en
1934. Ocupó el cargo de Profesor de Español en la Universidad de
Columbia desde 1935 a 1939, y en 1940 el de Profesor de Historia
de la Filosofía en la Universidad de La Habana. Fue Senador de la
República desde 1940 a 1944 y Ministro de Estado en 1944. Mañach
murió en Puerto Rico poco después de marcharse al exilio.

Essayist, biographer; lawyer, statesman, journalist, educator
He graduated from Cambridge High and Latin School in Boston
in 1917 and from Harvard University in 1920. He later received
doctorates in civil law and in humanities from the University of
Havana. From 1923 to 1933 he was a columnist for Diario de la
Marina and El País, and in 1927 founded Revista de Avance. As
a lawyer, he served in the Supreme Court of Cuba and was also
with a private publicity firm. He was named minister of education
in 1934. From 1935 to 1939 he was professor of Spanish at Columbia University, and in 1940 was appointed professor of history of
philosophy at the University of Havana. He was a senator from
1940 to 1944 and minister of state in 1944. Mañach died in Puerto
Rico shortly after going into exile.

Bibliografía de libros publicados fuera de Cuba

Dewey y el pensamiento americano. Madrid: Taurus Ediciones, 1959.
Visitas españolas: lugares, personas. Madrid: Revista de Occi-
dente, 1960.
Martí, el apóstol. Nueva York: Las Américas, 1963.
Martí, el apóstol. San Juan, Puerto Rico: Ediciones Mirador, 1963.
Martí, el apóstol. 5a ed. Madrid: Espasa-Calpe, 1968.

Indagación del choteo. 2ª ed. Miami: Mnemosyne, 1969.
Teoría de la frontera. Río Piedras, Puerto Rico: Editorial Universitaria, 1970.
El espíritu de Martí. San Juan, Puerto Rico: Editorial San Juan, 1973.
Frontiers in the Americas: a global perspective; a translation by Philip H. Phenix from the Spanish of the author's Teoría de las fronteras. New York: Teachers College Press, Columbia University, 1975.

Crítica

Cherony, Rosalyn Krantzler. The critical essays of Jorge Mañach. Northwestern University, 1970. Unpublished Ph.D. dissertation.
Valdespino, Andrés. Jorge Mañach y su generación en las letras cubanas. Miami: Ediciones Universal, 1971.
Baeza Flores, Alberto. Cuba, el laurel y la palma. Miami: Ediciones Universal, 1977.
Martí, Jorge Luis. El periodismo literario de Jorge Mañach. San Juan, Puerto Rico: Editorial Universitario de Puerto Rico, 1978.
de la Torre, Amalia V. Jorge Mañach, maestro del ensayo. Miami: Ediciones Universal, 1978.

MARIO, JOSE

n. 1940, La Habana (La Habana)

Poeta, cuentista; editor
Fundó en 1960 las Ediciones El Puente, siendo, quizás, la más destacada figura de aquella generación literaria de la cual deriva su nombre la editorial. Esta cesó sus actividades en 1965 al ser clausurada por el gobierno revolucionario y su fundador detenido. Mario abandonó Cuba en 1968 y desde entonces vive en Madrid donde se dedica a labores editoriales. Ha colaborado en las revistas literarias Mundo Nuevo, Exilio y Poesía 70. Se le otorgó la beca Cintas en 1973.

Poet, short-story writer; editor
In 1960 he founded El Puente Editions, which derived its name from the literary generation of which he was a leading member. The publishing house ceased activities in 1965 when it was closed by order of the revolutionary government and its founder arrested. Mario left Cuba in 1968 and since then has lived in Madrid where he is involved in publishing. He has written for such journals as Mundo Nuevo, Exilio, and Poesía 70. He was awarded a Cintas Fellowship in 1973.

Bibliografía de libros publicados fuera de Cuba

No hablemos de la desesperación, 1965-1967: poesías. Madrid:
    Ediciones El Puente, 1970.
Falso T. Madrid: Ediciones La Gota de Agua, 1978.
Karma. Madrid: Ediciones La Gota de Agua, 1979.

MARIO, LUIS

    n. 28 III 1935, Quivicán (La Habana)

Poeta, crítico; periodista
    Cursó estudios secundarios en Cuba. Abandonó el país en
1967 y fue a Estados Unidos. Se radicó en Miami donde trabaja
como editor de Diario Las Américas. También escribe crítica literaria
en el mismo periódico y contribuye con poemas a su sección domini-
cal. Ha dado clases en Mercy College sobre técnica poética y
teoría literaria.

Poet, critic; journalist
    He received his secondary education in Cuba. In 1967 he
went into exile in the United States. Settling in Miami, he became
an editor of Diario Las Américas. He also writes literary criticism
for this newspaper and contributes poetry to its Sunday edition.
He has given classes at Mercy College in literary criticism and the
writing of poetry.

Bibliografía de libros publicados fuera de Cuba

Un poeta cubano. Miami: Ediciones Universal, 1971.
Desde mis domingos. Miami: Ediciones Universal, 1973.
Y nació un poema. Miami: Ediciones Universal, 1975.
Prófugo de la sal. Miami: Ediciones Universal, 1978.
Poetas y poesía. Miami: Ediciones Universal, 1984.
Esta mujer.... Miami: Ediciones Universal, 1984.
Antología poética hispanoamericana. Miami: Ediciones Universal, 1984.

Crítica

Desde mis domingos
    Diario Las Américas (12/10/73)

MARQUES, SARAH

    n. Colón (Matanzas)

Ensayista; educadora
    Se doctoró en pedagogía en la Universidad de La Habana en

1952. Enseñó en escuelas primarias y secundarias desde 1952 hasta 1959. Al abandonar el país, se trasladó a Estados Unidos, radicándose en Nueva York. Obtuvo el grado de Master of Arts en la Universidad de Nueva York en 1965. Se doctoró en la misma institución académica en 1976. Enseñó en las escuelas públicas de la ciudad de Nueva York desde 1965 a 1967. Desde 1967 enseña en Marymount College.

Essayist; educator
   She received a doctorate in education from the University of Havana in 1952. From that year until 1959 she taught in various primary and secondary schools. After leaving Cuba for exile, she settled in New York. She received a master's degree from New York University in 1965 and a doctorate in 1976. From 1965 to 1967 she taught in the New York City public school system. She has taught at Marymount College since 1967.

Bibliografía de libros publicados fuera de Cuba

Arte y sociedad en las novelas de Carlos Loveira. Miami: Ediciones Universal, 1977.

Crítica

Arte y sociedad en las novelas de Carlos Loveira
        Hispania v. 64:163 (3/81)
        Handbook of Latin American Studies v. 40 (1978), p. 399,
        #6727

MARQUEZ, ENRIQUE

        n. 17 VII 1951, Caimanera (Oriente)

Poeta (Seudónimo: Marco Ajoel)
        Cursó sus estudios primarios y secundarios en Cuba. Salió al exilio clandestinamente en 1967. Una vez instalado en Estados Unidos, empezó estudios de medicina en la Universidad de Miami, los cuales luego dejó por estudios de literatura inglesa. Recibió el grado de Bachelor of Arts en esa universidad en 1973. Becado por las Naciones Unidas para estudiar en Londres, tuvo que regresar a Estados Unidos al poco tiempo por motivos de salud. Continuó sus estudios, graduándose de la Universidad de Miami con el grado de Master of Arts. Becado por la Universidad de Wisconsin, prosiguió estudios doctorales en esa institución.

Poet (Pseudonym: Marco Ajoel)
        He received his primary and secondary education in Cuba. In 1967 he went into exile and settled in Miami where he began premedical studies at the University of Miami. He subsequently changed

his major to English literature and in 1973 received a bachelor's degree. He received a United Nations scholarship to study in London, but had to return after a short period for reasons of health. He received a master's degree from the University of Miami and then went on a doctoral fellowship to the University of Wisconsin.

Bibliografía de libros publicados fuera de Cuba

Esquema tentativo del poema. Miami: Ediciones Universal, 1973.
RES (poema colectivo). Miami: Ediciones Isimir, 1973. (coautor)
Lo esperado y lo vivido. Miami: Ediciones Isimir, 1975.

MARQUEZ STERLING Y GUIRAL, CARLOS

n. 8 IX 1898, Camagüey (Camagüey)

Historiador, biógrafo, ensayista; abogado, diplomático, estadista, periodista, educador (Seudónimos: Carlos Loysel, Julio del Mar, Carlos Gíquez)
Se doctoró en derecho público y en filosofía y letras en la Universidad de La Habana. Hizo otros estudios en la Argentina, el Brasil, y el Perú. Fue profesor de leyes, historia y economía en la Escuela de Ciencias Comerciales de la Universidad de La Habana, desde 1937 a 1959. Ocupó puestos de importancia en el gobierno nacional, siendo diputado, Ministro de Trabajo, Ministro de Educación, Presidente Provisional por un breve período en 1934 y embajador de Cuba a Estados Unidos. Fue delegado a la Asamblea Constituyente en 1940 y luego Presidente de la Asamblea que redactó la Constitución de 1940. Fundó la Escuela Profesional de Periodismo "Manuel Márquez Sterling" en 1942. Fue editor de La Prensa y de Política. En 1957 fundó el Partido del Pueblo Libre. Se marchó al exilio en 1959, radicándose en Nueva York. Enseñó en la Universidad de Columbia desde 1962 a 1964 y en la Universidad C. W. Post desde 1964 hasta 1979.

Historian, biographer, essayist; lawyer, diplomat, statesman, journalist, educator (Pseudonyms: Carlos Loysel, Julio del Mar, Carlos Gíquez)
He received doctoral degrees in public law and humanities from the University of Havana and also studied in Argentina, Brazil, and Peru. He taught law, economics, and history at the School of Commercial Sciences of the University of Havana from 1937 to 1959. He held such posts in the national government as member of the House of Representatives, minister of labor, minister of education, provisional president (briefly in 1934), and ambassador to the United States. In 1940 he was a delegate to the Constitutional Assembly and was later elected its president. He was thus directly instrumental in the drafting of the Constitution of 1940. In 1942 he founded the Manuel Márquez Sterling Professional School of

Journalism. He served as editor of La Prensa and Política. In 1957 he founded the Free People's Party. He went into exile in 1959 and settled in New York. From 1962 to 1964 he taught at Columbia University and from 1964 to 1979 at C. W. Post University.

Bibliografía de libros publicados fuera de Cuba

Historia de Cuba, desde Colón hasta Castro. Nueva York: Las Américas, 1963.
Martí, ciudadano de América. Nueva York: Las Américas, 1965.
Historia de Cuba, desde Colón hasta Castro. 2ª ed. Nueva York: Las Américas, 1969.
La onda larga. Nueva York: Plaza Mayor, 1971.
Historia de la isla de Cuba. New York: Regents Publications, 1975.
Historial de los Estados Unidos de Norteamérica. Miami: Ediciones Universal, 1983.

MARQUEZ Y DE LA CERRA, MIGUEL F.

Novelista, ensayista; abogado, educador, periodista
Fue profesor de filosofía del derecho en la Universidad de La Habana y desempeñó el cargo de Presidente de la Sociedad Cubana de Filosofía. En 1960 marchó al exilio después de haber renunciado al cargo de Magistrado del Tribunal Supremo de Cuba. Se radicó en Miami donde colaboró en Diario Las Américas.

Novelist, essayist; lawyer, educator, journalist
He held the post of professor of the philosophy of law at the University of Havana and also served as the president of the Cuban Society of Philosophy. In 1960 he resigned his position as magistrate of the Supreme Court of Cuba and went into exile. He settled in Miami and contributed articles to Diario Las Américas.

Bibliografía de libros publicados fuera de Cuba

El gallo cantó. Río Piedras, Puerto Rico: Editorial San Juan, 1972.

Crítica

El gallo cantó
      Handbook of Latin American Studies v. 34 (1972), p. 469, #3555

MARRERO Y ARTILES, LEVI

n. 16 VII 1911, Santa Clara (Las Villas)

Historiador, geógrafo; educador

Cursó estudios secundarios en el Instituto de Santa Clara. Realizó estudios de filosofía y letras en la Universidad de La Habana, y en 1943 presentó la tesis para el doctorado. También hizo cursos de post-grado en las universidades de Columbia, McGill y la Florida. Desempeñó varios cargos docentes, llegando a ser Superintendente General de la Enseñanza Secundaria y Superior desde 1950 a 1951. Al marcharse del país en 1960, ocupaba el cargo de Catedrático de la Historia Económica de Cuba en la Universidad de La Habana. Fue a Venezuela donde enseñó geografía en Barquisimeto, desde 1964 a 1965. Al mismo año se trasladó a Puerto Rico donde ocupó la Cátedra de Geografía en el Colegio Regional de Humacao hasta su jubilación en 1972.

Historian, geographer; educator

He completed his secondary education at the Santa Clara Institute. He studied in the Faculty of Philosophy and Letters of the University of Havana and in 1943 presented his doctoral dissertation. He did subsequent graduate work at Columbia, McGill, and the University of Florida. He held teaching positions of increasing responsibility until becoming general superintendent of Secondary and Higher Education, a post he held from 1950 to 1951. At the time of his departure from Cuba in 1960, he held the chair of economic history of Cuba, at the University of Havana. He first went to Venezuela where he taught geography in Barquisimeto from 1964 to 1965. That same year he settled in Puerto Rico and accepted the post of professor of geography at the Regional College of Humacao where he taught until his retirement in 1972.

Bibliografía de libros publicados fuera de Cuba

La tierra y sus recursos; una nueva geografía general. 8ª ed. Caracas: Cultural Venezolana, 1963.

Venezuela y sus recursos; una geografía visualizada: física, humana, económica, regional. Caracas: Cultural Venezolana, 1964.

El agua: un recurso básico en peligro. Caracas: Imprenta Nacional, 1965.

Viajemos por América. Caracas: Cultural Venezolana, 1965.

Cuba: un país en desarrollo. 1966.

Geografía de Cuba. 3ª ed. New York: Minerva Books, 1966.

Viajemos por el mundo. Madrid: Edime, 1969.

Cuba: la forja de un pueblo. Río Piedras, Puerto Rico: Editorial San Juan, 1971.

Cuba: economía y sociedad. 12 v. Madrid: Editorial Playor, 1972- .

Viajemos por Venezuela. Caracas: Cultural Venezolana, 1974.

Los esclavos y la virgen del cobre. Miami: Ediciones Universal, 1980.

Geografía de Cuba. 5ª ed. Miami: 1981.

Crítica

Cuba: la forja de un pueblo
     Círculo IV (Inv.-Ver.-Otoño 1972), p. 81

MARTI, JORGE

     n. 1911, Santa Clara (Las Villas)

Ensayista; abogado, periodista, educador
     Se doctoró en leyes en la Universidad de La Habana en 1937
y en ciencias sociales en 1939. Trabajó como reportero y editor
para El Mundo desde 1935 a 1959 y colaboró en la revista Bohemia,
desde 1951 a 1954. Fue locutor de televisión desde 1951 a 1959.
Enseñó en la Facultad de Ciencias Sociales de la Universidad de La
Habana desde 1951 hasta 1960. En 1962 fue a Estados Unidos,
radicándose en el estado de Nebraska donde enseñó español en
Chadron State College desde 1962 a 1964. Pasó al mismo año al
SUNY, Brockport. Recibió el grado de Master of Arts en SUNY
Buffalo en 1966, y se doctoró en 1970. Ha contribuido con artícu-
los a revistas letradas de Estados Unidos, Puerto Rico y otros
países del hemisferio. Se jubiló en 1981, siendo nombrado Profesor
Emérito de Español en SUNY Brockport.

Essayist; lawyer, journalist, educator
     He received doctorates in law and social sciences from the
University of Havana in 1937 and 1939, respectively. He worked
as a reporter and editor for El Mundo from 1935 to 1959, and also
wrote for Bohemia magazine from 1951 to 1954. From 1951 to 1959
he was a television commentator. He taught in the Faculty of Social Sciences of the University of Havana from 1951 to 1960. In
1962 he went to the United States, settling initially in Nebraska
where he taught Spanish at Chadron State College, until 1964, when
he accepted a position at SUNY Brockport. He received a
master's degree from SUNY Buffalo in 1966 and a doctorate in 1970.
He has contributed many articles to scholarly journals in the United
States, Puerto Rico, and other Latin American countries. He retired in 1981 and was named Emeritus Professor of Spanish at
SUNY Brockport.

Bibliografía de libros publicados fuera de Cuba

El periodismo literario de Jorge Mañach. San Juan, Puerto Rico:
     Editorial Universitaria, 1971.
Dos décadas de crítica nacional en Cuba, 1901-1920. Brockport,
     N.Y.: State University of New York, 1976.

Crítica

El periodismo literario de Jorge Mañach

Diario Las Américas (20/5/78), p. 9
Diario Las Américas (30/9/78), p. 4
Señales (Barcelona) No. 180 (1979), p. 37-38

MARTI DE CID, DOLORES

n. 6 IX 1916, Madrid, España

Ensayista; educadora
Se doctoró en la Universidad de La Habana en 1943. Desempeñó cargos docentes en la misma institución desde 1942 a 1960. Ha enseñado también en la Universidad de Cuyo, Argentina, y en la Università degli Studi de Roma. Salió al exilio en 1960, radicándose en Estados Unidos. Enseñó en la Universidad de Kansas desde 1961 a 1963, pasando luego a la Universidad de Purdue donde es Profesora Titular de Español. Ha contribuido muchos artículos sobre temas literarios a revistas letradas de Europa y América. Ha pronunciado conferencias en centros culturales de América, España e Italia.

Essayist; educator
She received a doctorate from the University of Havana in 1943 and taught at the same institution from 1942 to 1960. She also taught at the National University of Cuyo, Argentina, and at the Università degli Studi in Rome. In 1960 she went into exile in the United States. From 1961 to 1963 she taught at the University of Kansas, and from 1963 to the present she has taught at Purdue University where she is professor of Spanish. She has contributed many articles on literary topics to scholarly journals in Europe and the Americas and has lectured in cultural centers in Latin America, Spain, and Italy.

Bibliografía de libros publicados fuera de Cuba

Teatro cubano contemporáneo. Madrid: Aguilar, 1959.
Teatro indio precolombino. Madrid: Aguilar, 1964. (coautora)
Teatro cubano contemporáneo. 2ª ed. Madrid: Aguilar, 1964.
Páginas de un diario. New York: McGraw-Hill, 1966.
Teatro indoamericano colonial. Madrid: Aguilar, 1971. (coautora)
Literatura precolombina. Madrid: Editorial La Muralla, 1978.

MARTIN, RUBEN L.

n. Santiago de Cuba (Oriente)
m. 1973, EE.U.U.

Poeta; abogado
Ejerció su carrera en su provincia natal. Después de

radicarse en Estados Unidos, obtuvo el grado de Master of Arts en Mount Saint Mary's College.

Poet; lawyer
    He practiced law in his native province before going into exile. Once settled in the United States, he earned a master's degree at Mount Saint Mary's College.

Bibliografía de libros publicados fuera de Cuba

Santiago de Cuba (un envío y diez estampas). Madrid: Playor, 1973.

Crítica

Santiago de Cuba (un envío y diez estampas)
        Círculo IV (1973-1974), p. 206

MARTINEZ DACOSTA, SILVIA

        n. 3 XI 1929, La Habana (La Habana)

Ensayista; educadora
    Se doctoró en filosofía y letras en la Universidad de La Habana en 1959. Posteriormente hizo estudios de psicología y de lengua y literatura alemanas en la Universidad de Frankfurt desde 1963 a 1965, y de literatura española en la Universidad de Madrid de 1965 a 1966. Salió al exilio en 1963. En Estados Unidos ha desempeñado cargos docentes tanto a nivel secundario como universitario. Actualmente es functionaria del gobierno federal en Miami.

Essayist; educator
    She received a doctorate in humanities from the University of Havana in 1959 and later studied psychology and German language and literature at the University of Frankfurt, from 1963 to 1965, and Spanish literature at the University of Madrid from 1965 to 1966. She went into exile in 1963. In the United States she has held teaching positions at both the secondary and university levels. She is currently an employee of the federal government in Miami.

Bibliografía de libros publicados fuera de Cuba

El informe sobre ciegos en la novela de Ernesto Sábato: Sobre héroes y tumbas. Miami: Ediciones Universal, 1972.
Dos ensayos literarios (Sobre Eduardo Barrios y José Donoso). Miami: Ediciones Universal, 1977.

MARTINEZ-MILLER, ORLANDO

n. La Habana (La Habana)

Ensayista; contador público, educador
Se graduó de contador público en la Universidad de La Habana. Trabajó en la industria azucarera. Al abandonar el país para el exilio, se radicó en Miami. Trabajó dos años para el Departamento de Educación de dicha ciudad. Estudió en Mount Saint Mary's College y luego obtuvo el grado de Master of Arts y el doctorado en la Universidad del Sur de California. Trabaja como administrador de las escuelas públicas de Los Angeles a la vez que es profesor de Cerritos College.

Essayist; accountant, educator
He graduated as a certified public accountant from the University of Havana and then worked in the sugar industry. Upon going into exile, he went to the United States and settled in Miami where he worked for two years in that city's public school system. He studied at Mount Saint Mary's College and later earned a master's degree and a doctorate at the University of Southern California. He works as an administrator in the Los Angeles public school system and also teaches at Cerritos College.

Bibliografía de libros publicados fuera de Cuba

La ética judía y "La Celestina" como alegoría. Miami: Ediciones Universal, 1978.

MARTINEZ-MOYA, ARTEMIO D.

n. 21 VII 1953, Bayamo (Oriente)

Poeta; educador
Obtuvo el grado de Bachelor of Arts en la Universidad de California en Los Angeles en 1977. Hizo estudios de postgrado en la misma institución académica y en la Università degli Studi di Padova en Italia. En 1980 recibió el grado de Master of Arts en la Universidad de California en Los Angeles. En la actualidad reside en San Francisco, donde cursa estudios doctorales en la Universidad de California en Berkeley, al tiempo que enseña español en una dependencia del gobierno federal.

Poet; educator
He received a bachelor's degree from the University of California at Los Angeles in 1977, and did graduate work at the Università degli Studi di Padova in Italy. In 1980 he received a master's degree from the University of California at Los Angeles. He is currently pursuing doctoral studies at the University of California

at Berkeley, and also teaches Spanish in an agency of the federal government.

Bibliografía de libros publicados fuera de Cuba

Introspección. San Francisco: Ediciones El Gato Tuerto, 1984.

MARTINEZ PAULA, EMILIO

n. 1925, La Habana (La Habana)

Cuentista, ensayista; periodista
Estudió ciencias sociales en la Universidad de La Habana y pedagogía en la Universidad Masónica. Actualmente escribe una columna semanal que tiene difusión en muchos periódicos de la América Latina a la vez que es director del periódico Información de Houston, Texas.

Short-story writer, essayist; journalist
He studied social science at the University of Havana and education at the Masonic University. He writes a weekly column which is featured in many newspapers throughout Latin America. At the present time he is director of the newspaper Información in Houston, Texas.

Bibliografía de libros publicados fuera de Cuba

La hora nona. San Juan, Puerto Rico: 1963.
El anexionismo, un viejo delincuente histórico. Miami: 1974.
En el cementerio de Husville.

MARTINEZ-SOLANAS, GERARDO ENRIQUE

n. 21 VII 1940, La Habana (La Habana)

Cuentista, poeta, ensayista; funcionario internacional
Cursó estudios de bachillerato en el Instituto No. 1 de La Habana y estudió el primer año de medicina en la Universidad de La Habana en 1960. Inicialmente apoyó al movimiento del 26 de Julio y participó en las campañas de alfabetización, enseñando a leer a los soldados del Ejército Rebelde. Contribuyó con poesía y artículos cortos al periódico Excelsior y escribió sobre asuntos políticos y sociales para Revista Cénit hasta su clausura en Septiembre de 1960 por el gobierno revolucionario. Salió de Cuba en Enero de 1961 con rumbo a Kingston, Jamaica, donde permaneció hasta que obtuvo el permiso para inmigrar a Estados Unidos. Poco después de su llegada a Nueva York comenzó a trabajar en la sede

de Las Naciones Unidas y en la actualidad ocupa el cargo de Editor de Actas. Obtuvo el grado de Bachelor of Arts en la Universidad de la Ciudad de Nueva York en 1978 y el de Master of Arts en la misma institución en 1980. Ha contribuido poesía y artículos de enfoque político al periódico El Diario de Nueva York. En 1967 recibió el premio de la sección del cuento del VII Certamen Internacional de Círculo de Escritores y Poetas Iberoamericanos por su obra Dos Cuentos y Dos Leyendas.

Short-story writer, poet, essayist; international civil servant
He completed his secondary education at the Instituto No. 1 in Havana and studied one year of medicine at the University of Havana in 1960. Initially a supporter of the 26th of July movement, he participated in literacy campaigns designed to teach the soldiers of the rebel army to read. He contributed poetry and short articles to the newspaper Excelsior and also wrote on political and social concerns for Revista Cénit until it was closed by the revolutionary government in September 1960. He left Cuba in January 1961 and went to Kingston, Jamaica, where he remained until he was able to emigrate to the United States. Shortly after arriving in New York, he took a position at the United Nations where he currently is proceedings editor. He received a bachelor's degree from the City University of New York in 1978 and a master's degree in 1980. He has contributed poetry and articles on politics to El Diario de Nueva York. In 1967 he received the award for the best short story in the VII International Competition of the Círculo de Escritores y Poetas Iberoamericanos for his Dos Cuentos y Dos Leyendas.

Bibliografía de libros publicados fuera de Cuba

Dos cuentos y dos leyendas. Mendoza, Argentina: D'Accurzio Editores, 1964.

MASO FERNANDEZ, FAUSTO

n. 1934, Camagüey (Camagüey)

Novelista, ensayista
Se graduó de ciencias sociales en la Universidad de La Habana. Ocupó el cargo de jefe de la sección de intercambio y publicaciones de la Dirección General de Asuntos Culturales de la UNESCO. Junto con Antón Arrufat, fue uno de los fundadores de la revista Casa de las Américas. Una novela suya, La Sangre de los Buenos, recibió una mención en el certamen Casa de las Américas en 1960, pero no se publicó porque Masó abandonó el país en 1961, radicándose en Caracas donde vive en la actualidad. Ha colaborado en las revistas literarias Mundo Nuevo, Orígenes, y Lunes de Revolución. Integró el comité de dirección de Ediciones del Exilio, editorial cubana de Caracas.

Novelist, essayist
    He graduated from the University of Havana with a degree in social sciences. He was chief of the exchanges and publications section of the Division of Cultural Affairs of UNESCO. Together with Antón Arrufat, he was one of the founders of the literary journal Casa de las Américas. His novel, La Sangre de los Buenos, won an honorable mention in 1960 in a competition sponsored by Casa de las Américas but was never published because he left the country for Venezuela in 1961. Masó currently resides in Caracas. He has contributed articles to such journals as Mundo Nuevo, Orígenes, and Lunes de Revolución. He was a member of the management staff of Ediciones del Exilio, a Cuban publishing house in Caracas.

Bibliografía de libros publicados fuera de Cuba

Desnudo en Caracas. Caracas: Monte Avila, 1975.

MATAS GRAUPERA, JULIO

    n. 12 V 1931, La Habana (La Habana)

Poeta, cuentista, dramaturgo; abogado, educador
    Cursó estudios secundarios en el Instituto de la Segunda Enseñanza No. 3 de La Habana. Se doctoró en derecho en la Universidad de La Habana en 1955. Era activo en círculos teatrales de La Habana desde 1948 a 1965 como actor y director. Fue director de escena del Teatro Nacional de Cuba desde 1960 hasta 1965 cuando salió del país rumbo a Estados Unidos. Se radicó en Pittsburgh donde inició la carrera docente en la universidad de dicha ciudad. Actualmente es profesor de literatura hispánica. En 1970 se doctoró en la Universidad de Harvard. Desde 1968 a 1974 desempeñó el cargo de secretario-tesorero del Instituto Internacional de Literatura Iberoamericana y de la Revista Iberoamericana. Ha colaborado en varias revistas literarias, entre ellas Lunes, Unión, Mundus Artium, Exilio y Alacrán Azul.

Poet, short-story writer, playwright; lawyer, educator
    After completing his secondary education at the Institute of Secondary Education No. 3 in Havana, he received a doctorate in law from the University of Havana in 1955. He was active in Havana theater circles from 1948 to 1965 as an actor and director, and was also stage director of the National Theatre of Cuba from 1960 until 1965 when he went into exile. After settling in Pittsburgh, he began teaching at the University of Pittsburgh where he is currently professor of Hispanic literature. He received a doctorate from Harvard University in 1970. From 1968 to 1974 he was secretary-treasurer of the International Institute of Iberoamerican Literature and of its journal Revista Iberoamericana. He has contributed to

such literary journals as <u>Lunes</u>, <u>Unión</u>, <u>Mundus Artium</u>, <u>Exilio</u> y <u>Alacrán Azul</u>.

Bibliografía de libros publicados fuera de Cuba

Erinia. Miami: Ediciones Universal, 1971.
Selected Latin American one-act plays. Pittsburgh: University of
    Pittsburgh Press, 1973. (coeditor)
Contra el honor. Las novelas normativas de Ramón Pérez de Ayala.
    Madrid: Seminarios y Ediciones, 1974.
La cuestión del género literario. Casos de las Letras Hispánicas.
    Madrid: Gredos, 1979.

Crítica

Erinia
        <u>Exilio</u> año 6, No. 3 (1972), p. 153
Contra el honor: las novelas normativas de Ramón Pérez de Ayala
        <u>Hispania</u> v. 59:378, No. 2 (5/76)
La cuestión del género literario
        <u>Hispania</u> v. 66:298, No. 2 (5/83)
        <u>Bulletin of Hispanic Studies</u> v. 58, No. 2 (4/81), p. 135
Selected Latin American one-act plays
        <u>Latin American Theatre Review</u> v. 8, No. 2 (Spring 1975),
        p. 88

MATOS, RAFAEL

Poeta; periodista
    Al salir de Cuba, se radicó en Estados Unidos.

Poet; journalist
    Upon leaving Cuba, he settled in the United States.

Bibliografía de libros publicados fuera de Cuba

Manantial de mis anhelos. New York: s.n., 1966.

MAYOR MARSAN, MARICEL

        n. 10 III 1952, Santiago de Cuba (Oriente)

Poetisa, cuentista
        Se trasladó a Estados Unidos en 1970. Realizó estudios uni-
versitarios en la Universidad Internacional de la Florida, obteniendo
el grado de Bachelor of Arts en historia y en ciencias políticas.
Hizo estudios de postgrado en dicha institución académica, recibiendo

el título de Master of Arts en administración pública. Ha colaborado con cuentos y poesías en revistas literarias y periódicos. Su obra inédita se compone de cuentos, poemas, ensayos, y teatro breve.

Poet, short-story writer
She left Cuba for the United States in 1970. She studied at Florida International University and received bachelor's degrees in history and political science and a master's in public administration. Her short stories and poetry have been published in several literary reviews and newspapers. Her unpublished writings consist of short stories, poetry, essays, and theater.

Bibliografía de libros publicados fuera de Cuba

Lágrimas de papel. Miami: Ediciones Universal, 1975.
17 poemas y un saludo. Coral Gables, Fla.: Editora Ceugma, 1978.

MEDRANO, HUMBERTO

n. 1917, Pinar del Río (Pinar del Río)

Ensayista, poeta; abogado, periodista
Se doctoró en leyes en la Universidad de La Habana. Durante muchos años fue director del periódico Prensa Libre. En 1960 se asiló en la embajada de Panamá, saliendo al exilio posteriormente. Se radicó en Miami donde ha sido columnista de Diario Las Américas y coordinador del Comité de la Denuncia de Maltratos a los Presos Políticos en Cuba.

Essayist, poet; lawyer, journalist
He received a doctorate in law from the University of Havana. For many years he was director of the newspaper Prensa Libre. In 1960 he sought political asylum in the Panamanian embassy in Havana and subsequently went into exile. He settled in Miami where he writes for Diario Las Américas and is a coordinator for the Committee for the Denunciation of Mistreatment of Political Prisoners in Cuba.

Bibliografía de libros publicados fuera de Cuba

Sin patria pero sin amo. Coral Gables, Fla.: Service Offset
        Printers, 1963.
Caminos de papel. Miami: Editorial AIP, 1977.

MENDEZ-PEÑATE, SERGIO A.

Ensayista; abogado, educador
Cursó el bachillerato en el Instituto de La Habana. Se doctoró

en leyes y filosofía y letras en la Universidad de La Habana.
Después de trasladarse a Estados Unidos, estudió en la Universidad
de Fordham donde obtuvo el grado de Master of Arts. Actualmente
enseña en Southern Connecticut State University.

Essayist; lawyer, educator
After receiving his secondary education at the Havana Institute, he earned doctorates in law and humanities at the University
of Havana. He later went into exile in the United States and
studied at Fordham University where he received a master's degree.
He currently teaches at Southern Connecticut State University.

Bibliografía de libros publicados fuera de Cuba

Manuel González Prada y su obra poética. Nueva York: Las Américas Publishing Co., 1971.
Estudio estilístico del Quijote. Salamanca: Graficesa, 1972.

MENDEZ Y SOTO, ERNESTO

n. 1935, Güines (La Habana)

Ensayista; educador
Cursó el bachillerato en el Instituto Pre-Universitario de
Güines. Estudió en la Universidad de La Habana hasta trasladarse
a Estados Unidos por motivos políticos. Obtuvo el grado de Master
of Arts en la Universidad de Roosevelt, doctorándose posteriormente
en la Universidad de Northwestern. Desde 1971 enseña español y
literatura hispanoamericana en Barat College.

Essayist; educator
He received his secondary education at the Pre-University
Institute in Güines and studied at the University of Havana until
going into exile for political reasons. He received a master's degree from Roosevelt University and a doctorate from Northwestern.
He has taught Spanish and Hispanic literature at Barat College since
1971.

Bibliografía de libros publicados fuera de Cuba

Panorama de la novela cubana de la revolución (1959-1970). Miami:
Ediciones Universal, 1977.

MENDOZA RAMIREZ, JOSE

n. 30 X 1911, Santiago de Cuba (Oriente)

Ensayista; abogado, educador
Cursó su educación secundaria en el Instituto de Oriente.
Se doctoró en leyes en la Universidad de La Habana en 1940.
Ejerció como abogado en Santiago de Cuba desde 1940 hasta 1959
y fue Letrado Consultor del Ministerio de Haceinda desde 1950 a
1952. Salió de Cuba en 1962, trasladándose a Estados Unidos.
Enseñó español en escuelas secundarias del estado de Iowa desde
1965 a 1972. Obtuvo el grado de Master of Arts en la Universidad
de Iowa en 1970.

Essayist; lawyer, educator
He received his secondary education at the Instituto de Oriente. In 1940 he received a doctorate in law from the University
of Havana. He practiced in Santiago de Cuba from 1940 to 1959
and was a legal advisor to the Department of the Treasury from
1950 to 1952. Leaving Cuba in 1962, he went to the United States
and settled in Iowa where he taught Spanish at the secondary
school level from 1965 to 1972. In 1970 he received a master's degree from the University of Iowa.

Bibliografía de libros publicados fuera de Cuba

Llamas rojas sobre los Andes. Madrid: Plaza Mayor Ediciones,
1972.

MERUELO GONZALEZ, ANISIA

n. Sancti Spíritus (Las Villas)
m. 11/75, EE.UU.

Ensayista; abogada, educadora
Se doctoró en leyes y en ciencias económicas en la Universi-
dad de La Habana, y recibió una licenciatura en derecho diplomático
y consular. En 1961 se marchó al exilio, radicándose en Estados
Unidos. Se doctoró en la Universidad Estatal de la Florida en 1970.
Ha enseñado en Greensboro College en Carolina del Norte.

Essayist; lawyer, educator
She received doctorates in law and economics from the Univer-
sity of Havana, as well as a degree in diplomatic and consular law.
In 1961 she left Cuba for the United States. She received a doc-
torate from Florida State University in 1970. She has taught at
Greensboro College in North Carolina.

Bibliografía de libros publicados fuera de Cuba

Las novelas cortas de Alfonso Hernández-Catá. Montevideo:
Ediciones Géminis, 1973.

Crítica

Las novelas cortas de Alfonso Hernández-Catá
Círculo IV (1973-1974), p. 212

MESA, WALDO R.

n. Matanzas (Matanzas)

Poeta; educador
Muy joven salió al exilio con su familia en 1960, radicañdose
en Miami donde estudió en la Universidad de Miami y Biscayne College. Es maestro y actualmente enseña en las escuelas de Miami y
Coral Gables.

Poet; educator
He left Cuba with his parents in 1960 and settled in Miami
where he studied at the University of Miami and Biscayne College.
He is a teacher and currently works in the Miami-Coral Gables area.

Bibliografía de libros publicados fuera de Cuba

Edén. Miami: Ediciones Universal, 1977.

MIRANDA, BERTHA EUGENIA

n. 15 II 1915, Camagüey (Camagüey)

Poetisa
Completó estudios secundarios. Durante un período trabajó
como reportero para Diario de la Marina, pero la mayor parte de su
carrera la pasó en el Ministerio de Hacienda donde, por más de
veinte años, desempeñó los cargos de bibliotecaria y consejera legal.
Salió al exilio en 1960 y fue a Miami donde fijó su residencia. Ha
contribuido con poemas a Diario Las Américas.

Poet
She has a secondary school education. For a time she worked
as a reporter for the newspaper Diario de la Marina but spent most
of her working career with the Treasury Department as a librarian
and legal assistant. In 1960 she left Cuba and settled in Miami.
She has contributed a great deal of poetry to Diario Las Américas.

Bibliografía de libros publicados fuera de Cuba

Rosal de amor y recuerdo. Miami: 1962.

MIRANDA, JULIO E.

n. 1945, La Habana (La Habana)

Poeta, crítico, ensayista, antologista
Salió al exilio en 1961 y vivió en Estados Unidos, España, Bélgica y Venezuela. Estudió filosofía, lenguas y teatro. Ha colaborado en las revistas Ruedo Ibérico, Indice, Cuadernos Hispanoamericanos, Estafeta Literaria, Imagen, y Letras Nuevas.

Poet, critic, essayist, anthologist
He went into exile in 1961 and lived in the United States, Spain, Belgium, and Venezuela. He studied philosophy, foreign languages, and theater. His writings have appeared in such journals as Ruedo Ibérico, Indice, Cuadernos Hispanoamericanos, Estafeta Literaria, Imagen, and Letras Nuevas.

Bibliografía de libros publicados fuera de Cuba

El libro tonto. Carboneras de Guadazón, España: s.n., 1968.
Antología del nuevo cuento cubano. Caracas: Editorial Domingo Fuentes, 1969.
Nueva literatura cubana. Madrid: Taurus Ediciones, 1971.
Proceso a la narrativa venezolana. Caracas: Universidad Central de Venezuela, 1975.
Maquillando el cadáver de la revolución. Caracas: FUNDARTE, 1977.
Parapoemas. Caracas: Monte Avila, 1978.
El cine documental en Mérida. Mérida, Venezuela: Cuadernos del Solar, 1982.

Crítica

Antología del nuevo cuento cubano
        Handbook of Latin American Studies v. 32 (1970), p. 373, #3829
Nueva literatura cubana
        Handbook of Latin American Studies v. 36 (1974), p. 391, #4247
Proceso a la narrativa venezolana
        Chasqui v. 5, No. 1 (11/75), p. 68

MOCEGA-GONZALEZ, ESTHER P.

n. Remedios (Las Villas)

Ensayista; educadora
Hizo estudios de bachillerato en el Colegio de Remedios. Se doctoró en filosofía y letras en la Universidad de La Habana.

Desempeñó cargos docentes a nivel de la educación secundaria desde
1945 a 1959. Fue directora de educación secundaria en Santa Clara
desde 1959 a 1960. Enseñó en la Universidad Central de Santa
Clara de 1959 a 1962. Ocupó el cargo de Directora General de la
Enseñanza Secundaria de 1960 a 1961. En 1962 se marchó al exilio,
radicándose en el estado de Illinois, Estados Unidos. Desde 1962
enseña en la Universidad de Northern Illinois donde actualmente
tiene el rango de Profesora Titular de Español. Se doctoró en la
Universidad de Chicago en 1973. Ha contribuido artículos a revistas
literarias como Anales de Literatura Hispanoamericana, Cuadernos
Hispanoamericanos y Cuadernos Americanos.

Essayist; educator
    She received her secondary education at the Colegio de Reme-
dios. After receiving a doctorate in humanities from the University
of Havana, she held teaching positions at the secondary level from
1945 to 1959. From 1959 to 1960 she was director of secondary
education in Santa Clara. She taught at the Central University of
Santa Clara from 1959 to 1962 and was director general of secondary
education, at the national level, from 1960 to 1961. In 1962 she
left Cuba and settled in Illinois. She has taught at Northern Illinois University since 1962 where she currently holds the rank of
professor of Spanish. She received a doctorate from the University
of Chicago in 1973. She has published articles in such literary
journals as Anales de Literatura Hispanoamericana, Cuadernos Hispanoamericanos, and Cuadernos Americanos.

Bibliografía de libros publicados fuera de Cuba

La narrativa de Alejo Carpentier; su concepto del tiempo como tema
    fundamental. Nueva York: Eliseo Torres, 1975.
Alejo Carpentier: estudios sobre su narrativa. Madrid: Editorial
    Playor, 1980.

Crítica

La narrativa de Alejo Carpentier; su concepto del tiempo como tema
    fundamental
        Chasqui v. 2, No. 3 (5/77), p. 113
        Hispania v. 61:183 (3/78)

MOLINERO, RITA VIRGINIA

    n. La Habana (La Habana)

Ensayista; educadora
    Al abandonar el país fue a Puerto Rico donde terminó en la
Universidad de Puerto Rico los estudios universitarios que había
comenzado con anterioridad en Cuba. Obtuvo una maestría en

literatura hispanoamericana en 1972. Ha ejercido la docencia en la
Universidad de Puerto Rico y actualmente enseña en la División de
Humanidades de la Universidad Interamericana.

Essayist; educator
    Upon leaving Cuba for exile, she went to Puerto Rico where
she completed her undergraduate studies at the University of
Puerto Rico. In 1972 she received a master's degree in Hispanic
literature from the same institution. She has taught at the University of Puerto Rico and currently teaches in the Humanities Division
of the Interamerican University.

Bibliografía de libros publicados fuera de Cuba

La narrativa de Enrique Labrador Ruiz. Madrid: Editorial Playor,
    1977.

Crítica

La narrativa de Enrique Labrador Ruiz
        Hispania v. 61:1012, No. 4 (12/78)
        Handbook of Latin American Studies v. 40 (1978), p. 399,
        #6731
        Revista/Review Interamericana v. 9, No. 3 (Fall 1979),
        p. 495

MONTANER, CARLOS ALBERTO

    n. 3 IV 1943, La Habana (La Habana)

Novelista, cuentista, poeta, ensayista; periodista, editor

    Cursó su educación secundaria en el Instituto del Vedado.
Obtuvo el grado de Master of Arts en la Universidad de Miami y
se doctoró en la Universidad de Madrid. Desde 1966 a 1970 enseñó
literatura hispánica en la Universidad Interamericana de Puerto Rico.
Ha sido corresponsal de prensa en Europe y el Medio Oriente, y
desde 1970, director de una editorial española. También es columnista sindicado para varias decenas de periódicos de habla española.

Novelist, short-story writer, poet, essayist; journalist, editor
    He received his secondary school education at the Vedado
Institute. He was awarded a master's degree by the University
of Miami and a doctorate by the University of Madrid. From 1966
to 1970 he taught Hispanic literature at the Inter American University in Puerto Rico. He has been a foreign correspondent in Europe
and the Middle East, and since 1970 has been the director of a
Spanish publishing house. He writes a widely read syndicated
column that appears in many Spanish-language newspapers.

Bibliografía de libros publicados fuera de Cuba

Poker de brujas y otros cuentos. Bilbao, España: Vasco-Americana, 1968.
Los combatientes. Río Piedras, Puerto Rico: Editorial San Juan, 1969.
Galdós, humorista y otros ensayos. Madrid: Partenón, 1970.
Instantáneas al borde del abismo. Río Piedras, Puerto Rico: Editorial San Juan, 1970.
Perromundo. Barcelona: Ediciones 29, 1972.
The witches' poker game and other stories. The edge of the abyss. Translated by Bob L. Robinson. Hato Rey, Puerto Rico: Inter-American University Press, 1973.
Informe secreto sobre la revolución cubana. Madrid: SEDMAY, 1976.
Secret report on the Cuban revolution. Translated by E. Zayas-Bazán. New Brunswick, N.J.: Transaction, 1980.
200 años de gringos. Madrid: SEDMAY, 1976.
El ojo del ciclón. Miami: Ediciones Universal, 1980.
De la literatura considerada como una forma de urticaria. Madrid: Editorial Playor, 1982.
Cuba: claves para una conciencia en crisis. Madrid: Editorial Playor, 1982.
Fidel Castro y la revolución cubana. Madrid: Editorial Playor, 1983.
Two hundred years of gringos. Translated by Gastón Fernández de la Torriente. Lanham, Md.: University Press of America, 1983.
Para un continente imaginario. San José, Costa Rica: Libro Libre, 1985.

Crítica

Baeza Flores, Alberto. *Cuba, el laurel y la palma.* Miami: Ediciones Universal, 1977.
Fernández de la Torriente, Gastón, ed. *La narrativa de Carlos Alberto Montaner.* Madrid: Editorial Planeta/Universidad de Arkansas, 1978.

Poker de brujas y otros cuentos
    Books Abroad (10/68)
    Revista Interamericana de Bibliografía v. 21, 2 (1971), p. 220
Los combatientes
    Círculo II (Invierno 1970), p. 54
Instantáneas al borde del abismo
    Booklist v. 72:557 (12/15/75)
Perromundo
    Diario Las Américas (20/9/73)
    Diario Las Américas (23/9/73)
    Books Abroad (10/73)
    Revista/Review Interamericana v. 3, No. 4 (Winter 1974), p. 414

Hispania v. 57:188, No. 1 (3/74)
Kentucky Romance Quarterly v. 28 (3) (1981), p. 267
Informe secreto sobre la revolución cubana
(London) Times Literary Supplement (8/6/76), p. 982
New York Review of Books v. 26 (3/22/79), p. 23
200 años de gringos
Hispania v. 61:575, No. 3 (9/78)
De la literatura considerada como una forma de urticaria
Hispania v. 65:467, No. 3 (9/82)

MONTENEGRO, CARLOS

n. 1900, Galicia, España
m. 1981, EE.UU.

Cuentista, novelista
A la edad de 7 años llegó a Cuba con sus padres, ambos
cubanos. Después de permanecer un tiempo en Cuba, la familia
se trasladó a la Argentina donde Montenegro recibió su educación
primaria. Vivió también en México y Estados Unidos. Desempeñó
varios oficios. Fue minero, trabajador en una fábrica de armas,
y grumete en un buque de carga. Pasó cinco años navegando
hasta que un trágico hecho de sangre le llevó a la cárcel. Cumplió
once años de presidio. Escribió sus primeros cuentos mientras
cumplía condena. Uno de ellos, "El resbaloso," fue traducido al
francés, otro, "El renuevo," fue premiado en un certamen patrocinado por la revista Carteles. Puesto en libertad gracias a las gestiones realizadas por varios escritores cubanos, se dedicó por completo
a la literatura y al periodismo. Fue corresponsal en el frente durante la guerra civil española. En 1944 ganó el premio Hernández-
Catá por su cuento "Un sospechoso." Fue redactor de las revistas
Tiempo en Cuba y Gente, y del diario Hoy. En 1959 su fuerte
posición anti-comunista le vedó la posibilidad de seguir viviendo en
Cuba y se marchó al exilio.

Short-story writer, novelist
He went to Cuba at the age of seven with his parents who
were both Cubans. After remaining there for a time, the family
moved to Argentina where Montenegro completed his elementary
education. He later lived in Mexico and the United States and
worked as a miner, as a laborer in an arms plant, and as a cabin
boy on a cargo ship. He was at sea for five years until he was
implicated in a homicide, found guilty, and sentenced to prison.
While serving his sentence he began to write. One of his short
stories, "El resbaloso," was translated into French; another, "El
renuevo," placed first in a competition sponsored by Carteles
magazine. His cause was espoused by several well-known Cuban
writers and he was finally released after serving eleven years.
Having regained his freedom, he devoted himself entirely to

literature and journalism. During the Spanish Civil War he was a
front-line correspondent. In 1944 he won the Hernández-Catá
prize for his short story "Un sospechoso." He was an editor for
the journals Tiempo en Cuba and Gente, and for Hoy, a daily. In
1959 his staunch anti-communist position made it impossible for him
to continue to live in Cuba and he left the country for exile.

Bibliografía de libros publicados fuera de Cuba

Hombres sin mujer. 2ª ed. Ciudad de México: Ediciones Mundo
    Nuevo, 1959.

Crítica

Pujals, Enrique J. La obra narrativa de Carlos Montenegro. Miami:
    Ediciones Universal, 1980.

MONTES HUIDOBRO, MATIAS

    n. 26 IV 1931, Sagua la Grande (Las Villas)

Dramaturgo, cuentista, ensayista, novelista, poeta, crítico; educador
    Hizo estudios de bachillerato en el Instituto de La Habana.
Se doctoró en pedagogía en la Universidad de La Habana en 1952.
Ejerció cargos docentes en escuelas secundarias hasta 1961, cuando
abandonó el país por motivos políticos. Fue a Estados Unidos y se
desempeñó como maestro de español en escuelas secundarias del
estado de Pensilvania. Desde 1962 enseña en la Universidad de
Hawaii, donde actualmente es Profesor de Lengua y Literatura Hispánica. Ha sido profesor invitado en la Universidad de Pittsburgh,
la Universidad Estatal de Arizona, y Swarthmore College. Escritor
fecundo, su obra se caracteriza por una gran variedad que abarca
casi todos los géneros literarios. Ha contribuido con poesía, ensayos, reseñas y crítica a gran número de revistas literarias de
América y Europa, entre ellas Hispania, Duquesne Hispanic Review,
Papeles de Son Armadans, Revista de Occidente y La Estafeta
Literaria. Sus obras de teatro aparecen en varias antologías del
teatro hispanoamericano. En 1974 ganó la mención honorífica por
su novela Desterrados al Fuego en el certamen "Premio Primera
Novela," patrocinado por la casa editorial Fondo de Cultura
Económica. Es fundador y editor de la revista literaria Caribe.

Playwright, short-story writer, essayist, novelist, poet, critic;
educator
    He received his secondary school education at the Havana In-
stitute. In 1952 he received a doctorate in education from the
University of Havana. He held various secondary school teaching
positions until 1961 when he left the country for political reasons.
He settled in the United States and taught Spanish in high schools

in the state of Pennsylvania. He has taught at the University of
Hawaii since 1962 where he is currently professor of Hispanic language and literature. He has also been a visiting professor at the
University of Pittsburgh, Arizona State University, and Swarthmore College. A prolific writer, his work is characterized by great
variety which includes almost all literary genres. He has contributed poetry, essays, reviews, and criticism to many literary journals in the United States, Latin America, and Europe, among them
Hispania, Duquesne Hispanic Review, Papeles de Son Armadans,
Revista de Occidente, and La Estafeta Literaria. His plays appear
in several anthologies of Latin American theater. In 1974 he won
an honorable mention for his novel Desterrados al Fuego in the
Premio Primera Novela contest sponsored by the Fonda de Cultura
Económica publishing house. He is founder and editor of the literary journal Caribe.

Bibliografía de libros publicados fuera de Cuba

La anunciación y otros cuentos cubanos. Madrid: Gráfica Clemares,
    1967.
La vaca de los ojos largos. Honolulu: 1967.
XIX: superficie y fondo de estilo. Chapel Hill, N.C.: Estudios
    de Hispanófila, Dep't. of Romance Languages, University of
    North Carolina, 1971.
Bibliografía crítica de la poesía cubana. (Exilio: 1959-1971).
    Nueva York: Plaza Mayor, 1972. (coautor)
Persona, vida y máscara en el teatro cubano. Miami: Ediciones
    Universal, 1973.
Desterrados al fuego. Ciudad de México: Fondo de Cultura
    Económica, 1975.
Segar a los muertos. Miami: Ediciones Universal, 1980.
Ojos para no ver. Miami: Ediciones Universal, 1981.

Crítica

La vaca de los ojos largos
        Círculo II (Verano 1970), p. 135
Bibliografía crítica de la poesía cubana
        Círculo IV (Inv.-Ver.-Otoño 1972), p. 76
Persona, vida y máscara en el teatro cubano
        Anales de Literatura Hispanoamericana v. 3, No. 4 (1975),
            p. 318
        Hispania v. 58:985, No. 4 (12/75)
        Modern Language Journal v. 59 (9/75) p. 303
        Cuban Studies/Estudios Cubanos v. 5, No. 1 (1/75), p.
            44
        Revista Interamericana de Bibliografía v. 26, No. 1
            (Jan.-Mar. 1976), p. 92
Desterrados al fuego
        Chasqui v. 6, No. 2 (2/77), p. 87
        Hispania v. 60:176, No. 1 (3/77)

Revista Iberoamericana v. 42, No. 96-97 (Julio-Dic. 1976), p. 542
Latin American Literary Review v. 4, No. 9 (Fall/Winter 1976), p. 96
Ojos para no ver
    Chasquí v. 10, No. 2-3 (2/81), p. 69
    Hispania v. 65:315, No. 2 (5/82)
    Crítica Hispánica v. 4, No. 2 (1982), p. 127
Segar a los muertos
    Hispania v. 66:142, No. 1 (3/83)

MONTIJO, A.H.G. véase/see GONZALEZ, ANA HILDA

MONTORI DE GUTIERREZ, GREGORIA VIOLETA

    n. La Habana (La Habana)
    m. ?

Ensayista; educadora
    Hizo estudios de bachillerato en el Instituto de La Habana donde se graduó en 1938. Se doctoró en pedagogía en la Universidad de La Habana en 1942. Desde 1945 a 1960 enseñó español en la Escuela Normal de La Habana. Se marchó al exilio en 1961, radicándose en Miami. Enseñó en Villa Cabrini High School hasta 1968, año en que pasó a la Universidad Estatal de California en Northridge. Se doctoró en la Universidad de California en Los Angeles. Ejerció una cátedra de español en Northridge hasta su muerte.

Essayist; educator
    She received her secondary education at the Havana Institute from which she graduated in 1938. In 1942 she received a doctorate in education from the University of Havana. From 1945 to 1960 she taught Spanish at the Havana Teachers College. In 1961 she went into exile and settled in Miami where she taught at Villa Cabrini High School until 1968. She began teaching at California State University in Northridge in 1968, and remained at that institution until her death. She received a doctorate from the University of California at Los Angeles.

Bibliografía de libros publicados fuera de Cuba

Ideas estéticas y poesía de Fernando de Herrera. Miami: Ediciones Universal, 1976.

Crítica

Ideas estéticas y poesía de Fernando de Herrera
    Hispania v. 62:396 (5/79)

MULLER, ALBERTO

n. 23 V 1939, La Habana (La Habana)

Poeta, cuentista
Terminó su educación secundaria en 1958 y estudió tercer
año de derecho en la Universidad de La Habana. En 1961 fue detenido por actividades contrarrevolucionarias y condenado a muerte.
Conmutada su sentencia, gracias a las gestiones realizadas por personas de la política y de la religión a nivel internacional, pasó 15
años de presidio. Desarrolló una intensa labor literaria, destacán-
dose el cuento y la poesía. En 1980 salió de Cuba y en la actualidad vive en Caracas.

Poet, short-story writer
He completed his secondary education and studied law for
three years at the University of Havana. In 1961 he was arrested
for counterrevolutionary activities and sentenced to death. However, his sentence was commuted thanks to the efforts of influential
international political and religious groups. He served a 15-year
prison term during which he devoted himself to writing, mainly poetry and short stories. In 1980 he left Cuba and currently resides
in Caracas.

Bibliografía de libros publicados fuera de Cuba

USA, tierra condenada. Miami: Ediciones Universal, 1980.
Todos heridos por el Norte y por el Sur. Miami: Ediciones Univer-
    sal, 1981.
Cuba entre dos extremos. Miami: Ediciones Universal, 1983.

MUÑOZ, ELIAS MIGUEL

n. 1954, Camagüey (Camagüey)

Poeta, cuentista, novelista
Estudió en la Universidad Complutense de Madrid. Posteriormente se radicó en Estados Unidos donde obtuvo el grado de Master of Arts en la Universidad de California, recinto de Irvine
(1979), doctorándose en la misma institución académica en 1984.
Dirigió la revista literaria Fénix. En la actualidad trabaja en una
novela y tiene inédito un libro de relatos.

Poet, short-story writer, novelist
He studied at the Complutense University in Madrid. Later,
he settled in the United States where he received a master's degree
from the University of California at Irvine in 1979 and a doctorate
in 1984. He was editor of the literary review Fénix. At the present time he is finishing a novel. He is also the author of an unpublished collection of short stories.

Bibliografía de libros publicados fuera de Cuba

Desde esta orilla. Madrid: Resumen Literario El Puente, 1981.
Los viajes de Orlando Cachumbambé. Miami: Ediciones Universal,
   1983.

NIGGEMANN, CLARA

   n. 10 X 1910, Santa Isabel de las Lajas (Las Villas)

Poetisa
   Su actividad literaria comenzó en 1943 con la publicación de
algunos poemas en El Mundo, y ya por la década de los 50 dirigió
la sección literaria de El Camagüeyano. Se ha dedicado a la poesía
y su obra ha sido recogida en varias antologías al mismo tiempo
que ha sido publicada en numerosas revistas de poesía de América
y España.

Poet
   Her literary activity began in 1943 with the publication of
some of her poetry in El Mundo. By the 1950s, she was editing
the literary section of El Camagüeyano. Niggemann's literary output has been almost entirely poetry, some of which has been
anthologized. Individual poems have also appeared in literary and
poetry journals in Spain and Latin America.

Bibliografía de libros publicados fuera de Cuba

En la puerta dorada. Valencia, España: Artes Gráficas Soler,
   1973.

Crítica

En la puerta dorada
         Zaldívar, Gladys. Clara Niggemann: a brief study of
            this poetess' book: En la puerta dorada. Valencia:
            Artes Gráficas Soler, 1973.
         Círculo IV (1973-1974), p. 175

NIURKA ACEVEDO, NORMA

Poetisa
   Al salir de Cuba, se radicó en Miami donde trabaja para El
Miami Herald.

Poet
   Upon leaving Cuba, she settled in Miami where she works for
the Spanish-language edition of the Miami Herald.

Bibliografía de libros publicados fuera de Cuba

Mordiendo el tiempo. San Juan, Puerto Rico: La Rueda, 1970.

NODARSE, OSCAR

n. 1899

Poeta; médico, educador
     Ejerció su profesión y además una cátedra en la Facultad de
Medicina de la Universidad de La Habana. Al marcharse al exilio,
se radicó en Estados Unidos.

Poet; physician, educator
     He practiced medicine and also held a teaching position in the
School of Medicine of the University of Havana. Upon going into
exile, he settled in the United States.

Bibliografía de libros publicados fuera de Cuba

Los 45 poemas de mi ocaso. Elizabeth, N.J.: Ediciones Prober,
     1973.

NOVAS CALVO, LINO

n. 22 IX 1905, Granas del Sor (Galicia), España
m. Abril 1983, Nueva York, EE.UU.

Cuentista, novelista, poeta, dramaturgo, ensayista; periodista,
educador
     Fue a Cuba a la edad de 7 años a vivir con su tío. Muy
joven se vió obligado a trabajar para mejorar la precaria situación
económica de la familia. Entre 1928 y 1929 contribuyó con poesía
a la Revista de Avance. En 1931 fue a España como corresponsal
de Orbe. Se quedó en Europa hasta 1939, contribuyendo a revistas
y periódicos como Revista de Occidente, Gaceta Literaria, Orbe,
El Sol, La Voz, y Diario de Madrid. De vuelta a Cuba en 1940,
trabajó como editor de la revista Ultra. En 1942 ganó el Premio
Hernández-Catá por su cuento "Un dedo encima." Al año siguiente,
obtuvo el título de "Periodista" en la Escuela Nacional de Periodismo
en La Habana. En 1944 ganó el Premio Nacional del cuento por "La
luna nona y otros cuentos." Desde 1947 a 1960 desempeñó como
profesor de francés en la Escuela Normal de La Habana. Se marchó
al exilio en 1960, trasladándose a Estados Unidos. Se radicó en
Nueva York donde trabajó en la redacción de las revistas Bohemia
Libre y Vanidades. Se le nombró Profesor Invitado de Espanol
en la Universidad de Syracuse en 1967, cargo que ocupó hasta su

jubilación en 1974. Ha traducido al español obras de William Faulkner, Robert Graves, Aldous Huxley, D.H. Lawrence, Ernest Hemingway, y Honorato de Balzac.

Short-story writer, novelist, poet, playwright, essayist; journalist,
educator
        At the age of seven he was sent to Cuba to live with his
uncle. The family's precarious economic situation made it necessary
for him to go to work quite early to help out. Between 1928 and
1929 his poetry was published in Revista de Avance. In 1931 he
was sent to Spain as a correspondent for the journal Orbe, and he
remained in Europe until 1939. During this period he wrote for
such journals and newspapers as Revista de Occidente, Gaceta Literaria, Orbe, El Sol, La Voz, and Diario de Madrid. Upon his return to Cuba in 1940, he worked as an editor for Ultra magazine.
In 1942 his short story "Un dedo encima" won the Hernández-Catá
Prize. The following year he was awarded a degree in journalism
by the National School of Journalism in Havana. In 1944 he won
the National Short Story Prize for "La luna nona y otros cuentos."
From 1947 to 1960 he taught French at the Havana Teachers College. He went into exile in 1960 and settled in New York where
he worked for Bohemia Libre and Vanidades magazines. In 1967
he was appointed visiting professor of Spanish at Syracuse University, a position he held until his retirement in 1974. He has translated into Spanish works of William Faulkner, Robert Graves, Aldous
Huxley, D.H. Lawrence, Ernest Hemingway, and Honoré de Balzac.

Bibliografía de libros publicados fuera de Cuba

Maneras de contar. Nueva York: Las Américas Publishing Com-
        pany, 1970.
Pedro Blanco el negrero. 5ª ed. Madrid: Espasa-Calpe, 1973.
Cayo Cañas. Madrid: Espasa-Calpe, s.f.

Crítica

Gutiérrez de la Solana, Alberto. Lino Novás Calvo y Alfonso Her-
        nández-Catá: contraste de vida y obra. Unpublished Ph.D.
        dissertation. New York University, 1967.
Souza, Raymond D. Lino Novás Calvo. Boston: Twayne, 1981.

Maneras de contar
        Revista Interamericana de Bibliografía v. 22, No. 4 (10/
        72), p. 432
        Hispania v. 56:183, No. 1 (3/73)

NUÑEZ, ANA ROSA

        n. 11 VII 1926, La Habana (La Habana)

Poetisa; bibliotecaria
Cursó su educación secundaria en la Academia Baldor y en
el Instituto de Segunda Enseñanza del Vedado. Se doctoró en
filosofía y letras en la Universidad de La Habana en 1954. El mismo
año obtuvo el título de "Bibliotecario" en la Escuela de Bibliotecología
de dicha universidad. Ocupó el puesto de bibliotecaria del Tribunal
de Cuentas en La Habana desde 1950 a 1961. Fue a Estados Unidos
en 1965 y después de radicarse en Miami, tomó el puesto de bibliotecaria referencista en la biblioteca de la Universidad de Miami,
cargo que todavía desempeña. Fundó la revista Alacrán Azul. Ha
desarrollado una intensa actividad literaria que abarca la poesía y
la crítica. Ha colaborado en las revistas Cuadernos, Punto Cardinal,
Zona Franca y Revista Ideal.

Poet; librarian
She received her secondary education at the Baldor Academy
and at the Vedado Institute of Secondary Education. In 1954 she
received a doctorate in humanities from the University of Havana.
She also received a degree in library science from the same institution. She worked as a librarian in a court in Havana from 1950
to 1961. In 1965 she went to the United States and after settling
in Miami, accepted an appointment as a reference librarian in the
library of the University of Miami, a position she still holds. She
founded the journal Alacrán Azul. Her literary output, which is
considerable, comprises poetry and criticism. She has contributed
to such literary journals as Cuadernos, Punto Cardinal, Zona Franca,
and Revista Ideal.

Bibliografía de libros publicados fuera de Cuba

Las siete lunas de enero. Miami: Cuadernos del Hombre Libre,
1967.
La Florida en Juan Ramón Jiménez. Miami: Ediciones Universal,
1968.
Loores a la palma real. Miami: Ediciones Universal, 1968.
Nuestro Gustavo Adolfo Bécquer (Grupo Coaybay). Miami: Edici-
ones Universal, 1970.
Poesía en éxodo. Miami: Ediciones Universal, 1970.
Réquiem para una isla. Miami: Ediciones Universal, 1970.
Viaje al casabe. Miami: Ediciones Universal, 1970.
Escamas del Caribe: haikus de Cuba. Miami: Ediciones Universal,
1971.
Los oficialeros. Miami: Ediciones Universal, 1973.
RES (poema colectivo) con Félix Cruz-Alvarez y Enrique Márquez.
Miami: 1973.
Antología de la poesía religiosa de la Avellaneda. Miami: Ediciones
Universal, 1975.
Ensayo de un diccionario del pensamiento vivo de la Avellaneda.
Miami: Ediciones Universal, 1975.

Crítica

Rovirosa, Dolores F. <u>Ana Rosa Núñez: vida y obra</u>. 2ª ed.
    Miami: Ediciones Universal, 1981.

Poesía en éxodo
        <u>Hispania</u> v. 54:402, No. 2 (5/71)
        <u>Booklist</u> v. 68:979 (7/15/72)
Viaje al casabe
        <u>Diario Las Américas</u> (14/9/73)
Escamas del Caribe: haikus de Cuba
        <u>Diario Las Américas</u> (16/4/71), p. 5
        <u>Diario Las Américas</u> (22/9/73)

OBRADOR, GINA véase/see HERNANDEZ, GEORGINA

OLIVA TELLEZ, JORGE

    n. 8 V 1948, Guantánamo (Oriente)

Poeta; educador
        Se licenció en Lengua y Literatura Hispanoamericana en la
Universidad de La Habana en 1970. En 1973 llegó a Estados Unidos.
Obtuvo los grados de Master of Arts (1979) y Master of Philosophy
(1981) en la Universidad de Columbia donde también enseñó desde
1980 a 1984. Se doctoró en la misma institución académica en 1985.
En la actualidad es Profesor Auxiliar en la Universidad de Norwich
(Vermont). Le fue otorgado el Premio Latinoamericano de Poesía
"Cuadernos del Caballo Verde" de la Universidad Veracruzana en
1980 por su libro <u>Donde una llama nunca se apaga</u>. Otra colección
de sus poemas, <u>Guantánamo Bay: el tiempo roto</u>, ganó el Premio
de Poesía del CEPI en 1984.

Poet; educator
        He received a degree in Hispanic language and literature from
the University of Havana in 1970. In 1973 he went to the United
States. He received an M.A. (1979) and a M. Phil. (1981) from
Columbia University, where he also taught from 1980 to 1984. In
1985 he received a doctorate from the same institution. He is currently teaching at Norwich University (Vermont) where he is an
assistant professor. His collection of poems, <u>Donde una llama nunca
se apaga</u>, won the Latin American Poetry Prize "Cuadernos del
Caballo Verde" of Vera Cruz (Mexico) University in 1980. Another
poetry colleciton, <u>Guantánamo Bay: el tiempo roto</u>, won the New
York CEPI prize in 1984.

Bibliografía de libros publicados fuera de Cuba

Donde una llama nunca se apaga. Madrid: Playor, 1984.
Guantánamo Bay: el tiempo roto. Santo Domingo, República Dominicana: Serie Novilunio, 1985.

ORTAL, YOLANDA

n. Encrucijada (Las Villas)

Poetisa, cuentista; educadora
Se doctoró en filosofía y letras en la Universidad de La Habana
en 1960. Salió al exilio en 1962, radicándose en Nueva York. Enseñó español en escuelas secundarias. En 1964 aceptó un cargo
docente en el College of Saint Rose, cátedra que todavía ejerce.
Obtuvo el grado de Master of Arts en la Universidad Estatal de
Nueva York en Albany en 1967. Sus poemas y cuentos, algunos
de los cuales han sido premiados, se han publicado en varias antologías y en revistas literarias como Papeles de Son Armadans, Norte
y Orfeo.

Poet, short-story writer, educator
She received a doctorate in humanities from the University of
Havana in 1960. In 1962 she left Cuba and settled in New York.
Initially, she taught Spanish at the secondary school level until
1964 when she accepted a teaching position at the College of Saint
Rose where she still teaches. She received a master's degree from
SUNY, Albany in 1967. Her poems and short stories, some of which
have won awards, have appeared in several anthologies and in such
literary journals as Papeles de Son Armadans, Norte, and Orfeo.

Bibliografía de libros publicados fuera de Cuba

Poemas de angustia. Cádiz, España: Torre Tavira, 1965.

ORTIZ-BELLO, IGNACIO A.

n. 20 III 1940, Jaruco (La Habana)

Poeta
Se graduó de Bachiller en el Instituto de Segunda Enseñanza
de Güines. Desterrado desde 1961, primero en España donde pasó
dos años, y luego en Estados Unidos donde ha residido desde 1964.
Inicialmente vivió en Boston por un período de cuatro años. Allí
fue co-director de la revista Caribe. Posteriormente se trasladó a
Miami. Fue redactor de la revista Correo. Ha trabajado como
bibliotecario, vendedor de seguros de vida, y, últimamente, para
una distribuidora de libros en español.

Poet

He received his secondary education at the Institute of Secondary Education in Güines. After going into exile in 1961, he lived first in Spain for two years and then went to the United States where he has lived since 1964. After first residing in Boston for four years, where he was co-director of the journal Caribe, he moved to Miami. He was editor of the journal Correo. He has worked as a librarian, life insurance salesman, and, most recently, for a Spanish-language book distributor.

Bibliografía de libros publicados fuera de Cuba

Beso de sol. Valencia, España: Ediciones Vila, 1966.
Carta invernal. Miami: Ediciones Universal, 1969.
Martha; letanías de amor. Miami: 1969.
Jaruco: un aporte para su historia. Miami: Ediciones Universal, 1984.

Crítica

Carta Invernal
　　　Resumen: bimestral de arte y cultura (Enero–Marzo
　　　　1970), p. 9

PADILLA LORENZO, HEBERTO

n. 20 I 1932, Puerto del Golpe (Pinar del Río)

Poeta, novelista

Cursó su primera enseñanza en Pinar del Río y el bachillerato en el Instituto de Segunda Enseñanza de Artemisa. Se matriculó en la Facultad de Derecho de la Universidad de La Habana pero no terminó la carrera. Se trasladó a Estados Unidos en 1949 por primera vez y en sucesivas visitas permaneció casi diez años, trabajando como obrero y profesor de español en las escuelas Berlitz. Regresó a Cuba en 1959 y participó activamente en la vida cultural del nuevo régimen, colaborando principalmente en Lunes de Revolución. En 1960 fue enviado a Londres como jefe de corresponsales de la agencia noticiera Prensa Latina. Vivió también en varios países del bloque socialista como director de Cubartimpex, empresa cultural del Estado. A partir de 1967 se vió envuelto en varias polémicas político-literarias a raíz de su posición en contra del novelista Lisandro Otero y su defensa de Guillermo Cabrera Infante, criticado por haber modificado su postura en cuanto al rumbo que tomaba la revolución. Al ganar en 1968 el premio para poesía de la Unión de Escritores y Artistas de Cuba por su poemario Fuera del Juego, Padilla fue severamente criticado por su obra, la cual, según manifestó el gobierno en artículos publicados en Verde Olivo, era contrarrevolucionaria y socavaba el proceso revolucionario. Esto

dió lugar a una revisión y endurecimiento de la política cultural del
gobierno cubano, culminando con la detención y encarcelamiento de
Padilla en marzo de 1971. Obligado a confesar y retractarse públicamente de su posición anterior en una larga declaración que desencadenó un furor a nivel internacional entre los intelectuales de
la izquierda, esta controversia engendró graves dudas sobre la
supuesta libertad de expresión en Cuba. Fue dejado en libertad
posteriormente y pasó un breve período del exilio interno en la provincia de Las Villa antes de regresar a La Habana donde vivió casi
diez años trabajando como traductor. Ha hecho traducciones y
versiones poéticas de autores ingleses, franceses, alemanes, rusos,
rumanos, y suecos. Se suprimió la publicación de sus libros en
Cuba. En marzo de 1980 pudo salir del país y fue a Nueva York,
vía Montreal. Fue invitado al Instituto para el Estudio Avanzado
de la Universidad de Princeton durante el año escolar de 1980-1981.
Actualmente vive en el estado de Nueva Jersey donde publica la
revista literaria Linden Lane Magazine.

Poet, novelist
    He received his elementary education in Pinar del Río and
completed his secondary studies at the Institute of Secondary Education in Artemisa. He entered the law school of the University of
Havana but did not complete the program. In 1949 he traveled to
the United States for the first of what were to be several stays,
totaling almost ten years. He worked as a laborer as well as a
teacher of Spanish in Berlitz schools. He returned to Cuba in
1959 and took an active part in the cultural life of the new régime
by writing for Lunes de Revolución. In 1960 he was sent to London
as bureau chief for the Prensa Latina news agency and later lived
in several socialist block countries as director of Cubartimpex, the
cultural export-import organ of the State. Beginning around 1967
he became involved in a protracted controversy with distinct political overtones concerning his attack on the novelist Lisandro Otero
and his defense of Guillermo Cabrera Infante, who had fallen out
of favor with the régime becaue of his so-called counterrevolutionary
stance. When Padilla's book Fuera del Juego won the poetry prize
of the Artists and Writers Guild of Cuba that same year, a bitter
polemic ensued in which the government charged, in articles that
appeared mainly in Verde Olivo, that his work was counterrevolutionary and was undermining the progress of the revolution. What
followed was a restructuring and gradual hardening of the State's
policy on cultural expression, which resulted in Padilla's arrest and
imprisonment in March 1971, for a month. In a public recantation
he was forced to disavow his previous position and to make a self-denunciation as well as a denunciation of other intellectuals. Padilla's
self-confession caused an uproar in international leftist intellectual
circles and gave rise to serious doubts about the existence of intellectual freedom in communist Cuba. Subsequent to his release
from prison, Padilla spent a brief period of internal exile in Las
Villas province before being allowed to return to Havana where
he worked for the next nine years as a translator. He has

translated into Spanish the works of English, French, German, Russian, Rumanian, and Swedish authors. His books were not permitted to be published and he lived as a virtual intellectual recluse. In March 1980 he was able to leave the country and went to New York via Montreal. He spent the 1980-1981 academic year at the Institute for Advanced Studies at Princeton. He currently resides in New Jersey where he publishes the literary quarterly Linden Lane Magazine.

Bibliografía de libros publicados fuera de Cuba

Fuera del juego. Buenos Aires: Aditor, 1969.
Fuera del juego. Barcelona: El Bardo, 1970.
El justo tiempo humano. Barcelona: Llibres de Sinera, 1970.
Por el momento. Las Palmas, España: Inventarios Provisionales, 1970.
Fuera del juego. Lima: Editorial Ecoma, 1971.
Fuera del juego. Río Piedras, Puerto Rico: Editorial San Juan, 1971.
Sent off the field; a selection of the poetry of Heberto Padilla, translated by J.M. Cohen. London: Deutsch, 1972.
El justo tiempo humano. Río Piedras, Puerto Rico: Editorial San Juan, 1972.
Provocaciones; poemas. Madrid: Ediciones La Gota de Agua, 1973.
Poesía y política: poemas escogidos de Heberto Padilla = Poetry and politics: selected poems of Heberto Padilla; translated by Frank Calzón. Madrid: Playor, 1974.
El hombre junto al mar. Barcelona: Seix Barral, 1981.
En mi jardín pastan los héroes. Barcelona: Argos-Vergara, 1981.
Legacies: Selected poems/Heberto Padilla; a bilingual edition translated by Alistair Reid and Andrew Hurley. First ed. New York: Farrar, Straus, Giroux, 1982.
Heroes are grazing in my garden. New York: Farrar, Straus, Giroux, 1984.

Crítica

Johnson, Scott. The case of the Cuban poet Heberto Padilla. New York: Gordon Press, 1977.
Garabedian, Martha Ann. Imagery and experience in the poetry of Oscar Hahn, José Emilio Pacheco and Heberto Padilla. Storrs, Conn.: University of Connecticut, 1984.

Fuera del juego
        Latin American Literary Review v. 3, No. 6 (1975), p. 89
Sent off the field
        Handbook of Latin American Studies v. 38 (1976), p. 461, #6995
En mi jardín pastan los héroes
        Américas (Mayo/Junio 1982), p. 64

Hispamérica año XII, No. 34/35 (1983), p. 174
Término v. 1, No. 1 (Otoño 1982), p. 11
El hombre junto al mar
Booklist v. 79:100 (9/15/82)
Provocaciones
Booklist v. 72:557 (12/15/75)
Legacies
Nation v. 234:87 (1/23/82)

PADILLA LORENZO, MARTHA

n. 29 VII 1933, Pinar del Río (Pinar del Río)

Poetisa, ensayista
Salió de Cuba en 1957 al cerrarse la Universidad de La Habana donde había cursado tres años de derecho. Fue a Estados Unidos y se radicó en Miami donde todavía reside. Desempeña el cargo de Presidenta y Directora del Pabellón Cubano de Editores.

Poet, essayist
She left Cuba in 1957 when the University of Havana, where she had studied law for three years, was closed. She settled in Miami where she still resides and where she is president and director of the Cuban Editors Pavillion.

Bibliografía de libros publicados fuera de Cuba

Nuestro Gustavo Adolfo Bécquer (Grupo Coaybay). Miami: Ediciones Universal, 1970.
La alborada del tigre. Miami: Ediciones Universal, 1970.
Los tiros del misereré. Miami: Ediciones Los Nuevos, 1973.
El fin del tiempo injusto. San Juan, Puerto Rico: Editorial San Juan, 1972.
Mijares, un oleo de Martha Padilla. Miami: Ediciones Universal, 1973.

Crítica

La alborada del tigre
Diario Las Américas (18/9/71)
Círculo IV (1973-1974), p. 209
Los tiros del misereré
Diario Las Américas (23/1/73)
Círculo IV (1973-1974), p. 209

PADRON LARRAZABAL, ROBERTO

n. 28 V 1946, La Habana (La Habana)

Poeta; editor, educador

Cursó estudios de bachillerato en el Colegio San Jorge de
La Habana. En 1961 se marchó a Estados Unidos, radicándose en
Nueva York donde completó su educación secundaria. Ingresó a
la Universidad de Saint John's. En 1964 se trasladó a España para
estudiar en la Facultad de Filosofía y Letras de la Universidad de
Sevilla. Se licenció en 1969. De 1969 a 1971 fue profesor ayudante
de la Universidad de Sevilla en la Sección de Literatura Hispanoamericana. Desde 1971 a 1976 fue profesor ayudante en el Departamento de Historia de Américas de la misma universidad, así como
redactor-jefe de la revista Historiografía y Bibliografía Americanistas
de la Escuela de Estudios Hispano-Americanos de Sevilla. Fundó
en 1972, junto con los poetas José Luis Núñez y Arcadio Ortega
Muñoz, la colección Aldebarán de Poesía. Es propietario, a partir
de 1977, de la Editorial Aldebarán. Ha contribuido con artículos,
reseñas históricas y literarias, y poemas a diversas revistas españolas e hispanoamericanas.

Poet; editor, educator

He began his secondary education at the Colegio San Jorge
in Havana. In 1961 he went into exile in the United States and
settled in New York. He finished high school there and entered
Saint John's University. In 1964 he went to Spain to study in the
Faculty of Philosophy and Letters of the University of Seville. He
received a licentiate degree in 1969. From 1969 to 1971 he was an
assistant professor in the department of Hispanic literature of the
University of Seville. From 1971 to 1976 he was an assistant professor in the department of history of the Americas of the same
university as well as chief editor of the journal Historiografía y
Bibliografía Americanistas of the School of Hispanic-American Studies
of Seville. In 1972, together with the poets José Luis Núñez and
Arcadio Ortega Muñoz, he founded the Aldebarán Poetry Collection.
In 1977 he became owner of the Aldebarán Publishing Company.
He has contributed articles, reviews, and poetry to literary reviews
and scholarly journals in Spain and Latin America.

Bibliografía de libros publicados fuera de Cuba

Humo y palabra. Madrid: Plaza Mayor, 1971.
Sonata en Si negativo. Sevilla: Colección Aldebarán, 1972.
Itálica. Antología lírica para unas ruinas. Sevilla: Colección
    Aldebarán, 1973.
Manifiestos de Cuba. Sevilla: Universidad de Sevilla, 1975.

Crítica

Humo y palabra
        Estafeta Literaria (Madrid) No. 488 (15/3/72)
        Poesía Hispánica (Madrid) No. 231 (3/72)
        Booklist v. 69:513 (2/1/73)
Sonata en Si Negativo

ABC de Sevilla (30/12/72)
Poesía Hispánica (Madrid) No. 241 (1/73)
Estafeta Literaria (Madrid) No. 518 (15/6/73)
Itálica. Antología lírica para unas ruinas
La Vanguardia de Barcelona 24/5/73)
Estafeta Literaria (Madrid) No. 524 (15/9/73)
Poesía Hispánica (Madrid) No. 250 (10/73)
Bellas Artes 73, No. 26 (10/73)

PALENZUELA, FERNANDO

n. 1938

Poeta, cuentista
Sus primeras poesías fueron publicadas en Lunes de Revolución. En 1961 se fue al exilio y luego de recorrer varios países europeos, se radicó en Estados Unidos. Fue co-director de la revista literaria Alacrán Azul.

Poet, short-story writer
His early poetry was published in Lunes de Revolución. In 1961 he left Cuba for exile, first in Europe where he traveled extensively, then in the United States. He was co-editor of the literary review Alacrán Azul.

Bibliografía de libros publicados fuera de Cuba

Amuletos de sueño (1958-1962). Miami: Ediciones Universal, 1971.

PALLAS, ROSA

n. Holguín (Oriente)

Ensayista; farmacéutica, educadora
Se doctoró en farmacia y en pedagogía en la Universidad de La Habana. Al marcharse al destierro, se radicó en Estados Unidos. Obtuvo el título de Master of Arts en la Universidad de Fairleigh Dickinson, institución en la que también enseñó literatura española durante varios años. Posteriormente obtuvo otra maestría en la Universidad de Pittsburgh, doctorándose luego en la misma universidad. Desde 1967 ejerce una cátedra de lengua y literatura españolas en Slippery Rock State College de Pensilvania.

Essayist; pharmacist, educator
She received doctorates in pharmacy and in education from the University of Havana. Upon going into exile, she settled in the United States. She received a master's degree from Fairleigh

Dickinson University where she also taught Spanish language and literature for several years. She later received another master's degree as well as a doctorate from the University of Pittsburgh. She has taught Spanish language and literature at Slippery Rock State College, Pennsylvania, since 1967.

Bibliografía de libros publicados fuera de Cuba

La poesía de Emilio Ballagas. Madrid: Editorial Playor, 1973.

PARAJON, MARIO

Ensayista, crítico; educador
Se doctoró en la Universidad de La Habana y es licenciado por la de Madrid. Realizó estudios en la Sorbona, en el Colegio de Francia, y en el Instituto Católico de París. Se desempeña como profesor en la Universidad Pontificia de Comillas y en el Instituto de Cultura Hispánica. Ha enseñado también en la Universidad de Nueva York y en la Escuela Nacional de Arte en La Habana. Ha sido director del Centro de Investigaciones Literarias del Consejo Nacional de Cultura. Ha colaborado con artículos y con crítica teatral en las revistas literarias Orígenes, Cuadernos Hispanoamericanos, Revista de Occidente y Insula.

Essayist, critic; educator
He received a doctorate from the University of Havana and a licenciate degree from the University of Madrid. He also studied at the Sorbonne, the College of France, and the Catholic Institute of France. He teaches at the Comillas Pontifical University and at the Institute of Hispanic Culture. He has taught as well at New York University and the National School of Art in Havana. He has been director of the Center for Literary Research of the National Council of Culture. His articles and theater criticism have appeared in such literary reviews as Orígenes, Cuadernos Hispanoamericanos, Revista de Occidente, and Insula.

Bibliografía de libros publicados fuera de Cuba

Eugenio Florit y su poesía. Madrid: Insula, 1977.
Cinco escritores y su Madrid: Galdós, Azorín, Baroja, Rubén Darío y Ramón. Madrid: Editorial Prensa Española, 1978.

Crítica

Eugenio Florit y su poesía
    Hispania v. 62:412 (5/79)

PAU-LLOSA, RICARDO

n. 17 V 1954, La Habana (La Habana)

Poeta, crítico de arte; educador
Muy joven fue a Estados Unidos con su familia. En 1974 recibió el grado de Bachelor of Arts en la Universidad Internacional de la Florida, y en 1976 el de Master of Arts en Florida Atlantic University. En la actualidad cursa estudios doctorales en la Universidad de la Florida. Desde 1980 dicta cursos sobre la historia de arte latinoamericano en la Universidad Internacional de la Florida. Es editor principal de la revista Art International. Ha contribuido con poesía en inglés a revistas como Beloit Poetry Journal, Partisan Review, Kansas Quarterly, y Southern Poetry Review, y con poesía en español a Zona Franca, Consenso, y Linden Lane Magazine. Sus críticas de arte han aparecido en revistas como Art International, Américas, Caribbean Review, Connaissance des Arts, y Michigan Quarterly Review.

Poet, art critic; educator
He went to the United States with his family as a small child. In 1974 he received a bachelor's degree from Florida International University and in 1976 a master's from Florida Atlantic University. At the present time he is pursuing doctoral studies at the University of Florida. He has been teaching courses in Latin American art history at Florida International University since 1980. He is senior editor of the journal Art International. He has contributed poetry in English to such journals as Beloit Poetry Journal, Partisan Review, Kansas Quarterly, and Southern Poetry Journal, and poetry in Spanish to Zona Franca, Consenso, and Linden Lane Magazine. His art criticism has appeared in such publications as Art International, Américas, Caribbean Review, Connaissance des Arts, and Michigan Quarterly Review.

Bibliografía de libros publicados fuera de Cuba

Veinticinco poemas. Twenty five poems. Miami: Ediciones Universal, 1973.
Dirube. Madrid: ALA Art Editions y Editorial Playor, 1979.
Sorting metaphors. Tallahassee, Fla.: Anhinga Press, 1983.
Rogelio Polesello. Buenos Aires: Ediciones Gaglianone, 1984.

PENTON, EVELIO

n. 2 I 1911, Sancti Spíritus (Las Villas)

Ensayista; educador
Estudió el bachillerato en el Instituto de Segunda Enseñanza de Santa Clara. Se doctoró en pedagogía en la Universidad de La

Habana en 1937. Fue profesor en la Escuela Normal y en la Escuela de Pedagogía de la Universidad de La Habana desde 1937 hasta 1958. Desempeñó los cargos de Superintendente General de Escuelas en 1958 y de Subsecretario de Educación desde 1956 a 1958. Salió de Cuba en 1959 y fue a Estados Unidos. Obtuvo el grado de Master of Arts en Teachers College de la Universidad de Columbia en 1963 y se doctoró en filosofía y letras en la Universidad de Madrid en 1978. Ha enseñado en la Universidad de Columbia, en Queens College, en Hunter College y, hasta su jubilación, en Kingsborough Community College de la Universidad de la Ciudad de Nueva York.

Essayist; educator
He completed his secondary studies at the Institute of Secondary Education in Santa Clara. In 1937 he was awarded a doctorate in education by the University of Havana. He taught at the Teachers College and in the School of Education of the University of Havana from 1937 to 1958. He also served as superintendent of schools in 1958 and as under-secretary of education from 1956 to 1958. Leaving Cuba for exile in 1959, he went to the United States where he earned a master's degree at Teachers College of Columbia University in 1963. In 1978 he received a doctorate in humanities from the University of Madrid. He has taught at Columbia University, Queens College, Hunter College, and, until his retirement, at Kingsborough Community College of the City University of New York.

Bibliografía de libros publicados fuera de Cuba

Educación y economía: el capital humano. Madrid: Editorial
   Playor, 1979.

PEÑA, HUMBERTO JOSE

   n. 10 XI 1928, La Habana (La Habana)

Cuentista, novelista; abogado, educador
   Se doctoró en leyes y en filosofía y letras en la Universidad de La Habana. Ejerció como abogado y también enseñó en la Universidad de La Salle desde 1955 a 1959. Se marchó al exilio en 1961. Se radicó en Miami donde vivió desde 1961 a 1965, colaborando en varias revistas literarias. En 1965 se trasladó al estado de Viriginia del Oeste para ocupar una cátedra de español en West Virginia State College, cargo que desempeña actualmente. Recibió el premio "Hucha de Plata" en Madrid en 1975.

Short-story writer, novelist; lawyer, educator
   He earned doctorates in law and in humanities at the University of Havana. He practiced law and also taught at La Salle University in Havana from 1955 to 1959. In 1961 he left Cuba and went

to Miami where he resided until 1965. He was an active contributor
to literary journals there. In 1965 he moved to West Virginia to
accept a teaching post at West Virginia State College, a position he
still holds. He received the "Hucha de Plata" prize in Madrid in
1975.

Bibliografía de libros publicados fuera de Cuba

Ya no habrá más domingos. Miami: Ediciones Universal, 1971.
El viaje más largo. Miami: Ediciones Universal, 1974.
La libertad es ajena. Miami: Ediciones Universal, 1980.
Espinas al viento. Miami: Ediciones Universal, 1983.

Crítica

Ya no habrá más domingos
     Booklist v. 68:980 (7/15/72)
El viaje más largo
     Círculo IV (1973-1974), p. 223-224

PERAZA, ELENA

    n. 22 VII 1919, La Habana (La Habana)

Bibliógrafo; bibliotecaria
    Hizo estudios de bachillerato en el Instituto de Segunda En-
señanza de La Habana. Recibió el grado de Técnica Bibliotecaria
en la Universidad de La Habana. Se doctoró en filosofía y letras
en la misma institución académica en 1956. Ha tenido una distinguida
carrera en el campo de la bibliotecología, habiendo desempeñado
importantes cargos como Directora de la Biblioteca Pública Panamericana "Habana" desde 1943 a 1959, Jefa del Departamento de Biblioteca del Consejo Nacional de Economía de 1950 a 1958, y Bibliotecaria del Archivo Nacional de Cuba de 1959 a 1960. Ha ejercido
la docencia en varias ocasiones tanto en Cuba como en el extranjero,
siendo sus más notables puestos los de Profesora de la Escuela Interamericana de Bibliotecología de la Universidad de Antioquia en
Medellín, Colombia, y de Instructora de la Cátedra de Bibliografía
Cubana en la Escuela de Bibliotecarios de la Universidad de La
Habana. Salió al exilio en 1960, radicándose en la Florida. Actualmente trabaja en la biblioteca de la Universidad de Miami.

Bibliographer; librarian
    She completed her secondary studies at the Institute of Sec-
ondary Education in Havana. She holds the title of library technician from the University of Havana. In 1956 she was awarded a
doctorate in humanities from the same institution. She has had a
distinguished library career during which she has held several important positions, among them director of the Panamerican Public

Library "Havana" from 1943 to 1959, chief of the Library Department of the National Council of Economics from 1950 to 1958, and librarian of the National Archives of Cuba from 1959 to 1960. She has also held several teaching posts, most notably those of professor at the Interamerican School of Library Science of the University of Antioquia in Medellín, Colombia, and instructor in the department of Cuban bibliography in the School of Library Science of the University of Havana. In 1960 she went into exile and settled in Florida. She currently works in the library of the University of Miami.

Bibliografía de libros publicados fuera de Cuba

Directorio de revistas y periódicos de Cuba 1968. Coral Gables,
    Fla.: 1968. (coeditora)
Bibliografía colombiana, Jul/Dic 1961. 2ª ed. Coral Gables, Fla.:
    1972.
Bibliografía colombiana 1969-1971. Coral Gables, Fla.: 1975. 3v.
Bibliografía cubana 1969. Coral Gables, Fla.: 1977.

PERDIGO, LUISA MARINA

    n. 25 XII 1947, La Habana (La Habana)

Poetisa, ensayista; educadora
    Obtuvo el grado de Bachelor of Arts en Hunter College y los de Master of Arts y Ph.D. en el Centro de Estudios de Postgrado de la Universidad de la Ciudad de Nueva York. En la actualidad ejerce como profesora auxiliar de español en Saint Thomas Aquinas College, puesto que ocupa desde 1982. Sus poemas han sido publicados en las revistas literarias Círculo Poético, Mester y El Duende.

Poet, essayist; educator
    She received a bachelor's degree from Hunter College and a master's and doctorate from the Graduate Center of the City University of New York. She is currently assistant professor of Spanish at Saint Thomas Aquinas College, a position she has held since 1982. Her poetry has appeared in such literary reviews as Círculo Poético, Mester, and El Duende.

Bibliografía de libros publicados fuera de Cuba

La estética de Octavio Paz. Madrid: Playor, 1975.

Crítica

La estética de Octavio Paz
        Latin American Literary Review v. 4, No. 8 (Spring/
        Summer 1976), p. 117
        Hispania v. 60:606, No. 3 (1977)

PERERA SOTO, HILDA

n. 11 XI 1926, La Habana (La Habana)

Novelista, cuentista, ensayista; educadora, periodista
Cursó estudios superiores tanto en Cuba como en Estados
Unidos. Obtuvo el grado de Bachelor of Arts en Western College
for Women en Ohio en 1948, y se doctoró en filosofía y letras en la
Universidad de La Habana en 1950. Inicialmente se dedicó a la
docencia, desempeñando el cargo de Jefa del Departamento de Español de la Academia Ruston desde 1948 a 1960. Prestó servicios
como consejera a la Biblioteca Nacional de Cuba y con la Comisión
Nacional Cubana de la UNESCO de 1960 a 1962. Fue editora de
las revistas Buen Hogar y Romances desde 1965 a 1967. Desde su
llegada a Estados Unidos se ha dedicado a la literatura y su obra
manifiesta gran variedad. Ha escrito cuentos, novelas, libros infantiles, ensayos, biografías, y material didáctico. En 1970 obtuvo
el grado de Master of Arts en la Universidad de Miami. Fue finalista en el Concurso Internacional de Novela, patrocinado por la
Editorial Planeta, en 1972 con El sitio de nadie, y en 1975 con
Felices Pascuas. Ganó el Premio Lazarillo de Literatura Infantil,
otorgado por el Instituto del Libro Español, en 1975 por Cuentos
para chicos y grandes, y en 1979 por Podría ser que una vez.

Novelist, short-story writer, essayist; educator, journalist
She received a bachelor's degree from Western College for
Women in Ohio in 1948 and a doctorate in humanities from the
University of Havana in 1950. From 1948 to 1960 she was chairman
of the Spanish department of the Ruston Academy in Havana. She
served as a consultant to the National Library of Cuba and to the
Cuban National Commission of UNESCO from 1960 to 1962. She was
editor of Buen Hogar and Romances magazines. Since her arrival
in the United States she has devoted herself largely to literature.
She has written short stories, novels, children's literature, essays,
biographies, and a considerable amount of didactic material. She
was a finalist in the International Competition for the Novel sponsored by Editorial Planeta in 1972 with El sitio de nadie and again
in 1975 with Felices Pascuas. She was awarded the Lazarillo Prize
for Children's Literature by the Spanish Book Institute in 1975 for
Cuentos para chicos y grandes and in 1979 for Podría ser que una
vez.

Bibliografía de libros publicados fuera de Cuba

Acentuación y puntuación. New York: Minerva Books, 1972.
Cuentos de Apolo. 3ª ed. Miami: Franhil Enterprises, 1970.
Idapó; el sincretismo en los cuentos negros de Lydia Cabrera.
     Miami: Ediciones Universal, 1971.
El sitio de nadie. Barcelona: Editorial Planeta, 1972.
Ortografía. New York: Minerva Books, 1972.
Felices Pascuas. Barcelona: Editorial Planeta, 1975.

Cuentos para chicos y grandes. Valladolid, España: Editorial
   Miñón, 1975.
La pata pita. New York: Minerva Books, 1979.
Podría ser que una vez. León, España: Editorial Everest, 1980.
Plantado. Barcelona: Editorial Planeta, 1981.

Crítica

Aldaya, Alicia. La narrativa de Hilda Perera. Madrid: Playor,
   1978.

Cuentos de Apolo
      Diario Las Américas (31/7/75), p. 5
      Diario Las Américas (8/7/75)
      Letras Femeninas No. 1 (Primavera 1976)
El sitio de nadie
      Diario Las Américas (2/10/73)
      Diario Las Américas (10/8/73)
      La Estafeta Literaria (Madrid) (1/4/73)
      Caribe 1 i (1976), p. 129
      Alzaga, Florinda. Ensayo sobre "El sitio de Nadie" de
         Hilda Perera. Miami: Ediciones Universal, 1975.
      Handbook of Latin American Studies v. 36 (1974), p. 391,
         #4258
Plantado
      Américas (Julio/Agosto 1982), p. 64
      Hispania v. 66;442, No. 3 (9/83)
Idapó: el sincretismo en los cuentos negros de Lydia Cabrera
      Handbook of Latin American Studies v. 36 (1974), p. 391,
         #4257

PEREZ, MARIA ESTHER

Ensayista; educadora
      Se licenció en la Universidad de Santo Tomás de Villanueva.
Después de radicarse en Estados Unidos, obtuvo el grado de Master
of Arts en la Universidad de Nueva York. Se doctoró en la misma
institución académica en 1972. Desde 1966 enseña en Iona College,
New Rochelle, Nueva York. Ha colaborado en revistas literarias de
España y Estados Unidos.

Essayist; educator
      She received a licentiate degree from Saint Thomas of Villa-
nueva University. After settling in the United States, she received
a master's degree from New York University, and a doctorate in
1972. She has been teaching at Iona College, New Rochelle, New
York, since 1966. She has contributed articles to literary journals
in Spain and the United States.

Bibliografía de libros publicados fuera de Cuba

Lo americano en el teatro de Sor Juana Inés de la Cruz. Nueva
    York: Torres, 1975.
Valle Inclán: su ambigüedad modernista. Madrid: Playor, 1977.

PEREZ-CISNEROS DE FONT, MARIA TERESA

    n. Burdeos, Francia

Ensayista; educadora
    Nació en Burdeos, Francia, de padre cubano y madre fran-
cesa. Se crió en Cuba y cursó su educación secundaria en Estados Unidos. Se licenció en filosofía y letras en la Universidad de
Oriente en 1960. Luego abandonó el país y se radicó en Estados
Unidos. Se doctoró en la Universidad de Maryland en 1969. Ha
ejercido cátedras en la Universidad de Maryland y en la de George
Mason.

Essayist; educator
    She was born in Bordeaux of a Cuban father and a French
mother. Although raised in Cuba, she received her secondary
education in the United States. In 1960 she received a licentiate
degree in humanities from Oriente University. Shortly thereafter
she left Cuba for exile, settling in the United States. In 1969 she
received a doctorate from the University of Maryland. She has
taught at the University of Maryland and at George Mason University.

Bibliografía de libros publicados fuera de Cuba

Espacio: autobiografía lírica de Juan Ramón Jiménez. Madrid:
    Insula, 1972.

PEREZ CRUZ, IGNACIO

    1 IV 1940, Colón (Matanzas)

Poeta, ensayista
    Condenado en 1961 a 15 años de presidio por haberse opuesto
al gobierno revolucionario, sobrevivió los rigores de la Isla de
Pinos, aprovechando los años carcelarios para estudiar, pensar y
escribir. Colaboró en varias revistas clandestinas. Indultado en
1971, se reincorporó a la sociedad lo mejor que pudo, desempeñando
puestos en el Ministerio de Transporte hasta que salió al exilio en
1979. Una vez radicado en Estados Unidos, se dedicó por completo
a la expresión escrita de los pensamientos e ideas que le nacieron
como resultado de sus años en las prisiones de Cuba.

Poet, essayist
Sentenced in 1961 to 15 years in prison for counterrevolutionary activities, he managed to survive the rigors of the Isle of Pines
prison and used these years to study, think, and write. He also
contributed to several underground journals. Pardoned in 1971, he
returned to society and managed as best he could with jobs in the
Ministry of Transportation until he went into exile in 1979. Since
arriving in the United States, he has devoted himself to expressing
in written form the thoughts and ideas that are the fruit of his
years in Cuban prisons.

Bibliografía de libros publicados fuera de Cuba

Caminos. Toledo, España: Editora Ebora, 1980. (coautor)
Pienso, luego existo, 1962-1967. Miami: Ediciones Portadores de
   la Idea, 1981.

PEREZ DE UTRERA, CONCEPCION

   n. 18 X 1912, La Habana (La Habana)

Poetisa; educadora (Seudónimo: Conchita Utrera)
   Terminó su segunda enseñanza en el Colegio Cubano Americano
en La Habana en 1928 y luego hizo estudios de canto, declamación,
francés e italiano. Fue maestra de primera enseñanza en la Escuela Calvert de La Habana hasta 1958, año en que se trasladó a
Nueva York donde reside en la actualidad. Ha dado lecturas de su
poesía en varios centros culturales del área, metropolitana de Nueva
York. Colabora en Círculo Poético y ha ocupado el puesto de Secretaria General del Círculo de Cultura Hispanoamericana.

Poet; educator (Pseudonym: Conchita Utrera)
   She completed her secondary studies at the Cuban American
College in Havana in 1928 and subsequently studied voice, declama-
tion, French, and Italian. She was a primary school teacher at the
Calvert School in Havana until 1958, when she left Cuba to settle
in New York. She has given readings of her poetry in several cultural centers in the New York metropolitan area. Some of her poems
have been published in Círculo Poético. She has served as secretary
general of the Circle of Hispanic American Culture.

Bibliografía de libros publicados fuera de Cuba

Oh, tu, amor! Madrid: Ediciones Iberoamericanas, 1973.

Crítica

Oh, tu, amor!
   Círculo IV (1973-1974), p. 196

PEREZ LAVIN DE SALAS, LOURDES

n. La Habana (La Habana)

Poetisa; educadora
Cursó su primera enseñanza en La Habana y la segunda tanto en Cuba como en Estados Unidos. Terminados sus estudios, pasó a ser maestra de español en escuelas privadas de la Florida. De regreso a Cuba, obtuvo la cátedra de inglés en un plantel educativo en La Habana donde ejerció hasta marcharse al exilio en 1960. Estudió en Barry College de Miami, fijando luego su residencia en el estado de Nueva Jersey. Ha colaborado en periódicos y revistas del dicho estado y del área metropolitana de Nueva York.

Poet; educator
She received her elementary education in Cuba and her high school education in both Cuba and the United States. For a time she taught Spanish in private schools in Florida. Upon returning to Cuba, she became an English teacher in Havana and taught until going into exile in 1960. She studied at Barry College in Miami and then settled in New Jersey. She has written articles for newspapers and journals in the New York metropolitan area.

Bibliografía de libros publicados fuera de Cuba

Sentimientos. Fairfield, N.J.: Art Craft Press, 1974.

PEREZ LOBO, RAFAEL

n. 19 XII 1899, Madrid, España

Periodista; abogado
Se graduó de abogado en la Universidad de Madrid en 1924. Ejerció su profesión y además ocupó el cargo de Magistrado Social desde 1933 a 1936. Durante el mismo período desempeñó el puesto de Director de Bibliografía de la Cámara Oficial del Libro de Madrid. Había vivido en La Habana desde 1926 a 1930 cuando fue editor del periódico El País y director de la revista Cervantes, y en 1936 optó por radicarse permanentemente en Cuba, tomándose la ciudadanía cubana. Desempeñó los cargos de editor de la revista Información desde 1936 a 1961 y de Profesor en la Escuela Nacional de Periodismo desde 1947 a 1960. Se marchó al exilio en 1961.

Journalist; lawyer
He received a law degree from the University of Madrid in 1924 and subsequently practiced his profession while also serving as a family court judge from 1933 to 1936. During the same period he also served as director of bibliography of the Madrid Book Association. From 1926 to 1930 he lived in Havana where he was editor

of El País and director of Cervantes magazine. In 1936 he settled permanently in Cuba and became a citizen. He held the posts of editor of the journal Información from 1936 to 1961 and professor in the National School of Journalism from 1947 to 1960. In 1961 he left Cuba for exile.

Bibliografía de libros publicados fuera de Cuba

Cómo escribir un libro. Ciudad de México: Editorial Diana, 1976.
Sumario alfabético del código civil méxicano. Ciudad de México:
    Editorial Porrúa, 1980.
Cómo escribir un libro técnico. Ciudad de México: Editorial Inter-
    americana, 1980.

PEREZ MORO, OSCAR

n. 19 VI 1923, Puerto Padre (Oriente)

Poeta
    Completó estudios secundarios. Fue alcalde de Puerto Padre y administrador de la zona fiscal del mismo municipio. Como muchos inmigrantes cubanos, en sus primeros años de exilio, trabajó en los oficios más humildes, desde friegaplatos hasta carpintero, hasta que en la actualidad, en Estados Unidos, escribe para diarios y revistas.

Poet
    He has a secondary school education. He served as mayor of Puerto Padre and as administrator of the fiscal district of the same municipality. Like many Cuban immigrants, during his early years in the United States he worked at a number of menial jobs to support himself--from dishwasher to carpenter's assistant. At the present time he writes for various Hispanic newspapers and magazines.

Bibliografía de libros publicados fuera de Cuba

Rumores de mi bohío. Miami: Ediciones Universal, 1972.
Así es mi tierra; décimas cubanas. Miami: Ediciones Universal, 1973.

PIÑERA LLERA, HUMBERTO

n. 21 VI 1911, Cárdenas (Matanzas)

Filósofo, ensayista, crítico; educador
    Hizo estudios de bachillerato en el Instituto de Segunda En-
señanza de Camagüey en 1936 y se doctoró en filosofía y letras en la Universidad de La Habana en 1942. Desempeñó los cargos de

Profesor de Filosofía en el Instituto de Segunda Enseñanza de La
Habana desde 1941 a 1960 y de Profesor de Filosofía en la Universidad de La Habana desde 1946 a 1960. Desde su traslado a Estados Unidos en 1961 hasta su jubilación en 1976, fue Profesor Titular
de Pensamiento y Literatura Españoles e Hispanoamericanos en la
Universidad de Nueva York. De 1973 a 1976 fue director residente
del Programa en España de la misma universidad. Ha sido profesor
invitado en la Universidad de Columbia y en Middlebury College y
ha dado conferencias en los principales centros culturales de América. Fue miembro fundador de la Sociedad Cubana de Filosofía y
uno de sus presidentes así como miembro fundador del PEN Club
de Cuba, Académico de la Academia Nacional de Artes y Letras de
Cuba, y Miembro de Honor de la Sociedad Argentina de Filosofía.
Fundó la Revista Cubana de Filosofía y colaboró en otras revistas
como Lyceum, Orígenes, Notas y Estudios de Filosofía, La Razón,
La Torre y Exilio. Ha ejercido la docencia, después de su jubilación en Miami-Dade Community College y en Biscayne College.

Philosopher, essayist, critic; educator
   He completed his secondary studies at the Institute of Secondary Education in Camagüey in 1936 and took a doctorate in humanities at the University of Havana in 1942. He was professor of
philosophy at the Institute of Secondary Education in Havana from
1941 to 1960 and professor of philosophy at the University of
Havana from 1946 to 1960. From the time of his arrival in the
United States in 1961 until his retirement in 1976, he was professor
of Hispanic and Spanish literature and thought at New York University. From 1973 to 1976 he was resident director of the New York
University Program in Spain. He has been a visiting professor at
Columbia University and Middlebury College and has lectured at important cultural centers in both North and South America. He was
a founding member of the Cuban Society of Philosophy and one of
its presidents as well as a founding member of the PEN Club of
Cuba, Academician of the National Academy of Arts and Letters of
Cuba, and Member of Honor of the Argentinian Society of Philosophy. He founded the Revista Cubana de Filosofía and contributed
to other journals such as Lyceum, Orígenes, Notas y Estudios de
Filosofía, La Razón, La Torre, and Exilio. Since his retirement,
he has taught at Miami-Dade Community College and Biscayne College.

Bibliografía de libros publicados fuera de Cuba

Panorama de la filosofía cubana. Washington, D.C.: Unión Pan-
      americana, 1960.
Unamuno y Ortega y Gasset: contraste de dos pensadores. Ciudad
      de México: Universidad de Nuevo León, 1965.
El pensamiento español de los siglos XVI y XVII. Nueva York:
      Las Américas Publishing Company, 1970.
Novela y ensayo de Azorín. Madrid: Editorial Agesa, 1971.
Las grandes intuiciones de la filosofía. Madrid: Editorial Oscar,
      1972.

Filosofía y literatura: aproximaciones. Madrid: Playor, 1975.
Cuba en su historia. Madrid: Ediciones Muralla, 1980.
Introducción e historia de la filosofía. Miami: Ediciones Universal, 1981.
Idea, sentimiento y sensibilidad de José Martí. Miami: Ediciones Universal, 1982.

Crítica

Novela y ensayo de Azorín
Exilio año 6, No. 2 (1972), p. 155

PITA, JUANA ROSA

n. 8 XII 1939, La Habana (La Habana)

Poetisa

Cursó estudios de filosofía y letras en la Universidad Católica de Santo Tomás de Villanueva desde 1957 a 1959, pasando luego a la Universidad de La Habana. En 1961 salió al exilio rumbo a España y después a Estados Unidos. En 1975 obtuvo el grado de Master of Arts en la Universidad de George Mason y comenzó estudios doctorales en la Universidad Católica en Washington, D.C. En 1976, junto con el poeta argentino David Lagmanovich, fundó las Ediciones de Poesía Solar. Sus poemas han sido publicados en revistas literarias de España y América, entre ellas Papeles de Son Armadans, Consenso, Caribe y Resumen Literario El Puente, y han sido traducidos al inglés y al alemán. En la actualidad vive en Miami donde trabaja en la redacción de la revista Hombre del Mundo.

Poet

She studied liberal arts in the Catholic University of Saint Thomas of Villanueva from 1957 to 1959 and then continued at the University of Havana. In 1961 she left Cuba to go into exile, settling first in Spain and then in the United States. In 1975 she received a master's degree from George Mason University and began doctoral studies at the Catholic University in Washington, D.C. In 1976 she and the Argentine poet David Lagmanovich founded Ediciones de Poesía Solar. Her poetry has appeared in such literary journals of Spain and the Americas as Papeles de Son Armadans, Consenso, Caribe, and Resumen Literario El Puente and has also been translated into English and German. She currently resides in Miami where she is editor of the journal Hombre del Mundo.

Bibliografía de libros publicados fuera de Cuba

Pan de sol. Washington, D.C.: Solar, 1976.
Las cartas y las horas. Washington, D.C.: Solar, 1977.
Mar entre rejas. Washington, D.C.: Solar, 1977.

El arco de los sueños. Washington, D.C.: Solar, 1978.
Eurídice en la fuente. Washington, D.C.: Solar, 1979.
Antología Solar (se incluyen poemas de Angel Cuadra, Raoul García
   Iglesias, Elena Iglesias y Juan Rosa Pita). Miami: Ediciones
   Solar, 1979.
Manual de magia. Barcelona: Ambito Literario, 1979.
Viajes de Penelope. Miami: Ediciones Solar, 1980.
Homenaje a Angel Cuadra. Miami: Ediciones Solar, 1981.
Crónicas del Caribe. Miami: Ediciones Solar, 1983.

POO Y URIOSTE, JOSE MARIA DE

   n. 27 X 1901, La Habana (La Habana)
   m. 28 VIII 1971, Nueva Orleans (Luisiana) EE.UU.

Cuentista, poeta, novelista, periodista
   Terminó su educación secundaria en el Instituto de La Habana
en 1919. Residió muchos años en Estados Unidos donde desempeñó
altos cargos periodísticos, entre ellos jefe de redacción de los periódicos Diario Las Américas y La Prensa y de las revistas Hablemos,
Temas, y Luz. Fue también editor para la United Press y director
de la revista Crónica de Holanda. Su labor literaria fue premiada
repetidas veces por al Círculo de Escritores y Poetas Iberoamericanos
de Nueva York en 1957, 1964 y 1965. Del Club de Periodistas
Cubanos de Nueva York recibió el primer premio en el certamen
Agustín Parlá.

Short-story writer, poet, novelist, journalist
   He received his secondary education at the Havana Institute,
graduating in 1919. He resided in the United States for many
years where he was editor of the newspapers Diario Las Américas
and La Prensa and of the magazines Hablemos, Temas, and Luz.
He was also an editor for the United Press and director of the
journal Crónica de Holanda. He won literary awards from the
Círculo de Escritores y Poetas Iberoamericanos de Nueva York in
1957, 1964, and 1965. He also received first prize in the Agustín
Parlá competition sponsored by the Cuban Journalists Club of New
York.

Bibliografía de libros publicados fuera de Cuba

En días de gloria; cuentos mambises y otros cuentos. Madrid:
   Paraninfo, 1967.

Crítica

En días de gloria; cuentos mambises y otros cuentos
   El Tiempo (Nueva York) (6/4/71), p. 17

PORRATA, FRANCISCO EDUARDO

n. Morón (Camagüey)

Ensayista; abogado, educador
Cursó estudios de bachillerato en el Instituto de Morón. Se doctoró en leyes en la Universidad de La Habana en 1943. Ejerció desde 1944 hasta marcharse al exilio in 1961. Obtuvo el grado de Master of Arts en la Universidad de Iowa en 1966, doctorándose en la misma institución académica en 1968. Desde 1969 enseña en la Universidad Estatal de California en Sacramento, donde tiene el rango de Profesor Titular de Español.

Essayist; lawyer, educator
He received his secondary education at the Morón Institute. In 1943 he received a doctorate in law from the University of Havana and he practiced from 1944 until going into exile in 1961. He received a master's degree in 1966 from the University of Iowa and a doctorate in 1968. He has been teaching at California State University in Sacramento since 1969 and currently holds the rank of professor of Spanish.

Bibliografía de libros publicados fuera de Cuba

Incorporación del romancero a la temática de la comedia española. Nueva York: Plaza Mayor, 1971.
Spanish syllabification and stressing. Nueva York: Plaza Mayor, 1972.
Antología comentada del Modernismo. Sacramento, Cal.: California State University, 1974.
Explicación de Cien Años de Soledad. Sacramento, Cal.: California State University, 1975.

PORTELA, IVAN

Poeta, cuentista
Escribe poesía desde los doce años. Al salir de Cuba, se radicó en México.

Poet, short-story writer
He has been writing poetry since the age of twelve. After leaving Cuba, he settled in Mexico.

Bibliografía de libros publicados fuera de Cuba

Dentelladas de un ególatra; poemas temperamentales. Ciudad de México: 1967.
Tenamaste (policromía literaria). Ciudad de México: Impresora Venecia, 1970.
Itinerario de un poeta. Ciudad de México: 1971.

PORTUONDO TAMAYO, ALEIDA

Ensayista; trabajadora social, educadora
Estudió el bachillerato en el Instituto de Segunda Enseñanza en La Habana, graduándose en 1948. Se doctoró en pedagogía en la Universidad de La Habana en 1952 y en 1955 obtuvo el título de Trabajadora Social en la misma universidad. Trabajó como supervisora en una oficina de servicio social desde 1956 hasta salió del país en 1961. Fue a Estados Unidos, radicándose en Washington, D.C. Obtuvo el grado de Master of Arts en la Universidad Católica en 1967 y el doctorado en 1975. En la actualidad enseña lengua y literatura hispánicas en la Universidad de Howard. Ha dictado numerosas conferencias.

Essayist; social worker, educator
She completed her secondary studies at the Institute of Secondary Education in Havana in 1948 and received a doctorate in education from the University of Havana in 1952. In 1955 she graduated as a social worker from the same institution. From 1956 until she left Cuba in 1961, she worked as a supervisor for a social welfare agency. After arriving in the United States in 1961, she settled in Washington, D.C., where she earned master's and doctor's degrees from the Catholic University in 1967 and 1975, respectively. At the present time she teaches Spanish language and literature at Howard University. She has lectured widely.

Bibliografía de libros publicados fuera de Cuba

Vigencia política y literaria de Martín Morúa Delgado. Miami: Ediciones Universal, 1979.

PRADO ARMAND, PURA DEL

n. 8 XII 1931, Santiago de Cuba (Oriente)

Poetisa; educadora
Se graduó en 1951 en la Escuela Normal para Maestros de Santiago de Cuba. El mismo año inició estudios en la Escuela de Pedagogía de la Universidad de La Habana, doctorándose en 1956. También hizo estudios de teatro y de periodismo. Colaboró en revistas como Bohemia, Carteles, Gente de la Semana, y La Quincena. Desde su traslado a Estados Unidos en 1958, ha contribuido con artículos a muchos periódicos y revistas. Ha sido galardonada en repetidas ocasiones tanto en Cuba como en el exterior, ganando el Premio Nacional de Literatura en 1959.

Poet; educator
In 1951 she graduated from the Teachers College in Santiago de Cuba. The same year she matriculated in the School of Education

of the University of Havana where she earned a doctorate in 1956.
She also studied theater and journalism. In Cuba she wrote for
such publications as Bohemia, Carteles, Gente de la Semana, and
La Quincena and has contributed to many journals in the United
States since her arrival in 1958. She has won literary prizes on
numerous occasions, both in Cuba and abroad. She won the National Literary Prize (Cuba) in 1959.

Bibliografía de libros publicados fuera de Cuba

Nuestro Gustavo Adolfo Bécquer (Grupo Coaybay). Miami: Edici-
    ones Universal, 1970.
La otra orilla. Madrid: Plaza Mayor, 1972.
Color de Orisha. Barcelona: Editorial Campos, 1973.
Otoño enamorado. Barcelona: Editorial Campos, 1973.
Idilio del girasol. Barcelona: Editorial Vosgos, 1975.
Por bronce con nardo y llanto. Barcelona: Editorial Vosgos, 1981.

Crítica

Nuestro Gustavo Adolfo Bécquer
        Diario Las Américas (13/4/75), p. 5
La otra orilla
        Diario Las Américas (5/3/71), p. 5
        Diario Las Américas (9/3/72), p. 5
        Diario Las Américas (19/4/72), p. 5
        Diario Las Américas (8/9/72), p. 5
        Diario Las Américas (6/10/72), p. 7
Color de Orisha
        Diario Las Américas (19/6/73), p. 5
        Diario Las Américas (11/12/73), p. 5
        Círculo IV (1973-1974), p. 201
Otoño enamorado
        Diario Las Américas (30/5/72), p. 5
        Diario Las Américas (2/6/73), p. 5

PRATS, LORENZO

Poeta; contador
    Estudió en La Habana Business University, graduándose de
contador. Hizo estudios de pintura e historia de arte. Trabajó
como dibujante arquitectónico. Salió al exilio en 1964 con rumbo
a Madrid. Después de una breve estadía en España, fue a Estados
Unidos. Ha trabajado en distintos campos, siendo en la actualidad
contador y vice-presidente de asuntos financieros de una empresa
comercial.

Poet; accountant
    He studied at the Havana Business University where he

received a degree in accounting. He also studied painting and art history and worked as an architectural designer. In 1964 he went into exile and after spending a short time in Spain went to the United States. He has worked in a variety of occupations and at the present time is comptroller and vice-president of financial affairs in a private firm.

Bibliografía de libros publicados fuera de Cuba

No soy nadie. Miami: Editorial AIP, 1979.

PRIDA, DOLORES

    n. 5 IX 1943, Caibarién (Las Villas)

Poetisa, dramaturgo; periodista
    Cursó su primera y segunda enseñanza en Cuba. Se trasladó a Estados Unidos en 1961, radicándose en Nueva York donde matriculó en Hunter College. Estudió literatura. Luego pasó a la New School for Social Research, cursando estudios de crítica de cine y estudios editoriales. Ha trabajado en periodismo, desempeñando, entre otros, el cargo de editora ejecutiva de una conocida revista hispana de gran tiraje. Además de estas labores, ha dirigido programas de televisión y ha sido co-anfitriona de un programa quincenal acerca de la comunidad hispana de Nueva York. El teatro también ha recibido su atención. Es directora ejecutiva del Spanish-English Ensemble Theatre, grupo teatral hispano para el cual ha escrito varias piezas. Beautiful Señoritas fue estrenada en Nueva York en 1977 y en Los Angeles en 1979. The Beggar's Soap Opera se estrenó en Nueva York en 1979, seguida por La Era Latina, Coser y Cantar, Crisp! y Juan Bobo, estrenadas en Nueva York en 1980, 1981 y 1982. Ha contribuido con artículos en español e inglés a periódicos y revistas en Estados Unidos, América Latina y Europa. Desde 1968 a 1972 dirigió La Nueva Sangre, revista literaria, y fue editora de Ediciones Nuevasangre. Ha ganado varios premios literarios en Nueva York y en 1976 se le otorgó una beca Cintas.

Poet, playwright; journalist
    She received her elementary and secondary education in Cuba. In 1961 she went to the United States and settled in New York where she entered Hunter College to study literature. Further studies in film criticism and book and magazine editing followed at the New School for Social Research. She has worked as an editor for several publishing houses in New York as well as for Hispanic newspapers and magazines, and has been chief editor of a well-known Hispanic magazine with nationwide circulation. Besides her activities in publishing, she has directed several television programs and has co-hosted a bi-weekly program about Hispanics in the New York

area. She is also active in the theater, having written and directed several plays. Beautiful Señoritas was performed by the Spanish-English Ensemble Theatre, of which she is executive director, in New York in 1977 and in Los Angeles in 1979. The Beggar's Soap Opera was presented by the same company in New York in 1979, followed by La Era Latina, Coser y Cantar, Crisp!, and Juan Bobo, performed in New York in 1980, 1981, and 1982. She has written articles in both Spanish and English for newspapers and journals in the United States, Latin America, and Europe. From 1968 to 1972 she directed La Nueva Sangre, a literary journal, and was editor of Ediciones Nuevasangre. She has won several literary awards in New York and in 1976 received a fellowship for creative writing from the Cintas Foundation.

Bibliografía de libros publicados fuera de Cuba

Treinta y un poemas. Ciudad de México: Impresora Maya, 1967.
Women of the hour. Nueva York: Ediciones Nuevasangre, 1967.

PRIERES, MANUEL

n. 10 V 1942, Yatera (Oriente)

Poeta, novelista
    Cursó su educación secundaria en Guantánamo hasta el segundo año de comercio. Administró la finca de su familia hasta 1963 cuando fueron desalojados de su terreno de acuerdo con la ley de la reforma agraria promulgada por el gobierno revolucionario. Desde 1963 a 1968 trabajó como oficinista en granjas del estado cubano. Desde 1968 hasta su salida de Cuba en 1971 para España, hizo trabajos forzados en la agricultura. Radicado en Madrid, ganó la vida por medio de diversos oficios--cerrajero, vendedor, etc. Se trasladó a Estados Unidos en 1974. En la actualidad está preparando una novela para publicación.

Poet, novelist
    He completed part of his secondary education in Guantánamo and then managed his family's farm until 1963 when their property was confiscated by the government under the provisions of the agrarian reform law. From 1963 to 1968 he was an office worker in several state farm cooperatives, and from 1968 until he left Cuba for Spain in 1971, he did forced labor on farms. In Madrid he worked at a variety of jobs to earn a living--locksmith, salesman, etc. In 1974 he went to the United States. At the present time he is writing a novel.

Bibliografía de libros publicados fuera de Cuba

Desheredados. Miami: Ediciones Universal, 1976.

Crítica

Desheredados
        Todo (10/77), p. 43
        El Herald de Miami (29/3/79)

PRIETO, ULISES

        n. 28 VIII 1916, La Habana (La Habana)

Poeta; químico, ejecutivo
        Completó estudios de bachillerato en el Instituto de Segunda
Enseñanza de La Habana. Se doctoró en ciencias físicas y químicas
en la Universidad de La Habana. En Cuba fue propietario y presidente de una curtiduría. Salió al exilio en 1960, radicándose en
Estados Unidos. Ha desempeñado puestos ejecutivos en la industria
del calzado y en empresas dedicadas a la elaboración de cuero. Es
asesor a la American Leather Chemists Association.

Poet; chemist, business executive
        He completed his secondary studies at the Institute of Sec-
ondary Education in Havana and received a doctorate in physical
and chemical sciences from the University of Havana. In Cuba he
was owner and president of a tannery. He went into exile in 1960
and settled in the United States. He has held executive positions
in the shoe and leather industries and is a consultant to the American Leather Chemists Association.

Bibliografía de libros publicados fuera de Cuba

Los mascarones de oliva. Miami: Ediciones Universal, 1978.

PROAZA, FERNANDO véase/see FERNANDEZ SANTIAGO, WIFREDO

PUENTE, JOSEPH E.

        n. La Habana (La Habana)

Ensayista; educador
        Recibió su primera y segunda enseñanza en el Colegio de Belén
en La Habana y luego cursó leyes en la Universidad de dicha ciudad.
Al abandonar el país, fue a Estados Unidos. Estudió en la Universidad Estatal de Luisiana, obteniendo los grados de Master of Arts
y Ph.D. Ha enseñado lenguas en el Instituto Militar de Virginia y
en Southwestern Louisiana University.

Essayist; educator
He received his primary and secondary education at the Colegio de Belén in Havana and studied law at the University of Havana. After going into exile in the United States, he studied at Louisiana State University where he received a master's degree and a doctorate. He has taught languages at Virginia Military Institute and at Southwestern Louisiana University.

Bibliografía de libros publicados fuera de Cuba

Estudio crítico-histórico de las novelas de Manuel Gálvez. Miami: Ediciones Universal, 1975.

PUENTE-DUANY, NICOLAS

n. 1899, Santiago de Cuba (Oriente)

Cuentista, novelista; médico, educador
Se graduó de médico en la Universidad de La Habana en 1922. Luego estudió en varias universidades europeas en París, Berlín y Viena, con especialidad en la patología clínica. Trabajó muchos años en el campo de la oncología y ejerció la cátedra de patología en la Facultad de Medicina de la Universidad de La Habana. Al retirarse de la medicina, se dedicó a la literatura.

Short-story writer, novelist; physician, educator
After receiving a degree in medicine from the University of Havana in 1922, he studied in Paris, Berlin, and Vienna, specializing in clinical pathology. He worked for many years in cancer research and taught pathology in the medical school of the University of Havana. Upon his retirement from active practice, he devoted himself to literature.

Bibliografía de libros publicados fuera de Cuba

Aventuras de amor del Doctor Fonda: la sombre de Helena. Miami: Ediciones Universal, 1979.
Sueños de juventud. Miami: Ediciones Universal, 1981.
Los amores de Mario y amigos y Marcelo y Mona. Puerto Rico: Master Graphics, 1983.

PUIG DE ZALDIVAR, RAQUEL

n. 5 VI 1950, La Habana (La Habana)

Cuentista, novelista; educadora, periodista
Llegó a Estados Unidos en 1961. Completó sus estudios

secundarios en la Immaculata Academy de Miami en 1968. Obtuvo
los grados de Bachelor of Arts y Master of Arts en la Universidad
de Miami en 1971 y 1973. Enseñó español en Our Lady of Lourdes
Academy de 1971 a 1973, y desde 1973 enseña en Miami-Dade Community College. Colaboró en Diario Las Américas desde 1973 a 1977
en calidad de reportera y en Nuestro Magazine de 1977 a 1980.
Desde 1977 a 1978 fue anfitriona de un programa de noticias bi-
lingües de la televisión de Miami. Ha colaborado en El Miami Herald
como periodista y crítico de libros. Su novela Desde donde sale
el sol hasta el ocaso fue finalista del Premio Planeta en 1979. En
la actualidad se desempeña como Profesora Auxiliar de Inglés en
Miami-Dade Community College.

Short-story writer, novelist; educator, journalist
    She went to the United States in 1961. After completing her
secondary education at the Immaculate Academy in Miami in 1968,
she entered the University of Miami where she earned a bachelor's
degree in 1971 and a master's degree in 1973. From 1971 to 1973
she taught Spanish at Our Lady of Lourdes Academy in Miami and
since 1973 has been teaching at Miami-Dade Community College.
She was a reporter and feature writer for Diario Las Américas from
1973 to 1977 and a feature writer for Nuestro Magazine from 1977 to
1980. From 1977 to 1978 she hosted a bilingual news program on
Miami television. She has written news articles and book reviews
for El Miami Herald. Her novel Desde donde sale el sol hasta el
ocaso was a finalist in the Premio Planeta literary competition of
1979. She is currently assistant professor of English at Miami-Dade
Community College.

Bibliografía de libros publicados fuera de Cuba

Joaquina. Ciudad de México: Editorial Impulso, 1980.
Desde donde sale el sol hasta el ocaso. Barcelona: Planeta, 1980.

PUPO-WALKER, ENRIQUE

    n. 3 II 1933, Holguín (Oriente)

Ensayista; educador
    Se licenció en la Universidad de La Habana en 1956. Se
marchó de Cuba en 1959. Obtuvo el grado de Master of Arts en
George Peabody College en 1962. Se doctoró en 1966 en la Universidad de Carolina del Norte. Enseñó español en la Universidad de
Vanderbilt desde 1959 a 1962, en la Universidad de Carolina del
Norte desde 1962 a 1966, en la Universidad de Yale desde 1966 a
1976, y en la Universidad de Vanderbilt desde 1976 hasta el presente. Ocupa una cátedra de literatura española y es Director del
Centro de Estudios Iberoamericanos de dicha universidad. Ha sido
profesor invitado en la Universidad Menéndez Pelayo en Santander,
España, y en la Universidad de Indiana.

Essayist; educator
He received an undergraduate degree from the University of Havana in 1956. He left Cuba in 1959 and settled in the United States. In 1962 he received a master's degree from George Peabody College and in 1966 a doctorate from the University of North Carolina. He taught Spanish at Vanderbilt University from 1959 to 1962, at the University of North Carolina from 1962 to 1966, at Yale University from 1966 to 1976, and since 1976 at Vanderbilt once again, where he is currently professor of Spanish and director of the Center of Iberoamerican Studies. He has been a visiting professor at the Menéndez Pelayo University in Santander, Spain, and at the University of Indiana.

Bibliografía de libros publicados fuera de Cuba

El cuento hispanoamericano ante la crítica: antología de estudios críticos. Madrid: Editorial Castalia, 1973.
Estudios de literatura hispanoamericana en honor a José J. Arrom. Chapel Hill, N.C.: Studies in Romance Languages, University of North Carolina Press, 1974. (coeditor)
La vocación literaria del pensamiento histórico en América: indagaciones sobre el desarrollo de la prosa de ficción, siglos XVI-XIX. Madrid: Editorial Gredos, 1982.
Creación, historia y profecía en los textos del Inca Garcilaso. Madrid: Porrúa, 1982. (coeditor)
Conflictos y logros de la democracia: España, 1975-1980. Madrid: Porrúa, 1982.
Las historias que me cuento: estudio y edición anotada de la ficción de Julio Cortázar. Madrid: Editorial Nuestra Cultura, 1982.

RALIUGA, NAUJ véase/see AGUILAR, JUAN

RASCO, RAFAEL

n. 3 I 1917, Sagua la Grande (Las Villas)

Cuentista; abogado, educador
Se doctoró en derecho en la Universidad de La Habana en 1949 y ejerció su profesión hasta su salida al exilio en 1961. Se radicó en Estados Unidos y enseñó español en escuelas secundarias de Nueva York hasta ser nombrado profesor en C. W. Post College de Long Island en 1963.

Short-story writer; lawyer, educator
He received a law degree from the University of Havana in 1949 and practiced until going into exile in 1961. He settled in New York and taught in area high schools until being named to the faculty of C. W. Post College of Long Island in 1963.

Bibliografía de libros publicados fuera de Cuba

Guacamaya a la Sierra. Miami: Ediciones Universal, 1972.

RASCO Y BERMUDEZ, JOSE IGNACIO

n. 1 IX 1925, La Habana (La Habana)

Ensayista; abogado, educador
Se doctoró en leyes en la Universidad de La Habana en 1950 y en filosofía y letras en 1954. Enseñó en la Universidad Católica de Santo Tomás de Villanueva y también ejerció como abogado. En 1959 fundó el Movimiento Democrático Cristiano de Cuba y sirvió como su presidente hasta su salida del país en 1960. Desde 1960 a 1963 era activo en asuntos políticos de la comunidad cubana de Miami. En 1963 fue becado por la Organización de los Estados Americanos para estudiar la integración económica de los países del Mercado Común. De 1964 a 1965 fue becario del Instituto para Estudios Legales Internacionales en Washington. Desempeñó altos cargos en el Banco de Desarrollo Interamericano en Washington desde 1965 a 1974. En 1966 fue profesor invitado en la Facultad Latinoamericana de Ciencias Políticas y Administración Pública en Santiago de Chile, y, nuevamente en 1975, en el Instituto de Estudios Superiores de Administración Pública para América Latina. Ha enseñado en Biscayne College, Miami-Dade Community College, y en la Universidad Internacional de la Florida. Ha publicado artículos sobre ciencia política, sociología y relaciones internacionales en revistas profesionales.

Essayist; lawyer, educator
He received doctorates in law (1950) and in humanities (1954) from the University of Havana. He taught at the Catholic University of Saint Thomas of Villanueva and also practiced law. In 1959 he founded the Christian Democratic Movement of Cuba and served as its first president until he left the country for exile in 1960. From 1960 until 1963 he was involved in the political life of the Cuban exile community in Miami. In 1963 he was a fellow of the Organization of American States and studied economic integration within the Common Market. From 1964 to 1965 he was a research fellow at the Institute for International Legal Studies in Washington. He held administrative posts in the Inter-American Development Bank in Washington from 1965 to 1974. In 1966 he was visiting professor at the Latin American Faculty of Political Science and Public Administration in Santiago, Chile, and in 1975 at the Institute of Higher Studies of Public Administration for Latin America. He has taught at Biscayne College, Miami-Dade Community College, and Florida International University. He has published in professional journals articles on political science, sociology, and international relations.

Bibliografía de libros publicados fuera de Cuba

Cuba 1959; artículos de combate. Buenos Aires: Ediciones Diagra-
mas, 1962.
Integración cultural de América Latina: panorama histórico. Medellín: Editorial Bedout, 1975.

REAL, JULIO véase/see VALERO, ROBERTO

REMOS Y RUBIO, JUAN NEPOMUCENO JOSE

n. 8 IV 1896, Santiago de Cuba (Oriente)
m. 21 IX 1969, Miami (Florida), EE.UU.

Ensayista, historiador, crítico; periodista, diplomático, educador
Se graduó de Bachiller en el Instituto de La Habana en 1912
y se doctoró en filosofía y letras en la Universidad de La Habana en
1916. Fue profesor, por oposición, de gramática y literatura españolas en el Instituto de La Habana desde 1917. Dictó cursos de
estética musical en el Conservatorio Nacional. Se graduó en la
Escuela Profesional de Periodismo "Manuel Márquez Sterling."
Ocupó varios puestos altos en el gobierno nacional. Fue Secretario
de Defensa Nacional en 1937, Secretario de Estado desde 1937 a
1938, Ministro de Educación de 1940 a 1942, Embajador y Delegado
Permanente de Cuba ante la UNESCO desde 1952 a 1956, y Embajador de Cuba en España de 1956 a 1958. También fue columnista de
Diario de la Marina de 1945 a 1958. Entre los honores que le
correspondieron fueron sus nombramientos como Académico de Número de la Academia de la Lengua, Académico de Número de la
Academia Nacional de Arte y Letras, Académico de Número de la
Academia de la Historia de Cuba, y Académico Correspondiente de
la Real Academia de la Historia (España). Abandonó el país en
1961 y se radicó en Miami. Colaboró en Diario Las Américas de 1963
a 1969. Se le nombró profesor invitado en varias universidades
estadounidenses y fue Director de los Seminarios de Cultura Cubana
ofrecidos por la Universidad de Miami de 1965 a 1969, el año de su
muerte.

Essayist, historian, critic; journalist, diplomat, educator
He completed his secondary education at the Havana Institute
in 1912. In 1916 he received a doctorate in humanities from the
University of Havana. He was professor of Spanish grammar and
literature at the Havana Institute and professor of musical esthetics
in the National Conservatory. He graduated from the Manuel Márquez Sterling Professional School of Journalism. He held several
high posts in the national government: Secretary of National De-
fence in 1937, Secretary of State from 1937 to 1938, Minister of

Education from 1940 to 1942, Ambassador and Permanent Delegate of Cuba to UNESCO from 1952 to 1956, and Ambassador of Cuba to Spain from 1956 to 1958. He was a columnist for Diario de la Marina from 1945 to 1958. Among the many honors conferred upon him were his appointments as Member of the Academy of Language, Member of the National Academy of Arts and Letters, Member of the Academy of the History of Cuba, and Corresponding Member of the Royal Academy of History (Spain). He went into exile in 1961 and settled in Miami where he wrote for Diario Las Américas from 1963 to 1969. He was a visiting professor of Spanish literature at several universities in various parts of the country and was also director of seminars on Cuban culture offered by the University of Miami from 1965 to 1969, the year of his death.

Bibliografía de libros publicados fuera de Cuba

Historia de la literatura cubana. Miami: Mnemosyne Publishing
    Company, 1969. (reimpresion de la edicion de 1945)

Crítica

Inclán, Josefina. Cuba en el destierro de Juan J. Remos. Miami:
    Ediciones Universal, 1971.

REXACH, ROSARIO

    n. 22 V 1912, La Habana (La Habana)

Novelista; educadora (Seudónimo: Rosario R. de León)
    Cursó estudios en la Escuela Normal de Maestros. Se doctoró en pedagogía en la Universidad de La Habana en 1937 y en filosofía y letras en 1944. Fue Profesora de Pedagogía en la Escuela Normal de La Habana. Fue también Profesora Adjunta de Psicología en la Facultad de Educación de la Universidad de La Habana y ayudante de la cátedra de filosofía y auxiliar de sociología en la Facultad de Filosofía. Se exilió en 1960. Después de radicarse en Nueva York, enseñó brevemente en Hunter College y luego en Adelphi College hasta 1969, año en que se jubiló. Ha contribuido con artículos a muchas revistas literarias.

Novelist; educator (Pseudonym: Rosario R. de León)
    She graduated from the Havana Teachers College in 1930 and received doctorates in education (1937) and humanities (1944) from the University of Havana. She was professor of education in the Havana Teachers College. She was also assistant professor of psychology in the School of Education of the University of Havana and later served as assistant to the chairman in the departments of philosophy and sociology in the University of Havana. She went into exile in 1960 and settled in New York where she taught briefly

at Hunter College and later at Adelphi College, until her retirement in 1969. She has contributed to many literary journals.

Bibliografía de libros publicados fuera de Cuba

Rumbo al punto cierto. Nueva York: Editorial Mensaje, 1979.

RIOPEDRE, JORGE ALBERTO

n. 22 IV 1944, Camagüey (Camagüey)

Poeta
Recibió su primera y segunda enseñanza en las Escuelas Pías de Camagüey. En 1962 se marchó al exilio, radicándose en Estados Unidos. Su educación se detuvo durante la década del sesenta y parte del setenta, como razón principal, por activismo político. Sin embargo, es graduado de Hillsborough Community College, Tampa, Florida, y está en vías de terminar la carrera de antropología.

Poet
He received his primary and secondary education at the Pías Schools in his native Camagüey. In 1962 he left Cuba and settled in the United States. He discontinued his education, choosing to devote himself to political activism during most of the decade of the 1960s and part of the 1970s. Returning to his studies later, he graduated from Hillsborough Community College, Tampa, Florida, and is completing a degree in anthropology.

Bibliografía de libros publicados fuera de Cuba

Ancla. Tampa, Fla.: Martin Lithographics, 1978.
Cubanacán (décimas cubanas). Miami: Ediciones Universal, 1979.

RIOSTRA, ALERON véase/see GARCIA IGLESIAS, RAOUL

RIPOLL, CARLOS

n. 31 III 1922, La Habana (La Habana)

Ensayista, antologista, crítico; educador
Se licenció en la Universidad de La Habana en 1944. Después de marcharse al exilio, obtuvo el grado de Master of Arts en la Universidad de Miami en 1962 y se doctoró en la Universidad de Nueva York en 1964. Desde 1964 enseña en Queens College de la

Universidad de la Ciudad de Nueva York. Desde 1968 a 1969 fue editor de la Revista Cubana. Es contribuyente fecundo de artículos sobre temas político-literarios a periódicos y revistas literarias.

Essayist, anthologist, critic; educator
He received an undergraduate degree from the University of Havana in 1944. After going into exile, he received a master's degree from the University of Miami in 1962 and a doctorate from New York University in 1964. He has taught at Queens College CUNY since 1964. From 1968 to 1969 he was editor of the journal Revista Cubana. He is a prolific contributor of articles on political and literary topics to journals and newspapers.

Bibliografía de libros publicados fuera de Cuba

Juan Criollo de Carlos Loveira. Estudio preliminar y notas de Carlos Ripoll. Nueva York: Las Américas Publishing Company, 1964.
Conciencia intelectual de América. Antología del ensayo hispano-americano (1836-1959). Nueva York: Las Américas Publishing Company, 1966.
La generación del 23 en Cuba y otros apuntes sobre el vanguardismo. Nueva York: Las Américas Publishing Company, 1968.
"La Celestina" a través del Decálogo y otras notas sobre la literatura de la Edad de Oro. Nueva York: Las Américas Publishing Company, 1969.
Indice de la Revista de Avance (Cuba, 1927-1930). Nueva York: Las Américas Publishing Company, 1969.
Conciencia intelectual de América. Antología del ensayo hispano-americano (1836-1959). 2ª ed. Nueva York: Las Américas Publishing Company, 1970.
Julián Pérez, cuento por Benjamín Castillo. Nueva York: Las Américas Publishing Company, 1970.
Archivo José Martí: repertorio crítico; medio siglo de estudios martianos. Nueva York: Eliseo Torres, 1971.
Escritos desconocidos de José Martí. Compilación prólogo y notas críticas. Nueva York: Eliseo Torres, 1971.
Indice universal de la obra de José Martí. Nueva York: Eliseo Torres, 1971.
José Morales Lemus y la revolución de Cuba; estudio histórico por Enrique Piñeyro. Edición, introducción y bibliografía crítica. New York: 1971.
"Patria": el periódico de José Martí; registro general (1892-1895). Nueva York: Eliseo Torres, 1971.
Teatro hispanoamericano: antología crítica. v. 1: Epoca colonial. Nueva York: Anaya, 1972. (coeditor)
Teatro hispanoamericano: antología crítica. v. 2: Siglo XIX. Nueva York: Anaya, 1973. (coeditor)
Naturaleza y alma de Cuba: dos siglos de poesía cubana, 1760-1960. Nueva York: Las Américas Publishing Company, 1974.
Conciencia intelectual de América. Antología del ensayo hispano-

americano (1836-1959). 3ª ed. Nueva York: Eliseo Torres, 1974.
José Martí. Seis trabajos desconocidos en The Hour. Nueva York: Las Américas Publishing Company, 1974.
Un poema desconocido de Martí. Martí proletario. Nueva York: Eliseo Torres, 1974.
A látigo y destierro; reflexiones sobre la emigración cubana. Washington, D.C.: Cuban Studies Association, Georgetown University, 1975.
La doctrina de Martí. Elizabeth, N.J.: La Voz, 1976.
José Martí: letras y huellas desconocidas. Nueva York: Eliseo Torres, 1976.
La realidad de la historia, por Sotero Figueroa. Edición, estudio preliminar y bibliografía. San Juan, Puerto Rico: Instituto de Cultura Puertorriqueña, 1977.
Martí ahora. Elizabeth, N.J.: La Voz, 1978.

Crítica

Conciencia intelectural de América. Antología del ensayo hispano-americano (1836-1959)
    Hispania v. 51:219, No. 1 (3/68)
La generación del 23 en Cuba y otros apuntes sobre el vanguardismo
    Hispania v. 52:164, No. 1 (3/69)
    Hispania v. 53:582, No. 3 (9/70)
    Revista Iberoamericana v. 36, No. 72 (Julio-Sep. 1970), p. 518
Archivo José Martí: repertorio crítico; medio siglo de estudios martianos
    Revista Interamericana de Bibliografía v. 24, No. 2 (Abril/Junio 1974), p. 168
Escritos desconocidos de José Martí
    El Diario-La Prensa (14/3/71), p. 19
    Revista Interamericana de Bibliografía v. 21, No. 4, (Oct./Dic. 1971), p. 471
    Círculo IV (1973-1974), p. 190
Indice universal de la obra de José Martí
    Revista Interamericana de Bibliografía v. 24, No. 2 (Abril/Junio 1974), p. 168
"Patria": el periódico de José Martí
    Revista Interamericana de Bibliografía v. 24, No. 2 (Abril/Junio 1974), p. 168
Teatro hispanoamericano: antología crítica. v. 1
    Diario Las Américas (23/3/73)
    Latin American Theatre Review v. 9, No. 1 (Fall 1975), p. 91
    Latin American Theatre Review v. 9, No. 2 (Spring 1976), p. 100
    Círculo IV (1973-1974), p. 216
Teatro hispanoamericano: antología crítica. v. 2
    Hispania v. 57:1023, No. 4 (12/74)

José Martí: letras y huellas desconocidas
    Revista Interamericana de Bibliografía v. 26, No. 3 (Julio/
      Sep. 1976), p. 333
    Hispania v. 59:964, No. 4 (12/76)
"La Celestina" a traves del Decálogo y otras notas sobre la literatura de la Edad de Oro
    Bulletin of Hispanic Studies v. 48, No. 3 (7/71), p. 263

RIVERA, ANTONIO MANUEL

    n. 21 V 1948, Matanzas (Matanzas)

Poeta
    Hizo sus primeros estudios en su ciudad natal y luego cursó
dos años de teología. Se marchó al exilio en 1972 rumbo a Estados
Unidos.

Poet
    He received his early education in Matanzas and then studied
theology for two years. In 1972 he went into exile in the United
States.

Bibliografía de libros publicados fuera de Cuba

Estación de 25 años. Sevilla: Aldebarán, 1974.

RIVERA, FRANK

    n. 1938, San Diego del Valle (Las Villas)

Poeta, cuentista
    Cursó estudios de bachillerato en Camagüey y de periodismo
en La Habana. Colaboró en las revistas Carteles, Ciclón, Lunes de
Revolución, y Casa de las Américas. En 1961, becado por el gobierno de Alemania Federal, se trasladó a Munich en cuya universidad
se especializó en filología románica y germánica, obteniendo el grado
de "Master." En 1968 se radicó en Estados Unidos.

Poet, short-story writer
    He received his secondary education in Camagüey and then
studied journalism in Havana. He wrote for such journals as
Carteles, Ciclón, Lunes de Revolución, and Casa de las Américas.
In 1961 he received a scholarship from the West German government
to study at the University of Munich. He specialized in Romance
and Germanic philology and received a master's degree. In 1968
he settled in the United States.

Bibliografía de libros publicados fuera de Cuba

Construcciones. Nueva York: Senda Nueva de Ediciones, 1979.

RIVERO, ANDRES

    n. 18 VII 1936, La Habana (La Habana)

Cuentista, novelista; editor, educador
    Completó su educación secundaria en el Colegio Trelles en 1953 y se doctoró en leyes en la Universidad de Santo Tomás de Villanueva en 1958. Colaboró en los periódicos Tiempo y Réplica, y en la revista Gente, siendo durante años director de la revista Criterios. En 1959 fue a Estados Unidos. Estudió en Wesley College de Dover, Delaware, y en la Universidad de Furman, Greenville, S.C. Ha desempeñado cargos docentes y administrativos en escuelas secundarias y desde 1971 ha sido director de una editorial de Miami.

Short-story writer, novelist; editor, educator
    He completed his secondary education at the Colegio Trelles in 1953 and received a doctorate in law from the University of Saint Thomas of Villanueva in 1958. He wrote for the newspapers Tiempo and Réplica and for the journal Gente, and for several years was the director of the journal Criterios. In 1959 he went to the United States. He studied at Wesley College in Dover, Delaware, and at Furman University, Greenville, S.C. He has held teaching and administrative posts in secondary schools and since 1971 has been the director of a publishing company in Miami.

Bibliografía de libros publicados fuera de Cuba

Enterrado vivo. Ciudad de México. Editorial Dinamismo, 1961.
Rojo y negro. Miami: Editorial Nueva, 1964.
Cuentos para entender. Miami: Cruzada Spanish Publications, 1979.
49 cuentos mínimos y una triste leyenda. Miami: Cruzada Spanish
    Publications, 1980.
Recuerdos. Miami: Cruzada Spanish Publications, 1980.
Sorpresivamente. Miami: Cruzada Spanish Publications, 1981.
Somos como somos. Miami: Cruzada Spanish Publications, 1982.

Crítica

Enterrado vivo
    Resumen de Profesionales (11/71)

RIVERO-SUAREZ, ELIANA

n. 7 XI 1942, Artemisa (Pinar del Río)

Poetisa, ensayista; educadora
Obtuvo el grado de Bachelor of Arts en la Universidad de Miami en 1964 y se doctoró en 1967 en la misma institución. Desde 1967 enseña en la Universidad de Arizona donde es Profesora Titular de Español. Ha colaborado en revistas literarias como Mester y Revista Iberoamericana. Integra el consejo de dirección de la revista Areíto.

Poet, essayist; educator
She received a bachelor's degree from the University of Miami in 1964 and a doctorate in 1967. She has taught at the University of Arizona since 1967 and currently holds the rank of professor of Spanish. Her articles have appeared in such literary journals as Mester and Revista Iberoamericana. She is a member of the editorial board of the journal Areíto.

Bibliografía de libros publicados fuera de Cuba

El caballero de las espuelas de oro. New York: Oxford University Press, 1968. (coeditora)
El gran amor de Pablo Neruda. Estudio crítico de su poesía. Madrid: Plaza Mayor, 1971.
De cal y arena. Sevilla: Aldebarán, 1975.
Cuerpos breves. Tucson, Ariz.: Scorpion Press, 1976.

Crítica

El gran amor de Pablo Neruda
        Modern Language Review v. 67:932 (10/72)
        (London) Times Literary Supplement (5/11/73), p. 532
        Hispania v. 56:1123, No. 4 (12/73)
        Bulletin of Hispanic Studies v. 50, No. 3 (7/73), p. 322
Cuerpos breves
        Revista Interamericana de Bibliografía v. 27, No. 4
        (Oct./Dic. 1977), p. 432
        Revista Iberoamericana v. 44, No. 102-103 (Enero-Junio 1978), p. 248

RIVERO Y MENDEZ, ISEL LEONOR

n. 18 V 1941, La Habana (La Habana)

Poetisa
Cursó su educación secundaria en la Academia Ruston en La Habana, empezando luego estudios en la Universidad de La Habana.

Desde 1958 a 1959 trabajó en el Banco de Desarrollo Económico y
Social, en el Instituto de Reforma Agraria y en el Teatro Nacional.
Al mismo tiempo se movía en círculos culturales de La Habana, or-
ganizando lecturas y conferencias en la Biblioteca Nacional y en el
Lyceum de La Habana. Fue co-fundadora con José Mario Rodríguez
del grupo de poetas jóvenes "El Puente." Al trasladarse a Estados
Unidos en 1961, continuó estudios superiores en la New School for
Social Research y en la Universidad de Nueva York mientras trabajaba como oficinista. De 1964 a 1968 hizo estudios de música y danza y emprendió dos viajes a Europa bajo un estipendio del Instituto
para la Educación Internacional. En 1968 se radicó en Viena donde
trabajó para las Naciones Unidas en calidad de asistente de investigación. Declara que ha sido profundamente influída por la música
y que su obra poética muestra tal influencia. Ha explorado la danza
moderna y la pantomima con miras a lograr una síntesis de movi-
miento-sonido en su poesía. En la actualidad reside en Nueva York.

Poet
        She received her secondary education at the Ruston Academy
in Havana and studied for a time at the University of Havana.
From 1958 to 1959 she worked in the Economic and Social Development Bank, the Institute of Agrarian Reform, and in the National
Theatre. At the same time she was active in Havana cultural circles, organizing readings and lectures at the National Library and
the Havana Lyceum. Together with José Mario Rodríguez, she
founded "El Puente," a group of young poets. In 1961 she went
to the United States and continued her studies at the New School
for Social Research and at New York University, supporting herself with office work. From 1964 to 1968 she studied music and
dance. She spent two years in Europe as a grant recipient of the
Institute for International Education. In 1968 she settled in Vienna
where she worked for the United Nations as a research assistant.
She states that she has been deeply influenced by music and that
her poetry exhibits this influence. She has explored modern dance
and pantomime with a view toward creating a synthesis of sound
and movement in her poetry. She currently lives in New York.

Bibliografía de libros publicados fuera de Cuba

Tundra. Nueva York: Las Américas Publishing Company, 1963.
Songs. Vienna: Geyer, 1970.
Night rained her. Birmingham: Ragnarok Press, 1976.
El banquete. Madrid: Ediciones El Puente y La Gota de Agua,
        1980.

Crítica

Tundra
        Revista Iberoamericana No. 65 (1968), p. 174
Night rained her
        Library Journal v. 101 (12/15/76), p. 2539

ROBERTS, GEMMA

   n. 2 VII 1929, La Habana (La Habana)

Ensayista; educadora
      Estudió el bachillerato en el Instituto del Vedado. Se doctoró
en filosofía y letras en la Universidad de La Habana en 1952. Desde
1950 a 1952 enseñó en la Universidad Popular "J.C. Zamora," y
desde 1953 a 1959 se dedicó profesionalmente al campo de la economía
política. Desde 1959 a 1960 estudió economía en la Universidad de
Munich, becada por el gobierno de la Alemania Federal. A su regreso a Cuba, por motivos de opresión política, tomó la decisión de
exiliarse, llegando a Estados Unidos en 1961. Desde 1961 a 1965
trabajó como investigadora económica para un banco neyorquino.
Ejerció la docencia en universidades en Nueva York, Carolina del
Norte, y California, desde 1965 a 1976. Se doctoró en la Universidad de Columbia en 1971. Después de un período de dos años
durante el cual trabajó nuevamente como investigadora en el campo
de la economía, volvió a la docencia, ocupando cargos en la Universidad de Miami, donde en la actualidad es Profesora Titular de Español. Es miembro de la junta editorial de las revistas Anales de
la Literatura Española Contemporánea y Cuban Literary Studies.
Ha contribuido con artículos de crítica y reseñas de libros a revistas
como Journal of Spanish Studies, Hispania, Cuadernos Hispanoamericanos, Hispanic Review, Revista Hispánica Moderna e Insula.

Essayist, educator
      She received her secondary education at the Vedado Institute.
In 1952 she received a doctorate in humanities from the University
of Havana. From 1950 to 1952 she taught at the J.C. Zamora University, and from 1953 to 1959 worked as a credit analyst. She
studied economics at the University of Munich from 1959 to 1960 on
a scholarship from the West German government. Shortly after her
return to Cuba, she decided to go into exile in the United States.
She settled in New York where she worked from 1961 to 1965 as an
economics researcher for a bank. From 1965 to 1976 she taught at
universities in New York, North Carolina, and California. She received a doctorate from Columbia University in 1971. She left teaching for a few years to work once again as a researcher in economics.
In 1979 she resumed teaching, this time at the University of Miami,
where she is currently professor of Spanish. She is a member of
the editorial advisory board of the journals Anales de la Literatura
Española Contemporánea and Cuban Literary Studies. She has contributed criticism and book reviews to such literary journals as
Journal of Spanish Studies, Hispania, Cuadernos Hispanoamericanos,
Hispanic Review, Revista Hispánica Moderna, and Insula.

Bibliografía de libros publicados fuera de Cuba

Temas existenciales en la novela española de postguerra. Madrid:
      Editorial Gredos, 1973.

Temas existenciales en la novela española de postguerra. 2ª ed.
Madrid: Editorial Gredos, 1978.

Crítica

Temas existenciales en la novela española de postguerra
La Estafeta Literaria (Madrid) No. 515 (1/5/73), p. 1320
The Modern Language Review (1974), p. 687
Books Abroad (8/74)
Hispania v. 58:402, No. 2 (5/75)
Hispanic Review v. 43, No. 3 (Summer 1975), p. 338
Explicación de Textos Literarios IV, 2 (1975-76), p. 230
Anales de la Literatura Española Contemporánea 5 (1980),
p. 216
Symposium v. 33, No. 4 (Winter 1979), p. 364

ROBLES, MIREYA

n. 12 III 1934, Guantánamo (Oriente)

Poetisa, cuentista, novelista; educadora
Hizo estudios de bachillerato en el Instituto de Guantánamo
y cursó dos años de derecho en la Universidad de La Habana. Se
trasladó a Estados Unidos en 1957. Se graduó en Russell Sage
College en 1966 con el grado de Bachelor of Arts. En 1971 obtuvo
el grado de Master of Arts en la Universidad Estatal de Nueva York
en Albany, doctorándose en a Universidad Estatal de Nueva York
en Stony Brook en 1975. Ejerció la docencia en Russell Sage College desde 1963 hasta 1973 y en Briarcliff College desde 1973 a
1977. Ha dado lecturas de sus poemas en varios centros culturales
y ha contribuido con poemas, cuentos, crítica y reseñas a revistas
literarias de Europa, Estados Unidos y América Latina. Su poemario
Tiempo Artesano ganó el primer premio en un certamen patrocinado
por el Círculo de Escritores y Poetas Iberoamericanos en 1971.
Tiene varias novelas inéditas.

Poet, short-story writer, novelist; educator
She received her secondary education at the Guantánamo Institute and studied law at the University of Havana for two years.
In 1957 she went to the United States and in 1961 was awarded a
bachelor's degree by Russell Sage College. In 1971 she received a
master's degree from SUNY, Albany and in 1975 a doctorate from
SUNY, Stony Brook. She taught at Russell Sage College from 1963
to 1973 and at Briarcliff College from 1973 to 1977. She has given
readings of her poetry in several cultural centers and has contributed numerous poems, short stories, articles, and reviews to literary magazines in Europe, the United States, and Latin America.
Her collection of poetry Tiempo Artesano won first prize in a contest sponsored by the Circle of Iberoamerican Writers and Poets in
1971. She has written several unpublished novels.

Bibliografía de libros publicados fuera de Cuba

Petits poèmes. Niza, Francia: 1969.
Tiempo artesano. Barcelona: Editorial Campos, 1973.
Time, the artisan. (edición bilingüe) Austin, Texas: Dissemination
     Center for Bilingual-Bicultural Education, 1975.
En esta aurora. Veracruz, México: Universidad Veracruzana, 1976.
Hagiografía de Narcisa la Bella. Hanover, N.H.: Ediciones del
     Norte, 1984.

Crítica

Tiempo artesano
          Envíos (5) (1973)
          Revista Chicano-Riqueña año 4, No. 3 (Summer 1976)
          Explicación de Textos Literarios (Sacramento), v. 4, No.
          2 (1975/76)

RODRIGUEZ, ISRAEL

     n. 4 XII 1924, Sagua la Grande (Las Villas)

Poeta; abogado, educador
     Completó su segunda enseñanza en el Instituto de Sagua la
Grande y se doctoró en leyes en la Universidad de La Habana.
Salió al exilio en 1960, radicándose en Estados Unidos. Obtuvo los
grados de Bachelor of Arts en el College of Great Falls (Montana)
y Master of Arts en la Universidad de Wyoming. Se doctoró en la
Universidad de Massachusetts. Ha enseñado en Hunter College de
la Universidad de la Ciudad de Nueva York y en la Universidad
Católica de Puerto Rico. Desde 1970 enseña en Kean College de
Nueva Jersey.

Poet; lawyer, educator
     He received his secondary education at the Sagua la Grande
Institute and earned a doctorate in law at the University of Havana.
In 1960 he went into exile and settled in the United States. He
received a bachelor's degree from the College of Great Falls (Mon-
tana), a master's degree from the University of Wyoming, and a
doctorate from the University of Massachusetts. He has taught at
Hunter College CUNY and at the Catholic University of Puerto
Rico. He has been at Kean College of New Jersey since 1970.

Bibliografía de libros publicados fuera de Cuba

Poemas de Israel. Ponce, Puerto Rico: Imprenta de la Universidad
     Católica, 1968.
Poemas de Israel. 3ª ed. Nueva York: Las Américas Publishing
     Company, 1971.

Materia virgen. Madrid: Playor, 1974.
La metáfora en las estructuras poéticas de Jorge Guillén y García
    Lorca. Madrid: Hispanova de Ediciones, 1977.
Palabralfa. New York: Pan American Book Publishing, 1977.
Poemas de Israel. 4ª ed. Lincoln, Neb.: Society of Spanish and
    Spanish-American Studies, 1980.
La charada: cábala y profecía. Somerville, N.J.: SLUSA, 1982.
La estructura metafórica en "Paradiso." Elizabeth, N.J.: Ameri-
    can Press, 1983.

Crítica

Poemas de Israel
    Exilio (Invierno 1965), p. 55
La metáfora en las estructuras poéticas de Jorge Guillén y García
    Lorca
    Hispania v. 62:180, No. 1 (3/79)

RODRIGUEZ, NORMAN

    n. 1 VIII 1926, Bolondrón (Matanzas)

Poeta; educador
    Se graduó en la Escuela Normal para Maestros de Matanzas en
1950 y ejerció como maestro de instrucción pública hasta 1966. Miembro de la Peña Literaria de Matanzas, colaboró en todas las publicaciones de esa ciudad con trabajos literarios y artículos periodísticos. En 1959 obtuvo el Premio Nacional de Poesía otorgado por el
Liceo de Matanzas para conmemorar el centenario de su fundación.
Se marchó al exilio en 1970, radicándose en Miami, ciudad donde
vive en la actualidad. En 1980 ganó el primer premio en el Primer
Certamen de Poesía "Carilda Oliver Labra," celebrado en Madrid.

Poet; educator
    He graduated from the Teachers College of Matanzas in 1950
and worked as a public school teacher until 1966. He was a member
of the Peña Literaria of Matanzas and wrote articles and poetry for
all the publications of that city. In 1959 he won the National Poetry
Prize given by the Lyceum of Matanzas to commemorate the 100th
anniversary of its founding. He went into exile in 1970 and settled
in Miami where he currently resides. In 1980 he was awarded first
prize in the first Carilda Oliver Labra poetry competion held in Madrid.

Bibliografía de libros publicados fuera de Cuba

Crayolas. Miami: 1979.
Canto a Martí. Miami: 1980.
El fulgor infinito. Miami: Cuadernos Polimnia, 1981.
La luz distante. Miami: 1985.
Regreso a la llama. Miami: 1985.

Crítica

Crayolas
Diario Las Américas (4/3/80), p. 5
Canto a Martí
Millionaire's Card Club (8/80)

RODRIGUEZ, PABLO

n. 11 X 1928, Melena de Sur (La Habana)

Poeta; periodista
Terminó estudios de bachillerato en el Instituto de Marianao en 1949. Ocupó varios puestos, inclusive el de empleado del consulado cubano en Nueva York de 1955 a 1956. Se marchó al exilio en 1967 y en la actualidad trabaja para un conocido hotel de Miami Beach. Ha contribuido con artículos y poesías a periódicos y revistas de Miami y Nueva York. Pertenece al Colegio de Periodistas en el Exilio.

Poet; journalist
He completed his secondary education at the Marianao Institute in 1949. He worked at various jobs and was an employee of the Cuban consulate in New York from 1955 to 1956. He went into exile in 1967. At the present time he is employed by a well-known Miami Beach hotel. He has written articles and poetry for newspapers and magazines in Miami and New York and is a member of the Guild of Journalists in Exile.

Bibliografía de libros publicados fuera de Cuba

Esperando la alborada. Miami: Tipografía Alberto Rodríguez, 1977.

RODRIGUEZ-FLORIDO, JORGE JULIO

n. 15 III 1943, Manzanillo (Oriente)

Ensayista, poeta; educador
Cursó su segunda enseñanza en Cuba y fue maestro de secundaria desde 1960 a 1962, año en que abandonó el país. Obtuvo el grado de Bachelor of Arts en la Universidad de Miami en 1966, el grado de Master of Arts en la Universidad de Wisconsin en 1967, y el doctorado en la misma institución en 1975. Ha enseñado español en la Universidad de Wisconsin desde 1967 a 1968 y en la Universidad de Illinois desde 1970 a 1978. Desde 1978 enseña en la Universidad Estatal de Chicago, donde tiene el rango de profesor asociado. Ha colaborado con poesía y crítica a revistas literarias como Explicación de Textos, Chasquí, Caribe y Azor.

Essayist, poet; educator
He received his secondary educaiton in Cuba and taught at the high school level from 1960 until 1962 when he left Cuba for exile. He received a bachelor's degree from the University of Miami in 1966, a master's from the University of Wisconsin in 1967, and a doctorate from the same institution in 1975. He taught Spanish at the University of Wisconsin from 1967 to 1968 and at the University of Illinois from 1970 to 1978. He has taught at Chicago State University since 1978 and currently holds the rank of associate professor. He has contributed poetry and criticism to such literary journals as Explicación de Textos, Chasquí, Caribe, and Azor.

Bibliografía de libros publicados fuera de Cuba

El lenguaje en la obra literaria. Medellín: Editorial Bedout, 1977.

RODRIGUEZ MANCEBO, MANUEL

n. 20 III 1916, Los Abreus (Las Villas)

Cuentista, novelista; periodista, publicista
Hizo estudios de bachillerato en el Colegio Champagnat de Cienfuegos. Junto con otros escritores, fundó el grupo literario "Signos" y creó una revista literaria. Colaboró en revistas como Avance, Colorama y Orígenes. Trabajó en La Habana en el campo de la publicidad. En el exilio ha publicado un libro de cuentos y una novela policíaca.

Short-story writer, novelist; journalist, advertising executive
He received his secondary education at the Colegio Champagnat in Cienfuegos. Along with other writers, he founded the literary group "Signos" and published a literary review. He wrote for such magazines as Avance, Colorama, and Orígenes. He worked in advertising in Havana. After going into exile, he published a collection of short stories and a detective novel.

Bibliografía de libros publicados fuera de Cuba

Selima y otros cuentos. Miami: Ediciones Universal, 1976.
El dominó azul. Miami: Ediciones Universal, 1982.

RODRIGUEZ SANTOS, JUSTO

n. 1915, Santiago de Cuba (Oriente)

Poeta
Se doctoró en filosofía y letras en la Universidad de La Habana.

Colaboró en las revistas <u>Verbum</u>, <u>Espuela de Plata</u>, <u>Clavileño</u> y <u>Orígenes</u>, y trabajó como autor y director en la radio y televisión cubanas. Se marchó al exilio en 1967. Gran cantidad de su poesía ha quedado inédita.

Poet
He received a doctorate in humanities from the University of Havana. He wrote for such literary reviews as <u>Verbum</u>, <u>Espuela de Plata</u>, <u>Clavileño</u>, and <u>Orígenes</u> and worked as a writer and director for Cuban radio and television. He went into exile in 1967. A considerable part of his poetry is unpublished.

<u>Bibliografía de libros publicados fuera de Cuba</u>

El diapasón del ventisquero. Madrid: Editorial Playor, 1976.
Los naipes conjurados. Madrid: Editorial Playor, 1979.
Las óperas del sueño. Miami: Ediciones Orígenes, 1981.

RODRIGUEZ-SARDIÑAS, ORLANDO

n. 5 IX 1938, La Habana (La Habana)

Poeta, cuentista, dramaturgo, antologista; educador (Seudónimo: Orlando Rossardi)
Hizo estudios de bachillerato en la Academia Valmaña. Comenzó estudios en la Universidad de La Habana los cuales tuvo que interrumpir al salir al exilio en 1960. Inicialmente se radicó en Madrid y durante su estancia en dicha ciudad dió conferencias y lecturas de su poesía. Fue a Estados Unidos en 1961, matriculándose en la Universidad de Nueva Hampshire donde obtuvo el grado de Bachelor of Arts en 1964. Recibió el grado de Master of Arts en la Universidad de Texas en 1966, doctorándose en la misma institución académica en 1970. Desde 1969 a 1976 enseñó literatura hispanoamericana en la Universidad de Wisconsin. Desde 1978 enseña en Miami-Dade Community College. Su actividad literaria se remonta a sus días estudiantiles en Cuba cuando colaboraba en revistas literarias como <u>Kubanakán</u> y <u>Cántico</u>. Su obra abarca varios géneros: la poesía, el cuento, el teatro y la crítica. Ha contribuido con poesía y cuentos a las revistas <u>Comorán y Delfín</u>, <u>Punto Cardinal</u>, <u>Norte</u>, <u>Cuadernos y Exilio</u>, y ha dado conferencias y lecturas de poesía en Estados Unidos y España. Es editor de la revista <u>Enlace</u>. Gran parte de su poesía se encuentra dispersa en antologías de poesía cubana e hispanoamericana.

Poet, short-story writer, playwright, anthologist; educator (Pseudonym: Orlando Rossardi)
He completed his secondary education at the Valmaña Academy and then entered the University of Havana. His studies were interrupted, however, when he went into exile in 1960. He first settled

in Madrid and during his stay in that city lectured and gave readings of his poetry. In 1961 he went to the United States and entered the University of New Hampshire where he received a bachelor's degree in 1964. He subsequently received a master's degree in 1966 and a doctorate in 1970 from the University of Texas. From 1969 to 1976 he taught Hispanic literature at the University of Wisconsin. He has been teaching at Miami-Dade Community College since 1978. His literary activity, which goes back to his student days in Cuba when he was a contributor to such literary journals as Kubanakán and Cántico, includes poetry, the short story, theater, and criticism. He has contributed poetry and short stories to Cormorán y Delfín, Punto Cardinal, Norte, Cuadernos, and Exilio and has given poetry readings and lectured widely both in the United States and Spain. He is editor of the journal Enlace. A large portion of his poetry has been anthologized in collections of Cuban and Hispanic poetry.

Bibliografía de libros publicados fuera de Cuba

El diámetro y lo estero. Madrid: Editorial Agora, 1964.
Que voy de vuelo. Madrid: Editorial Plenitud, 1970.
Teatro selecto contemporáneo hispanoamericano. Madrid: Escelicer, 1971.
Recursos rítmicos en la poesía de León de Greiff. Bogotá; Instituto Caro y Cuervo, 1972.
La última poesía cubana: antología reunida 1959-1973. Madrid: Hispanova, 1973.
León de Greiff: una poética de vanguardia. Madrid: Editorial Playor, 1974.

Crítica

Teatro selecto contemporáneo hispanoamericano
Booklist v. 69:1055 (7/15/73)
La última poesía cubana: antología reunida 1959-1973
Hispania v. 59:180, No. 1 (3/76)
Handbook of Latin American Studies v. 38 (1976), p. 453, #6911
Que voy de vuelo
Handbook of Latin American Studies v. 38 (1976), p. 462, #7007

ROIG, PEDRO V.

n. 20 VII 1940, Santiago de Cuba (Oriente)

Ensayista; educador
Abandonó Cuba en 1960. Cursó su educación superior en Estados Unidos. Enseña en Miami-Dade Community College y es miembro de la Academia Cubana de la Historia.

Essayist; educator

He left Cuba in 1960 and went to the United States where he received his higher education. He teaches at Miami-Dade Community College and is a member of the Cuban Academy of History.

Bibliografía de libros publicados fuera de Cuba

Cincuenta poetas. Miami: Ediciones Universal, 1972.
Spanish soldiers in Russia. Miami: Ediciones Universal, 1976.

ROJAS, JACK

n. La Habana (La Habana)

Poeta; abogado, cinematógrafo, educador

Estudió las carreras de derecho y filosofía y letras en la Universidad de Madrid, doctorándose en leyes y obteniendo los títulos de Profesor de Lengua y Literatura y Profesor de Filología Española. Posteriormente se especializó en filosofía de derecho, derecho comparado, y altos estudios internacionales. Tiene el certificado internacional de la Faculté International de Droit Comparé de Strasbourg y es titulado en cinematografía por la Escuela Oficial de Cinematografía de Madrid. Ha dictado conferencias sobre cinematografía, derecho y literatura en centros universitarios de España y ha dado recitales de sus poemas. Ha sido director del Foro de Cultura Fílmica de Madrid y en la actualidad es profesor de la Universidad de Madrid y del Instituto de Cultura Hispánica.

Poet; lawyer, film critic, educator

He took a doctorate in law from the University of Madrid and also received the titles of professor of language and literature and professor of Spanish philology. He studied philosophy of law, comparative law, and international relations. He holds the International Certificate from the International Faculty of Comparative Law at Strasbourg as well as a certificate in film studies from the Official School of Cinematography in Madrid. He has lectured on subjects related to law, literature, and film studies throughout Spain and has given readings of his own poetry. He has served as director of the Forum of Film Culture in Madrid and is currently a professor at the University of Madrid and at the Institute of Hispanic Culture.

Bibliografía de libros publicados fuera de Cuba

Tambor sin cuero. Madrid: Ediciones Alfaguara, 1968.
Sangre, fusil y canana. Madrid: Ediciones Alfaguara, 1971.

Crítica

Sangre, fusil y canana
Círculo IV (Inv.-Ver.-Otoño 1972), p. 74

ROJAS, TERESA MARIA

n. 1938, La Habana (La Habana)

Poetisa; actriz, educadora
Recibió su formación teatral en el Teatro Universitario de La
Habana. Posteriormente pasó a la televisión cubana y actuó tam-
bién en la dominicana y la venezolana. En 1958 participó en el
Primer Festival Panamericano del Teatro en Ciudad de México.
Actualmente vive en Miami donde enseña drama en Miami-Dade Com-
munity College.

Poet; actress, educator
She received her stage training at the University Theatre in
Havana. She later performed on Cuban television and in the Domini-
can Republic and Venezuela as well. In 1958 she participated in the
First Panamerican Theatre Festival in Mexico City. She currently
resides in Miami where she teaches drama at Miami-Dade Community
College.

Bibliografía de libros publicados fuera de Cuba

Señal en el agua: poemas (1956-1968). San José, Costa Rica:
    Epoca y ser. Poetas hispanoamericanos, 1968.
La casa de agua: Poemas (1968-1972). Madrid: Playor, 1973.
Campo oscuro. Miami: Ediciones Universal, 1977.
Capilla ardiente. Miami: Ediciones Isimir, 1980.

ROMERO, ALBERTO

n. 1935, La Habana (La Habana)

Poeta, cuentista
Se graduó en la Facultad de Humanidades de la Universidad de
La Habana y ejerció como procurado público por unos años. Fundó
la Colección Clarín y formó parte del grupo de los poetas Angel
Cuadra y Carlos Casanova. Salió al exilio en 1968, radicándose en
Nueva Jersey. En 1971 fundó y dirigió la revista literaria Envíos.
Ha colaborado en las revistas Norte y La Nueva Sangre y ha dado
recitales de su poesía en varios lugares del área metropolitana de
Nueva York. Integra la junta de redacción de la revista Contra
Viento y Marea.

Poet, short-story writer
He received a degree from the School of Liberal Arts of the
University of Havana and served for a time as a public prosecutor.
He founded the Clarín poetry collection and formed part of that
group of poets of which Angel Cuadra and Carlos Casanova are the
best known. In 1968 he went into exile and settled in New Jersey.

In 1971 he founded and subsequently directed the literary review Envíos. His poetry and short stories have appeared in the journals Norte and La Nueva Sangre and he has given poetry recitals throughout the New York metropolitan area. He is a member of the editorial board of Contra Viento y Marea.

Bibliografía de libros publicados fuera de Cuba

Epigramas y romerías. Madrid: Ediciones Dos Mundos, 1973.
Desde el pueblo donde vivo. Hoboken, N.J.: Ediciones Contra
    Viento y Marea, 1982.

ROMERO, HECTOR R.

n. 6 IX 1942, Santa Clara (Las Villas)

Ensayista; educador
    Cursó su primera y segunda enseñanza en Cuba. En 1960
abandonó el país por motivos políticos. Se radicó en Estados Unidos
donde cursó toda su educación superior. Obtuvo el grado de
Bachelor of Arts en la Universidad de Illinois, el de Master of Arts
en la Universidad de Roosevelt, y el doctorado en la Universidad de
Illinois en 1970. Enseña en la Universidad Estatal de Wayne, donde
es Profesor Asociado de Español. Ha colaborado con artículos en
revistas literarias de Europa y América.

Essayist; educator
    He received his primary and secondary education in Cuba.
In 1960 he went into exile for political reasons. Settling in the
United States, he received a bachelor's degree from the University
of Illinois, a master's from Roosevelt University, and a doctorate
from the University of Illinois in 1970. He teaches at Wayne State
University where he is associate professor of Spanish. His articles
have appeared in literary journals in Europe and North and South
America.

Bibliografía de libros publicados fuera de Cuba

La evolución literaria de Juan Goytisolo. Miami: Ediciones Universal,
    1979.
Nuevas perspectivas sobre la Generación del 27. Miami: Ediciones
    Universal, 1982.

ROMEU Y FERNANDEZ, JORGE LUIS

n. 10 X 1945, La Habana (La Habana)

Cuentista; matemático-estadístico (Seudónimo: Beltrán de Quirós)
    Cursó el bachillerato en el Instituto de La Habana, graduándose de Bachiller en Ciencias y Letras en 1965. Obtuvo el diploma superior de francés en la Alianza Francesa en 1970 y se licenció en matemáticas en la Universidad de La Habana en 1973. Trabajó en varias dependencias del Estado. Presentó solicitud de salida de Cuba en 1978, acogiéndose al plan de emigración. En Abril de 1980, aún sin obtener permiso de salida, su hermana fue a buscarlo por Mariel en un camaronero. Como consecuencia de esto, se le dió autorización de salida por avión vía México. Llegó a Estados Unidos en Mayo de 1980.

Short-story writer; mathematician-statistician (Pseudonym: Beltrán de Quirós)
    He completed his secondary education at the Havana Institute where he received a Bachelor of Science and Letters degree in 1965. He received a diploma in French from the Alliance Française in 1970 and a licentiate degree in mathematics from the University of Havana in 1973. For a time he worked in various governmental agencies. In 1978 he attempted to emigrate from Cuba. In April 1980 his sister went to Mariel in a shrimp boat to secure his passage to the United States. As a result of her efforts, he was authorized to leave the country. He did so by air and arrived in the United States in May 1980 via Mexico.

Bibliografía de libros publicados fuera de Cuba

Los unos, los otros ... y el seibo. Miami: Ediciones Universal, 1971.
La otra cara de la moneda. Miami: Ediciones Universal, 1985.

Crítica

Los unos, los otros ... y el seibo
        Handbook of Latin American Studies v. 36 (1974), p. 393, #4261

ROSADO MENENDEZ, OLGA

        n. 10 II 1926, La Habana (La Habana)

Poetisa, cuentista; técnico de rayos-X, trabajadora social
    Terminó sus estudios secundarios en el Instituto de La Habana y posteriormente se hizo técnico de rayos-X en el Instituto Finlay. Trabajaba en este campo en el Hospital Mercedes cuando ingresó a la Facultad de Ciencias Sociales de la Universidad de La Habana, terminando la carrera en 1964. Desde 1956 se dedica a la composición musical, logrando que las más destacadas figuras de la canción, así como orquestas del momento grabaran sus canciones. Salió de Cuba

vía España donde permaneció nueve meses hasta su entrada a Estados Unidos en 1971. Desde 1972 trabaja para el Estado de la Florida como trabajadora social.

Poet, short-story writer; X-ray technician, social worker
    She received her secondary education at the Havana Institute and then studied X-ray technology at the Finlay Institute. While working as an X-ray technician at Mercedes Hospital in Havana, she studied in the School of Social Sciences of the University of Havana, from which she graduated in 1964. She began writing music in 1956 and many of her compositions have been recorded by well-known singers and orchestras. She left Cuba in 1971 and went to Spain where she remained nine months until settling permanently in the United States. She has worked as a social worker for the State of Florida since 1972.

Bibliografía de libros publicados fuera de Cuba

Sentada sobre una maleta. Miami: Ediciones Universal, 1977.
Tres veces amor. Miami: Ediciones Universal, 1977.
Tengo prisa. Miami: Ediciones Universal, 1978.
Donde termina la noche. Miami: Ediciones Universal, 1979.
Pecadora. Miami: Ediciones Universal, 1983.

ROSELL, ROSENDO

    n. 25 VI 1918, Placetas (Las Villas)

Cuentista, humorista; periodista
    Estudió en el Instituto de Segunda Enseñanza de Santa Clara y en la Universidad de La Habana. Trabajó por muchos años en la radio y televisión cubanas. Se radicó en Estados Unidos al salir de Cuba en 1961, y ha continuado su carrera en la radio y televisión hispanas de Nueva York y Miami al mismo tiempo que ha sido columnnista para Diario Las Américas. Ha actuado como humorista y comediante en conocidos teatros de Nueva York y otras ciudades así como en la radio y televisión y teatros de los países hispanoamericanos.

Short-story writer, humorist; journalist
    He studied at the Institute of Secondary Education of Santa Clara and at the University of Havana. For many years he worked in Cuban radio and television. Upon leaving the country for exile in 1961, he settled in the United States where he continued his career in Hispanic radio and television in New York and Miami while at the same time writing a column for Diario Las Américas. He has performed as a comedian in major theaters in New York and other cities, as well as in radio and television and theaters in Latin America.

Bibliografía de libros publicados fuera de Cuba

Apuntes con buen humor. Madrid: Artes Gráficas Danubio, 1977.
Más cuentos picantes de Rosendo Rosell. Miami: Ediciones Universal, 1979.

ROSELLO, ARTURO ALFONSO

    n. 30 X 1896, Matanzas (Matanzas)
    m. ?

Novelista, poeta; periodista
    Comenzando su vida periodística en 1914 en el Heraldo de Cuba, recorrió todos los grados desde reportero hasta director, cargo éste que desempeñó en El Mundo en 1939. Fue jefe de redacción de Carteles y columnista del Diario de la Marina. Como poeta, obtuvo el primer premio en el concurso de la Academia Nacional de Artes y Letras en 1921.

Novelist, poet; journalist
    He initiated his journalistic career in 1914 with the Heraldo de Cuba and subsequently worked at all levels from reporter to newspaper director, this last position with El Mundo in 1939. He was also chief editor of Carteles magazine and a columnist for Diario de la Marina. As a poet, he won first prize in the 1921 competition sponsored by the National Academy of Arts and Letters.

Bibliografía de libros publicados fuera de Cuba

El pantano en la cima. Barcelona: Ediciones Ariel, 1971.
Las tres dimensiones. Barcelona: Ediciones Ariel, 1972.

ROSSARDI, ORLANDO   véase/see   RODRIGUEZ-SARDIÑAS, ORLANDO

ROVIROSA, DOLORES F.

    6 XII 1926, Matanzas (Matanzas)

Biógrafa, bibliógrafa; bibliotecaria
    Cursó el bachillerato en el Instituto de Segunda Enseñanza de Matanzas. Se graduó de Profesora de Solfeo y Teoría en la Academia Eslava de Matanzas, perteneciente al Conservatorio Orbón. En 1955 se doctoró en filosofía y letras en la Universidad de La Habana, y en 1956 obtuvo el título de Bibliotecario expedido por la

Escuela de Bibliotecarios de la Universidad de La Habana. En Cuba
desempeñó cargos en varias bibliotecas hasta su salida del país en
1962. Fue a Estados Unidos, radicándose inicialmente en el estado
de Nevada donde ocupó un puesto en la biblioteca de la Universidad
de Nevada desde 1962 a 1963. Ha trabajado en bibliotecas universitarias en los estados de Illinois, Texas y Florida. En la actualidad ocupa un puesto en el tribunal del Condado de Dade en Miami.

Biographer, bibliographer; librarian
    She completed her secondary studies at the Institute of Sec-
ondary Education in Matanzas. She also graduated from the Eslava
Academy, a branch of the Orbón Conservatory, with the title of
professor of solfege and theory. In 1955 she received a doctorate
in humanities from the University of Havana and in 1956 a degree
from the School of Library Science of the University of Havana. She
held various library positions until her departure from Cuba in
1962. Settling first in Nevada, she worked as a librarian at the
University of Nevada until 1963. Since then she has worked in
university libraries in Illinois, Texas, and Florida. At the present
time she is employed by the Dade County court system in Miami.

Bibliografía de libros publicados fuera de Cuba

Antonio J. Valdés: historiador cubano. Miami: Ediciones Universal,
    1980.
Isabel I de Castilla, La Católica y la Edad de Oro. Miami: Ediciones
    Universal, 1980.
Ana Rosa Núñez: vida y obra. Miami: Ediciones Universal, 1980.
Calixto García: ensayo de una bibliografía. Miami: Ediciones Uni-
    versal, 1980.
José Martí: fuentes para su estudio. Miami: Ediciones Universal,
    1980.
Jorge Mañach: Bibliografía. Madison, WI.: Salalm, 1985.

Crítica

Antonio J. Valdés: historiador cubano
    Diario Las Américas (15/6/71), p. 5

RUBIDO, ESPERANZA

    n. 1950, Guanabacoa (La Habana)

Poetisa
    Se graduó en la Universidad de Miami con especialidad en
literatura española e hispanoamericana. Ha sido premiada en varios
concursos poéticos, entre ellos el "Jorge Mañach" de Miami y el
"Carilda Oliver Labra" de Madrid. Ha colaborado con poemas en
las revistas literarias Arbol de Fuego, International Poetry Review,
Resumen Literario El Puente, Azor, y Polo Norte y Sur.

Poet
She graduated from the University of Miami with a major in Hispanic literature. Her poetry has been awarded prizes in such competitions as the "Jorge Mañach" in Miami and the "Carilda Oliver Labra" in Madrid. She has contributed poems to such literary reviews as Arbol de Fuego, International Poetry Review, Resumen Literario El Puente, Azor, and Polo Norte y Sur.

Bibliografía de libros publicados fuera de Cuba

Más allá del azul. Miami: Ediciones Universal, 1975.

RUBIO, NIEVES DEL ROSARIO MARQUEZ

n. Cárdenas (Matanzas)

Poetisa, cuentista; educadora
Cursó su educación secundaria en el Instituto de Cárdenas. Se doctoró en pedagogía en la Universidad de La Habana en 1948. Desde 1949 hasta 1960 ejerció como maestra en escuelas primarias de La Habana. Se marchó al exilio en 1960. Desde 1963 enseña español en la Universidad de Baylor (Texas).

Poet, short-story writer; educator
She received her secondary education at the Cárdenas Institute. In 1948 she received a doctorate in education from the University of Havana. From 1949 to 1960 she taught in primary schools in Havana. In 1960 she went into exile and, after settling in Texas, began teaching Spanish at Baylor University in 1963.

Bibliografía de libros publicados fuera de Cuba

Raíces y alas (poesías para niños y jóvenes). Miami: Ediciones Universal, 1981.
Una isla, la más bella. Miami: Ediciones Universal, 1981.

RUBIO ALBET, CARLOS

n. 24 III 1944, Pinar del Río (Pinar del Río)

Cuentista, novelista; educador
Cursó su educación primaria y cuatro años de bachillerato en su ciudad natal. Se trasladó a Estados Unidos en 1961 y terminó su educación secundaria en la ciudad de Wilmington, Delaware. Obtuvo el grado de Bachelor of Arts en Concord College en 1968 y el de Master of Arts en la Universidad de Virginia del Oeste en 1972. Desde 1968 ha enseñado en las escuelas públicas del estado

de Virginia del Oeste. Varios de sus cuentos han aparecido en antologías del cuento cubano y en revistas y periódicos.

Short-story writer, novelist; educator
He completed his primary and most of his secondary education in his native city. After going to the United States in 1961, he finished high school in Wilmington, Delaware. He graduated from Concord College with a bachelor's degree in 1968 and from the University of West Virginia in 1972 with a master's. He has taught in West Virginia public schools since 1968. Several of his short stories have been included in anthologies of Cuban short fiction and have been published in newspapers and journals.

Bibliografía de libros publicados fuera de Cuba

Caleidoscopio. Miami: PorMis Publishing Co., 1980.

RUIZ, RENE

n. 1927

Ensayista; abogado, educador
Hizo estudios de bachillerato en el Instituto de Segunda Enseñanza de Santa Clara. Se doctoró en leyes en la Universidad de La Habana. Después de radicarse en Estados Unidos, se doctoró nuevamente en la Universidad de Nueva York. Desde 1967 enseña en la Universidad Estatal de Bowling Green en Ohio.

Essayist; lawyer, educator
He received his secondary education at the Santa Clara Institute. He studied law at the University of Havana and received a doctorate. After settling in the United States, he earned another doctorate at New York University. He has taught at Bowling Green State University, Ohio, since 1967.

Bibliografía de libros publicados fuera de Cuba

Fernando Alegría: vida y obra. Madrid: Playor, 1979.

RUIZ DEL VIZO, HORTENSIA

n. 30 XI 1925, La Habana (La Habana)

Antologista, ensayista; abogada, educadora
Se doctoró en derecho y en ciencias sociales en la Universidad de La Habana. Es, además, licenciada en derecho administrativo y en derecho diplomático y consular. Desde 1961 se desempeña como

profesora de español y literatura española e hispanoamericana en Bennett College de Carolina del Norte. Se ha especializado en el estudio de la poesía negra en la medida que refleja la cultura africana en los países del Caribe y en los otros de la América hispánica. Es autora de más de doscientos artículos que abarcan temas desde la literatura hasta las ciencias políticas.

Anthologist, essayist; lawyer, educator
    She received doctorates in law and in social sciences from the University of Havana as well as licentiate degrees in administrative law and in diplomatic and consular law from the same institution. She has taught Spanish and Hispanic literature at Bennett College, North Carolina, since 1961. Her area of specialization is black poetry and the extent to which it mirrors African culture in the countries of the Caribbean and Latin America. She has published more than two hundred articles on subjects ranging from literature to political science.

Bibliografía de libros publicados fuera de Cuba

Macías (el Cristo del amor). Barcelona: Bosch, 1968.
El Marqués de Mantua (simbolismo y evangelio en Lope de Vega).
    Barcelona: Bosch, 1971.
Poesía negra del Caribe y otras áreas. Miami: Ediciones Universal,
    1972.
Black poetry of the Americas. v. 1. Miami: Ediciones Universal,
    1972.
Black poetry of the Americas. v. 2. Miami: Ediciones Universal,
    1975.
Antología del costumbrismo cubano. Miami: Ediciones Universal,
    1975.

Crítica

Macías (el Cristo del amor)
        Círculo II (Otoño 1970), p. 199
El Marqués de Mantua (simbolismo y evangelio en Lope de Vega)
        Círculo III (Verano 1971), p. 106
Poesía negra del Caribe y otras áreas
        Círculo IV (Inv.-Ver.-Otoño 1972), p. 82-83
        Latin American Literary Review v. 1, No. 2 (Spring
        1973), p. 127

RUMBAUT Y LOPEZ, RUBEN DARIO

    n. 10 VII 1922, Cienfuegos (Las Villas)

Poeta, ensayista; psiquiatra, periodista, educador
    Cursó estudios de bachillerato en el Instituto de Segunda

Enseñanza de Cienfuegos. Se graduó de médico en la Universidad de
La Habana en 1946 y luego completó una especialidad en anesteseo-
logía en el Hospital de Emergencias en 1949. Posteriormente estudió
con el psicoanalista José Gurri en La Habana desde 1955 hasta 1959.
Estudió periodismo en la Escuela de Periodismo del Ministerio de
Educación, recibiendo el grado profesional en 1957. Salió de Cuba
en 1960, radicándose en el estado de Nueva México, EE.UU. Ejerció
como psiquiatra en varios hospitales hasta 1966 cuando emprendió
estudios avanzados de la misma especialidad en la Escuela Menninger
de Psiquiatría, los cuales duraron tres años. En la actualidad es
Profesor de Psiquiatría en el Baylor College of Medicine. Ha contribuido con numerosos artículos y poemas a las revistas de su especialidad médica. Desde 1975 es editor del APA Newsletter for
Spanish-Speaking Psychiatrists in the United States y es miembro
de la Asociación Médica Americana, de la Asociación Psiquiátrica
Americana y de la American Physicians Poetry Association.

Poet, essayist; psychiatrist, journalist, educator
     He completed his secondary studies at the Institute of Sec-
ondary Education in Cienfuegos. He received a medical degree from
the University of Havana in 1946 and completed a residency in
anesthesiology at the Hospital for Emergencies in 1949. From 1955
to 1959 he had a preceptorship under the psychoanalyst José Gurri
in Havana. He also studied at the School of Journalism of the Ministry of Education from which he graduated in 1957. In 1960 he
left Cuba and settled in New Mexico. He practiced as a psychiatrist
in a hospital setting until 1966 when he began a three-year residency
at the Menninger School of Psychiatry. At the present time he is
professor of psychiatry at the Baylor College of Medicine. He has
contributed poetry and articles to many medical journals. He has
been chief editor of the APA Newsletter for Spanish-Speaking Psychiatrists in the United States since 1975 and is a member of the
American Medical Association, the American Psychiatric Association,
and the American Physicians Poetry Association.

Bibliografía de libros publicados fuera de Cuba

John of God: His place in the history of psychiatry and medicine.
     Miami: Ediciones Universal, 1978. (Bilingual edition)
Esa palabra. Miami: Ediciones Universal, 1981.

SAAVEDRA, MARIA ELENA

     n. La Habana (La Habana)

Cuentista, ensayista; periodista
     Se graduó en la Escuela Profesional de Periodismo "Manuel
Márquez Sterling." Trabajó en la Revista Chic y fue editora de
Diario de la Marina y de El Mundo. Salió al exilio en 1961 y después

de pasar un tiempo en España, se radicó en Estados Unidos. En Miami ha colaborado en Diario Las Américas.

Short-story writer, essayist; journalist
She graduated from the Manuel Márquez Sterling Professional School of Journalism and worked for Revista Chic and as an editor for Diario de la Marina and El Mundo. In 1961 she went into exile and after spending a short time in Spain, settled in Miami where she has worked for Diario Las Américas.

Bibliografía de libros publicados fuera de Cuba

Senderos. Miami: Ediciones Universal, 1973.

SABAT-RIVERS, GEORGINA

n. Santiago de Cuba (Oriente)

Ensayista; educadora
Estudió en la Sorbona donde obtuvo un diploma en 1955. Enseñó francés en la Universidad de Oriente desde 1955 a 1961, año en que abandonó el país. Se trasladó a Estados Unidos. Enseñó en Georgetown Visitation College desde 1962 a 1963. En 1963 pasó a Western Maryland College, ocupando varios cargos docentes hasta 1978 cuando aceptó un puesto en la Universidad Estatal de Nueva York en Stony Brook. Obtuvo el grado de Master of Arts en la Universidad de Johns Hopkins en 1967, doctorándose en la misma institución académica en 1969. Ha colaborado con artículos en revistas literarias como Modern Language Notes, Nueva Revista de Filología Hispánica y Cuadernos Hispanoamericanos.

Essayist; educator
She received a diploma from the Sorbonne in 1955. From that year until she went into exile in 1961, she taught French at Oriente University. After settling in the United States, she taught at Georgetown Visitation College from 1962 to 1963. In 1973 she went to Western Maryland College where she remained until 1978 when she accepted an appointment at SUNY Stony Brook. She received a master's degree from Johns Hopkins University in 1967 and a doctorate in 1969. She has contributed articles to such scholarly journals as Modern Language Notes, Nueva Revista de Filología Hispánica, and Cuadernos Hispanoamericanos.

Bibliografía de libros publicados fuera de Cuba

Antología de Sor Juana Inés de la Cruz. Barcelona: Ediciones Noguer, 1976. (coautora)
El sueño de Sor Juana Inés de la Cruz: tradiciones y originalidad. Londres: Támesis, 1977.

Sor Juana Inés de la Cruz: "Inundación castálida." Madrid: Editorial Castalia, 1983.

Crítica

El sueño de Sor Juana Inés de la Cruz: tradiciones y originalidad Hispania v. 62:413, No. 3 (5/79)

SACERIO-GARI, ENRIQUE

n. 2 VIII 1945, Sagua la Grande (Las Villas)

Poeta; ingeniero, educador
Cursó su educación primaria y parte de la secundaria en su villa natal. Al trasladarse a Estados Unidos, completó sus estudios secundarios. Obtuvo los grados de Bachelor of Science (1968) y Master of Arts (1972) en la Universidad de Connecticut, y Master of Philosophy (1975) y Ph.D. (1978) en la Universidad de Yale. Desde 1977 enseña en Bryn Mawr College. Ha colaborado con poesía y crítica en las revistas literarias Areíto, Country Senses, Modern Language Notes, Comparative Literature Studies, Revista Interamericana de Bibliografía, e Iberoromania.

Poet; engineer, educator
He received his primary and part of his secondary education in his native city. Upon going to the United States, he completed his secondary studies. He received a bachelor's degree in engineering from the University of Connecticut in 1968 and a master's degree in 1972. In 1975 he received a master of philosophy degree from Yale University, and in 1978 a doctorate. He has taught at Bryn Mawr College since 1977 and has contributed poetry and criticism to such literary journals as Areíto, Country Senses, Modern Language Notes, Comparative Literature Studies, Revista Interamericana de Bibliografía, and Iberoromania.

Bibliografía de libros publicados fuera de Cuba

Comunión. Hamden, Conn.: R.H. Norton, 1976.
Poemas interreales. Emigsville, Pa.: Progressive Typographers, 1981.

SAINZ DE LA PEÑA, JOSE

n. 4 III 1910, La Habana (La Habana)

Novelista, biógrafo, dramaturgo; periodista, publicista (Seudónimo: Duque de Casalta)

Se graduó de periodista en la Escuela Profesional de Periodistas y trabajó como editor-jefe de la página de espectáculos de El Crisol, La Discusión, y Prensa Libre. Se marchó de Cuba en 1960, radicándose en Estados Unidos. Trabajó en la televisión hispana de Nueva York y fue director de publicidad en español de Columbia Pictures. Tiene varias piezas sin estrenar.

Novelist, biographer, playwright; journalist, public relations executive (Pseudonym: Duque de Casalta)
He graduated from the Professional School of Journalism in Havana and worked as chief editor of the entertainment section of the newspapers El Crisol, La Discusión, and Prensa Libre. In 1960 he went into exile. Settling in New York, he worked in Spanish-language advertising for Columbia Pictures. He has written several plays which have not been performed.

Bibliografía de libros publicados fuera de Cuba

Rodolfo y María Victoria. Madrid: Editorial Rollán, 1963.
Y Castro quedó atrás (memorias de un desterrado). Nueva York: Lectorum, 1969.
Biografías de Trino Mora, Héctor Cabrera y Odilio González. Madrid: Editorial Rollán, 1970.
Normas de la vida social. Nueva York: Editorial Iberia, 1973.

SALES FIGUEROA, MIGUEL

n. 1951, La Habana (La Habana)

Poeta
Condenado a los 16 años por tratar de huir de Cuba, permaneció encarcelado por cinco años. En 1974 logró escaparse en una pequeña embarcación, trayendo consigo a Miami sus poemas en forma manuscrita. Poco después regresó clandestinamente a Cuba en un intento por sacar a su esposa e hija. Descubierto, fue detenido y condenado a 25 años de prisión. Sus poemas sueltos, recogidos en un poemario, se publicaron en Miami después de su detención. Posteriormente fue puesto en libertad. Salió del país y desde 1978 vive en Estados Unidos donde ha dictado conferencias en las universidades de California (en Los Angeles), Georgetown y Harvard. En la actualidad trabaja para El Miami Herald.

Poet
At the age of 16 he was sentenced to prison for having attempted to leave Cuba without authorization and he served five years. In 1974 a successful escape from the country by small boat brought him to Miami. With him he carried his poetry in manuscript form. A short time later he secretly returned to Cuba in an attempt to bring out his wife and daughter. However, he was arrested and

given a 25-year sentence. His poetry was published in Miami after
his arrest. He was later released from prison and permitted to
leave the country. Since 1978 he has been living in the United
States where he has lectured at such universities as UCLA, Georgetown, and Harvard. He currently works for the Spanish-language
edition of the Miami Herald.

Bibliografía de libros publicados fuera de Cuba

Desde las rejas. Miami: Ediciones Universal, 1976.
Donde cruje mi eternidad. Miami: Ediciones Universal, 1984.

SALUDES, ESPERANZA G.

n. 5 II 1934, Pinar del Río (Pinar del Río)

Poetisa, ensayista; educadora
Cursó estudios de bachillerato en el Instituto de Segunda Enseñanza de Pinar del Río, graduándose en 1948. Se doctoró en
filosofía y letras en la Universidad de Santo Tomás de Villanueva
en 1958. Salió de Cuba el mismo año. En 1969 empezó a enseñar
español en el Borough of Manhattan Community College de la Universidad de la Ciudad de Nueva York. Recibió el grado de Master of
Arts en la Universidad de Saint John's en Nueva York (1972), y el
de Master of Philosophy en la Universidad de la Ciudad de Nueva
York (1979). Se doctoró en la misma universidad en 1980. Desde
1976 enseña en la Universidad de Saint John's.

Poet, essayist; educator
She completed her secondary studies at the Institute of Secondary Education in Pinar del Río in 1948. In 1952 she was awarded
a doctorate by the Saint Thomas of Villanueva University. She left
Cuba in 1958. In 1969 she began teaching Spanish at the Borough
of Manhattan Community College of the City University of New York.
She received a master's degree from Saint John's University in 1972,
a master of philosophy degree from City University of New York in
1979 and a doctorate in 1980. She has been teaching at Saint John's
University since 1976.

Bibliografía de libros publicados fuera de Cuba

La narrativa de Luis Martín-Santos a la luz de la psicología. Miami:
    Ediciones Universal, 1980.
Como gaviota sobre el mar. Nueva York: Ediciones Ahora, 1981.

SANCHEZ-BOUDY, JOSE

n. 17 X 1927, La Habana (La Habana)

Poeta, novelista, cuentista, ensayista, dramaturgo, crítico; abogado, educador

Se doctoró en derecho y ciencias sociales en la Universidad de La Habana. También obtuvo licenciaturas en derecho administrativo y en derecho diplomático y consular en la misma institución académica. Es, además, Doctor en Filosofía y Letras por la Universidad de Madrid. Ejerció como abogado en Cuba hasta 1961 cuando salió hacia el exilio. Fue profesor en la Universidad de Puerto Rico. En 1965 se trasladó a Estados Unidos y comenzó sus labores docentes en la Universidad de Carolina del Norte, en Greensboro, de cuya facultad de lenguas romances es actualmente profesor titular. Ha sido, además, profesor en Bennett College, en Guilford College, y en Greensboro College. Maneja con igual facilidad todos los géneros literarios aunque se destaca su poesía, en la cual usa el habla popular como vehículo para evocar la vida diaria cubana de los tiempos pasados. En dos ocasiones ha sido finalista en el renombrado concurso literario "Premio Planeta," con sus novelas Las Memorias de Otto Letrina y Los Cruzados de la Aurora. Es autor de más de trescientos artículos sobre literatura, ciencia política, sociología, filosofía, y arte publicados en Diario Las Américas. Ha colaborado con artículos en revistas profesionales de Estados Unidos, Europa y América Latina.

Poet, novelist, short-story writer, essayist, playwright, critic; lawyer, educator

He holds doctorates in law and in social science from the University of Havana as well as licentiate degrees in administrative law and in diplomatic and consular law from the same institution. He also received a doctorate in humanities from the University of Madrid. He practiced law in Cuba until 1961 when he went into exile. He taught at the University of Puerto Rico until 1965 when he accepted an appointment to teach in the department of Romance languages of the University of North Carolina at Greensboro, where he currently holds the rank of full professor. He has also taught at Bennett College, Guilford College, and Greensboro College. Although he handles all genres well, he excels in poetry in which he makes use of popular language to depict Cuban daily life of earlier periods. On two occasions he was a finalist in the renowned Planeta Prize competition with his novels Las Memorias de Otto Letrina and Los Cruzados de la Aurora. He is the author of more than three hundred articles on literature, political science, sociology, philosophy, and art which have been published in Diario Las Américas, and he has contributed numerous articles to professional journals in the United States, Europe, and Latin America.

Bibliografía de libros publicados fuera de Cuba

Cuentos grises. Barcelona: Bosch, 1966.
Poemas de otoño e invierno. Barcelona: Bosch, 1967.
Ritmo de solá (Aquí como allá). Barcelona: Bosch, 1967.
Las novelas de César Andreu Iglesias y la problemática puertorriqueña actual. Barcelona: Bosch, 1968.

Apuntes para una teoría del existencialismo. Barcelona: Bosch, 1968.

Cuentos del hombre. Barcelona: Bosch, 1969.

Madame Bovary (un análisis clínico sobre neurosis y psicosis psicógena). Barcelona: Bosch, 1969.

La temática novelística de Alejo Carpentier. Miami: Ediciones Universal, 1969.

Poemas del silencio. Barcelona: Bosch, 1969.

Alegrías de coco. Barcelona: Bosch, 1970.

Modernismo y americanismo. Barcelona: Bosch, 1970.

Baudelaire (psicoanálisis e impotencia). Miami: Ediciones Universal, 1970.

Cuentos a luna llena. Miami: Ediciones Universal, 1971.

La nueva novela hispanoamericana y Tres Tristes Tigres. Miami: Ediciones Universal, 1971.

Homo Sapiens (teatro del no absurdo). Miami: Ediciones Universal, 1971.

Liliyando. Miami: Ediciones Universal, 1971.

Los cruzados de la aurora. Miami: Ediciones Universal, 1972.

Crocante de maní. Miami: Ediciones Universal, 1973.

Libro de lecturas superiores. Miami: Spanish Text-Book Co., 1974.

Orbis terrarum (la ciudad de humánitas). Miami: Ediciones Universal, 1974.

Lezama Lima, peregrino inmóvil. Miami: Ediciones Universal, 1974. (coautor)

Aché, Babalú Ayé (retablo afrocubano). Miami: Ediciones Universal, 1975.

Historia de la literatura cubana (en el exilio). Miami: Ediciones Universal, 1975.

Pregones. Miami: Ediciones Universal, 1975.

Libro quinto de lectura, gramática y ortografía. Miami: Ediciones Universal, 1975. (coautor)

La soledad de la Playa Larga (Mañana Mariposas). Miami: Ediciones Universal, 1975.

El corredor Kresto. Miami: Ediciones Universal, 1976.

Liliyando pal tu (mojito y picardía cubana). Miami: Ediciones Universal, 1977.

Leyendas de azúcar prieta (Cabio Silo). Miami: Ediciones Universal, 1977.

Ekué, Abanakué, Ekué. Miami: Ediciones Universal, 1977.

El picúo, el fisto, el barrio y otras estampas cubanas. Miami: Ediciones Universal, 1977.

Los sarracenos del ocaso. Miami: Ediciones Universal, 1977.

Diccionario de cubanismos más usuales. Miami: Ediciones Universal, 1978.

Tiempo congelado (poemario de un caimán ausente). Miami: Ediciones Universal, 1979.

Ñiquín el cesante. Miami: Ediciones Universal, 1980.

La rebelión de los negros. Miami: Ediciones Universal, 1980.

Cuentos de la niñez. Miami: Ediciones Universal, 1983.

Cuentos blancos y negros. Miami: Ediciones Universal, 1983.

Poema del parque. Miami: Ediciones Universal, 1984.

Diccionario de cubanismos más usuales. II. Miami: Ediciones Universal, 1984.
La temática narrativa de Severo Sarduy. Miami: Ediciones Universal, 1985.

Crítica

Moore, Woodrow W. Cuba and her poets (the poems of José Sánchez-Boudy). Miami: Ediciones Universal, 1974.
León, René. La poesía negra de José Sánchez-Boudy. Miami: Ediciones Universal, 1977.
Freixas, Claudio. Afro-Cuban poetry. De Oshún a Yemayá. (The Afro-Cuban poetry of José Sánchez-Boudy). Miami: Ediciones Universal, 1978.
Suárez, Manuel Laurentino. La narrativa de José Sánchez-Boudy (Tragedia y folklore). Miami: Ediciones Universal, 1983.

Las novelas de César Andreu Iglesias y la problemática puertorriqueña actual
    Hispania v. 52:537, No. 3 (9/69)
Poemas del silencio
    Círculo II (Invierno 1970), p. 54
Baudelaire (psicoanálisis e impotencia)
    Diario Las Américas (7/5/71)
La nueva novela hispanoamericana y Tres Tristes Tigres
    Diario Las Américas (23/7/72), p. 6
    Handbook of Latin American Studies v. 36 (1974), p. 393, #4264
Los cruzados de la aurora
    Diario Las Américas (1/7/73)
    Diario Las Américas (13/9/73)
    Diario Las Américas (20/9/73)
    Caribe 1i (1976), p. 129
    Círculo IX (1980), p. 81
Crocante de Maní
    Círculo IV (1973-1974), p. 193
Orbis terrarum (la ciudad de humánitas)
    Diario Las Américas (16/2/75)
    Diario Las Américas (22/3/75)
    Booklist v. 72:557 (15/12/76)
Lezama Lima: peregrino inmóvil
    Revista Iberoamericana v. 42, No. 94 (Enero-Marzo 1976), p. 135
    Hispania v. 60:175, No. 1 (3/77)
    Revista/Review Interamericana v. 8, No. 2 (Summer 1978), p. 366
Diccionario de cubanismos más usuales
    Círculo IX (1980), p. 136
    Hispania v. 64:324 (5/81)
Lilayando
    Handbook of Latin American Studies v. 36 (1974), p. 393, #4263

Modernismo y americanismo
    Handbook of Latin American Studies v. 34 (1972), p. 505,
    #3875
La temática novelística de Alejo Carpentier
    Bulletin of Hispanic Studies v. 48, No. 1 (1/71), p. 96

SANCHEZ CARDENAS, JULIO

n. 11 XI 1937, Vedado (La Habana)

Ensayista; educador, antropólogo
    Terminó su educación secundaria en el Colegio de La Salle en
el Vedado. Desde 1958 a 1960 estudió en la Universidad de La
Habana. En 1960 se fue al exilio, radicándose en Miami. En 1961
fue a los campamentos de Guatemala, participando en la invasión
de la Bahia de Cochinos en abril de 1961. Estuvo dos años preso
en Cuba como resultado del fracaso de dicha expedición. Puesto
en libertad en 1963, pasó los próximos siete años estudiando en varias universidades norteamericanas. Obtuvo el grado de Bachelor of
Arts en la Universidad de La Florida en 1966 y el de Master of Arts
en la Universidad de Miami en 1968. En 1975 se doctoró en la
Universidad de Tulane, con especialidad en antropología. Desde
1970 está radicado en San Juan de Puerto Rico, alternado sus labores
docentes con la investigación antropológica. Fue profesor en el
Colegio San Ignacio de 1970 a 1972 y instructor en el Colegio Universitario de Turabo desde 1972 a 1975. Desde 1976 es profesor
asociado en la Universidad Interamericana.

Essayist; educator, anthropologist
    He received his secondary education at the Colegio de La Salle
in Vedado and from 1958 to 1960 studied at the University of Havana.
In 1960 he went into exile and settled in Miami until 1961 when he
went to Guatemala to prepare for the Bay of Pigs invasion in April
1961. Captured in this operation, he spent the next two years in
prison. In 1963 he was released and was permitted to return to the
United States. He received a bachelor's degree from the University
of Florida in 1966, a master's degree from the University of Miami
in 1968, and a doctorate in anthropology from Tulane University in
1975. In 1970 he settled in Puerto Rico where he has combined
teaching duties with anthropological research. He taught at the
Colegio San Ignacio from 1970 to 1972 and at the University College
at Turabo from 1972 to 1975. Since 1976 he has been teaching at
the Inter American University, where he holds the rank of associate
professor.

Bibliografía de libros publicados fuera de Cuba

La religión de los Orichas: creencias y ceremonias de un culto afro-
    caribeño. San Juan, Puerto Rico: Ramallo Printing, 1978.

SANCHEZ-GREY ALBA, ESTHER

Ensayista; educadora
Se graduó en la Universidad de La Habana. Al abandonar el país, se radicó en el estado de Nueva Jersey, Estados Unidos, donde estudió en la Universidad de Rutgers. Durante muchos años ejerció la docencia en Montclair State College y en la actualidad es profesora en la Universidad de Drew. Desde 1976 es editora asociada de Círculo: revista de cultura. Ha contribuido con muchos artículos sobre el teatro y la narrativa hispanoamericanos a revistas literarias.

Essayist; educator
She graduated from the University of Havana. After leaving Cuba for exile, she settled in New Jersey where she graduated from Rutgers University. For many years she taught at Montclair State College and currently is on the faculty of Drew University. She has been associate editor of Círculo: revista de cultura since 1976 and is a frequent contributor of articles on Hispanic literature and theater to literary journals.

Bibliografía de libros publicados fuera de Cuba

Teatro cubano: tres obras dramáticas de José Antonio Ramos.
Nueva York: Senda Nueva de Ediciones, 1982.

Crítica

Teatro cubano: tres obras dramáticas de José Antonio Ramos
Chasqui v. 12, No. 1 (11/82), p. 98
Crítica Hispánica v. 5, No. 2 (1983), p. 182

SANCHEZ-PRIEDE, JOSE

n. 26 I 1897, Asturias, España

Poeta, cuentista, novelista
Llegó a Cuba casi niño, dedicándose a la industria del calzado y al negocio de venta del mismo. Sus actividades comerciales no impidieron que diera rienda suelta a su vena lírica de escritor, teniendo en su haber más de treinta manuscritos de versos, cuentos, y novelas.

Poet, short-story writer, novelist
Born in Spain, he went to Cuba as a child. He manufactured and sold shoes for a living. His business activities, however, did not prevent him from giving free rein to his lyrical nature, with the result that he has produced about thirty manuscripts of poetry, short stories, and novels.

Bibliografía de libros publicados fuera de Cuba

A güiro limpio. Miami: Ediciones Universal, 1975.
Güiro, clave y cencerro. Miami: Ediciones Universal, 1977.
Con meneo y Guaguanco. Miami: Ediciones Universal, 1985.

SANCHEZ TORRENTO, EUGENIO

n. 1926

Poeta, ensayista, biógrafo; educador
Después de exiliarse en Estados Unidos, enseñó español en Hollywood College en el estado de la Florida.

Poet, essayist, biographer; educator
After leaving Cuba for exile in the United States, he taught Spanish at Hollywood College in Florida.

Bibliografía de libros publicados fuera de Cuba

Francisco Manduley: la historia de un pescador de ranas. Coral Gables, Fla.: Service Offset Printers, 1965.
El hombre de la Edad de Oro está vivo. Hollywood, Fla.: Hollywood College, 1967.
A modern biography of Abraham Lincoln. Miami: Editorial AIP, 1970.
Rocinante gordo: poesías. Valencia, España: Soler, 1972.

SANTI, ENRICO MARIO

n. 1 VII 1950, Santiago de Cuba (Oriente)

Ensayista; educador
Cursó su educación primaria y parte de la secundaria en Cuba. Al trasladarse a Estados Unidos, terminó sus estudios secundarios. Obtuvo el grado de Bachelor of Arts en la Universidad de Vanderbilt en 1972, los grados de Master of Arts y Master of Philosophy en la Universidad de Yale en 1974 y 1975, respectivamente, y el doctorado en 1976. Enseñó español en la Universidad de Yale de 1975 a 1976, en la Universidad de Duke de 1976 a 1977 y, desde 1977, en la Universidad de Cornell. Ha contribuido artículos a revistas literarias como Revista Iberoamericana, Latin American Research Review, Hispanic Review, Modern Language Notes y Symposium.

Essayist; educator
He received his primary and part of his secondary education in Cuba. After settling in the United States, he completed his

secondary studies. He received a bachelor's degree from Vanderbilt University in 1972, a master of arts degree from Yale University in 1974, a master of philosophy degree in 1975, and a doctorate in 1976. He taught Spanish at Yale from 1975 to 1976 and at Duke University from 1976 to 1977. He has taught at Cornell University since 1977. He has contributed articles to such literary journals as Revista Iberoamericana, Latin American Research Review, Hispanic Review, Modern Language Notes, and Symposium.

Bibliografía de libros publicados fuera de Cuba

Pablo Neruda. Edición de Emir Rodríguez Monegal y Enrico Mario Santí. Madrid: Taurus, 1980.
Pablo Neruda, the poetics of prophecy. Ithaca, N.Y.: Cornell University Press, 1982.

SANTOVENIA Y ECHAIDE, EMERITO SANTIAGO

n. 23 V 1889, Mantua (Pinar del Río)
m. 1968, Florida, EE.UU.

Biógrafo, historiador; abogado, hombre público
Se doctoró en leyes en la Universidad de La Habana en 1920. Ocupó altos puestos en el gobierno, siendo Secretario al Presidente en 1934, Senador desde 1940 a 1948, y Ministro de Estado de 1943 a 1944. Fue miembro del Colegio de Abogados, del Colegio Nacional de Periodistas, y de la Academia de la Historia. En el exilio residió en la Florida hasta su muerte.

Biographer, historian; lawyer, statesman
He received a doctorate in law from the University of Havana in 1920. During the course of his career he was secretary to the president in 1934, senator from 1940 to 1948, and minister of state from 1943 to 1944. He was a member of the College of Lawyers, the National College of Journalists, and the Academy of History. After going into exile, he lived in Florida until his death.

Bibliografía de libros publicados fuera de Cuba

Cuba y su historia. 4v. Miami: Rema Press, 1965-1970. (coautor)
Martí y su obra. Miami: Rema Press, 1970. (coautor)

SARDIÑA, RICARDO

n. 10 VI 1918, Roque (Matanzas)

Ensayista; abogado, educador
Se doctoró en derecho y filosofía y letras en la Universidad

de La Habana en 1947 y 1949, respectivamente. Ejerció como abogado
en La Habana. Salió de Cuba en 1961. Fue editorialista de una
radioemisora en Miami desde 1961 a 1964. Desde 1965 ocupa un cargo
docente en Linfield College en el estado de Oregon. Recibió el grado
de Master of Arts en la Universidad del Pacífico en 1968.

Essayist; lawyer, educator
     He received doctorates in law and in humanities from the Uni-
versity of Havana in 1947 and 1949, respectively, and practiced law
in Havana. After leaving Cuba in 1961, he settled in Miami where
he worked as a radio commentator from 1961 to 1964. He has taught
at Linfield College, Oregon, since 1965. In 1968 he received a master's degree from the University of the Pacific.

Bibliografía de libros publicados fuera de Cuba

Seis minutos de tragedia, Cuba. Miami: Ta-Cuba, 1962.
La Constitución de 1940. Miami: Ta-Cuba, 1963.
Martí: poeta. Madrid: Espasa-Calpe, 1981.
Cuando el verde se torna rojo. Miami: Ediciones Universal, 1982.
Breve historia de Hispanoamérica. Cincinnati: South-Western Pub-
     lishing Company, 1982.

SARDUY, SEVERO

     n. 25 II 1937, Camagüey (Camagüey)

Novelista, poeta, ensayista, dramaturgo
     Realizó estudios primarios y secundarios en Camagüey en cuyo
Instituto de Segunda Enseñanza recibió el Bachiller en Ciencias y
Letras en 1955. Mientras estudiaba el bachillerato, comenzó a escribir poesía y algunos de sus trabajos fueron publicados en Ciclón.
Se trasladó a La Habana para estudiar medicina. Pudo cursar sólo
un año de esta carrera debido a la clausura de la Universidad decre-
tada por el gobierno de Fulgencio Batista. Escribió artículos sobre
arte cubano y latinoamericano, y después de establecerse el gobierno
revolucionario empezó a colaborar en Lunes de Revolución. Formó
parte del consejo de dirección de la página de arte y literatura del
periódico Diario Libre. Hacia fines de 1959 fue becado por el nuevo
gobierno para estudiar Historia de Arte en Europa. Fue primero a
Madrid y después de una estancia de unos meses, se estableció en
Paris donde ha permanecido desde entonces, ajeno al gobierno castrista. Estudió en la Escuela del Louvre. Se sumó al grupo editorial
de la revista Tel Quel y entabló relaciones con los críticos literarios
François Wahl y Roland Barthes. Colaboró en la revista Mundo
Nuevo durante la última parte de la década de los 60. En la actuali-
dad es director de la colección latinoamericana de la casa editorial
Editions du Seuil y locutor de la Radio Francesa. Colabora en Tel
Quel y contribuye a las revistas literarias Plural, Papeles de Son

Armadans, Sur, La Quinzaine Litteraire y Ruedo Ibérico. También escribe piezas teatrales para radio, algunas de las cuales han sido premiadas en Francia e Italia. Aunque es amigo de muchos de los novelistas que constituyen lo que llegó a ser conocido como el "Boom" de la novela latinoamericana, Sarduy, siendo más joven y de orientación más teórica, pertenece a una generación de escritores más reciente y radical. Su asociación con el grupo estructuralista de Tel Quel define su posición.

Novelist, poet, essayist, playwright
He received his primary and secondary education in Camagüey where he graduated from the Institute of Secondary Education. While still in school he began to write poetry, and some of his work was published in Ciclón. After finishing his secondary studies, he went to Havana to study medicine. He was able to finish only one year, however, because the University of Havana was closed by order of the government of Fulgencio Batista. He wrote articles about Latin American and Cuban art and, after the revolutionary government came to power, began to write for Lunes de Revolución and served on the editorial committee of the art and literature page of the newspaper Diario Libre. Toward the end of 1959 he was awarded a scholarship by the new government to study art history in Europe. He went first to Madrid and, after a stay of several months there, settled in Paris where he has since lived, estranged from the Castro government. He studied art history at the School of the Louvre. He subsequently became associated with the editorial group of the journal Tel Quel and developed a friendship with the literary critics François Wahl and Roland Barthes. In the late sixties he wrote for the journal Mundo Nuevo. At the present time he is director of the Latin American collection of Editions du Seuil and a commentator for French Radio. He writes for Tel Quel and contributes as well to the literary journals Plural, Papeles de Son Armadans, Sur, La Quinzaine Litteraire, and Ruedo Ibérico. He has also written dramas for radio, some of which have won prizes in France and Italy. Although a friend of many of the writers who constitute what has come to be known as the "Boom" of the Latin American novel, Sarduy, being younger and more theoretically oriented, belongs to a more recent and radical gorup of writers. His association with the structuralist Tel Quel group defines his position.

Bibliografía de libros publicados fuera de Cuba

Gestos. Barcelona: Seix Barral, 1963.
Gesty. Warszawa: Pax, 1965. (Traducción al polaco)
De donde son los cantantes. Ciudad de México: Mortiz, 1967.
Ecrit en dansant. Traduit par E. Cabillon et C. Esteban. Paris: Editions du Seuil, 1967.
Bewegungen. Erzählung (aus dem Spanischen übersetzt von Helmut Frielinghaus). Frankfurt am Main: Suhrkamp, 1968.
Escrito sobre un cuerpo; ensayos de crítica. Buenos Aires: Editorial Sudamericana, 1969.

Flamenco; gedichte von Severo Sarduy. Stuttgart: Manus Presse, 1969.

De donde son los cantantes. 2ª ed. Ciudad de México: Mortiz, 1970.

Mood indigo: gedichte von Severo Sarduy. Stuttgart: Manus Presse, 1970.

Cobra. Buenos Aires: Editorial Sudamericana, 1972.

Cobra; roman. Traduit de l'espagnol par Philippe Sollers et l'auteur. Paris: Editions du Seuil, 1972.

From Cuba with a song. Translated by Suzanne Jill Levine and Hallie D. Taylor. New York: Dutton, 1972.

Overdose. Las Palmas, España: Inventarios Provisionales, 1972.

Cobra. 2ª ed. Buenos Aires: Editorial Sudamericana, 1973.

Gestos. 2ª ed. Barcelona: Seix Barral, 1973.

Big Bang; para situar en órbita cinco máquinas; pour situer en oribte cinq machines de Ramón Alejandro. Montpellier: Fata Morgana, 1973.

Los instrumentos del corte. s.l., s.n., 1973.

Cobra. 3ª ed. Buenos Aires: Editorial Sudamericana, 1974.

Barroco. Buenos Aires: Editorial Sudamericana, 1974.

Big Bang. Barcelona: Tusquets Editor, 1974.

Cobra. New York: Dutton, 1975.

Barroco. Traduit par Jacques Henric et l'auteur. Paris: Editions du Seuil, 1975.

Cinco aproximaciones a la narrativa hispanoamericana. Madrid: Playor, 1977. (coautor)

Maitreya. Barcelona: Seix Barral, 1978.

De donde son los cantantes. 3ª ed. Ciudad de México: Mortiz, 1978.

Para la voz. Madrid: Editorial Fundamentos, 1978.

De donde son los cantantes. Barcelona: Seix Barral, 1980.

La doublure. Paris: Flammarion, 1981.

La simulación. Caracas: Monte Avila, 1983.

Colibrí. Barcelona: Argos Vergara, 1984.

Crítica

Ulloa, Justo Celso. La narrativa de Lezama Lima y Sarduy: entre la imagen visionaria y el juego verbal. Unpublished Ph.D. dissertation. University of Kentucky, 1973.

Ríos, Julián, ed. Severo Sarduy. Madrid: Editorial Fundamentos, 1976.

Alberca Serrano, Manuel. Estructuras narrativas de las novelas de Severo Sarduy. Madrid: Universidad Complutense de Madrid, s.f.

Sánchez-Boudy, José. La temática narrativa de Severo Sarduy. Miami: Ediciones Universal, 1985.

De donde son los cantantes

        Montero, Oscar Julián. The French intertext of "De donde son los cantantes." Unpublished Ph.D. dissertation. University of North Carolina, 1978.

Cobra

        Hispania v. 57:606, No. 3 (9/74)

New York Times Book Review (3/9/75), p. 18
Partisan Review v. 42, No. 3 (1975), p. 459
Modern Language Journal v. 60:80 (1/76)
Handbook of Latin American Studies v. 36 (1974), p. 393,
    #4265

Gestos

Hispania v. 57:431, No. 2 (5/74)
Nueva Narrativa Hispanoamericana (4) (1974), p. 345

Maitreya

Revista Iberoamericana v. 46, No. 110-111 (Enero/Junio
    1980), p. 338

Big Bang

Chasquí v. 10, No. 1 (11/80), p. 36

La Doublure

Revista de la Universidad de México v. 38, No. 20 (12/82),
    p. 39

Barroco

Handbook of Latin American Studies v. 38 (1976), p. 422,
    #6648

SAVARIEGO, BERTA

    n. 1 XI 1946, Marianao (La Habana)

Novelista; educadora
    Cursó su primera enseñanza en Cuba así como parte de la
segunda, terminando ésta después de su llegada a Estados Unidos en
1961. Recibió los grados de Bachelor of Arts y Master of Arts en
Texas Woman's University en 1967 y 1968, respectivamente. Se
doctoró en Texas Tech University en 1974. Desde 1968 a 1970 enseñó español en San Antonio College, y desde 1977 a 1979 enseñó
español e inglés como segundo idioma en Miami-Dade Community
College. Desde 1979 es profesora de español en Southern Methodist
University.

Novelist; educator
    She received her primary and part of her secondary education
in Cuba, completing the latter after her arrival in the United States
in 1961. After receiving bachelor's and master's degrees from Texas
Woman's University in 1967 and 1968, respectively, she completed a
doctorate at Texas Tech University in 1974. From 1968 to 1970 she
taught Spanish at San Antonio College, and from 1977 to 1979 she
taught Spanish and English as a second language at Miami-Dade
Community College. She has been teaching Spanish at Southern
Methodist University since 1979.

Bibliografía de libros publicados fuera de Cuba

Tell the patient in Spanish. Miami: American Health Communications
    Consultants, 1979.

Fiesta de abril. Miami: Ediciones Universal, 1981.
Talk to the patient in Spanish. Cincinnati: South-Western Publishing Company, 1982.

SECADES, ELADIO

n. 1904

Cuentista; periodista
Fue redactor del Diario de la Marina. En el exilio en Miami ha sido editor de Bohemia Libre y redactor de la Agencia de Informaciones Periodísticas.

Short-story writer; journalist
In Cuba he was editor of Diario de la Marina. After going into exile in Miami, he became an editor of Bohemia Libre and also worked in the same capacity for the AIP news agency.

Bibliografía de libros publicados fuera de Cuba

Las mejores estampas de Secades: la Cuba de antes y la Cuba comunista. Ciudad de México: Medina Hermanos, 1969.
Las mejores estampas de Secades: estampas costumbristas cubanas de ayer y de hoy. 2ª ed. Miami: Ediciones Universal, 1983.

Crítica

Las mejores estampas de Secades: la Cuba de antes y la Cuba comunista
Chasqui v. 5, i (1975), p. 39
Hispania v. 60:519 (1977)

SERRANO, PIO

n. 27 X 1941, San Luis (Oriente)

Poeta, crítico; educador
Se licenció en lengua y literatura española e hispanoamericana en la Universidad de La Habana. Ejerció la docencia en la Escuela Nacional de Artes desde 1968 a 1970 como profesor de literatura, y en la Universidad de La Habana desde 1967 a 1969 como profesor de filosofía. Colaboró con poesía y crítica literaria en las revistas Casa de las Américas, Juventud Rebelde, El Caimán Barbudo y Resumen Literario El Puente. Salió para el exilio en 1974, radicándose en Madrid. Desde 1976 ha sido director literario de una casa editorial madrileña y corresponsal literario de la Agencia ALA de Miami. Es miembro de la Asociación Española de Críticos Literarios y de la Association Internationale des Critiques Literaires.

Poet, critic; educator

    He holds a licentiate degree in Spanish and in Spanish and Latin American literature from the University of Havana. He taught literature at the National School of Arts from 1968 to 1970 and philosophy at the University of Havana from 1967 to 1969. He contributed poetry and literary criticism to such journals as Casa de Las Américas, Juventud Rebelde, El Caimán Barbudo, and Resumen Literario El Puente. He left Cuba in 1974 and settled in Madrid, where since 1976 he has been literary director of a publishing house and literary correspondent for the ALA Agency of Miami. He is a member of the Asociación Española de Críticos Literarios and of the Association Internationale des Critiques Literaires.

Bibliografía de libros publicados fuera de Cuba

A propia sombra. Barcelona: Editorial Vosgos, 1978.
La narrativa de la revolución cubana. Traducción de Prose narrative
    of the Cuban revolution de Seymour Menton. Madrid: Editor-
    ial Playor, 1978.
Cuaderno de viaje. Madrid: Editorial Playor, 1981.

SIMO, ANA MARIA

    n. 1943, Cienfuegos (Las Villas)

Poetisa, cuentista, biógrafa
    Fue a vivir a La Habana en 1957. Publicó cuentos y poesías en Lunes de Revolución. Se juntó al grupo literario "El Puente." Al trasladarse a Estados Unidos, se radicó en Nueva York donde es activa en el grupo teatral INTAR.

Poet, short-story writer, biographer
    She went to live in Havana in 1957 and there contributed short stories and poetry to LUnes de Revolución. She became affiliated with the literary group known as "El Puente." Upon going to the United States, she settled in New York where she has been involved with the INTAR theater group.

Bibliografía de libros publicados fuera de Cuba

Lydia Cabrera: an intimate portrait. New York: INTAR, 1984.

SOLER, AURISTELA

    n. 24 VI 1900, Yaguajay (Las Villas)

Cuentista, poetisa; periodista
    Cursó estudios periodísticos y a partir de 1925 empezó a

contribuir artículos a Diario de la Marina. En 1962 se marchó al exilio, radicándose en Miami. Es miembro del Colegio Nacional de Periodistas de Cuba en el Exilio.

Short-story writer, poet; journalist
After completing studies in journalism, she began to write for Diario de la Marina in 1925. In 1962 she went into exile and settled in Miami. She is a member of the Cuban National College of Journalists in Exile.

Bibliografía de libros publicados fuera de Cuba

Treinta versos sencillos. Miami: 1972.
Novelas cortas. Hialeah, Fla.: Editors and Printers, 1976.
A noventa millas. Miami: Ediciones Universal, 1980.

SOSA, RAFAEL

n. La Habana (La Habana)

Ensayista; abogado, educador
Cursó la carrera de derecho en la Universidad de La Habana. Después de abandonar el país, se radicó en Estados Unidos. Estudió en la Universidad de Nebraska, y posteriormente enseñó español en Wayne State College de Nebraska.

Essayist; lawyer, educator
After studying law at the University of Havana, he went into exile in the United States. He studied at the University of Nebraska and subsequently taught Spanish at Wayne State College in Nebraska.

Bibliografía de libros publicados fuera de Cuba

Vicente Blasco Ibáñez a través de sus cuentos y novelas valencianos. Madrid: Plaza Mayor, 1974.

SOSA DE QUESADA, ARISTIDES V.

n. 22 I 1908, Limonar (Matanzas)

Poeta; abogado, educador
Se doctoró en derecho público en la Universidad de La Habana en 1929 y en derecho civil en 1930. A partir de 1933 ocupó sucesivamente más altos puestos administrativos en la jerarquía militar. En 1936 fue nombrado Alcalde de La Habana. Posteriormente dirigió la Organización de las Bibliotecas Populares y desempeñó varios cargos públicos importantes. En 1942 fue designado Ministro de Defensa.

Fue elegido miembro de la Academia Nacional de Artes y Letras y de otras instituciones culturales. Colaboró en Carteles, Bohemia, El Mundo, Diario de la Marina y El País. Se marchó al exilio en 1961. Inicialmente se radicó en Colombia y durante su corta estancia en ese país escribió un programa radial diario y colaboró en El Tiempo. En 1962 se trasladó a Estados Unidos donde se radicó definitivamente. Obtuvo el grado de Master of Arts en Kansas State Teachers College. Fue maestro de secundaria durante dos años y a partir de 1967 enseñó español en Dana College.

Poet; lawyer, educator
He received doctorates in public law and in civil law from the University of Havana in 1929 and 1930, respectively. Beginning in 1933 he held successively higher administrative positions in the military. In 1936 he was named mayor of Havana. He later directed the Organization of Public Libraries and held several important public offices. In 1942 he was designated minister of defense. He was elected a member of the National Academy of Arts and Letters and of other cultural institutions. He wrote articles for Carteles, Bohemia, El Mundo, Diario de la Marina, and El País. In 1961 he left Cuba for exile in Colombia. During his short stay in that country, he wrote a daily radio program and contributed articles to El Tiempo. In 1962 he went to the United States where he has lived since. He received a master's degree from Kansas State Teachers College and taught high school for two years. In 1967 he began teaching Spanish at Dana College.

Bibliografía de libros publicados fuera de Cuba

Cuba escarnecida y sojuzgada. Bogotá: s.n., 1962.
Dolor de patria encadenada. Miami: s.n., 1962.
A stranger at home. Atkinson, Neb.: s.n., 1964.
Errante; 30 poemas y un canto-homenaje a Rubén Darío. Miami: Echevarría Printing, 1967.
Lira errante. Miami: Echevarría Printing, 1967.
Brasas en la nieve. Miami: Ediciones Universal, 1971.
Estos: selección de poemas favoritos. Miami: New House Publishers, 1973.

Crítica

Brasas en la nieve
Diario Las Américas (19/7/72)
Estos: selección de poemas favoritos
Círculo IV (1973-1974), p. 181

SUAREZ, IRMA

n. 11 I 1933, Holguín (Oriente)

Poetisa

Recibió su primera enseñanza e hizo estudios de bachillerato en Camagüey. En 1969 abandonó el país y se radicó en Nueva York. En la actualidad vive en Miami.

Poet

She received her primary and secondary education in Camagüey. In 1969 she went into exile and settled in New York. She currently resides in Miami.

Bibliografía de libros publicados fuera de Cuba

Algo de sueños. Nueva York: Hispanic Printing Company, 1973.

SUAREZ, MANUEL LAURENTINO

n. 8 XI 1945, La Habana (La Habana)

Ensayista; educador

Obtuvo el grado de Bachelor of Arts en Bloomfield College en 1967, el de Master of Arts en la Universidad de Iowa en 1969, y el doctorado en lenguas romances en la Universidad de Georgia en 1973. Ha enseñado en Tift College y en Wesleyan College, (las dos en Georgia). Desde 1974 enseña en East Tennessee State University. Es editor de la revista literaria Crítica Hispánica.

Essayist; educator

He received a bachelor's degree from Bloomfield College in 1967, a master's from the University of Iowa in 1969, and a doctorate in Romance languages from the University of Georgia in 1973. He has taught at Tift and Wesleyan colleges, in Georgia. He has been at East Tennessee State University since 1974. He is editor of the journal Crítica Hispánica.

Bibliografía de libros publicados fuera de Cuba

La España de Erasmo. Vermillon, S.D.: Ediciones Universitarias, 1973.
El teatro en verso del siglo XX. Miami: Ediciones Universal, 1975.
De aquí y de allá. Lexington, Mass.: D.C. Heath, 1978. (co-autor)
Selected proceedings of the 27th Annual Mountain Interstate Foreign Language Conference. Johnson City, Tenn.: East Tennessee State University, 1978. (coeditor)
La narrativa de José Sánchez-Boudy (Tragedia y folklore). Miami: Ediciones Universal, 1983.

SUAREZ DE FOX, OFELIA

Poetisa (Seudónimo: Li-An-Su)
 Después de abandonar Cuba en 1960, pasó un breve tiempo
en México, radicándose luego en Miami donde colaboró en el Periódico
del Aire.

Poet (Pseudonym: Li-An-Su)
 After leaving Cuba in 1960, she spent a brief time in Mexico
and then settled in Miami where she wrote for the Newspaper of the
Air.

Bibliografía de libros publicados fuera de Cuba

Patria en lágrimas. Ciudad de México: Ediciones del Caribe, 1961.

SUAREZ RADILLO, CARLOS MIGUEL

 n. 22 IX 1919, La Habana (La Habana)

Dramaturgo, poeta, ensayista, antologista, guionista, articulista;
educador, director de teatro
 Se doctoró en pedagogía en la Universidad de La Habana en
1943 y posteriormente estudió psicología en Hunter College donde
obtuvo el grado de Master of Arts en 1947. Hizo cursos de postgrado en psicología en la Universidad de Londres desde 1951 a 1952.
Adicionalmente, tomó cursos en el Conservatorio Municipal de Música
de La Habana y en la Escuela Municipal de Arte Escénico de La
Habana. Enseñó en la Facultad de Pedagogía de la Universidad de
La Habana de 1944 a 1945, en el Instituto Psicopedagógico Crespo
de 1944 a 1946, en The Institute of Living de Hartford, Connecticut,
EE.UU., en 1947, y en el Reformatorio Nacional en La Habana desde
1948 a 1949. Viajó por toda Europa y Hispanoamérica desde 1957 a
1959 en calidad de conferencista y director de seminarios sobre
teatro, invitado por universidades, escuelas de teatro, y diversas
instituciones culturales. En 1965 emprendió un viaje de búsqueda
y recolección de materiales sobre teatro hispanoamericano por la
totalidad de los países del continente americano el cual duró cuatro
años. Como profesor invitado y conferencista, ha enseñado y ha
dirigido seminarios sobre teatro hispanoamericano en numerosas universidades norteamericanas. Fundó compañías teatrales en Cuba y
España, y en Venezuela, de 1970 a 1972, creó el Teatro de los Barrios, la primera experiencia sistemática en América de dinamización
social a través del teatro a niveles populares. Ha sido guionista y
realizador de programas educacionales y teatrales en las televisiones
nacionales de Cuba y de España. Ha dirigido más de sesenta obras
de teatro. Gran articulista, ha contribuido un sinnúmero de ensayos
y artículos de crítica a numerosas revistas literarias de España y
América. Ciudadano español naturalizado, en la actualidad reside
en Madrid.

Playwright, poet, essayist, anthologist, script writer; educator, theater director

He received a doctorate in education from the University of Havana in 1943 and a master's degree in psychology from Hunter College in 1947. From 1951 to 1952 he did graduate work in psychology at the University of London. He also studied at the Municipal Conservatory of Music and at the Municipal School of Theatre Arts in Havana. He taught in the Department of Psychology of the University of Havana from 1944 to 1945, at the Crespo Psychopedagogical Institute from 1944 to 1946, at the Institute for Living in Hartford, Connecticut in 1947, and at the National Reformatory in Havana from 1948 to 1949. From 1957 to 1959, at the behest of universities, theater schools, and various cultural organizations, he traveled throughout Europe and Latin America as a lecturer on theater. In 1965 he began a four-year trip that took him to every country in Latin America in search of materials on Hispanic theater. As a visiting professor and lecturer, he has given seminars on Latin American theater in numerous universities throughout the United States. He founded theater companies in Cuba and Spain, and in Venezuela, from 1970 to 1972, created the Neighborhood Theatre, the first systematic attempt in Latin America at mass social activism through the theater. He has written scripts and directed educational and theater programs for Cuban and Spanish national television, and has directed more than sixty works for theater. He has also written numerous essays and criticism for literary journals in Spain and Latin America. A naturalized Spanish citizen, he currently resides in Madrid.

Bibliografía de libros publicados fuera de Cuba

Comedia para asesinos. Adaptación de la pieza teatral de James Endhard. Madrid: Editorial Escelicer, 1961.

Proceso a cuatro monjas. Traducción de la pieza teatral de Vladimiro Cajoli. Madrid: Editorial Escelicer, 1964.

Visitantes de la muerte. Adaptación de la pieza teatral de James Endhard. Madrid: Editorial Escelicer, 1971.

Teatro infantil de María Clara Machado. Prólogo crítico y traducción. Madrid: Editorial Escelicer, 1971.

Trece autores del nuevo teatro venezolano. Caracas: Monte Avila, 1971.

Una noche de mayo. Traducción de la pieza teatral de Vittorio Calvino. Madrid: Editorial Escelicer, 1971.

Mis noches de París. Traducción de la pieza teatral de Anna Bonacci. Madrid: Editorial Escelicer, 1971.

La Belle Epoque. Traducción de la pieza teatral de Achille Saíta. Madrid: Editorial Escelicer, 1971.

Teatro selecto hispanoamericano contemporáneo. Madrid: Editorial Escelicer, 1971. (coeditor)

Un niño. Madrid: Editorial Escelicer, 1972.

Temas y estilos en el teatro hispanoamericano contemporáneo. Zaragoza: Editorial Litho Arte, 1975.

Lo social en el teatro hispanoamericano contemporáneo. Caracas:
Editorial Equinoccio, 1976.
Itinerario temático y estilístico del teatro contemporáneo español.
Madrid: Playor, 1976.
Un niño. 2ª ed. Madrid: Playor, 1976.
La caracola y la campana; romance para juglares de ayer y de hoy.
Madrid: Playor, 1978.
El teatro barroco hispanoamericano (ensayo de una historia crítico-
antológica). 3 t. Madrid: Editorial Porrúa, 1980-81.
Las andanzas de Pinocho, pieza teatral para niños. Barcelona:
Ediciones Don Bosco, 1981. (coautor)
Pluft el fantasmita, pieza teatral para niños. Traducción de la pieza
teatral de María Clara Machado. Barcelona: Ediciones Don
Bosco, 1981.
Un niño. 3ª ed. Madrid: Playor, 1983.
El teatro neoclásico y costumbrista hispanoamericano. v. 1. Madrid:
Ediciones Cultura Hispánica, Instituto de Cooperación Ibero-
americana, 1984.
El teatro neoclásico y costumbrista hispanoamericano. v. 2. Madrid:
Ediciones Cultura Hispánica, Instituto de Cooperación Ibero-
americana, 1984.

Crítica

Trece autores del nuevo teatro venezolano
Handbook of Latin American Studies v. 32 (1970), p. 373,
#3829
Latin American Theatre Review v. 5, No. 2 (Spring 1972),
p. 81
Revista Interamericana de Bibliografía v. 23, No. 3 (1973),
p. 345
Temas y estilos en el teatro hispanoamericano
Latin American Theatre Review v. 10, No. 2 (Spring 1977),
p. 91
Lo social en el teatro hispanoamericano contemporáneo
Latin American Theatre Review v. 11, No. 1 (Fall 1977),
p. 111
El teatro barroco hispanoamericano (ensayo de una historia crítico-
antológica)
Latin American Theatre Review v. 15, No. 2 (Spring 1982),
p. 92
Handbook of Latin American Studies v. 44 (1982), p. 527,
#5896

TAN, MIQUEN

n. 6 VI 1938, Bayamo (Oriente)

Poetisa, cuentista
Hizo sus primeros estudios en el Colegio Bautista de Bayamo

y más tarde ingresó a la Escuela del Hogar.   Después de su salida
de Cuba en 1970, se radicó en Nueva York.   Ha colaborado en la
revista El Bayamés.

Poet, short-story writer
     She received her early education at the Colegio Bautista and
later studied at the Homemaker's School in Bayamo.   After leaving
Cuba in 1970, she settled in New York.   She has written for the
journal El Bayamés.

Bibliografía de libros publicados fuera de Cuba

Amor como yo lo siento.   Madrid: Editorial Mensaje, 1973.
Cuentos y memorias.   Madrid: Editorial Mensaje, 1981.

TARACIDO, CARLOS MANUEL

     n. 16 XII 1943, Güines (La Habana)

Poeta, antologista; educador
     Estudió el bachillerato en el Colegio Salesiano de Güines.   Fue
a Estados Unidos en 1961, radicándose en Delaware, estado en cuya
universidad obtuvo el grado de Bachelor of Arts en 1967.   En 1970
recibió el grado de Master of Arts en la Universidad de Villanova.
Trasladándose a España, continuó sus estudios en la Universidad de
Oviedo, doctorándose en 1978.   Actualmente desempeña cargos docentes en Montgomery County College y en Haverford College.

Poet, anthologist; educator
     He received his secondary education at the Salesian College in
Güines.   After going to the United States in 1961, he studied at
the University of Delaware where he received a bachelor's degree in
1967.   In 1970 he received a master's from Villanova University.   He
did further graduate work at the University of Oviedo, Spain, and
was awarded the doctorate in 1978.   He holds concurrent teaching
appointments at Montgomery County College and Haverford College.

Bibliografía de libros publicados fuera de Cuba

Poemas de mi fantasía.   Madrid: Plaza Mayor, 1971.
Breve esquema de prosodia española.   Madrid: Plaza Mayor, 1971.
Breve antología de la poesía en Cuba: 1800-1959.   Madrid: Plaza
     Mayor, 1972.

TEJERA Y MONTEJO, NIVARIA

     n. 30 IX 1930, Cienfuegos (Las Villas)

Poetisa, novelista; maestra; diplomático
    Pasó su niñez en Islas Canarias, regresando a Cuba en 1944.
Se graduó de secretariado en inglés en su ciudad natal y ocupó
el puesto de profesora de inglés en la Academia Enrique José Varona.
Colaboró en diarios locales. Trasladada a La Habana, trabajó en la
Dirección de Cultura del Ministerio de Educación. En 1954 fue a
París como funcionaria del consulado cubano. Regresó a Cuba en
1959 y volvió de nuevo a Europa como consejera cultural de la embajada de Cuba en Roma. Desempeñó este cargo hasta 1965 cuando
renunció sus funciones diplomáticas para dedicarse a la literatura,
fijando su residencia en París. En 1971 obtuvo el Premio Biblioteca
Breve por Sonámbulo del Sol.

Poet, novelist; teacher, diplomat
    She spent her childhood in the Canary Islands. Returning to
Cuba in 1944, she studied in Cienfuegos to become a bilingual secretary and upon completion of her education became an English teacher
at the Enrique José Varona Academy. She also wrote for local newspapers. Moving to Havana, she worked in the Division of Culture
of the Ministry of Education until 1954 when she went to Paris as a
staff member of the Cuban consulate. She returned to Cuba in 1959
but again returned to Europe, this time as cultural attaché of the
Cuban embassy in Rome. She held this position until 1965 when she
resigned in order to devote herself to writing. She currently resides in Paris. In 1971 she won the Biblioteca Breve Prize for
Sonámbulo del Sol.

Bibliografía de libros publicados fuera de Cuba

Sonámbulo del sol. Barcelona: Seix Barral, 1972.

Crítica

Sonámbulo del sol
            Handbook of Latin American Studies v. 34 (1972), p. 471,
        #3572

TIGERA DAVALOS, SERGIO T.

        n. 18 IX 1921, Matanzas (Matanzas)

Poeta, cuentista; contador público, abogado
    Cursó estudios de bachillerato en el Instituto Provincial de
Matanzas. Se doctoró en derecho en la Universidad de La Habana
en 1951. La Audiencia de Matanzas le otorgó el título de procurado
público en 1944 y fue contador público durante muchos años. Desde
1951 hasta su salida al destierro en 1961, ejerció como abogado en
Matanzas. Fue director del Colegio de Abogados de Mantanzas.
Radicado en Estados Unidos, estudió en la Universidad de

Massachusetts, obteniendo el grado de Master of Arts in 1969. Enseñó en American International College de Springfield, Massachusetts. Desde 1975 ha sido dueño de una empresa de contabilidad en Miami. Ha colaborado en las revistas Círculo Poético, Yellow Jacket, Criterion, y Revista Ideal.

Poet, short-story writer; accountant, lawyer
He received his secondary education at the Provincial Institute in Matanzas. In 1951 he received a doctorate in law from the University of Havana. The Court of Matanzas awarded him the title of municipal clerk in 1955. He was an accountant for many years and ran his own firm. From 1951 until he went into exile in 1961, he practiced law in Matanzas. He also served as director of the Association of Lawyers of Matanzas. After his arrival in the United States, he studied at the University of Massachusetts where he received a master's degree in 1969. For a time he taught at American International College in Springfield, Massachusetts. Since 1975, he has been a self-employed accountant in Miami. He has written for such journals as Círculo Poético, Yellow Jacket, Criterion, and Revista Ideal.

Bibliografía de libros publicados fuera de Cuba

Expresiones, verso y poesía. Miami: Ediciones Universal, 1972.
El verbo, ejercicios de conjugación. Madrid: Playor, 1975.

Crítica

Expresiones, verso y poesía
     Círculo IV (1973-1974), p. 191

TOLEDO RUIZ, ZOILA

    n. Camagüey (Camagüey)

Poetisa
En Cuba colaboró con poesía en varias revistas. Al abandonar el país, se radicó en Estados Unidos. Ha viajado extensivamente por Europa y América, residiendo por un tiempo en España.

Poet
In Cuba her poetry was published in several magazines. Upon going into exile, she settled in the United States. She has traveled extensively in Europe and Latin America and has lived for some time in Spain.

Bibliografía de libros publicados fuera de Cuba

Ayer hubo sol. Madrid: Ediciones Alfaguara, 1973.

TOLON, EDWIN T.

n. Long Branch (New Jersey), EE.UU.

Ensayista; abogado
Cursó el bachillerato en el Colegio de la Salle del Vedado. Se doctoró en derecho en la Universidad de La Habana. Fue jefe de espectáculos del Municipio de La Habana y presidente de la Orquestra Sinfónica de La Habana. Al marcharse al exilio, fue a Estados Unidos. Estudió en la Universidad de Columbia.

Essayist; lawyer
He received his secondary education at the La Salle College in el Vedado and later took a doctorate in law at the University of Havana. He served as director of events for the Municipality of Havana and as president of the Havana Symphonic Orchestra. After going into exile in the United States, he studied at Columbia University.

Bibliografía de libros publicados fuera de Cuba

Teatro lírico popular de Cuba. Miami: Ediciones Universal, 1973.

TORRENTE, AURELIO

n. 6 VI 1924, La Habana (La Habana)

Poeta, dramaturgo; oficial naval
Es egresado de la Academia Naval de Mariel. Prestó servicios como Oficial de la Marina hasta 1960, año en que se marchó al exilio rumbo a Estados Unidos. Escribió obras de teatro, algunas de las cuales fueron estrenadas. Colaboró en las revistas Colorama y Grafos.

Poet, playwright; naval officer
He is a graduate of the Naval Academy at Mariel and served as an officer until 1960 when he went into exile in the United States. He has written plays, several of which have been performed, and has published in the journals Colorama and Grafos.

Bibliografía de libros publicados fuera de Cuba

Chubascos del exilio. Miami: Rex Press, 1977.

TORRES, ANGEL

n. 29 V 1928, La Habana (La Habana)

Ensayista; periodista

Fue periodista en Cuba y después de exiliarse en Estados Unidos, colaboró con artículos en El Mundo de Boston. Fue editor deportivo de La Prensa de Los Angeles y de El Diario de Los Angeles.

Essayist; journalist

He worked as a journalist in Cuba and after going into exile in the United States wrote articles for El Mundo of Boston. He also was a sports editor for La Prensa de Los Angeles and El Diario de Los Angeles.

Bibliografía de libros publicados fuera de Cuba

La historia del beisbol cubano. Los Angeles: Torres, 1976.
The Baseball Bible. Los Angeles: Torres, 1984.

TORRES, OMAR

n. 13 IX 1945, Victoria de las Tunas (Oriente)

Poeta, dramaturgo, novelista; educador

Cursó estudios de literatura y artes plásticas en Queens College de la Universidad de la Ciudad de Nueva York. Ha escrito diez obras de teatro, varias de las cuales fueron estrenadas en Nueva York y en la televisión neyorquina. Es co-fundador del Centro Cultural Cubano de Nueva York y director de la revista cultural Cubanacán, así como editor de Intercambio, el boletín del Comité de Intelectuales por la Libertad de Cuba. En 1978 ganó una beca Cintas para literatura. En la actualidad es profesor de diseño en el Fashion Institute of Technology en Nueva York.

Poet, playwright, novelist; educator

He studied literature and studio art at Queens College CUNY. He has written ten plays, several of which have been performed in New York City and on local television. Co-founder of the Cuban Cultural Center of New York, he is also director of the cultural journal Cubancán and editor of Intercambio, the newsletter of the Committee of Intellectuals for Cuban Freedom. In 1978 he won a Cintas scholarship for literature. Currently, he is professor of design at the Fashion Institute of Technology in New York.

Bibliografía de libros publicados fuera de Cuba

Conversación primera. Nueva York: Ediciones Niurklen, 1975.
Ecos de un laberinto. Nueva York: Ediciones Niurklen, 1976.
Tiempo robado. Nueva York: Ediciones Contra Viento y Marea, 1978.
Abdalá-José Martí. (obra de teatro), 1972. (coautor)
Antes del vuelo y la palabra. (obra de teatro), 1976.

Cumbanche cubiche. (obra de teatro), 1976.
Yo dejo mi palabra en el aire sin llaves y sin velos. (obra de teatro), 1978.
Latinos. (obra de teatro), 1979. (coautor)
Apenas un bolero. Miami: Ediciones Universal, 1981.
De nunca a siempre. Miami: Ediciones Universal, 1982.

TRIANA, JOSE

n. 1931, Camagüey (Camagüey)

Dramaturgo, poeta
Sus primeros estudios los hizo en Santiago de Cuba. Trabajó
en diferentes oficios en su provincia natal y luego pasó varios años
en Europa. Después de la Revolución, regresó a Cuba, radicándose
en La Habana. Trabajó en la Editorial Nacional. En 1965 su pieza
La noche de los asesinos ganó el premio del concurso de Casa de
Las Américas. En 1967 se estrenó en París y luego fue traducida
a varios idiomas. En 1980 Triana se marchó al exilio, radicándose
en París donde vive en la actualidad. Fue profesor invitado en la
Universidad de Dartmouth en el otoño de 1981.

Playwright, poet
His early education took place in Santiago de Cuba. He later
worked at different trades in his native province and then spent
several years in Europe. At the time of the Cuban revolution, he
returned, settled in Havana, and took a position in the government
publishing house. In 1965 his play The night of the assassins won
the Casa de las Américas prize. In 1967 it was performed in Paris
and subsequently translated into several languages. In 1980 Triana
went into exile and settled in Paris where he currently lives. He
was visiting professor at Dartmouth University during the fall semester of 1981.

Bibliografía de libros publicados fuera de Cuba

El estiércol de las hienas. Bogotá: s.n., 1977.

Crítica

Campa, Román V. de la. José Triana: ritualización de la sociedad
cubana. Minneapolis: Ideologies and Literature, 1979.

ULLOA, JUSTO CELSO

Ensayista; educador
Cursó toda su educación superior en Estados Unidos, obteniendo

el grado de Bachelor of Science en la Universidad Estatal de la
Florida en 1966, el de Master of Arts en la Universidad de Georgia
en 1969, y el doctorado en la Universidad de Kentucky en 1973.
En la actualidad es Profesor Asociado de Español en la Universidad
Politécnica de Virginia.

Essayist; educator
    He received a bachelor's degree from Florida State University
in 1966, a master's from the University of Georgia in 1969, and a
doctorate from the University of Kentucky in 1973. At the present
time, he teaches at Virginia Polytechnic Institute and State University where he is associate professor of Spanish.

Bibliografía de libros publicados fuera de Cuba

José Lezama Lima: textos críticos. Miami: Ediciones Universal,
    1979.
Graded Spanish reader. Lexington, Mass.: D.C. Heath, 1982.
    (coautor)

URPI, XAVIER

    n. 27 XI 1955, La Habana (La Habana)

Poeta
    Muy joven se marchó de Cuba. Fue a España donde vivió
hasta 1963, año en que se trasladó a Estados Unidos, reuniéndose
con sus padres. Se graduó en la Universidad de Nueva York en
1978 con especialidad en procesadoras electrónicas. Actualmente
vive en el área metropolitana de Nueva York.

Poet
    He left Cuba at a very early age and went To Spain where he
lived until 1963. That year he went to the United States where he
was reunited with his parents. In 1978 he graduated from New York
University with a major in computer science. At the present time
he resides in the New York metropolitan area.

Bibliografía de libros publicados fuera de Cuba

Instantes violados. Nueva York: Senda Nueva de Ediciones, 1978.

Crítica

Instantes violados
    Círculo IX (1980), p. 138

UTRERA, CONCHITA véase/see PEREZ DE UTRERA, CONCEPCION

UTRERA DE DELGADO, ESTHER

   n. 1915, La Habana (La Habana)
   m. 4 II 1978, Miami (Florida), EE.UU.

Poetisa
   Se trasladó a Estados Unidos en 1957. No obstante su delicada
salud, se entregó a la creación artística y literaria cultivando la
poesía y la pintura. Publicó dos poemarios antes de su muerte.

Poet
   She left Cuba for the United States in 1957. In spite of poor
health, she gave free rein to her creative spirit in poetry and painting and published two books of poems before her death.

Bibliografía de libros publicados fuera de Cuba

Verbo sin freno.
Mensaje en luces. Nueva York: Senda Nueva de Ediciones, 1978.

VALDES, BERARDO JOSE

   n. 1938

Ensayista; educador
   Se doctoró en ciencias sociales en la Universidad de La Habana
en 1960. Al abandonar el país, se radicó en Estados Unidos. Obtuvo el grado de Master of Arts en la Universidad de Roosevelt
(Chicago) en 1968, doctorándose en la Universidad de Illinois en
1973. Desde 1971 enseña en la Universidad Estatal de Iowa donde
es Profesor Auxiliar de Lenguas Extranjeras.

Essayist; educator
   He received a doctorate in social science from the University
of Havana in 1960. Upon leaving Cuba, he settled in the United
States. In 1968 he received a master's degree from Roosevelt University (Chicago) and in 1973 a doctorate from the University of
Illinois. He has taught at Iowa State University since 1971 where
he currently is assistant professor of foreign languages.

Bibliografía de libros publicados fuera de Cuba

Panorama del cuento cubano. Miami: Ediciones Universal, 1976.

Crítica

Panorama del cuento cubano
      Chasquí v. 9, No. 1 (11/79), p. 108

VALDES-CRUZ, ROSA

   n. 1923, Sancti Spíritus (Las Villas)

Ensayista; educadora
    Hizo estudios de bachillerato en el Colegio de Remedios. Se
doctoró en la Universidad de La Habana en 1944. Ejerció cargos
docentes en el Instituto de Sancti Spíritus desde 1944 a 1960, en
el Instituto de Santa Clara de 1960 a 1962, y en el Instituto de
Remedios desde 1962 a 1964, el año de su salida de Cuba. Radicada
en el estado de Illinois, Estados Unidos, reanudó sus labores docentes
en Northern Illinois University. Se doctoró en la Universidad de
Chicago en 1973. Colabora con artículos de crítica sobre literatura
cubana en revistas como Hispania y Cuadernos Hispanoamericanos, y
dicta conferencias sobre temas de literatura hispánica.

Essayist, educator
    She received her secondary education at the College of Reme-
dios. After receiving a doctorate from the University of Havana in
1944, she held teaching posts at the Sancti Spíritus Institute from
1944 to 1960, at the Santa Clara Institute from 1960 to 1962, and at
the Remedios Institute from 1962 to 1964, the year of her departure
from Cuba. After settling in Illinois, she began teaching at Northern Illinois University. In 1973 she received a doctorate from the
University of Chicago. She is a frequent contributor of articles on
Cuban literature to such journals as Hispania and Cuadernos Hispanoamericanos and lectures on Latin American literature.

Bibliografía de libros publicados fuera de Cuba

La poesía negroide en América. Nueva York: Las Américas Pub-
      lishing Company, 1970.
Lo ancestral en la narrativa de Lydia Cabrera. Barcelona: Vosgos,
      1973.
De las jarchas a la poesía negra. Nueva York: Senda Nueva de
      Ediciones, 1979.

Crítica

La poesía negroide en América
          Revista Iberoamericana v. 36, No. 73 (Oct.-Dic. 1970),
            p. 672
          Revista Interamericana de Bibliografía v. 23, No. 2 (Abril-
            Junio 1973), p. 212

Lo ancestral en la narrativa de Lydia Cabrera
Hispania v. 59:181, No. 1 (3/76)

VALDES-GALLOL, CARMELA

n. 8 XII 1917, La Habana (La Habana)

Poetisa
Egresó del Conservatorio Bach con el grado de Profesora de
Piano. Trabajó como secretaria e intérprete para empresas en La
Habana. Se marchó del país en 1961 con su familia. Vivió varios
años en Francia y España, radicándose en Estados Unidos en 1968.

Poet
She graduated from the Bach Conservatory in Havana with a
degree in piano pedagogy. She later worked as a secretary and
interpreter for various firms in Havana. In 1961 she went into
exile with her family. After living several years in France and
Spain, she settled in the United States in 1968.

Bibliografía de libros publicados fuera de Cuba

Poemas en prosa. Madrid: Editorial Mensaje, 1977.

VALDESPINO, LUIS CESAR

n. 30 IV 1914, La Habana (La Habana)

Ensayista; abogado, educador
Se doctoró en leyes en la Universidad de La Habana en 1939.
Ejerció como abogado desde 1939 hasta 1960, año en que marchó al
exilio. Radicándose en Estados Unidos, obtuvo los grados de Bachelor of Arts (1965) y Master of Arts (1967) en la Universidad del
Pacífico (Oregon). Desde 1967 enseña español en La Universidad
de Washington Central.

Essayist; lawyer, educator
He received a doctorate in law from the University of Havana
in 1939 and practiced from that year until he went into exile in 1960.
After settling in the United States, he received bachelor's and master's degrees from Pacific University (Oregon) in 1965 and 1967,
respectively. He has taught Spanish at Central Washington University since 1967.

Bibliografía de libros publicados fuera de Cuba

Sanguily íntimo. Tegucigalpa, Honduras: Academia Hondureña de
la Lengua, 1982.

VALDIVIA ISLA, OMARA DE LA CARIDAD

n. 12 IV 1947, Cabaiguán (Las Villas)

Poetisa, ensayista; educadora (Seudónimo: Maya Islas)
Recibió su primera enseñanza y parte de la segunda en Cuba.
Al trasladarse a Estados Unidos en 1965, completó sus estudios
secundarios en Mount Saint Mary Academy (Nueva Jersey) en 1968.
Obtuvo el grado de Bachelor of Arts en la Universidad de Fairleigh
Dickinson en 1972, y el de Master of Arts en Montclair State College
en 1978. Desde 1975 enseña español en Elizabeth Seton College y
desde 1976 es maestra bilingüe de enseñanza primaria en escuelas
públicas de la ciudad de Nueva York. Su obra literaria es extensa.
Ha colaborado con poemas en español, francés, e inglés en una veintena de revistas literarias y periódicos de Europa y América. Otros
poemas suyos se encuentran dispersos en antologías de poesía hispanoamericana. Así mismo, ha contribuido gran número de ensayos
sobre temas literarios a revistas y periódicos. Cabe mencionarse
que ha sido galardonada en repetidas ocasiones por su labor poética,
habiendo ganado, entre otros, el premio del Círculo de Escritores
Iberoamericanos en 1977 y el premio Carabela de Plata en 1978. Ha
dictado conferencias y ha dado lecturas de su poesía en el área
metropolitana de Nueva York. En 1980 fue nombrada Académico de
Mérito de la Accademia Internazionale di Pontzen di Lettere, Scienze
ed Arti en Nápoles, Italia.

Poet, essayist; educator (Pseudonym: Maya Islas)
She received her primary and part of her secondary education
in Cuba. After going to the United States in 1965, she completed
her secondary education at the Mount Saint Mary Academy in New
Jersey. In 1972 she received a bachelor's degree from Fairleigh
Dickinson University and in 1978 a master's from Montclair State
College. She has taught Spanish at Elizabeth Seton College since
1975 and has worked in the New York City school system as a bilingual elementary school teacher since 1976. Her literary output is
quite extensive. She has contributed poetry in Spanish, French,
and English to more than a score of literary journals and newspapers
in Europe and Latin America, with other poems appearing in anthologies of Latin American poetry. She has also written a number of
essays on literary topics for journals and newspapers. On numerous
occasions she has won awards for her poetry, among them the prize
of the Círculo de Escritores Iberoamericanos in 1977 and the Carabela de Plata prize in 1978. She has lectured extensively and has
given readings of her poetry throughout the New York metropolitan
area. In 1980 she was named Académico de Mérito of the Accademia
Internazionale di Pontzen di Lettere, Scienze ed Arti in Naples,
Italy.

Bibliografía de libros publicados fuera de Cuba

Sola ... desnuda ... sin nombre. Nueva York: Editorial Mensaje,
1973.

Sombras papel. Barcelona: Editorial Rondas, 1978.

Crítica

Sola ... desnuda ... sin nombre
    ABC de las Américas (Nueva York) (31/5/74)
Sombras papel
    Cuaderno Literario Azor (1979)

VALERO, ROBERTO

n. 27 V 1955, Matanzas (Matanzas)

Poeta, cuentista (Seudónimo: Julio Real)
    Estudió en la Universidad de La Habana desde 1975 a 1980,
pero fue expulsado por haberle dedicado un poema a un preso
político. Salió al exilio en 1980 vía Mariel. Actualmente estudia
en la Universidad de Georgetown en Washington. En 1982 se le
otorgó una beca Cintas. Ha colaborado en las revistas Nivel y
Verbena y en los periódicos El Universal (Caracas), El Miami Herald,
y La Nación (San José). Es editor de la revista literaria Mariel.

Poet, short-story writer (Pseudonym: Julio Real)
    He studied at the University of Havana from 19'5 to 1980 but
was expelled for having dedicated a poem to a politi al prisoner.
In 1980 he left Cuba via Mariel and settled in Washi ;ton where he
attends Georgetown University. He received a Cintas scholarship
in 1982. He has written articles for the journals Nivel and Verbena
and the newspapers El Universal (Caracas), El Miami Herald, and
La Nacion (San José). He is currently one of the editors of the
literary review Mariel.

Bibliografía de libros publicados fuera de Cuba

Desde un ángulo oscuro. Madrid: Editorial Playor, 1982.
En fin, la noche. Madrid: Editorial Playor, 1983.
En fin, la noche. Miami: Ediciones Solar, 1984.
Dharma. Miami: Ediciones Universal, 1985.

VALLADARES PEREZ, ARMANDO F.

n. 30 V 1937, Pinar del Río (Pinar del Río)

Poeta, narrador
    Condenado en 1960 a 30 años de presidio por actividades
contrarrevolucionarias, se negó a conformarse al programa de re-
habilitación política lo cual le mereció un castigo severo. Se le
confinó a una celda con poca luz, se le dió muy escasa alimentación

y se le negó atención médica. Como resultado de tal tratamiento, quedó parcialmente paralítico. No obstante escribió poesía y logró que sus obras salieran clandestinamente de la cárcel para publicarse posteriormente en el exterior. A pesar de numerosas gestiones hechas por grupos internacionales, Valladares quedó encarcelado hasta 1982 cuando, gracias a la mediación del gobierno francés, fue puesto en libertad. Después de una breve estadía en Francia, fue a Estados Unidos y luego a España donde reside en la actualidad. En 1982, junto con Angel Cuadra y Jorge Valls, se le otorgó el Premio Internacional de la Asociación Pro-Cultura Hispánica-Puertorriqueña por lograr destacarse en las artes a pesar de graves obstáculos físicos y sociales.

Poet, short-story writer

Valladares was sentenced to 30 years in prison in 1960 on unsubstantiated charges of counterrevolutionary activities and because he refused to be "politically rehabilitated," was mistreated by his captors. Confined to a dark, windowless cell, fed inadequately, and denied medical attention, his physical condition deteriorated to the point of partial paralysis. Nonetheless, he wrote poetry and managed to have his work smuggled out of prison and published abroad. International human-rights groups were unsuccessful in pleading his case and he remained imprisoned until 1982 when the government of France successfully negotiated his release. He left Cuba and after a brief stay in France went to the United States and, subsequently, to Spain, where he currently resides. In 1982, together with Angel Cuadra and Jorge Valls, he was awarded the International Prize of the Hispanic-Puerto Rican Pro-Culture Association for distinguished performance in the arts in the face of grave physical and social obstacles.

Bibliografía de libros publicados fuera de Cuba

Desde mi silla de ruedas. Coral Gables, Fla.: Interbooks Corp., 1976.
Prisonnier de Castro (traduit, annoté et presenté par Pierre Golendorf). Paris: Bernard Grasset, 1979.
El corazón con que vivo (nuevos poemas y relatos "desde mi silla de ruedas"). Miami: Ediciones Universal, 1980.
Prisionero de Castro. Barcelona: Planeta, 1982.
Cavernas del silencio. Madrid: Editorial Playor, 1983.
Contra toda esperanza. Barcelona: Plaza y Janés, 1985.

VALLS ARANGO, JORGE

n. 1933

Poeta, cuentista, dramaturgo

Encarcelado en 1964 por haber prestado testimonio en apoyo a un amigo enjuiciado y luego fusilado por alta traición, Valls no

obstante escribió numerosas poesías, narraciones, y piezas, algunas
de las cuales, apuntadas en papel sanitario, fueron sacadas clandestinamente de la prisión de Boniato y publicadas fuera de Cuba. En
1982, junto con Angel Cuadra y Armando Valladares, se le otorgó
el Premio Internacional de la Asociación Pro-Cultura Hispánica-
Puertorriqueña por lograr destacarse en las artes a pesar de graves
obstáculos físicos y sociales. Asimismo, en 1983, un jurado literario
holandés le otorgó el Premio Internacional de Poesía. Fue dejado en
libertad en Junio de 1984, saliendo de inmediato del país.

Poet, short-story writer, playwright
    Valls was imprisoned in 1964 for having testified on behalf of
a friend who was charged with, and subsequently executed for,
high treason against the State. He nonetheless managed to write
a considerable amount of poetry, short stories, and plays, some of
which, jotted down on pieces of toilet paper, were smuggled out of
Boniato prison and published abroad. In 1982, together with Angel
Cuadra and Armando Valladares, he was awarded the International
Prize of the Hispanic-Puerto Rican Pro-Culture Association for distinguished performance in the arts in the face of grave physical and
social obstacles. In 1983 a Dutch literary jury awarded him the
International Poetry Prize. He was released from prison in June
1984 and immediately left the country.

Bibliografía de libros publicados fuera de Cuba

Donde estoy no hay luz y está enrejado. Madrid: Editorial Playor,
    1980.
Los perros jíbaros. New Jersey: Tribu, 1983.
A la paloma nocturna desde mis soledades. Miami: SIBI, 1984.

VARONA VALDES, ALBERTO J.

    n. 19 IV 1921, La Habana (La Habana)

Ensayista; abogado, educador
    Cursó el bachillerato en el Instituto de Segunda Enseñanza
de La Habana. Se doctoró en leyes en la Universidad de La Habana
en 1942, y a partir de 1943 ejerció como abogado. Fue profesor de
derecho penal en la Universidad de Oriente desde 1948 a 1952. Fue
representante a la Cámara desde 1955 a 1959, año en que se marchó
al exilio rumbo a Chile. Posteriormente se radicó en Estados Unidos.
En 1965 obtuvo el grado de Master of Arts y ocupó una cátedra de
español en Hamilton College, Clinton, Nueva York. Pasó a Wells
College, Aurora, Nueva York, en 1966 donde enseñó hasta jubilarse
en 1978. Se doctoró en la Universidad de Miami en 1970.

Essayist; lawyer, educator
    He completed his secondary studies at the Institute of Second-
ary Education in Havana. In 1942 he received a doctorate in law

from the University of Havana and in 1943 began to practice. From 1948 to 1952 he taught criminal law at Oriente University. He served in the House of Representatives from 1955 to 1959 when he went into exile in Chile. Settling later in the United States, he studied at the University of Miami where he received master's and doctor's degrees in 1965 and 1970, respectively. He taught Spanish language and literature at Hamilton College, Clinton, New York, from 1965 to 1966 and at Wells College, Aurora, New York, from 1966 until his retirement in 1978.

Bibliografía de libros publicados fuera de Cuba

Cuba ante el mundo: destrucción comunista del derecho y la justicia. Ciudad de México: 1960.
Francisco Bilbao: revolucionario de América. Panamá: Ediciones Excelsior, 1973.
José Martí. Ismaelillo, versos sencillos y versos libres. Miami: Ahora Printing, 1981.

Crítica

Francisco Bilbao: revolucionario de América
        Hispania v. 58:985, No. 4 (12/75)
        Diario Las Américas (4/5/76), p. 5
        Bulletin of Hispanic Studies v. 53, No. 4 (10/76), p. 363
        The American Historical Review v. 82, No. 1 (2/77), p.
        231

VENTURA, ENRIQUE JOSE

        n. 9 X 1933, Sagua la Grande (Las Villas)

Poeta, cuentista
        Completó estudios secundarios y estudió derecho diplomático y consular en la Universidad de La Habana. Salió al exilio en 1960.

Poet, short-story writer
        He completed his secondary education and then studied diplomatic and consular law at the University of Havana. In 1960 he went into exile.

Bibliografía de libros publicados fuera de Cuba

Veinticincos poemas y un monólogo dramático. Miami: Echevarría Printing, 1966.
Veinte cantos y una elegía. Miami: Ediciones Universal, 1968.
Raíces en el corazón. Miami: Ediciones Universal, 1971.
Pancho Canoa y otros relatos. Miami: Ediciones Universal, 1973.

Crítica

Pancho Canoa y otros relatos
Booklist v. 71:546 (2/1/75)

VERDECIA, CARLOS

n. 8 XI 1955, Central Preston (Oriente)

Poeta, cuentista, ensayista
Ha colaborado con poesía, cuentos y artículos de crítica en revistas literarias de varios países. Ha cursado estudios universitarios en filosofía y literatura hispanoamericana. En la actualidad trabaja para El Miami Herald.

Poet, short-story writer, essayist
He has published poetry, short stories, and criticism in literary journals in several countries. He has studied philosophy and Latin American literature at the undergraduate level. He currently works for the Spanish-language edition of the Miami Herald.

Bibliografía de libros publicados fuera de Cuba

Resaca. Madrid: Ediciones La Gota de Agua.

VIERA TREJO, BERNARDO

n. 1935

Cuentista; periodista
Caricaturista político desde muy joven, también ha sido redactor, corresponsal viajero en Europa, jefe de redacción, y director de la edición dominicana de la revista Bohemia. En la actualidad vive en Venezuela.

Short-story writer; journalist
A political caricaturist since his teens, he has also been an editor, foreign correspondent in Europe, editorial chief, and director of the Dominican Republic edition of Bohemia magazine. He currently lives in Venezuela.

Bibliografía de libros publicados fuera de Cuba

Militantes de odio y otros relatos de la revolución cubana. Miami:
    Editorial AIP, 1964.
El último pirata de las Antillas; éxodo de un pueblo traicionado.
    Miami: Editorial AIP, 1964.

VILASUSO, JOSE

Novelista; abogado, periodista
En La Habana publicaba en El Mundo y en la revista La Quincena. Desde su traslado a Estados Unidos, ha publicado en Vanguardia y Exilio.

Novelist; lawyer, journalist
In Havana he published in El Mundo and in the journal La Quincena. Since settling in the United States, he has written for the journals Vanguardia and Exilio.

Bibliografía de libros publicados fuera de Cuba

El día de la liberación. Nueva York: Senda Nueva de Ediciones, 1979.

VILELA, ALEJANDRO

    n. 1937

Novelista; periodista
Estudió periodismo en la Escuela Profesional de Periodismo "Manuel Márquez Sterling" desde 1955 a 1960. Desarrolló una intensa actividad periodística, alcanzando el puesto de jefe de redacción del noticiero Radio Reloj el cual renunció para marcharse al exilio en 1961. Se radicó en Miami tras un breve período pasado en Jamaica. En el exilio ha trabajado como periodista para varias radioemisoras. Ha colaborado en distintos diarios y semanarios de Miami. En 1977 se graduó en Biscayne College.

Novelist; journalist
He studied journalism at the Manuel Márquez Sterling Professional School of Journalism from 1955 to 1960. At the time he left Cuba for exile in 1961, he was chief editor for Radio Reloj. After spending a short time in Jamaica, he settled in Miami where he has worked as a journalist for several radio stations and written for daily and weekly newspapers. In 1977 he graduated from Biscayne College.

Bibliografía de libros publicados fuera de Cuba

La alternativa. Hialeah, Fla.: Albo Printing, 1978.

VILLIERS Y PIÑA, BALBINA DE

    n. 25 II 1900, Corralillo (Las Villas)

Poetisa
Es autodidacta. Vivió muchos años en Guanabacoa y fue
mecanógrafa en el Ministerio de Gobernación desde 1934 hasta 1962.
Publicó dos libros de poesía en Cuba y uno en el exilio. Actualmente
vive en Miami donde contribuye versos a Diario Las Américas.

Poet
She is self taught. She lived for many years in Guanabacoa
and worked as a typist in the Ministry of Government from 1934 to
1962. She published two books of poetry in Cuba and one in exile.
At the present time she lives in Miami and writes verses from time
to time for Diario Las Américas.

Bibliografía de libros publicados fuera de Cuba

Hora crepuscular. Monterrey, México: Imprenta Gaitán, 1971.

VIVES, PANCHO véase/see VIVES GOMEZ, FRANCISCO

VIVES GOMEZ, FRANCISCO

n. 16 XII 1930, Madrid, España

Novelista, cuentista (Seudónimo: Pancho Vives)
Fue a Cuba a una edad muy joven con su familia. Terminó
estudios secundarios en el Colegio La Salle del Vedado en 1948. Se
graduó en filosofía y letras en la Universidad de Madrid. Regresó
a Cuba donde se quedó hasta 1960, año en que salió al exilio.
Después de pasar unos meses en Estados Unidos, se radicó en Es-
paña. Cursó estudios en la Escuela Superior de Arte Dramático en
Madrid donde permaneció como profesor de dirección de escena.
Desde 1964 dirige una tienda de antigüedades en Madrid. Su novela
Claudia a Teresa quedó finalista en el concurso Premio Barral de
Novela en 1972.

Novelist, short-story writer (Pseudonym: Pancho Vives)
He went to Cuba with his family at a young age. He received
his secondary education at the Colegio La Salle in Vedado and subsequently graduated from the University of Madrid. Upon completion
of his university studies, he returned to Cuba and remained there
until going into exile in 1960. After spending a few months in the
United States, he settled in Spain. He studied at the School of
Dramatic Arts in Madrid and remained to teach stage management.
He has run an antique shop in Madrid since 1964. His novel Claudia
a Teresa was a finalist in the Barral Prize literary competition of
1972.

Bibliografía de libros publicados fuera de Cuba

Claudia a Teresa. Zaragoza: Felez, 1974.
El momento del ave. Madrid: Ediciones Turner, 1980.
Por la acera de la sombra. Miami: Ediciones Universal, 1982.
Puertas giratorias, o los reveses de las sílabas. Barcelona: Argos
Vergara, 1982.

Crítica

Claudia a Teresa
        Blanco y Negro (12/4/75), p. 75
Por la acera de la sombra
        World Literature Today v. 57, No. 2 (Spring 1983), p.
        254
Puertas giratorias, o los reveses de las sílabas
        ABC (Madrid) (22/1/83), p. 6

VIZOSO, CONCHITA

        n. 25 XII 1920, Santiago de Cuba (Oriente)

Poetisa; enfermera
        Se graduó de enfermera en la Universidad de La Habana en
1948 y ejerció su profesión en la base naval de Guantánamo desde
1949 hasta 1958 cuando salió de Cuba. Se radicó en la Florida y
estudió en la Universidad de Miami donde obtuvo el grado de
Bachelor of Arts en 1963. Ha trabajado como enfermera en varios
centros médicos del estado de Nueva Jersey. Ha colaborado en La
Tribuna, Diario Las Américas, y Actualidades. Es autora de la letra
de más de un centenar de canciones grabadas por artistas de la
farándula latina.

Poet; nurse
        She received a degree in nursing from the University of Hava-
na in 1948 and practiced at the Guantánamo Naval Base from 1949
to 1958 when she left Cuba. Settling in Miami, Florida, she studied
at the University of Miami and received a bachelor's degree in 1963.
She has practiced nursing at various medical centers in New Jersey.
She has written for El Tribuna, Diario Las Américas, and Actualidades. She has also written the lyrics of well over a hundred
popular songs which have been recorded by famous Latin singers.

Bibliografía de libros publicados fuera de Cuba

Imágenes. Hato Rey, Puerto Rico: Ramallo Printing, 1966.
Estremecimientos. Hato Rey, Puerto Rico: Ramallo Printing, 1969.
Tristeza. Hato Rey, Puerto Rico: Ramallo Printing, 1972.
Transparencias. Nueva York: Editorial Mensaje, 1974.
Horas íntimas. Nueva York: Editorial Mensaje, 1979.

WEKSELBAUM LUSKI, SARAH

n. 1 X 1910, Varsovia, Polonia

Poetisa
Terminó sus estudios primarios y secundarios en Varsovia.
En 1929 fue a Cuba a reunirse con su familia que había emigrado
en 1927. No pudo asistir a la Universidad de La Habana que estaba
clausurada por motivos políticos. Vivió en Colón y luego se radicó
en Sancti Spíritus. En 1951 se trasladó a La Habana y en 1959 se
marchó al exilio, radicándose en Estados Unidos.

Poet
She completed her primary and secondary education in Warsaw.
In 1929 she went to Cuba to join her family, which had emigrated
there two years before. She was unable to attend the University
of Havana which was closed for political reasons. She lived in
Colón and Sancti-Spíritus until 1951 when she moved to Havana. In
1959 she went into exile and settled in the United States.

Bibliografía de libros publicados fuera de Cuba

100 poesías de Sarah Wekselbaum Luski. Miami: Ediciones Universal,
1981.

YMAYO, LAURA

n. 1954

Poetisa
Después de salir de Cuba, estudió relaciones internacionales
en Suiza y Estados Unidos.

Poet
After leaving Cuba, she studied international relations in
Switzerland and the United States.

Bibliografía de libros publicados fuera de Cuba

Mujer martes. Madrid: Editorial Playor, 1976.

ZALDIVAR, GLADYS

n. Camagüey (Camagüey)

Poetisa, ensayista; educadora
Se graduó en la Universidad Ignacio Agramonte de Camagüey

en 1959. Después de salir de Cuba, se radicó en Estados Unidos. Obtuvo el grado de Master of Arts en la Universidad de Maryland en 1973, cursando luego estudios doctorales en la misma institución académica. Ha enseñado español a nivel universitario y actualmente desempeña labores docentes en Miami-Dade Community College. Ha dictado conferencias y ha dado lecturas de poesía en muchos centros culturales de Estados Unidos. Generacional y estéticamente pertenece al grupo que surgiera después del de "Orígenes."

Poet, essayist; educator
    She graduated from Ignacio Agramonte University in Camagüey in 1959. Upon leaving Cuba, she settled in the United States. In 1973 she received a master's degree from the University of Maryland and subsequently pursued doctoral work at the same institution. She has taught Spanish at the college level and is currently teaching at Miami-Dade Community College. She has lectured and given poetry readings at many cultural centers throughout the United States. Stylistically and chronologically, she belongs to the generation of writers that came to prominence after the "Orígenes" group.

Bibliografía de libros publicados fuera de Cuba

El visitante. Valencia, España: Artes Gráficas Soler, 1971.
Clara Niggemann: a brief study of this poetess' book: En la
    puerta dorada. Valencia: Artes Gráficas Soler, 1973.
Julián del Casal: estudios críticos sobre su obra. Miami: Ediciones
    Universal, 1974. (coautora)
Cinco aproximaciones a la narrativa hispanoamericana contemporánea.
    Madrid: Playor, 1977. (editora)
Novelística cubana de los años 60: Paradiso y El Mundo Alucinante.
    Miami: Ediciones Universal, 1977.
Homenaje a Gertrudis Gómez de Avellaneda: memorias del simposio
    en el centenario de su muerte. Miami: Ediciones Universal,
    1979. (editora)
Fabulación de Eneas. Miami: Ediciones Universal, 1979.
De su ardiente llama. Miami: Ediciones Universal, 1979.
La baranda de oro. Miami: Ediciones Universal, 1980.
Zéjeles para el clavel. Miami: Ediciones Universal, 1981.
En torno a la poética de Mariano Brull. Miami: Asociación de His-
    panistas de las Américas, 1981.

Crítica

Cinco aproximaciones a la narrativa hispanoamericana contemporánea
        Hispania v. 62:185, No. 1 (3/79)
Julián del Casal: estudios críticos sobre su obra
        Revista Iberoamericana v. 42, No. 94 (Enero-Marzo 1976),
        p. 151
El visitante
        Latin American Literary Review v. 2, No. 4 (Spring/
        Summer 1977), p. 154

ZAMORA, CRISTOBAL ARTURO

n. 16 IV 1912, La Habana (La Habana)

Biógrafo, novelista; periodista, publicista
Terminó estudios de bachillerato en La Habana en 1930. Ingresó a la Facultad de Filosofía y Letras de la Universidad de La Habana y estudió dos años de la carrera hasta que imperativos económicos determinaron que no finalizara los estudios. Al inaugurarse en La Habana la Escuela de Periodismo Profesional "Manuel Márquez Sterling," obtuvo el título de Periodista Profesional. En 1950 se graduó como publicista en la Escuela de Publicidad de la Asociación Nacional de Publicitarios de La Habana. Se inició como periodista en la revista Bohemia en 1934 y desde ese año hasta el presente, tanto en Cuba como en el exterior, ha desarrollado una activa labor periodística, habiendo colaborado en Cuba en los periódicos Avance, El Mundo, Diario de la Marina, y Alerta y en las revistas Bohemia, Carteles, Azúcar, y Vanidades. Desde su llegada a Estados Unidos en 1967, ha sido editor y periodista de la revista Réplica.

Biographer, novelist; journalist, public relations agent
He completed his secondary education in Havana in 1930 and entered the School of Liberal Arts of the University of Havana where he studied for two years until forced to stop for financial reasons. When the Manuel Márquez Sterling Professional School of Journalism was opened, he earned a degree in journalism. In 1950 he graduated from the School of Advertising of the National Association of Advertisers with the title of "publicist." In 1934 he started writing for Bohemia magazine, beginning what was to be a long and distinguished career both in Cuba and in exile. He has written for such newspapers and magazines in Cuba as Avance, El Mundo, Diario de la Marina, Alerta, Bohemia, Carteles, Azúcar, and Vanidades. Since his arrival in the United States in 1967, he has been affiliated with Réplica magazine as both an editor and a journalist.

Bibliografía de libros publicados fuera de Cuba

El pastor. Ciudad de México: Editorial Diana, 1975.

ZAYAS-BAZAN, EDUARDO

n. 17 XI 1935, Camagüey (Camagüey)

Ensayista; abogado, educador
Se graduó en leyes en la Universidad Nacional José Martí de La Habana en 1958. Al abandonar el país, se trasladó a Estados Unidos. Obtuvo el grado de Master of Arts en Kansas State Teachers College en 1966. Enseñó español en escuelas secundarias desde

1964 a 1966, y en la Universidad Estatal Appalachian desde 1966 a 1968. Desde 1968 enseña en East Tennessee State University donde es Profesor Titular de Español y Jefe del Departamento de Lenguas Extranjeras.

Essayist; lawyer, educator

He received a law degree from the José Martí National University in 1958. Upon leaving the country for exile, he settled in the United States. In 1966 he received a master's degree from Kansas State Teachers College. From 1964 to 1966 he taught Spanish at the secondary school level, and from 1966 to 1968 at Appalachian State University. He is currently professor of Spanish and chairman of the department of foreign languages at East Tennessee State University where he has taught since 1968.

Bibliografía de libros publicados fuera de Cuba

Del amor a la revolución. New York: Norton, 1975. (coeditor)
Selected proceedings of the 27th Annual Mountain Interstate Foreign
    Language Conference. Johnson City, Tenn.: East Tennessee
    State University Council, 1978. (coeditor)
De aquí y de allá. Lexington, Mass.: D.C. Heath, 1978. (coautor)

INDICE DE TITULOS/TITLE INDEX

Güiro, clave y cencerro (Sánchez-Priede, José)
Guitarra chilena (Baeza Flores, Alberto)

¿Ha muerto la humanidad? (Linares Lanuez, Manuel)
La Habana para un infante difunto (Cabrera Infante, Guillermo)
Había una vez un poeta (Armas de Argnas, Blanca)
Habitante de toda esperanza (Campins, Rolando)
Hábito de esperanza (Florit, Eugenio)
Hagiografía de Narcisa la Bella (Robles, Mireya)
Hallucinations (Arenas, Reinaldo)
Haya de la Torre y la revolución constructiva de las Américas
    (Baeza Flores, Alberto)
He sido el primer proxeneta creado por el socialismo (Cabrera In-
    fante, Guillermo)
Heredia, primer romántico hispanoamericano (Díaz Rodríguez,
    Lomberto)
Heredia, selected poems in English translation (Aparicio Laurencio,
    Angel)
Heredia y la libertad (Garcerán del Vall y Souza, Julio)
La herencia obstinada, análisis de cuentos Nahuas (Campos, Julieta)
La herida exacta (Dávila Cazorla, Roberto)
Hermes viales (Fernández Bonilla, Raimundo)
Heroes are grazing in my garden (Padilla, Heberto)
Hijo de Cuba, me llamo Pablo (Le Riverend, Pablo)
Hispanic writers in French journals: An annotated bibliography
    (González-del Valle Río, Luis)
Historia de Ciego de Avila (Cruz Ramírez, Luis)
Historia de Cuba, desde Colón hasta Castro (Márquez Sterling,
    Carlos)
Historia de la isla de Cuba (Márquez Sterling, Carlos)
Historia de la literatura cubana (Remos y Rubio, Juan)
Historia de la literatura cubana (en el exilio) (Sánchez-Boudy, José)
Historia de la literatura medieval española (López Morales, Humberto)
Historia de los Estados Unidos de Norteamérica (Márquez-Sterling,
    Carlos)
Historia de un archivo (Díaz-Versón, Salvador)
La historia del beisbol cubano (Torres, Angel)
Una historia inusitada (Galán, Natalio)
Historia y ficción en la narrativa hispanoamericana (González-
    Echevarría, Roberto)
Las historias que me cuento (Pupo-Walker, Enrique)
Historiología cubana (Duarte Oropesa, José)
Hojas sueltas (Díez de Ramos, Nena)
Homage to Irving A. Leonard: Essays on Hispanic art, history and
    literature (Chang-Rodríguez, Raquel)
El hombre de la Edad de Oro está vivo (Sánchez Torrentó, Eugenio)
El hombre de la rosa blanca--nueva biografía de José Martí
    (Baeza Flores, Alberto)
El hombre junto al mar (Padilla, Heberto)
Hombres de maíz: unidad y sentido a través de sus símbolos mito-
    lógicos (García, Emilio F.)

Novelística cubana de los años 60: Paradiso y El Mundo Alucinante
   (Zaldívar, Gladys)
Novelística española de los sesenta (Guillermo, Edenia)
Novelística española de los sesenta (Hernández, Juana Amelia)
Nuestro Gustavo Adolfo Bécquer (Núñez, Ana Rosa)
Nuestro Gustavo Adolfo Bécquer (Padilla, Martha)
Nuestro Gustavo Adolfo Bécquer (Prado, Pura del)
La nueva ficción hispanoamericana a través de M. A. Asturias y G.
   García Márquez (González-del Valle Río, Luis)
Nueva literatura cubana (Miranda, Julio E.)
La nueva novela hispanoamericana y Tres Tristes Tigres (Sánchez-
   Boudy, José)
Nuevas perspectivas sobre la Generación del 27 (Romero, Héctor)
Nueve láminas (glorieta) (Kozer, José)
Nuevo oasis (Buesa, José A.)

Ñiquín el cesante (Sánchez-Boudy, José)

O (Cabrera Infante, Guillermo)
Oasis (Buesa, José A.)
Obispos cubanos en Luisiana y las Floridas (Isern Cordero, José)
La obra literaria de Regino E. Boti (De la Suarée, Octavio)
La obra poética de Emilio Ballagas (De la Torre, Rogelio)
Obras completas (versos nuevos y algunas prosas de ayer y hoy)
   (Florit, Eugenio)
Un obrero de vanguardia (Chao Hermida, Francisco)
Ocios de Guantánamo (Aparicio Laurencio, Angel)
Odiseo sin patria (Baeza Flores, Alberto)
Los oficialeros (Núñez, Ana Rosa)
Oficio de leer (Campos, Julieta)
Un oficio del siglo 20. G. Caín 1954-60 (Cab.era Infante, Guillermo)
Los oficios (Llerena Blanco, Edith)
Oh, tu, amor! (Pérez de Utrera, Concepción)
El ojo de ciclón (Montaner, Carlos Alberto)
Ojo sencillo/Trique-traque (Catalá, Rafael)
Ojos para no ver (Montes Huidobro, Matías)
Los ojos trepanados (Le Riverend, Pablo)
El olor de la muerte que viene (Alvarez de Villa, Rolando)
El olor silvestre de la fiebre (Dávila Cazorla, Roberto)
La onda larga (Márquez Sterling, Carlos)
One man, one battle (Díaz Versón, Salvador)
Operación viceversa (Arcocha, Juan)
Las óperas del sueño (Rodríguez Santos, Justo)
Orbis terrarum (la ciudad de humánitas) (Sánchez-Boudy, José)
Ortografía (Perera, Hilda)
Ortografía en acción (Fernández de la Vega, Oscar)
Ortografía en acción (Hernández-Miyares, Julio)
Oscuridad divina (Caulfield, Carlota)
Otán Iyebiyé, las piedras preciosas (Cabrera, Lydia)

Porque allí no habrá noche (Baeza Flores, Alberto)
Póstumo, relativamente (Le Riverend, Pablo)
Pour l'amour (Manet, Eduardo)
Pregones (Sánchez-Boudy, José)
Presencia española e hispánica en la Florida desde el Descubrimiento
    hasta el Bicentenario (Cubeñas, José)
Primera constancia (Hernández, Juana Amelia)
Los primos (González, Celedonio)
El príncipe ermitaño (Galeote, Mario)
Principios de sociología: un libro para latinoamericanos (Agramonte
    y Pichardo, Daniel)
Prisión sin muros (Baeza Flores, Alberto)
Prisionero de Castro (Valladares, Armando)
Prisonnier de Castro (Valladares, Armando)
Proceso a cuatro monjas (Suárez Radillo, Carlos)
Proceso a la narrativa venezolana (Miranda, Julio E.)
Prófugo de la sal (Mario, Luis)
Prosa hispanoamericana virreinal (Chang-Rodríguez, Raquel)
Prosa y verso (Giraudier, Antonio)
Provocaciones (Padilla, Heberto)
Puertas giratorias, o los reveses de las sílabas (Vives Gómez,
    Francisco)
Le puits (Arenas, Reinaldo)

Que voy de vuelo (Rodríguez-Sardiñas, Orlando)
Quevedo, hombre y escritor en conflicto con su generación (Gómez-
    Quintero, Ela)
Quince novelas hispanoamericanas (Guillermo, Edenia)
Quince novelas hispanoamericanas (Hernández, Juana Amelia)
El quinto jinete del Apocalipsis (Díaz-Versón, Salvador)
Quiquiribú mandinga (Acosta Rubio, Raúl)

Radiografía política de Chile (Baeza Flores, Alberto)
Rafael Díaz-Balart; pensamiento y acción (Lorie Bertot, Francisco)
Raíces al viento (Arroyo, Anita)
Raíces del alma cubana (Alzaga Loret de Mola, Florinda)
Raíces en el corazón (Ventura, Enrique)
Raíces y alas (Rubio, Nieves del Rosario)
Rainswill (Giraudier, Antonio)
Raíz y ala (Arroyo, Anita)
Ramón del Valle-Inclán (Lima, Robert F.)
Razón del mar (Hernández, Alina)
Razón y pasión de Sor Juana Inés de la Cruz (Arroyo, Anita)
Razones y amarguras: poemas del que llega a los 40 (Corrales,
    José)
La realidad de la historia, por Sotero Figueroa (Ripoll, Carlos)
"Realismo mágico" y "lo real maravilloso" en el Reino de Este Mundo
    y El Siglo de las Luces (Barroso, Juan)
La rebelión de los negros (Sánchez-Boudy, José)

Rubén Darío: restaurador de la conciencia de la armonía del mundo
    (Cubeñas, José)
La rueca de los semblantes (Kozer, José)
Rumbo al punto cierto (Rexach, Rosario)
Rumor y pulso (Barba, Jaime)
Rumores antillanos (Barcos Rasmussen, Rigoberto)
Rumores de mi bohío (Pérez Moro, Oscar)

¿Sabes la noticia? Dios llega mañana (Gómez-Vidal, Oscar)
La sacudida violenta (Eduardo González, Cipriano)
El salvaje y la mitología, el arte y la religión (Madrigal, José)
Sam (Linares Lanuez, Manuel)
Sangre en Cuba (González, Miguel)
Sangre, fúsil y canana (Rojas, Jack)
La sangre hambrienta (Labrador Ruiz, Enrique)
Sanguily íntimo (Valdespino, Luis)
Santiago de Cuba (un envío y diez estampas) (Martín, Rubén L.)
El santo (La Ocha): secretos de la religión lucumí (García-Cortez,
    Julio)
Los sarracenos del ocaso (Sánchez-Boudy, José)
Secret report on the Cuban revolution (Montaner, Carlos Alberto)
Segar a los muertos (Montes Huidobro, Matías)
Seis minutos de tragedia (Sardiña, Ricardo)
Selected Latin American one-act plays (Matas, Julio)
Selected proceedings of the 27th Annual Mountain Interstate Foreign
    Language Conference (Suárez, Manuel Laurentino)
Selected proceedings of the 27th Annual Mountain Interstate Foreign
    Language Conference (Zayas Bazán, Eduardo)
Selections from five works (Giraudier, Antonio)
Selima y otros cuentos (Rodríguez Mancebo, Manuel)
Sembrado en un ala (Conte-Agüero, Luis)
Senderos (Saavedra, María Elena)
Senderos cotidianos (Fojo Hermida, Carlos)
Sent off the field (Padilla, Heberto)
Sentada sobre una maleta (Rosado, Olga)
El sentimiento religioso de Unamuno (Cancela, Gilberto)
Sentimientos (Pérez Lavín de Salas, Lourdes)
Señal en el agua (Rojas, Teresa María)
Separados por la espuma (Bertot, Lillian)
Ser algo (Goldarás, José Raúl)
Siete cuentos cubanos (Jiménez, René A.)
Las siete lunas de enero (Núñez, Ana Rosa)
Siete poemas (Florit, Eugenio)
Sílabas inútiles (Le Reverend, Pablo)
El simbolismo (Jiménez, José Olivio)
La simulación (Sarduy, Severo)
Sin decir el mar (Barquet, Jesús José)
Sin patria pero sin amo (Medrano, Humberto)
Sincera historia de Cuba (1492-1973) (Esténger, Rafael)
Sinfonía martiana (Hernández, Manuel H.)
El sitio de nadie (Perera, Hilda)
Situación y revisión contemporánea del marxismo (Baquero, Gastón)